权威·前沿·原创

皮书系列为
"十二五""十三五"国家重点图书出版规划项目

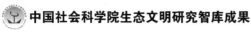 中国社会科学院生态文明研究智库成果

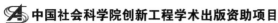 中国社会科学院创新工程学术出版资助项目

房地产蓝皮书
BLUE BOOK OF
REAL ESTATE

中国房地产发展报告 *No.14*
（2017）

ANNUAL REPORT ON THE DEVELOPMENT OF CHINA'S REAL ESTATE
No.14 (2017)

主　编／李春华　王业强
副主编／董　昕　尚教蔚

社会科学文献出版社
SOCIAL SCIENCES ACADEMIC PRESS (CHINA)

图书在版编目（CIP）数据

中国房地产发展报告. No. 14，2017/李春华，王业
强主编. — 北京：社会科学文献出版社，2017. 5
（房地产蓝皮书）
ISBN 978 - 7 - 5201 - 0750 - 1

Ⅰ. ①中… Ⅱ. ①李… ②王… Ⅲ. ①房地产业 - 经
济发展 - 研究报告 - 中国 - 2017 Ⅳ. ①F299. 233

中国版本图书馆 CIP 数据核字（2017）第 076473 号

房地产蓝皮书
中国房地产发展报告 No. 14（2017）

主　　编/李春华　王业强
副 主 编/董　昕　尚教蔚

出 版 人/谢寿光
项目统筹/邓泳红　陈　颖
责任编辑/陈晴钰

出　　版/社会科学文献出版社·皮书出版分社（010）59367127
　　　　　地址：北京市北三环中路甲29号院华龙大厦　邮编：100029
　　　　　网址：www. ssap. com. cn
发　　行/市场营销中心（010）59367081　59367018
印　　装/北京季蜂印刷有限公司

规　　格/开本：787mm × 1092mm　1/16
　　　　　印张：25.75　字数：428千字
版　　次/2017年5月第1版　2017年5月第1次印刷
书　　号/ISBN 978 - 7 - 5201 - 0750 - 1
定　　价/89.00 元

皮书序列号/PSN B - 2004 - 028 - 1/1

《中国房地产发展报告 No. 14 （2017）》
编 委 会

主要编撰者简介

李春华　现为中国社会科学院城市发展与环境研究所党委书记，研究员。兼任中国城市经济学会常务副会长，中国社会科学院生态文明研究智库副理事长、中国社会情报学会副理事长等职务。曾任西藏自治区党委宣传部副部长、西藏自治区文化体制改革与发展领导小组办公室主任。近年来致力于城市发展与人文环境等领域的研究，主持中国社会科学院国情调研重大项目等多项研究，编著出版《智慧城市概论》《世界和平发展思考》《竞争方略》《红路梦》等著作。

王业强　中国社会科学院城市发展与环境研究所土地经济与不动产研究室主任，中国社会科学院生态文明研究智库资源节约与综合利用研究部主任，中国社会科学院西部发展研究中心秘书长，中国区域科学协会理事兼副秘书长，中国区域经济学会理事，主要研究方向为城市与区域经济、房地产经济，主持并参与国家自然科学基金、国家社科基金重大及一般项目、中国社科院重大及重点项目等，曾参与国务院"东北地区振兴规划"（综合组）研究工作，主持多项城市（城市群）经济发展规划项目。

董　昕　中国社会科学院城市发展与环境研究所研究人员，经济学博士，管理学博士后。现任中国社会科学院生态文明研究智库资源节约与综合利用研究部副主任，主要研究方向为房地产经济、住房与土地政策。已在《中国农村经济》《中国人口科学》《经济地理》《城市规划》等学术刊物发表独著或第一作者的学术论文20余篇；多篇论文被《人大复印资料》《高等学校文科学术文摘》等转载或摘录。出版学术专著1部，参著合著学术著作多部。主持或参与课题20余项。曾获"中国社会科学院优秀对策信息对策奖""中国社会科学院研究所优秀科研成果奖""钱学森城市学金奖""魏埙经济科学奖"

"谷书堂基金优秀论文奖"等奖项。

尚教蔚 经济学博士，现任职于中国社会科学院城市发展与环境研究所土地经济与不动产研究室副主任，副研究员，硕士研究生导师。近年来主要从事房地产金融、房地产政策、住房保障、城市经济等方面的研究。2003年开始组织参与房地产蓝皮书编撰工作。发表学术论文30多篇，出版学术专著1部，合著多部。主持并参与多项部委级课题。

摘　要

《中国房地产发展报告 No. 14（2017）》继续秉承客观公正、科学中立的宗旨和原则，追踪中国房地产市场最新动态，深度剖析市场热点，展望 2017 年发展趋势，积极谋划应对策略。全书分为总报告、土地篇、金融篇、市场篇、管理篇、区域篇、国际借鉴篇、热点篇。总报告对 2016 年房地产市场的发展态势进行全面、综合的分析，其余各篇分别从不同的角度对房地产次级市场发展和热点问题进行深度分析。

整体来看，2016 年，房地产市场在去库存的背景下经历了新一轮快速上涨。全国房地产开发投资总额首次超过 10 万亿元，同比增长 6.9%，比 2015 年提高了 5.9 个百分点；全国房地产房屋新开工面积为 16.7 亿平方米，同比增长由 2015 年的 −14.0% 上升到 8.1%，扭转了连续两年负增长态势；全国商品房销售面积继 2013 年之后再创新高，达到 15.7 亿平方米，同比增长 22.5%，比 2015 年提高 16 个百分点；商品房均价增速也出现了 2010 年以来的 2 位数增长，比 2015 年提高 2.7 个百分点。但全国房地产开发企业土地购置面积为 2.2 亿平方米，是 2001 年以来新低，同比增速自 2014 年连续保持负增长态势；在房地产开发企业到位资金来源中，企业自筹仅增长 0.2%，定金及预付款和个人按揭贷款增长较快。

回顾 2016 年全国房地产政策，可谓风云变幻，经历了一个从宽松到热点城市不断收紧的过程。先是在经济下行压力和库存水平高企的背景下，"两会"提出因城施策去库存，房地产政策相对宽松，降准、降息、降税、降首付频繁出台。在去库存系列政策的刺激下，部分热点城市出现楼市过热现象。面对热点城市房地产市场明显过热现象，中央经济工作会议坚持"房子是用来住的、不是用来炒的"的定位。在国庆节前后，各地政府进一步加强对房地产市场的调控力度，确保房地产市场平稳健康发展。2016 年第四季度房地产市场渐趋平稳，政策分化进一步显现。2016 年房地产市场存在的问题主要

有以下几方面：市场分化加深加强，三四线城市去库存依然艰巨；长效机制尚未形成，政府主体责任有待加强；租赁市场任重道远，住房租赁制度亟须完善；棚改建设仍存不足，住房保障效率有待提升。

展望 2017 年，世界经济增长形势依然不容乐观，全球货币宽松不断蔓延，资产荒、资产泡沫与负利率在全球市场普遍共存。国际资本市场的轮动，也将进一步增加国内资本市场风险。控风险无疑是 2017 年国内房地产市场的主题。货币政策的"稳健中性"则决定了 2017 年货币环境全面宽松不再。2016 年信贷结构的投向和流向异常，也将促使 2017 年信贷政策实现更均衡分配，即加大对实体经济的信贷支持力度，适度加大三四线城市房地产信贷资源的倾斜，以降低一线、二线热点城市的居民杠杆比例。房地产政策方面，在强化房屋回归居住属性的同时，通过因城施策、精准调控和中长期的长效机制来推进住房体制建设。

2017 年，我们对于房地产市场的整体判断是进入量价调整阶段，房地产市场分化将进一步深化和强化，但不同的城市仍存在市场机会。一线城市步入存量房时代，新房开发建设的市场空间不断被压缩，城市产业升级带来的存量土地和存量物业盘活将是未来的主题，租赁市场有望成为房地产行业发展的新机遇。二线过热城市房价空间被透支，量价回调是大概率事件，但具备产业和人口支撑的城市，将成为下一个市场发展的新风口，如天津、郑州、武汉等城市受益于城市群发展，城市潜力将逐渐显现，量价将进入平稳增长周期；西部节点型城市，如重庆、成都、西安等城市房价相对较低，市场发展有望进入新阶段。此外，位于大城市周边的小城市或自身产业优势显著的三四线城市，房地产市场发展仍具备潜力。

目 录

Ⅳ　市场篇

Ⅴ　管理篇

Ⅵ　区域篇

Ⅶ 国际借鉴篇

Ⅷ 热点篇

皮书数据库阅读 **使用指南**

总 报 告

General Report

B.1
2016年中国房地产市场形势分析及
2017年展望

总报告编写组 *

2016 年，房地产市场在"去库存"的背景下经历了新一轮快速上涨。面对热点城市房地产市场明显过热现象，中央经济工作会议坚持"房子是用来住的、不是用来炒的"的定位。在国庆节前后，各地政府进一步加强对房地产市场的调控力度，确保房地产市场平稳健康发展。从市场发展看，目前仍存在以下突出问题：市场分化加深加强，三、四线城市"去库存"依然艰巨；长效机制尚未形成，政府主体责任有待加强；租赁市场任重道远，住房租赁制度亟须完善；棚改建设仍存不足，住房保障效率有待提升。展望 2017 年，世界经济增长形势依然不容乐观，全球货币宽松不断蔓延，资产荒、资产泡沫与负利率在全球市场普

---

* 报告执笔人：王业强、董昕、尚教蔚、韩国栋、张智。审稿人：李春华、王业强、董昕、尚教蔚。其中，韩国栋为上海立信会计金融学院讲师，张智为天津社会科学院经济社会预测研究所研究员。

遍存在。国际资本市场的轮动，也将进一步增加国内资本市场风险。控风险无疑是 2017 年国内房地产市场的主题。房地产市场分化将进一步深化和强化，分类调控和因城施策仍是房地产调控主调，但不同的城市仍存在市场机会。

一　2016 年房地产市场运行特点[①]

2016 年，在"去库存"背景下，针对房地产的宏观调控政策呈现了"先松后紧"的态势。2016 年 9 月前后全国有 20 多个城市的限购政策重启且不断严格、收紧。总体上，与房地产开发相关的主要指标增速均好于 2015 年。房地产市场经历了近年来的又一次繁荣。

（一）房地产投资增速回暖

2016 年，全国房地产开发投资为 102581 亿元，投资总额首次超过 10 万亿元，是 1997 年投资总额的 32.3 倍，同比增长 6.9%，增速比 2015 年提高 5.9个百分点。其中，住宅投资为 68704 亿元，同比增长 6.4%，增速比 2015 年提高 6.0 个百分点（见图 1）。住宅投资占房地产开发投资的比重为 67.0%，同比增长 6.4%，增速比 2015 年提高 6.0 个百分点；办公楼投资为 6533 亿元，同比增长 5.2%，增速比 2015 年减少 4.9 个百分点；商业营业用房投资为 15838 亿元，同比增长 8.4%，增速比 2015 年提高 6.6 个百分点。房地产开发投资增速回暖，主要指标表现好于 2015 年，更有利于今后 3 年左右的住房供给。

从月度数据看，2016 年房地产开发投资增速比 2015 年平稳，基本为5%~8%。扭转了 2015 年从年初到年末一直下滑的态势（见图 2）。

从区域看，2016 年房地产开发投资增速东、中、西部地区分别为 5.6%、10.7%、6.2%，中部地区高于东、西部地区，但东部地区投资额的绝对值几乎等于中、西部地区的投资额之和，东部地区仍然占绝对优势（见表 1）。

---

① 本部分资料来源：年度数据，2015 年以前资料来源于《中国统计年鉴 2016》，国家统计局网站，http://www.stats.gov.cn/tjsj/ndsj/2016/indexch.htm；2016 年资料来源于《2016 年全国房地产开发投资和销售情况》，国家统计局网站，http://www.stats.gov.cn/tjsj/zxfb/201701/t20170120_1455967.html；月度数据来自《全国房地产开发投资和销售情况》（2015 年、2016 年）。

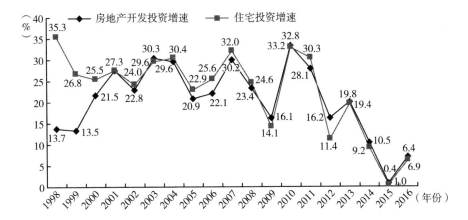

图1　1998~2016年房地产开发投资、住宅投资增速情况

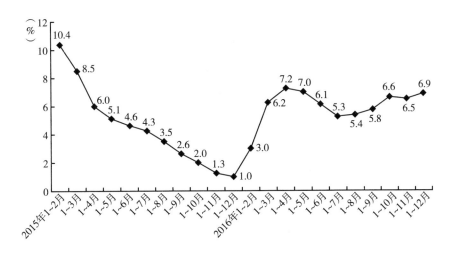

图2　2015年和2016年房地产开发投资增速变化情况

表1　2016年东、中、西部地区房地产开发投资情况

单位：亿元，%

地区	投资额	其中:住宅投资	投资额同比增长	其中:住宅投资同比增长
全国总计	102581	68704	6.9	6.4
东部地区	56233	37891	5.6	6.3
中部地区	23286	16208	10.7	9.9
西部地区	23061	14605	6.2	2.9

（二）土地购置面积增速降幅减小

2016 年，全国房地产开发企业土地购置面积为 2.2 亿平方米，是 2001 年以来新低，同比增速为 -3.4%，但增速比 2015 年提高 28.3 个百分点，2014 年开始同比增速为负增长态势，但 2016 年幅度减小（见图 3）。土地购置面积的下降，将影响 3 年左右的住房供应。

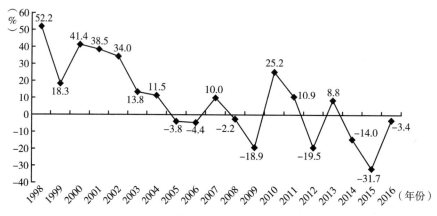

图 3　1998 ~ 2016 年土地购置面积增速变化情况

从月度看，2016 年土地购置面积增速呈上升态势，第二季度开始基本稳定在 -9% 至 -3% 之间（见图 4）。

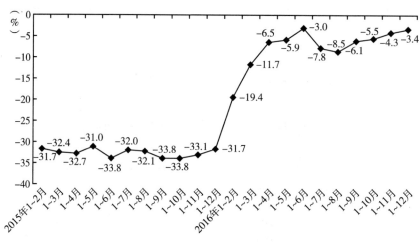

图 4　2015 年和 2016 年土地购置面积增速变化情况

（三）房屋新开工面积增速和竣工面积增速由负转正

2016年全国房地产房屋新开工面积为16.7亿平方米，同比增速由2015年的－14.0%上升到8.1%，扭转了连续两年负增长的态势。其中住宅新开工面积为11.6亿平方米，同比增长8.7%，增速比2015年提高23.3个百分点（见图5）。新开工面积增速上升有利于今后1~2年的房屋供给。

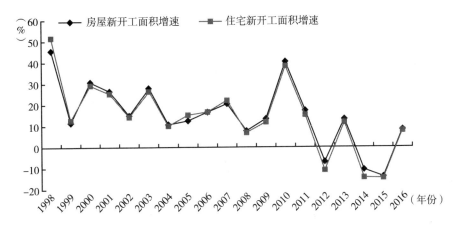

图5　1998~2016年房屋、住宅新开工面积增速变化情况

2016年全国房地产开发房屋竣工面积为10.6亿平方米，为1997年以来第二高，同比增长6.1%，比2015年提高13.0个百分点。其中住宅竣工面积为7.7亿平方米，同比增长4.6%，增速比2015年提高13.4个百分点（见图6）。

（四）商品房销售面积又创新高

2016年全国商品房销售面积继2013年的13.0亿平方米后再创新高，为15.7亿平方米，同比增长22.5%，增速比2015年提高16个百分点。其中，住宅销售面积也是又创新高，为13.8亿平方米，同比增长22.4%，增速比2015年提高15.5个百分点（见表2）；办公楼、商业营业用房销售面积分别为0.38亿平方米、1.1亿平方米，同比分别增长31.4%和16.8%。

2016年商品房待售面积为6.95亿平方米，同比下降3.2%，而2015年商

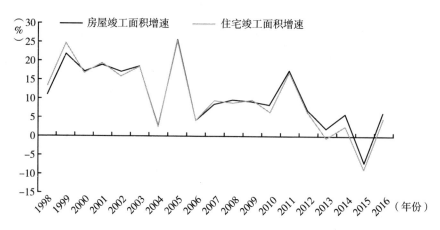

图6　1998～2016年房屋、住宅竣工面积增速变化情况

品房待售面积同比增长15.6%。其中，2016年住宅待售面积为4.0亿平方米，
基本与2014年末水平相当，同比下降11.0%，而2015年住宅待售面积同比增
长11.2%。办公楼、商业营业用房待售面积同比分别增长10.8%和8.0%。

表2　2006～2016年商品房、住宅销售面积变化情况

单位：万平方米，%

年份	商品房	住宅	商品房增速	住宅增速
2006	61857	55423	11.5	11.8
2007	77355	70136	25.1	26.5
2008	65970	59280	-14.7	-15.5
2009	94755	86185	43.6	45.4
2010	104765	93377	10.6	8.3
2011	109367	96528	4.4	3.4
2012	111304	98468	1.8	2.0
2013	130551	115723	17.3	17.5
2014	120649	105188	-7.6	-9.1
2015	128495	112412	6.5	6.9
2016	157349	137540	22.5	22.4

　　从区域看，东部地区销售面积绝对值仍遥遥领先，达7.3亿平方米，东部
地区优势没有改变。但增速是中部地区领先，同比增长28.4%（见表3）。

表3 2016年东、中、西部地区商品房销售面积情况

单位：万平方米，%

地区	商品房销售面积	同比增长
全国总计	157349	22.5
东部地区	72894	22.7
中部地区	46108	28.4
西部地区	38346	15.6

（五）商品房均价增速又回到2位数增长

2016年在全国商品房销售面积大幅增加的情况下，商品房均价高达7476元/平方米，增速也出现了2010年以来的2位数增长，同比增长10.1%，比2015年提高2.7个百分点。住宅均价7203元/平方米，同比增长11.3%，比2015年提高2.2个百分点（见图7）。办公楼、商业营业用房均价分别为14334元/平方米、9786元/平方米，同比分别增长11.0%和2.3%，均比2015年有所提高。

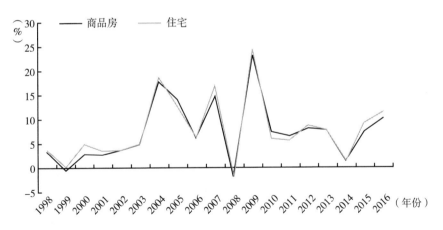

图7 1998~2016年商品房、住宅均价增长变化情况

（六）房地产开发企业到位资金中其他资金增速上涨很快

2016年房地产开发企业到位资金高达14.4万亿元，同比增长15.2%，比

2015 年提高 12.6 个百分点。其中，国内贷款、利用外资、自筹资金、其他资金分别为 21512 亿元、140 亿元、49133 亿元和 73428 亿元，同比分别增长 6.4%、－52.6%、0.2%、31.9%，4 项指标占比分别为 14.9%、0.1%、34.1%、50.9%，前 3 项指标占比均在下降，只有其他资金比重比 2015 年提高 6.4 个百分点（见图 8）。在其他资金中，定金及预付款和个人按揭贷款分别为 41952 亿元、24403 亿元，同比分别增长 29.0% 和 46.5%，增幅分别比 2015 年提高 21.5 个百分点和 24.6 个百分点。

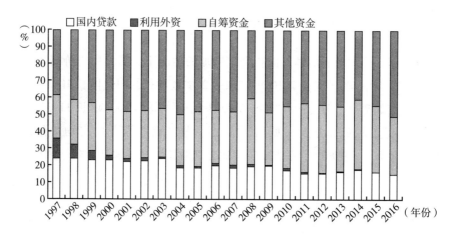

图 8　1997～2016 年房地产开发企业到位资金占比情况

需要注意的是，在房地产开发企业到位资金的增长中，企业自筹仅同比增长 0.2%，几乎没有增长，增长的部分主要在其他资金中与购房者相关的定金及预付款和个人按揭贷款两项中，这也是容易出现金融风险的资金，值得关注。

二　主要城市的房地产市场指标比较

主要城市的房地产市场指标比较，将从成交价格、成交量、投资额、土地购置面积、建设面积等方面进行分析。鉴于数据的可获得性，城市层面的房地产市场数据将使用国家统计局、CREIS 中指数据库和 Wind 数据库的数据。成交价格分析使用的是国家统计局公布的全国 70 个大中城市住宅价格指数，成交量、投资额、土地购置面积、建设面积等方面的分析使用的是 35 个大中城市的房地产数据，2015年数据来自《中国统计年鉴2016》，2016年的数据来自CREIS中指数据库和Wind数据库，课题组对国家统计局、CREIS中指数据库和Wind数据库的数据进行了交叉核对，以保证数据的连续性、可比性。

（一）70个大中城市中，新建商品住宅价格涨幅前三位依次是深圳、上海、厦门，二手住宅价格涨幅前三位依次是深圳、合肥、北京

从国家统计局公布的2016年全国70个大中城市住宅价格指数看，深圳、上海、厦门的新建商品住宅价格涨幅最大，深圳、合肥、北京的二手住宅价格涨幅最大。鉴于数据的可获得性，本文以全国70个大中城市2016年1～12月的同比价格指数平均值（见表4）为依据，来判断各城市的住宅价格涨幅。2016年深圳新建商品住宅价格的同比涨幅约为45%、二手住宅价格同比涨幅约为39%；上海新建商品住宅价格的同比涨幅约为33%、二手住宅价格的同比涨幅约为30%；厦门新建商品住宅价格的同比涨幅约为32%、二手住宅价格的同比涨幅约为26%；合肥新建商品住宅价格的同比涨幅约为30%、二手住宅价格的同比涨幅约为37%；北京新建商品住宅价格的同比涨幅约为23%、二手住宅价格的同比涨幅约为35%。虽然各城市的新建商品住宅和二手住宅价格的同比涨幅有所不同，但是涨幅居于前列的城市具有高度一致性：新建商品住宅价格同比涨幅居前10位的城市依次为深圳、上海、厦门、南京、合肥、北京、杭州、广州、福州、天津；二手住宅价格同比涨幅居前10位的城市依次为深圳、合肥、北京、上海、厦门、南京、广州、天津、杭州、郑州。其中，有9个城市均位于新建商品住宅和二手住宅价格涨幅前10位。

表4　2016年1～12月70个大中城市住宅价格指数

新建商品住宅			二手住宅		
序号	城　市	各月同比价格指数平均值	序号	城　市	各月同比价格指数平均值
1	深　圳	144.6	1	深　圳	139.1
2	上　海	132.8	2	合　肥	136.7
3	厦　门	131.8	3	北　京	134.6
4	南　京	130.7	4	上　海	130.0
5	合　肥	129.6	5	厦　门	125.8

续表

新建商品住宅			二手住宅		
序号	城 市	各月同比价格指数平均值	序号	城 市	各月同比价格指数平均值
6	北 京	122.8	6	南 京	121.6
7	杭 州	119.7	7	广 州	120.8
8	广 州	119.1	8	天 津	115.4
9	福 州	116.9	9	杭 州	114.2
10	天 津	116.3	10	郑 州	113.9
11	武 汉	115.8	11	武 汉	112.4
12	无 锡	115.8	12	石 家 庄	110.9
13	郑 州	114.7	13	福 州	110.1
14	惠 州	113.0	14	南 昌	108.1
15	南 昌	110.2	15	无 锡	107.9
16	石 家 庄	109.6	16	惠 州	107.4
17	济 南	109.4	17	济 南	107.1
18	宁 波	109.2	18	宁 波	106.4
19	长 沙	107.9	19	长 沙	104.9
20	南 宁	107.2	20	九 江	104.3
21	青 岛	106.1	21	青 岛	104.0
22	赣 州	105.2	22	南 宁	104.0
23	九 江	104.5	23	赣 州	103.9
24	成 都	104.1	24	重 庆	103.9
25	徐 州	104.1	25	温 州	103.5
26	金 华	104.0	26	成 都	103.3
27	扬 州	103.9	27	泸 州	102.9
28	温 州	103.9	28	太 原	102.7
29	重 庆	103.7	29	金 华	102.6
30	泉 州	103.4	30	北 海	102.5
31	西 安	103.2	31	宜 昌	102.1
32	海 口	102.9	32	徐 州	102.0
33	安 庆	102.6	33	扬 州	101.7
34	烟 台	102.4	34	安 庆	101.7
35	贵 阳	102.3	35	昆 明	101.7
36	蚌 埠	102.2	36	哈 尔 滨	101.6
37	韶 关	102.2	37	南 充	101.6
38	太 原	102.2	38	贵 阳	101.5

续表

新建商品住宅			二手住宅		
序号	城　市	各月同比价格指数平均值	序号	城　市	各月同比价格指数平均值
39	兰　州	102.2	39	三　亚	101.3
40	平顶山	101.7	40	沈　阳	101.2
41	宜　昌	101.7	41	常　德	101.0
42	泸　州	101.6	42	蚌　埠	101.0
43	湛　江	101.5	43	泉　州	100.8
44	北　海	101.5	44	海　口	100.7
45	哈尔滨	101.4	45	烟　台	100.6
46	沈　阳	101.3	46	兰　州	100.6
47	秦皇岛	101.2	47	韶　关	100.5
48	三　亚	101.2	48	吉　林	100.5
49	长　春	101.1	49	岳　阳	100.5
50	昆　明	100.8	50	大　连	100.3
51	洛　阳	100.7	51	洛　阳	100.2
52	岳　阳	100.5	52	长　春	100.1
53	大　理	100.5	53	平顶山	100.1
54	大　连	100.4	54	济　宁	100.1
55	桂　林	100.4	55	牡丹江	100.1
56	吉　林	100.2	56	唐　山	100.0
57	呼和浩特	100.1	57	襄　阳	99.9
58	遵　义	100.0	58	秦皇岛	99.8
59	唐　山	100.0	59	呼和浩特	99.6
60	常　德	99.9	60	西　宁	99.5
61	南　充	99.8	61	银　川	99.5
62	西　宁	99.8	62	大　理	99.4
63	银　川	99.8	63	乌鲁木齐	99.1
64	襄　阳	99.5	64	遵　义	99.0
65	济　宁	99.2	65	湛　江	98.9
66	包　头	98.7	66	丹　东	98.2
67	乌鲁木齐	98.4	67	桂　林	98.2
68	牡丹江	98.2	68	包　头	97.3
69	丹　东	97.6	69	西　安	97.0
70	锦　州	96.6	70	锦　州	94.6

注：根据国家统计局数据整理，同比以2015年同月价格为100。

（二）70个大中城市中，一线城市领涨、热点二线城市补涨、其余城市表现较为平稳

从国家统计局公布的2016年全国70个大中城市住宅价格指数看，无论是新建商品住宅还是二手住宅，价格变化趋势基本一致（见图9和图10），即一线城市大幅领涨，热点二线城市补涨明显，其余二线城市和三线城市均小幅上涨。2016年一线城市新建商品住宅价格的平均同比涨幅约为29.8%、二手住宅价格的平均同比涨幅约为31.1%；热点二线城市新建商品住宅价格的平均同比涨幅约为18.6%、二手住宅价格的平均同比涨幅约为15.3%；70个大中城市中其余二线城市和三线城市，新建商品住宅价格平均同比涨幅分别约为3.3%和1.6%、二手住宅价格的平均同比涨幅分别约为2.2%和0.8%。

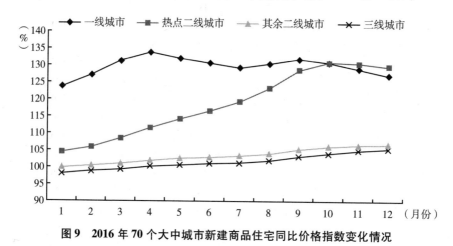

图9　2016年70个大中城市新建商品住宅同比价格指数变化情况

注：根据国家统计局数据整理，同比以2015年同月价格为100。

一线城市包括北京、上海、广州、深圳4个城市；热点二线城市是在国家统计局提出的15个一线和热点二线城市中去除上述一线城市后的11个城市，即天津、南京、无锡、杭州、合肥、福州、厦门、济南、郑州、武汉、成都；其余二线城市是在国家统计局惯常公布房地产数据的35个大中城市①中减去上述一线和二线试点中包括的城市，即包括石家庄、太原、呼和浩特、沈阳、

---

① 热点二线城市中包括的无锡不属于国家统计局惯常公布房地产数据的35个大中城市。

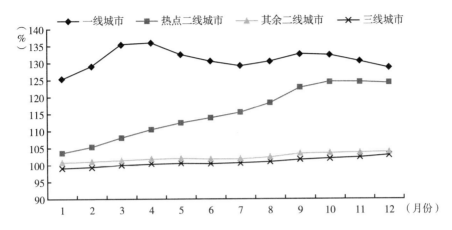

图10　2016年70个大中城市二手住宅同比价格指数变化情况

注：根据国家统计局数据整理，同比以2015年同月价格为100。

大连、长春、哈尔滨、宁波、南昌、青岛、长沙、南宁、海口、重庆、贵阳、昆明、西安、兰州、西宁、银川和乌鲁木齐21个城市；三线城市则是在70个大中城市中减去上述一、二线城市，即包括唐山、秦皇岛、包头、丹东、锦州、吉林、牡丹江、扬州、徐州、温州、金华、蚌埠、安庆、泉州、九江、赣州、烟台、济宁、洛阳、平顶山、宜昌、襄阳、岳阳、常德、惠州、湛江、韶关、桂林、北海、三亚、泸州、南充、遵义和大理34个城市。

（三）35个大中城市中，新建商品住宅成交量前三位依次是重庆、成都、武汉，成交量增幅前三位依次是郑州、天津、杭州

由于35个大中城市统计的商品住宅销售面积和销售额分别是房地产开发企业本年出售商品住宅的合同总面积和合同总价款，因而可以将其视为新建商品住宅的成交量指标（见表5）。从35个大中城市住宅成交量来看，2016年新建商品住宅销售面积居前三位的依次是重庆、成都和武汉，销售面积分别为5105.46万平方米、3279.17万平方米和2931.06万平方米；新建商品住宅销售面积居后三位的依次是呼和浩特、厦门和西宁，销售面积分别为344.80万平方米、322.34万平方米和292.11万平方米。从35个大中城市的住宅成交量增幅来看，2016年新建商品住宅销售面积增幅居前三位的依次是郑州、天津和杭州，增幅分别为51.7%、50.6%和46.1%；新建商品住宅销售面积出现

负增长的有 4 个城市，分别是南京、厦门、深圳、北京，增幅分别是 −1.6%、−6.8%、−11.7% 和 −12.9%。部分一线城市和热点二线城市的成交量较低反映了这些城市的新建住宅供应量较少，导致新房供应量明显减少，而新房成交量较大的城市则集中在土地供应相对较为充足的二线城市。

表5　35 个大中城市的商品住宅销售量（按房地产开发企业合同）

城　　市	销售面积（万平方米）				商品住宅销售额（亿元）			
	2015 年	2016 年	增幅（%）	排序	2015 年	2016 年	增幅（%）	排序
北　　京	1126.84	981.37	−12.9	35	2512.89	2795.81	11.3	32
天　　津	1674.78	2521.87	50.6	2	1646.43	3245.60	97.1	1
石 家 庄	539.68	652.52	20.9	16	420.83	479.87	14.0	28
太　　原	421.65	556.44	32.0	12	307.93	408.85	32.8	17
呼和浩特	321.44	344.80	7.3	29	158.97	179.15	12.7	30
沈　　阳	949.88	1099.39	15.7	21	609.45	751.74	23.3	20
大　　连	596.67	654.62	9.7	27	519.75	596.93	14.8	27
长　　春	701.78	834.49	18.9	19	447.34	502.17	12.3	31
哈 尔 滨	807.23	908.16	12.5	23	494.38	575.55	16.4	26
上　　海	2009.17	2019.80	0.5	31	4319.93	5233.29	21.1	22
南　　京	1429.18	1406.29	−1.6	32	1609.31	2514.99	56.3	5
杭　　州	1292.35	1888.28	46.1	3	1905.95	3061.11	60.6	4
宁　　波	846.92	1126.06	33.0	9	933.46	1321.80	41.6	13
合　　肥	1285.90	1705.72	32.6	10	965.95	1588.35	64.4	3
福　　州	748.99	1021.23	36.3	6	848.81	1129.28	33.0	16
厦　　门	345.89	322.34	−6.8	33	654.71	813.93	24.3	19
南　　昌	815.99	1077.82	32.1	11	567.55	830.65	46.4	10
济　　南	924.43	1232.72	33.3	8	695.81	1036.06	48.9	9
青　　岛	1238.99	1752.08	41.4	4	1045.28	1576.31	50.8	7
郑　　州	1695.21	2571.44	51.7	1	1224.37	2081.13	70.0	2
武　　汉	2413.77	2931.06	21.4	15	2028.43	2878.15	41.9	12
长　　沙	1687.06	2308.24	36.8	5	935.26	1421.97	52.0	6
广　　州	1344.86	1624.01	20.8	17	1894.01	2654.56	40.2	14
深　　圳	747.83	660.08	−11.7	34	2517.30	3003.22	19.3	24
南　　宁	878.87	1150.15	30.9	13	547.49	778.35	42.2	11
海　　口	330.28	394.33	19.4	18	252.20	349.69	38.7	15
重　　庆	4477.71	5105.46	14.0	22	2244.43	2635.64	17.4	25

续表

城　　市	销售面积(万平方米)				商品住宅销售额(亿元)			
	2015 年	2016 年	增幅(%)	排序	2015 年	2016 年	增幅(%)	排序
成　都	2447.13	3279.17	34.0	7	1611.21	2419.10	50.1	8
贵　阳	789.79	826.21	4.6	30	392.27	445.52	13.6	29
昆　明	1008.25	1128.89	12.0	25	723.70	773.39	6.9	34
西　安	1583.53	1866.50	17.9	20	985.04	1191.74	21.0	23
兰　州	578.62	713.92	23.4	14	352.32	439.93	24.9	18
西　宁	260.65	292.11	12.1	24	119.96	146.25	21.9	21
银　川	454.46	492.84	8.4	28	204.42	219.23	7.2	33
乌鲁木齐	465.41	519.66	11.7	26	285.84	302.90	6.0	35

注：商品住宅销售面积、商品住宅销售额的统计口径参见《中国统计年鉴2016》中的统计指标解释，即商品住宅销售面积，指房地产开发企业本年出售商品房屋的合同总面积（即双方签署的正式买卖合同中所确定的建筑面积）；商品住宅销售额，指房地产开发企业本年出售商品房屋的合同总价款（即双方签署的正式买卖合同中所确定的合同总价）。

资料来源：国家统计局、CREIS 中指数据库、Wind 数据库。

（四）35个大中城市中，房地产开发投资额前三位依次是北京、重庆和上海，投资额增幅前三位依次是南昌、郑州、深圳

35 个大中城市中，2016 年房地产开发投资额高居前三位的依次是北京、重庆和上海，房地产开发投资额分别为 4000.57 亿元、3725.95 亿元和 3709.03 亿元；房地产开发投资额居于后三位的依次是兰州、乌鲁木齐和西宁，房地产开发投资额分别为 370.39 亿元、344.71 亿元和 316.50 亿元。北京、重庆和上海都是人口规模超过 1000 万人的超大城市，兰州、乌鲁木齐和西宁则是人口规模低于 500 万人的大中城市。可见，房地产开发投资依然青睐人口更为集中、人口规模更大的城市。从 35 个大中城市的房地产开发投资额增幅来看，增幅居于前三位的城市依次是南昌、郑州和深圳，这三个城市 2016 年的房地产开发投资额比 2015 年分别增长了 39.0%、38.9% 和 32.0%。而房地产开发投资额降幅最大的城市是沈阳，其次是大连，再次是哈尔滨，均是位于东北的城市，这三个城市 2016 年的房地产开发投资额比 2015 年分别减少了 46.9%、40.4% 和 11.4%（见表6）。

表6 35个大中城市的房地产开发投资额和土地购置面积

城　市	房地产开发投资额（亿元）				土地购置面积（万平方米）			
	2015年	2016年	增幅（%）	排序	2015年	2016年	增幅（%）	排序
北　京	4177.05	4000.57	-4.2	30	390.96	268.50	-31.3	24
天　津	1871.55	2300.01	22.9	7	173.98	476.91	174.1	1
石 家 庄	965.13	1015.77	5.2	24	56.43	58.59	3.8	17
太　原	597.83	680.13	13.8	16	238.68	155.86	-34.7	25
呼和浩特	509.05	520.52	2.3	26	22.70	27.86	22.7	13
沈　阳	1337.66	709.67	-46.9	35	223.00	105.88	-52.5	32
大　连	897.46	535.17	-40.4	34	170.81	137.25	-19.6	22
长　春	501.32	596.65	19.0	11	487.19	436.70	-10.4	20
哈 尔 滨	593.98	526.13	-11.4	33	107.98	56.88	-47.3	31
上　海	3468.94	3709.03	6.9	21	263.39	229.11	-13.0	21
南　京	1429.02	1845.60	29.2	5	116.84	283.19	142.4	2
杭　州	2472.6	2606.63	5.4	23	138.75	219.28	58.0	7
宁　波	1228.84	1270.33	3.4	25	103.25	175.95	70.4	6
合　肥	1259.14	1352.59	7.4	19	417.23	501.64	20.2	14
福　州	1381.12	1679.44	21.6	9	207.74	164.35	-20.9	23
厦　门	774.07	765.80	-1.1	28	97.75	98.00	0.3	18
南　昌	485.37	674.60	39.0	1	89.70	134.26	49.7	8
济　南	1014.4	1164.14	14.8	15	274.45	170.34	-37.9	27
青　岛	1122.35	1369.14	22.0	8	235.01	213.82	-9.0	19
郑　州	2000.2	2778.95	38.9	2	222.45	473.70	112.9	3
武　汉	2581.79	2517.44	-2.5	29	161.67	222.12	37.4	10
长　沙	1006.84	1266.63	25.8	6	106.68	204.77	91.9	4
广　州	2137.59	2540.85	18.9	12	134.85	246.91	83.1	5
深　圳	1331.03	1756.52	32.0	3	137.72	189.29	37.4	9
南　宁	657.19	854.00	29.9	4	149.75	192.76	28.7	12
海　口	456.39	551.29	20.8	10	65.06	76.15	17.0	16
重　庆	3751.28	3725.95	-0.7	27	1626.77	959.00	-41.0	28
成　都	2435.25	2641.14	8.5	18	387.47	531.16	37.1	11
贵　阳	1001.03	923.26	-7.8	32	202.17	33.29	-83.5	35
昆　明	1451.31	1530.50	5.5	22	193.39	231.06	19.5	15
西　安	1820.85	1949.50	7.1	20	300.34	191.13	-36.4	26
兰　州	320.56	370.39	15.5	14	84.69	39.53	-53.3	33
西　宁	280.43	316.50	12.9	17	31.08	17.19	-44.7	30
银　川	409.17	474.94	16.1	13	104.33	44.42	-57.4	34
乌鲁木齐	366.87	344.71	-6.0	31	168.95	94.00	-44.4	29

资料来源：国家统计局、CREIS中指数据库、Wind数据库。

（五）35个大中城市中，土地购置面积居前三位的依次是重庆、成都、合肥，土地购置面积增速超过100%的依次是天津、南京、郑州

35个大中城市中，2016年土地购置面积居前三位的依次是重庆、成都和合肥，土地购置面积分别为959.00万平方米、531.16万平方米和501.64万平方米；土地购置面积居于后三位的依次是贵阳、呼和浩特和西宁，土地购置面积分别为33.29万平方米、27.86万平方米和17.19万平方米。从35个大中城市的土地购置面积增速来看，增速居于前三位的城市依次是天津、南京和郑州，这三个城市土地购置面积的增速均超过了100%，2016年的土地购置面积比2015年分别增长了174.1%、142.4%和112.9%。同时，35个大中城市中有17个城市的土地购置面积出现了负增长，其中，降幅最大的三个城市分别是贵阳、银川、兰州，2016年的土地购置面积比2015年分别下降了83.5%、57.4%和53.3%（见表6）。

（六）35个大中城市中，重庆、成都的住宅施工、竣工面积均居前三位，济南的住宅施工、竣工面积的增速均居前三位

35个大中城市中，2016年住宅施工面积居前三位的依次是重庆、成都和西安，分别为17932.69万平方米、11831.95万平方米和10448.32万平方米；住宅施工面积居于后三位的依次是海口、厦门和西宁，分别为1971.74万平方米、1953.07万平方米和1258.80万平方米。从35个大中城市的住宅施工面积增幅来看，增幅居前三位的城市依次是郑州、济南和太原，2016年的住宅施工面积比2015年分别增长了32.4%、17.4%和16.4%。同时，35个大中城市中也有15个城市的住宅施工面积出现了负增长，其中，降幅最大的三个城市分别是贵阳、沈阳和哈尔滨，2016年的住宅施工面积比2015年分别下降了15.3%、15.3%和12.9%（见表7）。

35个大中城市中，2016年住宅竣工面积居前三位的依次是重庆、天津和成都，分别为3084.00万平方米、2189.14万平方米和1738.50万平方米；住宅竣工面积居于后三位的依次是西宁、兰州和大连，分别为187.11万平方米、166.03万平方米和146.62万平方米。从35个大中城市的住宅

竣工面积增速来看，增速最快的是济南和成都，这两个城市的住宅竣工面积增速均超过了100%，2016年的住宅竣工面积比2015年分别增长了116.6%和102.5%。同时，35个大中城市中也有16个城市的住宅竣工面积出现了负增长，其中，降幅最大的三个城市分别是昆明、贵阳和大连，2016年的住宅竣工面积比2015年分别下降了56.2%、41.0%和37.2%（见表7）。

表7 35个大中城市的住宅施工面积和住宅竣工面积

城 市	住宅施工面积（万平方米）				住宅竣工面积（万平方米）			
	2015 年	2016 年	增幅（%）	排序	2015 年	2016 年	增幅（%）	排序
北 京	6261.21	5857.61	-6.4	27	1378.22	1267.06	-8.1	24
天 津	6968.75	6311.70	-9.4	32	2182.99	2189.14	0.3	18
石 家 庄	2984.68	2804.15	-6.0	26	259.91	306.19	17.8	12
太 原	3510.63	4085.60	16.4	3	322.01	458.32	42.3	5
呼和浩特	3733.50	3490.50	-6.5	28	235.10	235.46	0.2	19
沈 阳	5868.45	4970.33	-15.3	34	768.76	802.08	4.3	15
大 连	3685.24	3414.12	-7.4	29	233.48	146.62	-37.2	33
长 春	4136.75	4295.59	3.8	14	434.66	538.51	23.9	9
哈 尔 滨	3702.37	3225.70	-12.9	33	964.85	1145.41	18.7	11
上 海	8372.12	8073.94	-3.6	24	1588.95	1532.88	-3.5	22
南 京	4774.96	5247.76	9.9	8	1063.87	911.63	-14.3	29
杭 州	5928.77	6005.42	1.3	17	1070.27	1113.35	4.0	16
宁 波	3637.52	3501.94	-3.7	25	613.39	651.57	6.2	14
合 肥	4326.43	4680.41	8.2	9	709.50	860.61	21.3	10
福 州	4992.32	4919.79	-1.5	22	745.09	524.62	-29.6	32
厦 门	2137.30	1953.07	-8.6	31	274.17	239.57	-12.6	28
南 昌	3084.00	3575.61	15.9	4	346.31	338.63	-2.2	20
济 南	4475.31	5254.90	17.4	2	370.55	802.77	116.6	1
青 岛	5875.02	5905.53	0.5	18	1047.67	951.51	-9.2	27
郑 州	7256.23	9603.74	32.4	1	670.50	1056.28	57.5	4
武 汉	7974.42	8334.84	4.5	13	654.63	600.10	-8.3	25
长 沙	6202.81	6215.82	0.2	20	949.47	1105.99	16.5	13
广 州	5759.97	6105.68	6.0	12	981.30	818.43	-16.6	30
深 圳	3156.99	3079.28	-2.5	23	202.37	280.64	38.7	6
南 宁	3502.95	4034.47	15.2	5	423.16	338.10	-20.1	31
海 口	1765.50	1971.74	11.7	6	172.05	234.29	36.2	7

城　　市	住宅施工面积(万平方米)				住宅竣工面积(万平方米)			
	2015 年	2016 年	增幅(%)	排序	2015 年	2016 年	增幅(%)	排序
重　　庆	19390.32	17932.69	-7.5	30	3185.90	3084.00	-3.2	21
成　　都	11058.81	11831.95	7.0	11	858.64	1738.50	102.5	2
贵　　阳	4532.50	3838.08	-15.3	35	1080.00	636.96	-41.0	34
昆　　明	5844.12	5867.14	0.4	19	482.05	211.05	-56.2	35
西　　安	9737.48	10448.32	7.3	10	747.84	1251.00	67.3	3
兰　　州	2692.86	2736.27	1.6	16	164.80	166.03	0.7	17
西　　宁	1134.27	1258.80	11.0	7	195.03	187.11	-4.1	23
银　　川	2607.82	2650.21	1.6	15	409.04	517.92	26.6	8
乌鲁木齐	2506.35	2470.86	-1.4	21	307.30	279.51	-9.0	26

资料来源：国家统计局、CREIS 中指数据库、Wind 数据库。

三　当前房地产市场面临的主要问题

2016 年我国房地产市场进一步分化,一、二线城市房价经历了一轮高潮,而三、四线城市房地产市场库存依然严重。究其根源,既有长期以来一直存在的体制机制问题,也有本年度市场发展的一些特色。从市场发展来看,概括起来有以下几方面的问题:市场分化加深加强,三、四线城市"去库存"任务艰巨;长效机制尚未形成,政府主体责任有待加强;租赁市场任重道远,住房租赁制度亟须完善;棚改建设仍存不足,住房保障效率有待提升。

(一)市场分化加深加强,三、四线城市"去库存"任务艰巨

房地产市场是个区域性特征很强的市场,与区域经济社会发展紧密联系。自中国经济步入新常态以来,房地产市场分化特征日益凸显。2016 年,中国房地产市场发展呈现冰火两重天的特点。从住房市场发展来看,一方面,一线城市和二线城市住房市场供不应求,价格暴涨,面临难以及时补库存的窘境;另一方面,大多数三、四线城市住房市场供过于求,房价不涨反跌,库存仍然较大。从非住房市场发展来看,办公楼和商业营业用房的"去库存"压力更大,待售面积总量均同比增长。考虑到住房市场发展在全面建成小康社会中的

特殊作用，2016 年 12 月，中央经济工作会议明确提出"去库存"方面要重点解决三、四线城市房地产库存过多问题。

三、四线城市"去库存"任务依然艰巨，存在三个方面的主要问题与难点：第一，一、二线城市限购促使房地产企业转战三、四线城市，而地方政府短期靠房地产投资拉动经济增长的思路没有发生变化，两者联手后造成目前房地产市场供给过剩而形成"去库存"困局；第二，三、四线城市虽然能从城镇化进程中获益，但城市的基础设施建设和公共服务水平仍然较低，短期内难以做到对进城务工人员提供均等化的公共服务，其对周边农业转移人口的吸引力有限；第三，三、四线城市受限于自身经济社会发展水平，城镇家庭普遍收入水平不高，难以扩大市场需求，并且还需应对周边一、二线城市对其的虹吸效应，这使得消化市场存量难度加大。

（二）长效机制尚未形成，政府主体责任有待加强

纵观中国房地产市场过去十年的发展表现，其有着鲜明的"中国式调控政策市"的印记，调控的传统思路是以控需求为主导来实现控房价、保增长的目标。自从中央政府提出供给侧结构性改革以来，房地产市场调控开始注重市场供给侧调控，但 2016 年的实际效果并不是很理想。从土地市场表现看，因一线和热点二线城市更具发展潜力和保值增值空间，开发商出于对房价的看涨预期和补库存的需求，不惜代价争夺有限的土地资源，导致各地"地王"频现，土地成交价格和溢价率均位于高位。从商品房市场表现看，商品房销售面积和销售额再创新高，一、二线城市房价飙升，炒作投机成分上升，价格泡沫具有不断扩大的趋势，高速上涨的房价严重透支了城市居民的未来消费能力，最终会影响到城市实体经济发展潜力。这些造成市场严重失衡的表现和问题，说明构建房地产市场长效发展机制还需要时间。

与短期注重需求侧调控比较，房地产市场长期稳健发展更需要积极进行供给侧调控，使供需两侧的调控实现均衡。考虑到房地产市场的区域属性，实现供给侧调控离不开地方政府的大力支持。目前大多数地方政府对此存在认识不足，主要表现为以下几个方面：其一，在经济新常态背景下，地方经济增速放缓，地方政府有动机通过维持土地供给的稀缺性来获得更多的土地财政收入，当地价上涨后也会给市场传递房价上涨预期，容易造成房地产和经济泡沫；其

二，住房兼具居住和投资的双重属性，在经济增长放缓的压力下，房地产市场成为多数城市经济增长的重要支撑，因而导致一些热点城市住房居住属性和投资属性失调，房价增长过快。

（三）租赁市场任重道远，住房租赁制度亟须完善

中国自住房制度改革和推行住房市场化以来，虽然住房交易市场和租赁市场都是自由发展，但从具体实践来看，交易市场一直是市场主角，不断发展和完善，而租赁市场发展相对滞后，社会关注相对较少，被边缘化。虽然2016年6月，国务院出台了《关于加快培育和发展住房租赁市场的若干意见》（国办发〔2016〕39号），提出要构建租售并举的住房制度，并在税收、住房公积金等各个方面鼓励租房，但从市场给出的反馈可以看出，这种鼓励措施并没有得到很好的效果。

从现有住宅租赁市场的发展情况看，主要存在三个方面的问题与难点：第一，现有的城镇住房租赁供给主要以个人出租自有住房为主，缺乏专业机构参与，不利于提高整个社会住房租赁服务水平和形成完善的租赁住房供应体系，需要培育市场多元主体，多种渠道增加租赁住房供应；第二，住房租赁双方主要通过房地产中介机构交易，但一些中介机构发布虚假房源信息诱导消费者，甚至存在"黑中介"、"黑二房东"、欺诈性涨价、克扣押金、违规出租或代理出售、强制逐客等现象，侵犯了承租人的合法权益，扰乱了住房租赁市场的秩序；第三，因缺乏保障租赁双方当事人权利义务等方面的法律制度规范，也尚未建立住房租赁企业、中介机构和从业人员信用管理制度，住房租赁纠纷频出，容易造成租赁市场管理体系无序，严重阻碍租赁市场的发展。

（四）棚改建设仍存不足，住房保障效率有待提升

2016年是中国实施城镇棚户区和城乡危房改造及配套基础设施建设三年计划（2015~2017年）的关键年，全年实现棚户区住房改造600多万套和农村危房改造380多万户。棚户区改造作为改善困难家庭居住条件、优化城市空间结构、扩大内需的重要举措，在各地实践中仍存在一系列问题：第一，由于土地、规划等各方面原因，棚户区改造项目普遍存在空间选址偏僻、远离市或城镇中心、规划布局不合理等问题；第二，棚户区改造的土地征收情况比较复

杂，征收政策不完善，部分征收对象的期望值过高，部分地区的征收安置补偿费也不能及时兑现，客观上加大了征收难度，造成前期工作进展缓慢；第三，棚户区改造项目常采取大规模集中建设方式，前期资金投入大而棚户区改造的资金来源有限，导致配套设施和社区公共服务建设相对滞后。

棚户区配套设施供应不足，公共服务难以做到均等化，直接影响居民入住率和满意度，最终导致城镇住房保障效率降低。这些不足主要体现在三个方面：其一，规划布局不科学，部分地区的配套设施建设并没有做到与棚户区改造住房同步规划，并未明确与棚户区居住人口相匹配的公共服务设施的种类、建设规模和要求等；其二，建设用地跟不上，部分地区棚户区改造的配套设施和社区公共服务用地并未实现及时落地，导致后续难以做到同步报批和建设；其三，金融支持还不够，交通、供水、供热、供气等配套设施和教育、医疗等公共服务的前期投资大，地方政府受财政实力限制而资金投入有限，同时由于这些项目的商业价值低，社会资本和金融机构参与的热情普遍不高，导致各地棚户区改造的资金缺口普遍较大。

四　政策建议

"十三五"期间，在经济运行进入新常态的背景下，中国房地产市场也表现出明显的分化特征。2017年，房地产市场的区域分化特征将进一步深化和强化，分类调控和因城施策仍是房地产调控主基调。进一步规范发展住房租赁市场，完善购租并举的住房制度迫在眉睫。为了加快建立和完善促进房地产市场平稳健康发展的长效机制，还需要加快推动房地产金融创新和房地产税收立法改革。

（一）分类调控，因城施策，促进房地产市场均衡发展

现阶段，我国房地产市场区域性分化日益显著，"双高"特征明显，即一、二线城市高房价和三、四线城市高库存并存。解决当前房地产市场供需失衡的关键举措仍然是分类调控，因城施策。对一线和热点二线城市的市场调控，首先，要从"单一需求调控"转向"供需并重调控"。具体而言，第一，盘活城市土地存量，鼓励和支持存量土地挖掘，最大限度地发挥土地效益。第

二，调整和优化城市内部用地结构，合理提高住宅用地比例。第三，改善商品房供应结构，增加中小户型住宅供应数量，提高建筑容积率。第四，严防和打击房地产开发商的囤地行为，解决土地闲置问题，控制土地溢价，加强土地供应调控。

其次，要从单一"调房价"转向综合"调结构"。住房兼具居住和投资属性，住房消费天然地需要金融支持，但是要避免炒房投机行为。坚持"房子是用来住的、不是用来炒的"的定位，使住房回归居住属性，这需要调控住房供应体系。一方面，要加强分层次的住房市场供应，稳定价格预期，避免房价过快上涨；另一方面，需要加强住房保障建设，增加保障性住房供应，提供货币化的住房补贴，以满足低收入者和住房困难家庭的住房需求。

对三、四线城市的市场调控，面对供过于求和当地居民支付能力不足的问题，短期内要坚持"三个结合"。第一，将"去库存"与棚户区改造相结合。推进棚改货币化安置，继续提高安置比例。减少重复建设，鼓励和引导市民购买库存商品房。第二，将"去库存"与支持农民进城相结合。加快户籍制度改革和建立居住证制度，提高城市基础设施建设和公共服务水平，促进公共服务均等化，吸引农业转移人口。第三，将"去库存"与发展城市住房租赁市场相结合。鼓励将现有存量房改为租赁性住房，通过优惠政策鼓励住房租赁消费，培育和发展住房租赁市场。

长期发展则要遵循"三个注重"。第一，注重城市规划的科学性。科学预测城市的人口规模和居民的实际住房需求，合理规划商品房的供应比例和供给结构。第二，注重产业发展的可行性。通过合理引入产业，配置优质公共资源。在产业搬迁过程中实现人口的迁移居住，逐步盘活库存。第三，注重培养城市竞争能力。通过加快城市基础设施配套建设，营造出良好的投资和居住环境，促进产业发展和配套服务，培育城市创新能力，提高城市竞争力，以吸引人口和增加住房需求。

（二）规范发展，购租并举，完善住房供应体系的新格局

住房租赁市场是住房供应体系的重要组成部分，是解决城镇居民住房问题的重要渠道。针对目前我国住房市场购租失衡的问题，需要规范发展住房租赁市场，建立购租并举的住房制度。在具体实践中，需要做好如下四个方面的工作。

第一，加快培育市场供应主体，增加中小户型房源的有效供给。引导社会将部分处于闲置或半闲置状态的存量商品房按规定改建为租赁住房，构建以租赁需求为导向的供应模式。发展机构化、规模化的租赁企业，制定更为优惠的土地供给、税费优惠等政策以吸引和激励房地产开发企业进行租赁性住房的开发与经营，实现从以售为主向租售并举的转变。

第二，保障租赁双方特别是承租人的合法权益。立法部门要将国务院有关发展住房租赁市场的文件条例上升到法律层面，推进住房租赁市场立法，以法律促发展。明确租赁当事人权利义务，使租房居民在公共服务和配套设施方面与房东享有同等待遇。建立健全住房租赁监管机制，明确相关各方职责。建设住房租赁信息服务与监管平台，加快建设住房租赁市场信用体系，实现租赁信息公开化，强化租赁企业和中介机构的备案管理，提供房源信息发布、合同网签和登记备案等服务。规范租赁中介机构行为，严厉打击市场乱象。

第三，增强居民的住房货币支付能力，特别是低收入家庭、"夹心层"以及进城务工人员的货币支付能力。具体而言，一是放宽住房公积金的使用条件，扩大公积金租房的空间范围，在更多城市实施租房提取公积金举措。二是允许房租按合理比例抵扣个人所得税，尽可能地提高中低收入人群的住房消费能力。三是推进公共租赁住房货币化补贴，扩大公共租赁住房覆盖面，提高城镇居民的住房消费支付能力。

第四，充分利用大数据等高科技手段，提高信息化管理与服务水平。一是改变传统的租赁模式，将"互联网＋"与住房租赁服务相结合，建立专业化房源信息共享服务平台。由专业化企业整合分散的空闲房源进行统一化出租管理，为租客提供搜索引擎、个性化推荐、房源邻里信息展示服务，为业主提供闲置房产信息发布及托管服务。提高租房匹配效率，实现在线短租、长租公寓运营商规模化发展。二是建立健全信息监管平台，加强对互联网租赁的房源信息、住房质量、租金水平、交易过程等方面的监管，切实保障租赁当事人权益。

（三）注重特色，转型发展，开辟房地产市场发展的新天地

我国正处于城镇化深入发展的关键时期，需要全面提高城镇化质量，推进

以人为核心的新型城镇化，走城乡互补和协调发展之路。新型城镇化着重解决"三个1亿人"① 问题，为房地产业发展提供了巨大的潜在需求，是未来房地产业发展与转型的基础动力。

特色小镇是当前新型城镇化建设的重要载体，已成为国家战略。因此，房地产企业应紧抓特色小镇创建机遇，在小镇的开发建设经营上发挥重要作用，及时调整发展战略，由开发商转型为运营商。房地产业的本质是服务业。在具体实践中，要防止特色小镇开发的"房地产化"，避免盲目造镇、一哄而起、搞大跃进，而应真正实现"产业化"与"特色化"。房地产企业需要及时关注国家有关特色小镇发展的政策导向和产业动向，结合特色小镇自身禀赋，进行创新开发，搭建专业化建设和运营管理平台，实现盈利渠道多元化。

与此同时，地方政府也要积极改变自身角色，从决策者转变为服务者，处理好与企业的关系，充分尊重市场力量，科学规划小镇发展，引导社会资本投入。最终，通过政企合作，经过特色产业的发展，特色小镇形成产业和人口的聚集，实现房地产行业、特色产业与城镇化的相互促进发展。

（四）推动创新，防范风险，丰富房地产金融支持手段

现阶段，我国商业银行对房地产行业的支持贯穿于土地储备、房地产开发及销售的各个环节，房地产信贷占商业银行贷款的比重居高不下。房地产业的巨额信贷给整个银行体系带来了潜在的巨大风险，一旦房价降幅过大，商业银行将成为金融风险的直接承受者，严重影响我国经济发展和社会稳定。因此，要防范或缓解金融风险，就需要推动房地产业金融创新，主要建议有以下几点。

第一，积极推进商品住房抵押贷款证券化（MBS）。将商业银行的住房抵押贷款转化为可转让金融工具，既满足了房地产业发展的资金需求，又盘活了银行资金，实现了风险分散。中国建设银行早在2005年就发行了国内首单"建元2005–1"住房抵押贷款资产支持证券。因此，有必要在试点的基础上，

---

① "三个1亿人"问题，是指推进约1亿农业转移人口和其他常住人口在城镇落户，推进约1亿人居住的棚户区和城中村改造，引导约1亿人在中西部地区就近城镇化。

积极扩大住房抵押贷款规模。

第二，积极开展房地产投资信托基金（REITs）试点。为利于政府统筹相关各方利益和进行试点突破，可在证券交易所试点发行公共租赁住房REITs，形成可持续的公共租赁住房投融资机制。通过发行REITs，有助于投入公共租赁住房项目的社会资本在短期内收回前期投资，加快资金周转，引导社会资本有序退出。

第三，完善政策性住房金融体系。在短期内，继续完善住房公积金制度，方便缴存用户使用住房公积金，同时争取降低住房公积金贷款利率。长期探索建立政策性住房金融机构。借鉴国际上政策性住房金融机构的有关做法，筹建公共住房银行，或在金融机构中选择特定的机构，授权其从事与城市基础设施建设及房地产开发建设相关的融资业务，实施与规划直接挂钩、利率与信贷受严格管束的特殊投融资制度，将低成本的长期社会资金引入住房租赁市场和住房保障领域，为难以从商业银行获得信贷的开发经营企业和个人提供长期、低息的住房资金支持。

（五）加强改革，立法优先，加快推进房地产税法落地实施

自1994年分税制改革以来，地方政府的财权和事权就难以匹配。随着土地市场和房地产市场的快速发展，地方政府通过出让城镇土地使用权获得的出让金收入逐渐成为地方财政收入的重要来源。要想让地方政府在房地产宏观调控中落实好主体责任，必须减少地方政府对土地财政的依赖，扭转"以地生财"的局面，这就在客观上需要为地方政府寻找长期稳定的税源。

房地产业从开发、交易到保有的过程中涉及较多的地方税种，现有的房地产业税收体系具有"重交易，轻保有"的特点，与大多数发达国家或地区的"轻交易，重保有"的税收体系有所不同。因此，需要厘清中国房地产税收体系，税制安排上应该统筹考虑房地产开发、保有、转让、出租等环节的税收。在增加保有环节房地产税负的同时，考虑降低开发和交易环节的税费，以鼓励房屋流转、经营和出租，促进资源的集约节约利用。

房地产税属于资源调节税，侧重房地产保有阶段。中共十八届三中全会通过《中共中央关于全面深化改革若干重大问题的决定》，提出"加快房地产税

立法并适时推进改革"。本届人大常委会已把制定房地产税法列入了五年立法规划。开征房地产税涉及千家万户，影响面甚广。因此，在总结沪渝的房产税试点经验基础上，需要对房地产税的功能定位、实施路径选择和制度设计方面加强研究和系统设计。

五 2017年房地产市场趋势分析

（一）2017年宏观经济走势及其对房地产市场的影响

1. 国际市场环境的影响

2016年世界经济增速是2.2%，是自2009年以来最低的增速。全球贸易量在2016年只增长了1.2%，处于历史较低水平。投资增长在许多主要发达国家和发展中国家都明显放缓。2017年世界经济增长形势依然不容乐观，全球潜在增长率下降，金融市场更加脆弱，贸易投资增长乏力，反全球化趋势日益明显。因此，联合国《2017年世界经济形势与展望》预测，全球经济在2017年将略有改善，全球经济预计增长2.7%，高于2016年，但不可能发生根本性转变。世界经济仍将保持低速增长。2017年，国际政治经济环境的错综复杂一方面将对中国的外贸经济产生直接影响，影响中国经济走势；另一方面，资本市场的轮动，也将进一步增加国内资本市场风险。控风险无疑是2017年国内房地产市场的主题。

2. 国内市场环境的影响

2016年，随着改革的深入推进和稳增长措施的不断落实，我国经济整体趋稳向好。2017年，我国经济下行压力持续存在，预计经济增速将继续小幅回落，经济工作部署需延续"稳中求进"的总基调。根据近期多家研究机构发布的预测报告，各机构对2017年我国GDP的预测值大多在6.5%至6.7%之间。国家信息中心课题组报告指出，2017年中国增速超过6.5%也是一个具有较大概率的事件。2017年，虽然新技术、新产品、新业态等新增长动能会继续保持较快增长，但其在经济中的比重不足20%，难以替代房地产、汽车等传统制造业的作用，经济增长会因此惯性下滑。招商证券报告指出，2017年国内经济继续处于长周期的底部，

经济增速虽在下滑，但积极因素增多，结构性改革提速、货币政策更加保守、需求水平回稳而企业盈利维持正增长态势。这种转变有助于推动资金回流实体经济，为中期经济回暖积蓄能量。2016 年 12 月中旬召开的中央经济工作会议确定 2017 年经济稳中求进的主基调，财政政策更加积极有效，深化供给侧改革，着力振兴实体经济，这对我国房地产市场的发展预期具有重要的影响，有利于为房地产市场平稳发展营造良好的环境。货币政策的"稳健中性"则决定了 2017 年货币环境全面宽松不再，并且考虑到美元加息预期的影响，央行或将适度收紧国内人民币的流动性，以平衡人民币币值的稳定性。另外，2016 年信贷的投向和流向异常，也将促使 2017 年信贷政策实现更均衡的分配，即加大对实体经济的信贷支持力度，适度加大对三、四线城市房地产信贷资源的倾斜，以降低一、二线热点城市的居民杠杆比例。房地产政策方面，在强化房屋回归居住属性的同时，通过因城施策、精准调控和中长期的长效机制来推进住房体制建设。

（二）2016年中国房地产政策回顾及2017年展望

1.2016年中国房地产政策回顾

回顾 2016 年全国房地产政策，可谓风云变幻，经历了一个从宽松到热点城市不断收紧的过程。先是在经济下行压力和库存水平高企的背景下，"两会"提出因城施策"去库存"，房地产政策相对宽松，降准、降息、降税、降首付频繁出台。但在"去库存"系列政策的刺激下，部分热点城市出现楼市过热现象。从第四季度开始，地价快速上涨，政策分化进一步显现。一方面，热点城市调控政策不断加码，房地产政策逐步收紧，限购、限贷、限地、限价，热点城市不断出台新政策以控制房价、地价过快上涨，遏制投资投机需求，防范市场风险；另一方面，三四线城市仍坚持"去库存"策略，从供给和需求两个方面发力改善市场环境。同时，中央加强房地产长效机制建设，区域一体化、新型城镇化继续推进，住房租赁市场顶层设计、住房制度建设逐步完善，为房地产平稳健康发展构建良好的环境（见表8）。

表8   2016年中国房地产政策分类

目标	关键词	出处	内容
"去库存"	因城施策	中央（"两会"）	在适度扩大总需求的同时，突出抓好供给侧结构性改革，提出要以满足新市民需求为出发点，为新市民更好融入新城镇创造条件。要提高棚改货币化安置比例，完善支持居民住房合理消费的税收、信贷政策，适应住房刚性需求和改善性需求，因城施策化解房地产库存，促进房地产市场平稳运行
	信贷、财税差异化调整	央行、财政部、税务总局	➢2月2日，央行、银监会发布房贷新政，在不实施限购措施的城市，首套房商贷最低首付比例可向下浮动5个百分点至20%，二套房商贷首付比例降至30% ➢2月17日，央行、住建部、财政部印发《关于完善职工住房公积金账户存款利率形成机制的通知》，决定自2月21日起，将职工住房公积金账户存款利率，由现行按照归集时间执行活期和三个月存款基准利率，调整为统一按一年期定期存款基准利率执行 ➢2月19日，财政部发布《关于调整房地产交易环节契税、营业税优惠政策的通知》，将首套房面积为140平方米以上的，从3%减至按1.5%的税率征收契税；二套房契税则从3%降为1%～2%不等，京沪广深四地除外 ➢2月29日，央行宣布自2016年3月1日起，普遍下调金融机构人民币存款准备金率0.5个百分点，以保持金融体系流动性合理充裕，引导货币信贷平稳适度增长，为供给侧结构性改革营造适宜的货币金融环境 ➢3月24日，财政部、国家税务总局发布《关于全面推开营业税改征增值税试点的通知》，自2016年5月1日起，在全国范围内全面推开营业税改征增值税试点。个人将购买不足2年的住房对外销售的，按照5%的征收率全额缴纳增值税；个人将购买2年以上（含2年）的住房对外销售的，免征增值税。上述政策适用于北京、上海、广州和深圳之外的地区 ➢6月3日，国务院发布《关于加快培育和发展住房租赁市场的若干意见》，对住房租赁市场给出具体发展要求，并明确商业用房可改为租赁住房
控风险、"去库存"	房子是用来住的，不是用来炒的	中央经济工作会议	➢"去库存"方面，要坚持分类调控，因城因地施策，重点解决三四线城市房地产库存过多的问题。要把"去库存"和促进人口城镇化结合起来，提高三四线城市和特大城市间基础设施的互联互通，提高三四线城市教育、医疗等公共服务水平，增强对农业转移人口的吸引力 ➢深入推进农业供给侧结构性改革。深化农村产权制度改革，明晰农村集体产权归属，赋予农民更加充分的财产权利。统筹推进农村土地征收、集体经营性用地入市、宅基地制度改革试点 ➢促进房地产市场平稳健康发展。要坚持"房子是用来住的，不是用来炒的"的定位，综合运用金融、土地、财税、投资、立法等手段，

目标	关键词	出处	内容
控风险、"去库存"	房子是用来住的，不是用来炒的	中央经济工作会议	加快研究建立符合国情、适应市场规律的基础性制度和长效机制，既抑制房地产泡沫，又防止出现大起大落 ➤要继续扎实推进以人为核心的新型城镇化，促进农民工市民化。要深入实施西部开发、东北振兴、中部崛起、东部率先的区域发展总体战略，继续实施京津冀协同发展、长江经济带发展、"一带一路"建设三大战略
		中央政治局	➤10月28日，中央政治局会议提出，要坚持稳健的货币政策，在保持流动性合理充裕的同时，注重抑制资产泡沫和防范金融风险
		中央财经领导小组	➤12月21日，中央财经领导小组第十四次会议指出，规范住房租赁市场和抑制房地产泡沫，是实现住有所居的重大民生工程。要准确把握住房的居住属性，以满足新市民住房需求为主要出发点，以建立购租并举的住房制度为主要方向，以市场为主满足多层次需求，以政府为主提供基本保障，分类调控，以地方为主，金融、财税、土地、市场、监管等多策并举，形成长远制度安排，让全体人民住有所居
		全国住房城乡建设工作会议	12月26日，全国住房城乡建设工作会议指出，2017年千方百计抓好房地产调控，确保房地产市场平稳健康发展，支持居民自住购房需求，抑制投资投机性购房，切实抓好热点城市防泡沫、防风险工作 ➤继续加快棚户区改造工作，不断完善住房保障体系 ➤继续坚定不移抓好三四线城市和县城房地产"去库存" ➤加快推动住房租赁市场立法
		国务院等	发文加大对房地产资金审查力度，严控房地产金融风险
因城施策	热点城市调控收紧	地方政府	随着不同城市分化加剧，热点城市价格风险加剧，从第一季度末开始，热点城市调控不断收紧，限购限贷力度不断加码，遏制投资投机性需求，防范房价泡沫 供给端： ➤增加住宅用地供应，一线城市重启90/70政策，北京加快自住型商品住房用地供应 ➤设定土地出让指导价，提高土地竞买条件，竞配建、竞自持、竞保障房、现房销售等 需求端： ➤重启限购，一线城市社保及个税年限最高，部分城市年末升级至限2年社保或纳税 ➤加强限贷，一线城市二套房最低首付比例升至70%，南京、苏州二套房首付达80% 监管： ➤加强房地产金融监管，加强土地交易资金来源监管 ➤加强销售监管，限制价格上涨幅度

目标	关键词	出处	内容
因城施策	三四线城市"去库存"	地方政府	调节供需两端改善市场环境,供应端实施差别化的供地政策、优化供应规模和结构、推进货币化安置、推动房地产功能转型等措施;需求端采用加大信贷财税优惠力度、鼓励农民工购房等措施进行刺激
长效机制	户籍制度改革	国务院	1月27日,《关于落实发展新理念加快农业现代化 实现全面小康目标的若干意见》提出: ➤要推进农民工市民化,通过加快培育中小城市和特色小城镇,增强吸纳农业转移人口能力 ➤进一步推进户籍制度改革,落实1亿左右农民工和其他常住人口在城镇定居落户的目标,保障进城落户农民工与城镇居民有同等权利和义务 ➤全面落实居住证等方面制度,加大对农民工的保障力度
		国务院	10月11日,《推动1亿非户籍人口在城市落户方案》发布,明确"十三五"时期主要目标,即城乡区域间户籍迁移壁垒加速废除,配套政策体系进一步健全,户籍人口城镇化率年均提高1个百分点以上,年均转户1300万人以上。到2020年,全国户籍人口城镇化率提高到45%,各地区户籍人口城镇化率与常住人口城镇化率差距比2013年缩小2个百分点以上。并针对进一步拓宽落户通道、制定实施配套政策等方面提出具体要求
		国务院	8月5日,《关于实施支持农业转移人口市民化若干财政政策的通知》发布,从财政方面为农业转移人口提供政策支持,提出建立农业转移人口市民化奖励机制,向吸纳跨省(区、市)流动农业转移人口较多地区和中西部中小城镇倾斜
		国土资源部	9月29日,《关于建立城镇建设用地增加规模同吸纳农业转移人口落户数量挂钩机制的实施意见》明确2018年基本建立人地挂钩机制,同时允许进城落户人员有偿转让宅基地
		国务院	10月20日,《全国农业现代化规划(2016～2020年)》提出推进农业转移人口市民化,包括深化户籍制度改革,推进有能力在城镇稳定就业和生活的农业转移人口举家进城落户,保障进城落户居民与城镇居民享有同等权利和义务
	盘活存量用地	国家发改委	6月3日,《关于加强资源环境生态红线管控的指导意见》指出,用地供需矛盾特别突出的地区,要严格设定城乡建设用地总量控制目标
		国土资源部	6月22日,《全国土地利用总体规划纲要(2006～2020年)调整方案》强调,切实提高城镇建设用地集约化程度,要积极推进新型城镇化建设,严格控制超大城市、特大城市用地规模,合理安排大中小城市用地

续表

目标	关键词	出处	内容
长效机制	盘活存量用地	国土资源部等四部委	9月29日,《关于建立城镇建设用地增加规模同吸纳农业转移人口落户数量挂钩机制的实施意见》提出实行差别化用地标准 ➤综合考虑东、中、西部不同地区经济社会发展和自然条件的差异,以及非农业转移落户人口和取得居住证的常住非户籍人口的用地需求,允许各省份根据实际对标准进行适当调整,幅度控制在10%以内 ➤在土地利用总体规划编制中要更加突出进城落户人口因素,合理确定城镇建设用地规模。在制订三年滚动用地计划和分解下达年度用地计划时,充分考虑新型城镇化和进城落户人口的用地需求,由各省(区、市)根据进城落户人口专项安排进城落户人口用地指标,确保合理用地需求
		国土资源部	11月23日,《深入推进城镇低效用地再开发的指导意见》发布,鼓励原国有土地使用权人自主或联合改造开发,积极引导城中村集体建设用地改造开发,鼓励产业转型、升级优化用地结构,鼓励集中成片开发
	培育和发展租赁市场	国务院办公厅	6月3日,《关于加快培育和发展住房租赁市场的若干意见》出台,提出加快培育和发展租赁市场,培育市场供应主体、鼓励住房租赁消费、完善公共租赁住房、支持租赁住房建设、加大政策支持力度、加强住房租赁监管,推动住房租赁市场规模化、集约化、专业化发展
		住建部等七部委	8月16日,《关于加强房地产中介管理促进行业健康发展的意见》出台,针对当前中介市场乱象制定了严格的规范措施,包括规范中介服务行为、完善行业管理制度、加强中介市场监管等
	不动产登记	国土资源部	1月20日,《不动产登记暂行条例实施细则》发布 6月14日,《建立和实施不动产统一登记制度专项督查方案》印发
		住建部	1月20日,《关于加快建设住房公积金综合服务平台的通知》提出各设区城市要以服务缴存单位和缴存职工为导向,充分利用"互联网+"技术,加快建设功能齐全、使用便捷、安全高效的住房公积金综合服务平台
	"十三五"规划		3月17日,《国民经济和社会发展第十三个五年规划纲要》发布,提出构建以政府为主提供基本保障、以市场为主满足多层次需求的住房供应体系,优化住房供需结构,稳步提高居民住房水平,更好地保障住有所居 ➤解决城镇新居民住房需求。要提高住房保障水平,将居住证持有人纳入城镇住房保障范围,完善投资、信贷、土地税费等支持政策。把公租房扩大到非户籍人口,实现公租房货币化

续表

目标	关键词	出处	内容
长效机制	"十三五"规划		➤建立购租并举的住房制度。实行实物保障与货币补贴并举,逐步加大租赁补贴发放力度。积极发展住房租赁市场,鼓励自然人和各类机构投资者购买库存商品房,扩大租赁市场房源,鼓励发展以住房租赁为主营业务的专业化企业 ➤保持房地产市场平稳运行。优化住房供给结构,促进市场供需平衡。建立城乡统一的建设用地市场,提高土地利用强度。按照严控增量、盘活存量、优化结构的思路,逐步调整城市用地结构。促进房地产业兼并重组,提高产业集中度 ➤到2020年基本完成城镇棚户区和危房改造任务。要将棚户区改造与城市更新、产业转型升级更好地结合起来,鼓励社会资本参与棚户区改造和运营,建设绿色城市,推广装配式建筑和钢结构建筑,加快推进住宅产业现代化,提升住宅综合品质

2. 2017年中国房地产政策展望

展望2017年,中央经济工作会议坚持"房子是用来住的,不是用来炒的"的定位,说明2017年房地产政策基调将是抑制房地产投机,防止金融风险,但也要保持房地产平稳发展。因此,2017年在房地产市场分化的大格局下,地方调控仍将延续因城施策的特点,在支持居民自住购房的同时,更加注重抑制投资投机性需求,防止热点城市的泡沫风险及市场出现大起大落,短期政策侧重于通过各类措施"稳定"市场环境,中长期则将更注重房地产长效机制的建立完善。

短期:热点城市防泡沫、控风险是房地产调控的重点,货币投放控制趋紧,差别化信贷政策仍将延续,限购、限贷等政策手段常态化;土地供应将有所增加,在盘活城市闲置和低效用地方面将进一步出台新政策;三四线城市和县城房地产市场仍以"去库存"为主题,但要把"去库存"和促进人口城镇化结合起来,提高三四线城市公共服务水平,增强对农业转移人口的吸引力。

长期:加快推动住房租赁市场立法,推进机构化、规模化租赁企业发展,大力发展住房租赁市场;继续坚持区域总体发展战略,深入推进京津冀协同发展、长江经济带和"一带一路"建设三大战略,积极推进城市群和都市圈发展,疏解大城市功能,实现区域一体化。

3. 若干影响房地产走势的关键性政策因素

房地产是经济增长的重要支柱,既要防范风险,也要保证老百姓基本住房

需求。而防风险是 2017 年房地产政策的主基调：一是经济下滑的风险，需要正确认识房地产的积极作用；二是国际国内资本市场的"资产荒"风险，资金脱实入虚，推高房价；三是国内地方政府债务不断累积，如果房地产市场下行，很有可能激发地方政府债务危机。这些都将影响房地产政策的出台，需要在货币供应、银行信贷、土地供应、法律、税收等方面综合施策，确保房地产市场平稳健康发展。

（1）货币供应量

自 2010 年之后，中国房地产市场主要表现为一种货币现象。2016 年，货币政策已经从实际偏松状态转向稳健偏紧，其背后的逻辑是房价大涨、通胀反弹、汇率贬值，政治局和中央经济工作会议均把抑制资产泡沫和防范金融风险作为 2017 年的主要目标。2016 年末广义货币供应量（M2）余额 155 万亿元，比上年末增长 11.3%；而月度环比增速明显下降（见图 11）。但是，M2 通常只包括存款，银行越来越多地通过发行同业存单筹措资金，从而使得广义的货币增速被显著低估。截至 2016 年末，银行总负债高达 208 万亿元，已经接近 GDP 的 3 倍，这反映了货币超发远比广义货币 M2 所显示的 155 万亿元要严重得多（见图 12）。在去杠杆的政策基调下，货币收紧的最大风险在于房地产市场，随着房贷利率的回升，房贷增速将从历史高位大幅下滑，并导致地产销量和房价的下跌。

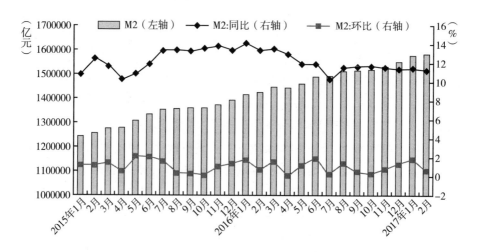

图 11 货币供应量增长情况

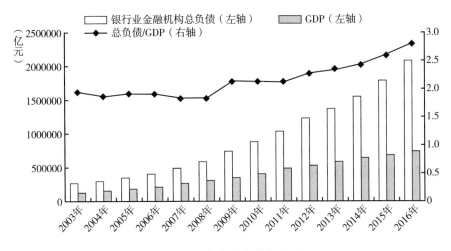

图 12　银行总负债与 GDP

（2）住房信贷投向

2017 年，房地产市场的融资环境可能会发生较为明显的变化。2016 年，全国银行贷款约 1/4 投向了房地产，新增贷款中有 45% 是房地产贷款，大量资金涌入房地产市场，这样的情况在 2017 年恐怕难以再现（见图 13、图 14）。尽管当前全国银行房地产信贷的杠杆水平并不高，风险可控，但是 2015 年房地产信贷的高增速已经引起了监管部门的关注。中国人民银行行长周小川 2017 年 3 月 10 日在"两会"新闻发布会上表示，住房贷款在中国还会以相对比较快的速度发展，但是确实要适当平衡。随着住房产业的政策调整，增速估计会适当放慢。鉴于 2015 年个人房贷增长比较快，日前监管层已经向各大行传达要对新增房贷规模有所把控。2017 年银行房地产信贷将采取有保有压的差别化政策：一方面，将对带有泡沫和投机性的房地产信贷需求加以限制；另一方面，将继续支持新型城镇化过程中居民的住房刚性需求和改善性需求，将继续支持三四线城市房地产"去库存"进程。

（3）土地供应

在热点城市对建设用地实施总量控制的背景下，要提供足以抑制房价上涨的住宅用地供应量，2017 年可能需要在土地用途管制制度方面有所突破。一是要建立分类调控制度，对土地进行"双向调控"，即对房价上涨压力大的城市合理增加土地供应，而对"去库存"压力大的三四线城市减少乃至暂停住

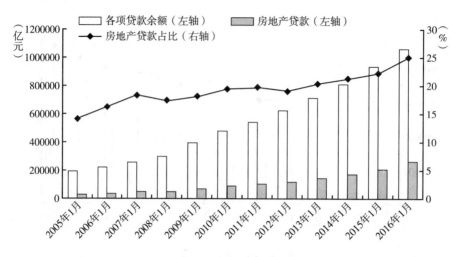

图 13　各项贷款余额中房地产贷款占比情况

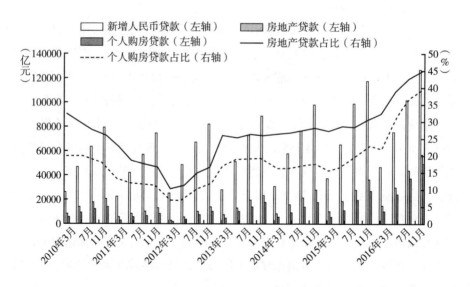

图 14　新增贷款中房地产贷款占比情况

宅用地供应。二是要调整土地供应结构，合理提高住宅用地比例，落实人地挂钩政策，以市场配置满足多层次住房用地需求，对保障性住房用地实行应保尽保。三是要保持城市地价总体平稳，严密防范房地产风险。城市政府定期向社会公布住宅用地中期规划和计划，形成居民和企业的良好预期。同时总结各地土地市场调控经验，改进和完善"招拍挂"制度。进一步规范土地市场秩序，遏制炒作土地的投机行为（见图15）。

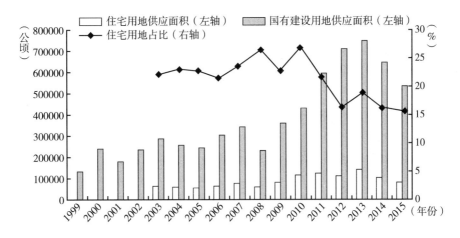

图15　住宅用地占国有建设用地比例情况

（4）房地产库存

2016年，房地产"去库存"直接推动了新一轮房地产价格暴涨。总体来看，房地产"去库存"政策取得了预期的效果。商品房待售面积在2016年底同比出现负增长，住宅待售面积更是明显下滑（见图16）。但"去库存"的效果主要体现在一、二线热点城市及其周边的部分三四线城市，大部分三四线城市库存仍居高不下。2017年，三四线城市"去库存"的工作将延续年初以来多措并举的"去库存"措施，并在以下四个方面推进：一是继续以新型城镇化推动"去库存"，这是三四线城市"去库存"的主要途径。为了引导、鼓励农民工进城，要进一步深化户籍制度改革，同时要支持居民自住和进城人员购房需求；二是继续推进棚改货币化安置。要因地制宜地提高货币化安置比例；三是推进住房租赁市场发展，实现购住并举，把现有部分存量房改成租赁房，由企业、开发商持有、出租；四是发展跨界地产，鼓励开发企业将现有的库存转化为"双创"用房，转化为体育、卫生、医疗、养老产业用房。

（5）关于农村土地制度改革试点和土地管理法修改问题

从2015年开始，全国有33个地区开展了农村土地征收、集体经营性建

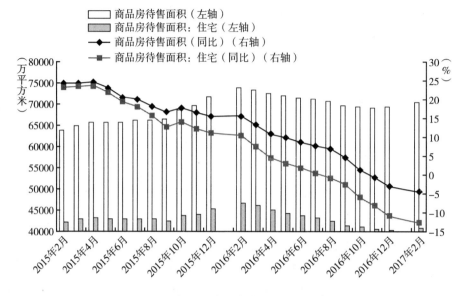

图16 商品房待售面积

设用地入市和宅基地制度改革试点。土地管理法修正案将在农村土地征收方面，规范征收程序，缩小征地范围，完善对被征地农民合理、规范、多元保障机制等的改革；在集体经营性建设用地入市方面，建立城乡统一的建设用地市场，农村集体经营性建设用地与国有建设用地同权同价、同等入市；在宅基地制度方面，体现依法公平取得、节约集约使用、自愿有偿退出等制度安排。同时，对建立兼顾国家、集体、个人的土地增值收益分配机制及合理提高个人收益，也做出了相关规定。探索农村集体组织通过出租、合作等方式盘活利用空闲农房及宅基地，增加农民财产性收入的改革措施，已写入2017年中央一号文件。

（6）房地产税

党的十八届三中全会提出的改革任务中提出要加快房地产税立法并适时推进改革。开征房产税，增加房产的持有成本，能够有效地抑制房地产市场投机性需求。这是市场普遍形成的共识。房地产税何时开征也是最引人关注的话题之一。由于这部法律涉及面比较广，尤其是在全国范围内开征一项新的税种，关系方方面面的切身利益，在短期内无法推进，这也在市场意料之中。十二届全国人大五次会议把制定房地产税法列入了五年立法规划。这说明，政府对房地产市场调控具有足够的信心，在尚有其他调控手段的情况下，出台房产税也并非迫在眉睫。

（三）2017年中国房地产市场走势分析

1. 2017年房地产市场走势总体判断

2010年之后，房价的普涨阶段已经结束，开始进入结构性分化的阶段。这一转折性的变化在房地产新开工面积和销售面积指标上较早显现。但是对房价的影响，直到2015年下半年才逐渐体现出来。房地产市场分化的结果是：越受人们青睐的优质城市，其公共服务就越有可能进一步提高或改善，从而导致城市间的房价梯度越来越明显。因此，我们看到在一、二线城市房价节节攀升的同时，三四线城市房地产市场岌岌可危。这种结构性分化开始之后，还将经历一个较长时间的深化和自我强化阶段。即一、二线城市继续分化，支撑房价继续上涨的城市范围不断缩小，直到房地产周期规律完全显现，最终形成市场拐点。但是，中国经济具有广阔的市场纵深，政府对房地产市场的调控既缓和了热点城市房价高企的矛盾，又延缓了市场分化进程，从而维持房地产的平稳发展。政府对一线城市和二线热点城市的限贷限购政策，则是迫使房地产市场需求在空间上外溢，缓和热点城市市场压力，维持房地产市场平稳发展有效的政策工具。

2017年，我们对于房地产市场的整体判断是进入量价调整阶段，房地产市场分化将进一步深化和强化，但不同的城市仍存在市场机会。一线城市步入存量房时代，新房开发建设的市场空间被不断压缩，城市产业结构升级带来的存量土地和存量物业盘活将是未来房地产市场的主题，房屋租赁市场有望成为房地产行业发展的新机遇；二线过热城市房价空间被透支，"量价回调"是大概率事件，但具备产业和人口支撑的城市，将成为下一个发展的新风口，如天津、郑州、武汉等城市受益于城市群发展，城市潜力将逐渐显现，量价进入平稳增长周期；西部节点型城市，如重庆、成都、西安等城市房价相对较低，市场发展有望进入新阶段。此外，位于大城市周边的小城市或自身产业优势显著的三四线城市，房地产市场发展仍具备潜力。

2. 2017年房地产市场主要指标预测

下文运用ARIMA模型对2017年房地产市场主要指标进行预测。

第一，2017 年房地产业的宏观经济地位继续回升，但同比增速将明显下降。表 9 显示，2017 年房地产业占服务业比重预测将上升 0.4 个百分点。从图 17 可见，2010~2013 年房地产业占服务业比重维持在较高水平，2014 年和 2015 年则出现连续下降，继 2016 年触底反弹后，预测 2017 年将继续回升。预测 2017 年比重将高于 2010 年以来的平均水平（12.6%）。表 9 中 2016 年房地产业指数高于服务业指数和 GDP 指数，而从 2017 年预测值看，房地产业指数全年累计分别低于 GDP 指数和服务业指数 1.2 和 2.8 个百分点。图 18 更清晰地表明，房地产增加值的可比增速较服务业有更大的波动性，其大幅度波动、反转对其本身和宏观经济都具有不容忽视的破坏作用。其宏观政策启示是，2017 年应在稳定房价市场预期的条件下，避免房地产领域的大起大落。

表 9　中国 GDP、服务业和房地产业增加值及其指数季度预测

单位：万亿元，指数上期 = 100，%

年、季度	GDP	服务业增加值	房地产业增加值	GDP 指数	服务业指数	房地产业指数	房地产业占服务业比重
2016 年第一季度	16.16	9.14	1.10	106.7	107.6	109.1	12.0
2016 年第二季度	34.23	18.52	2.28	106.7	107.5	108.9	12.3
2016 年第三季度	53.28	28.16	3.49	106.7	107.6	108.9	12.4
2016 年第四季度	74.41	38.42	4.81	106.7	107.8	108.6	12.5
2017 年第一季度	17.82	10.20	1.27	106.6	108.2	105.8	12.4
2017 年第二季度	37.82	20.55	2.58	106.5	108.1	105.5	12.6
2017 年第三季度	58.92	31.16	3.96	106.5	108.1	105.2	12.7
2017 年第四季度	82.32	42.38	5.46	106.5	108.1	105.3	12.9

注：表中全部数据序列均为累计值，下同。

第二，2017 年城镇固定资产投资增速继续下降，房地产投资增速小幅回升，住宅投资将基本持平（见图 19）。从表 10 及依其绘制的图 20、图 21 看，2017 年房地产投资占城镇固定资产投资比重与 2016 年基本持平；2017 年住宅投资占房地产投资（累计）比重可能会略有下降，从单月值看第四季度将明显低于第一季度，在 2017 年大政策环境下，住宅投资受到抑制的程度可能更大些。

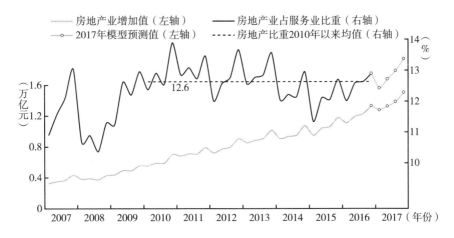

图17 中国房地产业增加值及其占服务业比重预测

图18 中国服务业及房地产业增加值波动预测

第三，2017年房地产业土地购置面积继续下降，土地成交价款增速减缓。表11显示，2017年土地购置面积将在2016年小幅下降3.4%的基础上继续下降至4.5%左右。而2017年土地成交价款增速也将显著下降，由2016年的19.8%降至2017年的约12%。面积总量下降和价款总额增长12%叠加，2017年土地成交均价将从2016年的4145元/平方米上升至4800元/平方米以上。尽管2017年土地成交均价仍将出现约17%的较大增幅，但明显低于2016年的24%，这对稳定房地产终端市场价格是有益的。

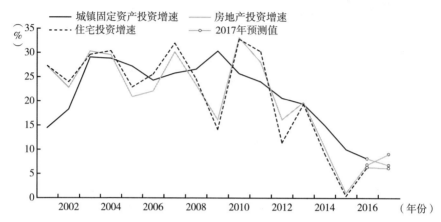

图 19　中国城镇固定资产投资、房地产投资与住宅投资年度增速预测

表 10　中国城镇投资、房地产投资和住宅投资月度预测

单位：万亿元，%

年、月份	城镇固定资产投资	房地产投资	房地产住宅投资	房地产投资占城镇固定资产投资比重	住宅投资占房地产投资比重
2016 年 2 月	3.80	0.91	0.60	23.8	6.6
2016 年 3 月	8.58	1.77	1.17	20.6	66.0
2016 年 4 月	13.26	2.54	1.69	19.1	66.5
2016 年 5 月	18.77	3.46	2.31	18.4	66.9
2016 年 6 月	25.84	4.66	3.11	18.0	66.8
2016 年 7 月	31.17	5.54	3.70	17.8	66.8
2016 年 8 月	36.63	6.44	4.31	17.6	66.9
2016 年 9 月	42.69	7.46	4.99	17.5	66.9
2016 年 10 月	48.44	8.40	5.63	17.3	67.0
2016 年 11 月	53.85	9.34	6.26	17.3	67.0
2016 年 12 月	59.65	10.26	6.87	17.2	67.0
2017 年 2 月	4.14	0.99	0.66	23.8	66.7
2017 年 3 月	9.29	1.93	1.30	20.8	67.4
2017 年 4 月	14.37	2.78	1.89	19.3	68.1
2017 年 5 月	20.25	3.79	2.57	18.7	67.7
2017 年 6 月	27.62	5.09	3.40	18.4	66.9
2017 年 7 月	33.31	6.04	4.02	18.1	66.6
2017 年 8 月	39.16	7.01	4.66	17.9	66.5
2017 年 9 月	45.58	8.140	5.35	17.8	66.0
2017 年 10 月	51.72	9.13	6.02	17.6	65.9
2017 年 11 月	57.53	10.16	6.67	17.7	65.6
2017 年 12 月	63.69	11.19	7.29	17.6	65.2

图20 中国城镇固定资产投资和房地产开发投资月度序列预测

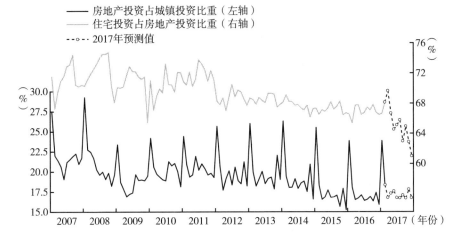

**图21 中国房地产投资占城镇投资比重和住宅投资占
房地产投资比重（单月值）预测**

表11 中国房地产业土地购置面积与价款月度预测

单位：万平方米，亿元，%，元/平方米

年、月份	土地购置面积	土地成交价款	土地购置面积增速	土地成交价款增速	土地成交均价
2016 年 2 月	2236	705	-19.4	0.9	3154
2016 年 3 月	3577	1165	-11.7	3.7	3256
2016 年 4 月	5114	1568	-6.5	-0.2	3066

续表

年、月份	土地购置面积	土地成交价款	土地购置面积增速	土地成交价款增速	土地成交均价
2016 年 5 月	7196	2295	-5.9	4.7	3190
2016 年 6 月	9502	3159	-3.0	10.2	3325
2016 年 7 月	11167	3848	-7.8	7.1	3446
2016 年 8 月	12922	4632	-8.5	7.9	3585
2016 年 9 月	14917	5569	-6.1	13.3	3733
2016 年 10 月	16873	6764	-5.5	16.7	4009
2016 年 11 月	19046	7777	-4.3	21.4	4084
2016 年 12 月	22025	9129	-3.4	19.8	4145
2017 年 2 月	2374	794	6.2	12.7	3346
2017 年 3 月	3839	1449	7.3	24.4	3774
2017 年 4 月	5397	2196	5.5	40.0	4069
2017 年 5 月	7345	3160	2.1	37.7	4302
2017 年 6 月	9379	4206	-1.3	33.1	4484
2017 年 7 月	10956	5088	-1.9	32.2	4644
2017 年 8 月	12654	5986	-2.1	29.2	4730
2017 年 9 月	14509	6999	-2.7	25.7	4824
2017 年 10 月	16325	8119	-3.2	20.0	4973
2017 年 11 月	18334	9112	-3.7	17.2	4970
2017 年 12 月	21032	10211	-4.5	11.9	4855

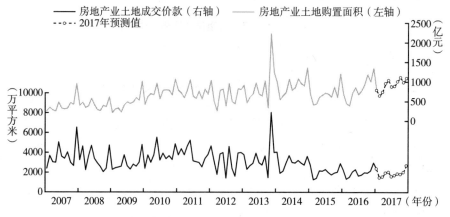

图22　中国房地产土地购置面积与土地成交价款预测

第四，2017年商品房市场销售增速回落，价格走势相对平稳。从表12及图23可见，2017年商品房销售面积与销售额增速与2016年相比双双回落，降幅分别约为10个百分点和20个百分点。预计商品房销售均价由2016年增长10%降至2017年的上升不超过1%，房地产市场价格平稳将有利于宏观经济的平稳运行。

表12　中国商品房销售月度预测

单位：亿平方米，万亿元，%，元/平方米

年、月份	商品房销售面积	商品房销售额	商品房销售面积增速	商品房销售额增速	商品房销售均价
2016 年 2 月	1.12	0.86	28.2	43.6	7634
2016 年 3 月	2.43	1.85	33.1	54.1	7623
2016 年 4 月	3.60	2.77	36.5	55.9	7680
2016 年 5 月	4.80	3.68	33.2	50.7	7669
2016 年 6 月	6.43	4.87	27.9	42.1	7571
2016 年 7 月	7.58	5.76	26.4	39.8	7599
2016 年 8 月	8.75	6.66	25.5	38.7	7618
2016 年 9 月	10.52	8.02	26.9	41.3	7625
2016 年 10 月	12.03	9.15	26.8	41.2	7602
2016 年 11 月	13.58	10.25	24.3	37.5	7546
2016 年 12 月	15.73	11.76	22.5	34.8	7476
2017 年 2 月	1.41	1.08	25.1	26.0	7688
2017 年 3 月	2.88	2.17	18.3	17.2	7548
2017 年 4 月	4.20	3.18	16.5	15.0	7578
2017 年 5 月	5.59	4.23	16.5	15.0	7570
2017 年 6 月	7.40	5.52	15.1	13.4	7457
2017 年 7 月	8.72	6.55	15.1	13.9	7516
2017 年 8 月	10.07	7.63	15.1	14.5	7581
2017 年 9 月	11.92	9.03	13.3	12.6	7578
2017 年 10 月	13.55	10.27	12.6	12.2	7578
2017 年 11 月	15.31	11.61	12.7	13.2	7580
2017 年 12 月	17.68	13.32	12.3	13.3	7537

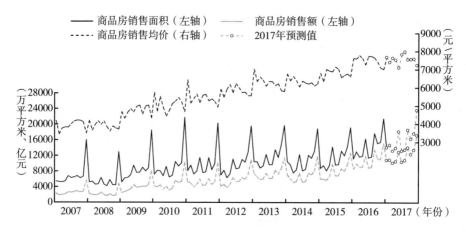

图23 中国商品房销售面积、销售额与销售均价月度预测

土 地 篇
Land

B.2
2016年全国主要监测城市地价状况及2017年走势[*]

中国土地勘测规划院地价监测组[**]

摘　要：　　　2016 年，全国主要监测城市各用途地价增长率均有所提升，综合地价增速温和上行，住宅地价较快增长，商服与工

---

[*] 全国主要监测城市，包括北京市、天津市、石家庄市、太原市、呼和浩特市、沈阳市、大连市、长春市、哈尔滨市、上海市、南京市、杭州市、宁波市、合肥市、福州市、厦门市、南昌市、济南市、青岛市、郑州市、武汉市、长沙市、广州市、深圳市、南宁市、海口市、重庆市、成都市、贵阳市、昆明市、西安市、兰州市、西宁市、银川市、乌鲁木齐市、拉萨市、唐山市、秦皇岛市、邯郸市、保定市、张家口市、廊坊市、淄博市、枣庄市、烟台市、潍坊市、济宁市、泰安市、临沂市、开封市、洛阳市、平顶山市、安阳市、新乡市、焦作市、鞍山市、抚顺市、本溪市、丹东市、锦州市、阜新市、辽阳市、吉林市、齐齐哈尔市、鸡西市、鹤岗市、大庆市、伊春市、佳木斯市、牡丹江市、无锡市、徐州市、常州市、苏州市、南通市、扬州市、温州市、嘉兴市、湖州市、泉州市、珠海市、汕头市、佛山市顺德区、湛江市、东莞市、中山市、芜湖市、蚌埠市、淮南市、淮北市、九江市、黄石市、宜昌市、襄阳市、荆州市、株洲市、湘潭市、衡阳市、岳阳市、柳州市、北海市、南充市、宜宾市、大同市、包头市等105个城市。重点监测城市，包括全国主要监测城市中的各省会、自治区首府所在城市，直辖市及计划单列市，共36个城市。

[**] 中国土地勘测规划院地价监测组负责人赵松，中国土地勘测规划院地价所所长。

业地价持续平稳；各季度综合、住宅和商服地价环比增长率逐季上升，工业地价环比增长率逐季降低。分类型看，一、二、三线城市住宅、商服地价增速梯次差异明显，一线城市工业地价增速远高于二、三线城市；分区域看，除长江三角洲地区和珠江三角洲地区商服地价增速略有放缓外，其余各地区各用途地价增速均有所上扬，其中长江三角洲地区住宅地价增速提升幅度最大。

2017 年，中央经济工作总基调继续定位为"稳中求进"，既要抑制房地产泡沫，又要防止出现大起大落仍将是调控政策重点；持续稳健的货币政策将维持流动性基本稳定，差别化信贷政策的落实将对不同类型城市的房地产市场产生影响；住宅投资属性的抑制效果将直接作用于住宅用地需求，进而影响住宅地价变化；在国内宏观经济总体趋稳的态势下，商服和工业地价将继续保持平稳运行。

关键词：　主要监测城市　　地价状况　　地价增长率　　土地供应

一　2016年全国主要监测城市地价状况分析

（一）地价水平值分析

1. 各用途地价水平继续提升，重点监测城市增加幅度大于主要监测城市

2016 年，全国主要监测城市综合地价水平值为 3826 元/平方米，比上年提高了 193 元/平方米。商服、住宅、工业各用途地价水平值均有所提升，其中，住宅地价提高最多，增幅达 434 元/平方米；工业地价较上年提升最小，为 22 元/平方米。

2016 年，全国重点监测城市综合地价水平值为 5680 元/平方米，各用途地价均高于主要监测城市。其中，商服、住宅和工业地价水平值分别比主要监测城市高出 2338 元/平方米、2707 元/平方米和 273 元/平方米。2016 年重点监测城市各用途地价水平值增量均大于全国主要监测城市（见图1）。

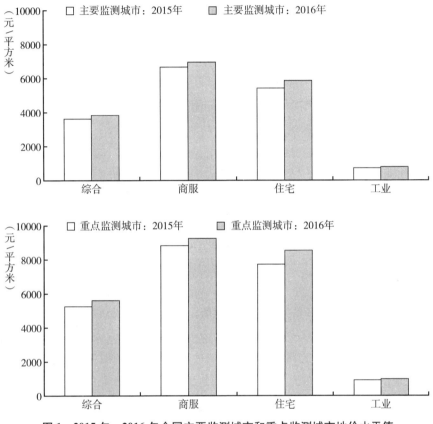

图1　2015 年、2016 年全国主要监测城市和重点监测城市地价水平值

2. 珠江三角洲地区各用途地价水平值继续在三大重点区域保持最高位，长江三角洲地区住宅地价首次超过商服地价

在三大重点区域的各用途地价水平值中，继续保持珠江三角洲地区最高、长江三角洲地区次之、环渤海地区最低的格局。其中，珠江三角洲地区商服地价最高，为 20874 元/平方米，分别是长江三角洲地区和环渤海地区的 2.29 倍和 2.79 倍，差距较上年基本持平。除环渤海地区工业地价水平值略低于全国主要监测城市平均水平外，长江三角洲地区、珠江三角洲地区各用途地价水平值，以及环渤海地区其余用途地价水平值均高于全国平均水平。值得注意的

是，长江三角洲地区住宅地价达到9746元/平方米，首次超过商服地价，这也是三大重点区域中唯一住宅地价水平值高于商服地价水平值的地区（见图2）。

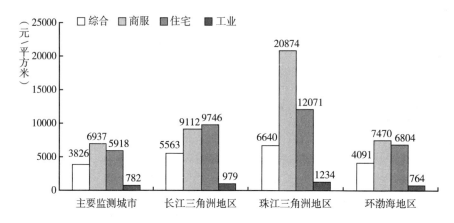

图2　2016年三大重点区域地价水平值

（二）地价增长率分析

1.全国主要监测城市住宅地价增速上扬，商服与工业地价增速与上年相比基本持平

2016年，全国主要监测城市各用途地价均有所上升，但增速差异较大。其中住宅地价增长率最高，为7.91%，增幅较上年提高3.99个百分点；商服和工业地价增长率较低，分别为3.09%和2.84%，与上年相比基本持平（见图3）。

2.全国主要监测城市工业地价环比增长率逐季降低，住宅和商服地价环比增长率逐季上升

2016年，全国主要监测城市各季度工业地价环比增长率逐季降低，从第一季度的0.73%降低至第四季度的0.64%，且下半年低于其余各用途地价的环比增长率。与上年相比，工业地价环比增速除第二季度略低于上年同期外，其余三季度较上年同期均有所上升。住宅用地和商服用地地价环比增长率逐季上升，且各季度住宅用地地价环比增长率均高于上年同期水平（见图4）。

3.各类城市住宅、商服地价增速梯次差异明显，一线城市工业地价增速远高于二、三线城市

2016年，一、二、三线城市各用途地价增长率继续呈现分化态势，其中

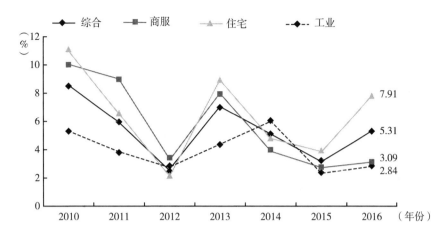

图3　2010～2016年全国主要监测城市各用途地价增长率

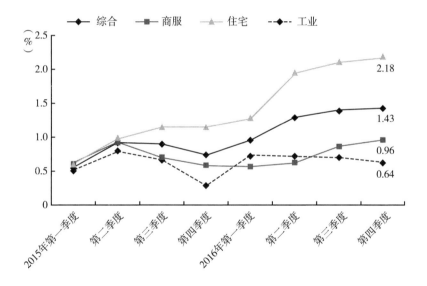

图4　2015～2016年全国主要监测城市各用途地价季度环比增长率

商服和住宅地价增长率在各类城市间梯次差异较为明显，工业地价增长率表现为一线城市显著高于二线和三线城市，且二线与三线城市较为接近。与上年相比，2016年一线城市住宅地价增速提高了8.69个百分点，二线城市住宅地价增速提高了4.15个百分点，均高于全国主要监测城市平均水平，其余城市各用途地价增速变动较小（见图5）。

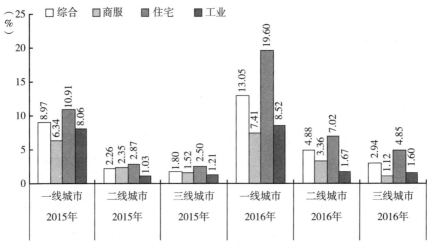

图5　2015年、2016年一、二、三线城市各用途地价增长率比较分析

4. 全国重点监测城市住宅地价同比增速高位运行，各季度环比增速年末有所回落，与主要监测城市变化趋势存在差异

2016年，全国重点监测城市住宅地价快速增长，增速为10.08%，高于主要监测城市2.17个百分点；商服地价与工业地价低速增长，增速分别为4.60%与4.15%，分别高出主要监测城市1.51个与1.31个百分点（见图6）。

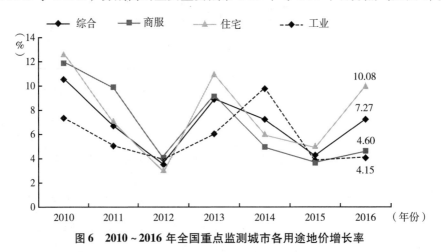

图6　2010～2016年全国重点监测城市各用途地价增长率

2016年前三季度重点监测城市综合、住宅地价环比增速逐季上扬，变化趋势与主要监测城市一致，第四季度重点监测城市综合、住宅地价环比增速回落，与主

要监测城市变化趋势相反；重点监测城市商服地价第一、第二季度环比增速基本持平，第三、第四季度逐季上扬，与主要监测城市变化趋势基本一致；工业地价环比增速除第二季度略有提升外，其余各季度变化趋势与主要监测城市一致（见图7）。

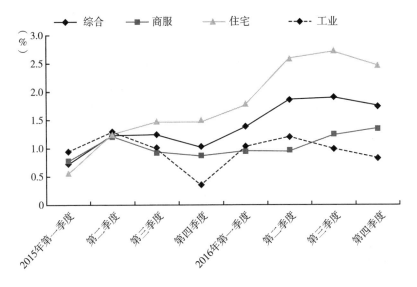

图7　2015~2016年全国重点监测城市各用途地价季度环比增长率

5. 除长江三角洲地区和珠江三角洲地区商服地价增速略有放缓外，其余各地区各用途地价增速均有所上扬，其中长江三角洲地区住宅地价表现得最为明显

三大重点区域中，除长江三角洲地区住宅地价增速高于环渤海地区外，其余各用途地价增长率均呈珠江三角洲地区、环渤海地区和长江三角洲地区依次降低的格局。其中长江三角洲地区和珠江三角洲地区均表现为住宅地价增速最高，工业地价增速次高，商服地价增速最低，且长江三角洲地区住宅地价增速显著高于工业与商服地价增速；环渤海地区各用途地价增速呈住宅、商服和工业梯次降低的格局（见图8）。

从地价增长率的变化幅度来看，2016年除环渤海地区商服地价增速有所上扬外，长江三角洲和珠江三角洲地区商服地价增速较上年均有所降低，分别降低了0.27个和0.28个百分点；三大重点区域住宅地价增速较上年均有较大幅度的增长，长江三角洲地区最为显著，增速较上年提高了7.46个百分点；各区域工业地价增速较上年均略有提升（见表1）。

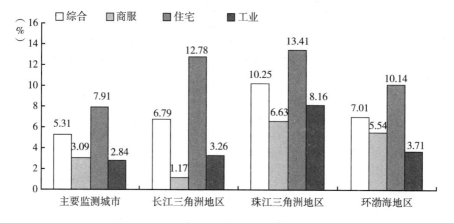

图8　2016年三大重点区域各用途地价增长率

表1　2016年三大重点区域和主要监测城市各用途地价增长率同比变动情况

单位：个百分点

地区	综合	商服	住宅	工业
主要监测城市	2.15	0.39	3.99	0.46
长江三角洲地区	3.48	−0.27	7.46	1.13
珠江三角洲地区	1.69	−0.28	3.43	0.52
环渤海地区	3.78	2.44	6.01	1.51

6. 16个热点城市中，部分城市住宅地价同比增速大幅提升，多个城市住宅地价四季度环比涨幅回落，深圳住宅地价四季度环比增速由正转负

为深入反映住宅用地市场动态变化，参照国家统计局以及住房和城乡建设部分类，我们对16个热点城市的住宅地价变化情况进行了统计。2016年，除深圳外，其余热点城市住宅地价增速较上年均有所上扬。其中，厦门住宅地价增长率最高，达29.3%，增速较上年提高了22.86个百分点；济南住宅地价增速最低，为3.92%。除广州、深圳、成都外，其余13个城市住宅地价同比增长率均为近四年最高（见图9）。

从各季度环比增速来看，除北京、成都、福州、杭州、济南、无锡外，其余10个城市的住宅地价季度环比增速均在第四季度回落。其中，合肥回落最明显，较第三季度收窄了5.34个百分点。此外，深圳第四季度住宅地价环比增速由正转负，为−0.18%（见表2），自2005年第二季度以来首次出现地价水平下降。

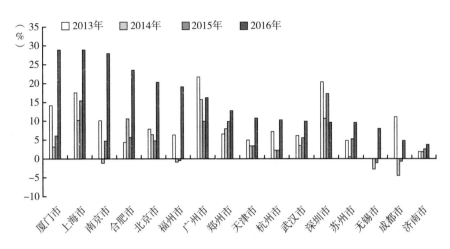

图9　2013～2016年热点城市住宅地价增长率变化情况

表2　2016年16个热点城市各季度住宅地价环比增长率及变动趋势

单位：%

城市	2016年第一季度	2016年第二季度	2016年第三季度	2016年第四季度	2016年各季度变动趋势
福州市	3.08	3.07	3.95	7.93	
无锡市	0.36	0.72	1.91	5.12	
杭州市	0.14	2.74	2.98	4.17	
成都市	0.54	0.64	1.34	2.32	
济南市	−0.27	1.30	0.95	1.90	
北京市	4.54	4.48	4.79	5.32	
苏州市	1.60	3.58	2.21	2.00	
广州市	3.70	3.71	4.27	3.86	
天津市	1.00	3.64	3.14	2.65	
南京市	5.20	8.12	6.61	5.61	
上海市	6.93	6.87	6.91	5.46	
深圳市	4.03	3.60	2.08	−0.18	
厦门市	2.23	12.90	6.93	4.55	
郑州市	2.39	2.36	5.06	2.55	
武汉市	1.51	3.00	4.08	1.05	
合肥市	3.01	7.92	8.22	2.88	

二 2016年全国主要监测城市土地供应状况分析

（一）全国主要监测城市建设用地供应总量降幅收窄，基础设施用地供应量有所增加

2016 年，全国主要监测城市建设用地供应面积为 21.25 万公顷，同比下降 3.72%，降幅较上年收窄 10.19 个百分点。在 2015 年末中央经济工作会议上提出的全国"去库存"政策的导向下，建设用地供应总量整体仍处于较低水平。

分用途来看，基础设施用地是与上年同期相比供应量增加的唯一地类，增长率为 1.06%，增速较上年提升 12.23 个百分点；保障性住房用地供应量同比降幅最大，为 –38.14%，与上年相比扩大 33.5 个百分点；其余各用途土地供应量降幅均较上年有所收窄（见图 10）。

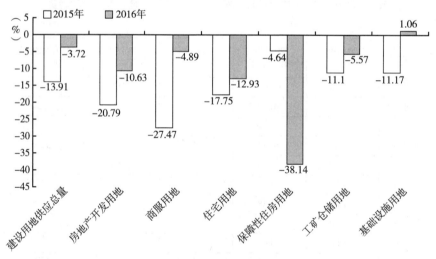

图10 2015年、2016年全国主要监测城市各用途土地供应量增长率比较

资料来源：国土资源部土地市场动态监测监管系统。

（二）全国主要监测城市各用途土地供应节奏存在差异，房地产开发用地各季度供应量相对平稳

2016 年，全国主要监测城市除工矿仓储用地外，其余各用途土地供应量均在

第四季度达到高峰。从各季度土地供应节奏来看，第二季度各用途土地供应量差异较为明显，房地产开发用地（包括商服用地和住宅用地）第二季度供应量低于第一、第三季度，保障性住房用地和基础设施用地各季度供应量呈逐季增加态势，而工矿仓储用地供应量在第二季度达到16439.87公顷，远高于第一、第三季度。

基础设施用地供应量年末大幅增加，第四季度供应量高达4.51万公顷，是前三季度供应量之和的81%，年末基础设施用地供应量大幅上升的态势已持续三年。

此外，房地产开发用地各季度分别为11.33万、9.99万、11.42万和16.03万公顷，供应节奏变化相对平缓（见图11）。

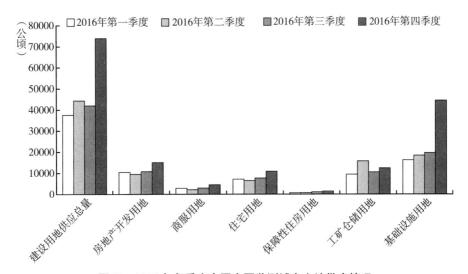

图11　2016年各季度全国主要监测城市土地供应情况

资料来源：国土资源部土地市场动态监测监管系统。

（三）主要监测城市住宅用地出让面积降幅收窄，住宅地价增长率上扬

2016年，全国主要监测城市住宅用地出让面积为2.85万公顷，虽继续减少，但降幅较上年收窄15.46个百分点；住宅地价增速上扬，较上年提高3.99个百分点。自2012年以来，全国主要监测城市住宅用地出让面积和住宅地价同比增长率相关系数为0.84，两者变动趋势较为一致，表现出同向相关性（见图12）。

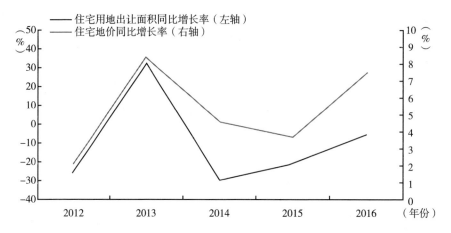

图12　2012～2016年全国主要监测城市住宅用地出让面积同比增长率和住宅地价同比增长率变化情况

资料来源：住宅用地出让面积资料来源于国土资源部土地市场动态监测监管系统。

（四）一、二、三线城市呈现住宅用地出让面积减少、住宅地价不同程度增长的局面，一线城市反差最大

2016年，全国主要监测城市中一、二、三线城市住宅用地出让面积较上年均有不同程度的下降，其中一线城市最为明显，减少了43.95%。与此同时，各类城市的住宅地价增速均有所上升，其中一线城市住宅地价增长率最高，达到19.60%。各类城市的住宅用地出让使市场呈现"量降价升"的局面，且一线城市更为明显，其住宅用地出让面积增长率和住宅地价增长率相差63.55个百分点，两者间的反差在各类城市中最大（见图13）。

三　2016年全国城市地价与房地产市场关系分析

（一）全国重点监测城市整体住宅地价房价比下降，东部地区住宅地价房价比最高，住宅租价比最低，东、中、西部地区间住宅地价房价比差异有所减小

2016年，全国重点监测城市整体住宅地价房价比的中位数为33.66%，较

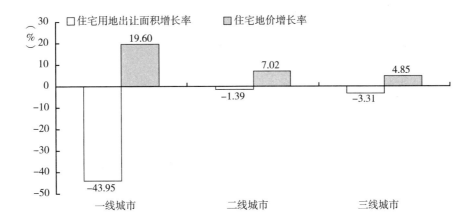

**图13　2016年全国主要监测城市中一、二、三线城市住宅用地
出让面积与住宅地价增长率**

资料来源：住宅用地出让面积资料来源于国土资源部土地市场动态监测监管系统。

上年有所下降。分区域来看，呈东高、中次、西低的态势，各区域算术均值分别为42.74%、29.60%和28.18%，其中，东部和中部地区较上年均有所降低，西部地区有所上升，地区间差异有所减小。住宅租价比呈西高、中次、东低的态势，分别为5.37%、5.21%和4.03%（剔除数据异常城市合肥市）。多数城市呈现住宅地价房价比越高，住宅租价比越低的现象，尤其是一线城市和南京、厦门等热点二线城市（见图14）。

（二）房地产业开发投资回暖，综合地价增长率逐季上升

与2015年相比，2016年房地产业开发投资有所回暖，房地产业土地购置面积和房地产投资国内贷款累计增长率较上年有较大提升，且两者变化趋势较为一致。其中，房地产开发投资累计增长率结束上年的逐季回落态势，年初回升至6.2%，此后维持在5.8%以上；房地产业土地购置面积（年内累计值）虽比上年有所下降，但降幅较上年各季度均有大幅收窄；房地产投资国内贷款累计增速由负转正，在第一季度大幅提升至6.5%，后三季度虽有所回落，但均高于上年同期。与此同时，综合地价增长率逐季上升（见图15）。

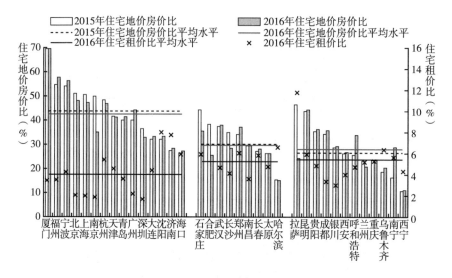

图14 2015年、2016年重点监测城市住宅地价房价比与住宅租价比

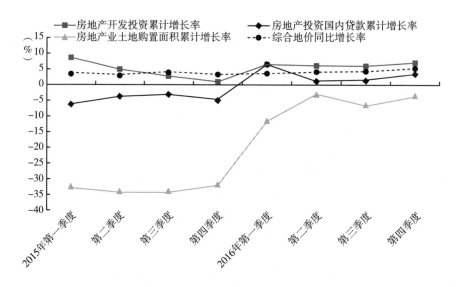

图15 2015～2016年各季度房地产开发投资、土地购置面积和房地产投资国内
贷款累计增长率与全国主要监测城市综合地价季度同比增长率比较

注：2016年第四季度房地产投资国内贷款累计增长率统计截至11月。

资料来源：房地产开发投资、房地产投资国内贷款和房地产业土地购置面积累计增长率
资料来源于国家统计局。

（三）商品住宅、商业营业用房销售额与销售面积增长率冲高回落，住宅投资增长率与住宅地价增长率趋势较一致

2016 年，商品住宅销售额与销售面积增长率较上年大幅提高，表现出年初冲高，随后回落的趋势。其中商品住宅销售额累计增长率在第一季度快速上升到 60.3%，接近 2013 年同期水平，此后逐季放缓，但仍保持 36% 以上的高速增长；各季度商品住宅销售面积累计增长率也均在 22% 以上，显著高于上年同期水平。从住宅投资额增长率来看，住宅投资累计增长率各季度波动上升，住宅地价增长率逐季上升，两者均在 4.6% 至 7.1% 的范围内，趋势较为一致（见图 16）。

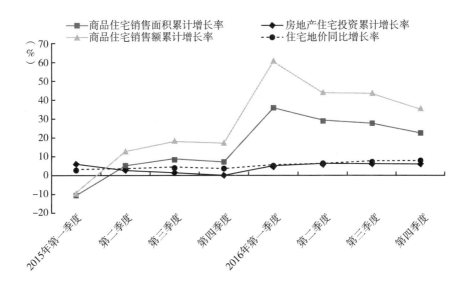

图16 2015～2016 年各季度商品住宅销售情况、房地产住宅投资累计增长率与全国主要监测城市住宅地价季度同比增长率比较

资料来源：商品住宅销售面积、商品住宅销售额和房地产住宅投资累计增长率资料来源于国家统计局。

与此同时，商业营业用房销售额与销售面积累计增长率较上年也有大幅上扬，其中，前三季度快速上扬，第三季度末分别达到 21.7% 和 19.0%，第四季度增速略有回落，均收窄了 2.2 个百分点。此外，房地产商业营业用房投资

累计增长率与商服地价增长率各季度均小幅波动上升，趋势也较为一致（见图 17）。

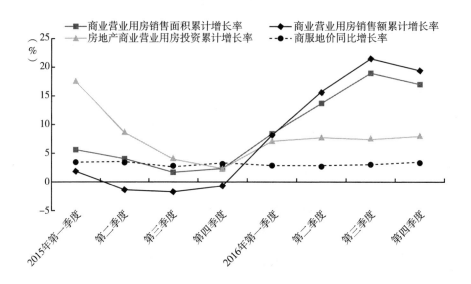

图 17　2015～2016 年各季度商业营业用房销售情况、房地产商业营业用房投资累计增长率与全国主要监测城市商服地价季度同比增长率比较

注：2016 年第四季度房地产办公楼投资累计增长率和房地产商业营业用房投资累计增长率统计截至 11 月。

资料来源：商业营业用房销售面积、商业营业用房销售额和房地产商业营业用房投资累计增长率资料来源于国家统计局。

四　2016 年全国城市地价与社会经济发展关系分析

（一）宏观经济总体运行平稳，综合地价增速上扬

2016 年是"十三五"的开局之年，中国全年国内生产总值 744127 亿元，按可比价格计算，2016 年同比增长 6.9%，前三季度一直稳定在 6.7%，第四季度提升至 6.8%，一些重要的经济指标也呈现稳中有进的趋势。从投资来看，全年固定资产投资增长 8.1%，呈现缓中趋稳的态势；从社会消费品零售总额来看，比上年增长 10.4 个百分点，较上年微幅回

落0.3个百分点，全年各月累计增长率均稳定在10.2%至10.4%之间；从出口来看，以人民币计价的全年出口总值同比下降2%，与上年基本持平。分季度看，第一、第二、第三季度出口分别同比下降7.9%、0.8%和0.3%，第四季度增长0.3%。从投资、消费和出口三项主要指标来看，总体体现出企稳和回升。在此背景下，2016年全国主要监测城市综合地价增长率也稳中有升，较上年提升2.15个百分点（见图18）。

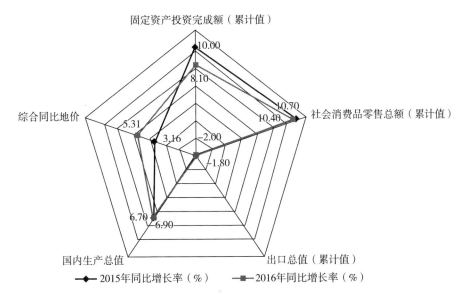

图18　2015年、2016年主要宏观经济指标与全国主要监测城市综合
地价同比增长率比较

资料来源：固定资产投资完成额、社会消费品零售总额、国内生产总值和出口总值
资料来源于国家统计局。

（二）货币流动性充裕，M1与M2增速"剪刀差"年末收窄，新增个人住房贷款大幅上升，住宅地价增速提升明显

2016年12月末，广义货币（M2）余额155.01万亿元，同比增长11.3%，比上年末减少2个百分点。各季度增速前高后低，上半年为11.80%~14.00%，均值为12.85%，下半年下降到11.60%以下，全年M2增长率较上年有小幅降低，但由于基数足够大，其供应量相对充足；狭义货币（M1）余额48.66万

亿元，同比增长21.4%，比上年同期高出6.2个百分点。M1与M2增速"剪刀差"曾在7月达到15.2个百分点，年末收窄至10.1个百分点。2016年12月末人民币贷款余额106.6万亿元，同比增长13.5%，比上年同期下降0.8个百分点（见图19）。

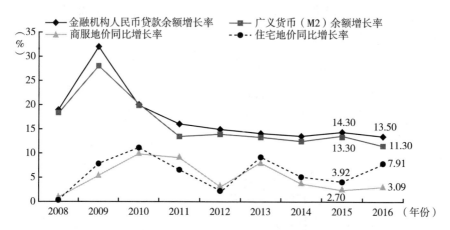

图19　2008~2016年全国主要监测城市商服地价、住宅地价、广义货币（M2）及金融机构人民币贷款余额同比增长率比较

资料来源：金融机构人民币贷款余额和广义货币（M2）增长率资料来源于中国人民银行。

值得注意的是，根据央行数据显示，2016年个人住房贷款（以新增中长期住户消费贷款为表征）大量增加，其占新增信贷总额比例大幅提升，达到41.62%，较上年提升了19.35个百分点。

在货币流动性较为充裕的背景下，商服和住宅地价增长率有所上升，住宅地价增长率的提升尤其明显。

（三）工业经济总体运行平稳，工业地价各季度平稳增长

2016年，工业经济总体运行良好。规模以上工业增加值全年各季度保持平稳增长，比上年增长6.0%，与上年末的6.1%基本持平；制造业采购经理指数逐步企稳，全年平均水平为50.3%，略高于临界点，年末达到51.4%，连续5个月位于临界点之上；工业企业效益持续好转，工业企业利润总额增长率由负转正，11月末累计增长9.4%，较上年末的-2.3%提升

了 11.7 个百分点。2016 年工业地价增长率与工业增加值变动趋势较为一致（见图 20）。

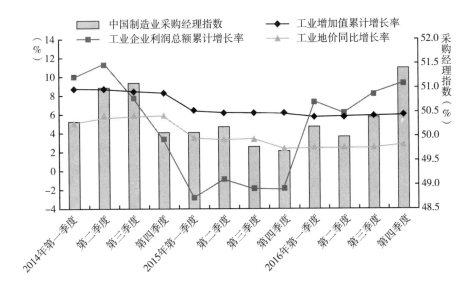

图 20 2014～2016 年各季度工业增加值和工业企业利润总额累计增长率及制造业采购经理指数、工业地价同比增长率比较

注：2016 年第四季度工业企业利润总额累计增长率统计截至 11 月。

资料来源：中国制造业采购经理指数、工业增加值和工业企业利润总额累计增长率资料来源于国家统计局。

五 2016年影响全国城市地价变化的主要因素分析

（一）"去库存"背景下房地产市场需求明显回升，住宅地价增长率上涨；年末"防过热"措施对重点城市地价发挥了抑制作用

2016 年，在房地产"去库存"的整体定位下，财政部、国家税务总局、住房城乡建设部发文调整房地产交易环节契税、营业税优惠政策，降低房地产交易成本。相关省区市也陆续出台"去库存"相关方案，明确"去库存"时间表和路线图，对商品房购买者进行税收和财政补贴。在削减税费、购房补贴等一系列"去库存"的政策影响下，房地产市场需求明显回升。2016

年，商品房销售面积 157349 万平方米，同比增长 22.5%，商品房销售额
117627 亿元，同比增长 34.8%。全国商品房待售面积明显减少，从 2 月末的
7.39 亿平方米下降到 11 月末的 6.91 亿平方米，已连续 9 个月下降，12 月末
有所回升，达到 6.95 亿平方米。受此影响，全国主要监测城市整体住宅地价
增长率上升。

第三季度以来，为抑制投资性需求，促进房地产市场平稳健康运行，南
京、杭州等 20 余个热点城市收紧购房政策。受此影响，全国重点监测城市住
宅地价季度环比增速在经历前三季度逐季上扬后，第四季度有所放缓（见
图 21）。重点城市的一系列调控政策对抑制地价过快上涨起到重要作用。

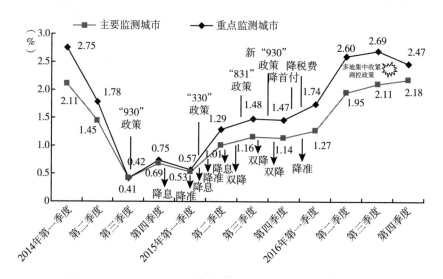

**图 21　2014~2016 年全国主要、重点监测城市住宅地价各季度环比增长率
比较及部分货币、信贷政策情况**

（二）充足的货币供应和积极的信贷政策支撑了房地产领域投资
性需求

2016 年，广义货币（M2）余额快速增长，12 月末达到 155.01 万亿元，
同比增长 11.3%，全年保持两位数增长率，货币供应量较为充裕。在信贷政
策方面，2 月 1 日，中国人民银行、中国银行业监督管理委员会下发《关于调
整个人住房贷款政策有关问题的通知》，提出在不实施限购措施的城市，降低

居民个人商业性住房贷款首付款比例。2月17日，住房城乡建设部、财政部印发《关于完善职工住房公积金账户存款利率形成机制的通知》，决定上调公积金存款利率至1.5%。宽松的货币环境和积极的信贷政策支撑了房地产市场和土地市场的投资性需求，2016年上半年房地产市场量价齐升，土地市场高地价频现。在投资性需求的拉动下，部分热点城市住宅地价上涨明显。

（三）宏观经济稳定增长支撑了各类地价增长率持续上升

2016年，我国经济总体运行平稳，产业结构的升级为其提供了内生动力。国内生产总值全年增加6.7%，前三季度增长率持续稳定在6.7%，第四季度提升至6.8%；固定资产投资增速连续四个月呈现企稳态势；社会消费品零售总额增长率较上年基本持平；工业企业利润总额增长率由负转正。宏观经济稳定增长支撑了各类地价增长率的持续上升。其中，综合地价增长率达到5.31%，较上年高出2.15个百分点；住宅地价增长较快，增速为7.91%，较上年提升3.99个百分点；商服和工业地价增长率较上年也均有微幅提升。

值得注意的是，虽然工业企业效益稳步向好，但目前工业领域提质增效仍然面临不利因素，一方面，利润增长过多依赖于石油加工、钢铁等原材料行业的价格反弹；另一方面，"回款难"仍然是当前制约企业生产经营的较大障碍①。此外，"降成本"政策导向也对工业地价变化存在一定的影响。在此背景下，工业地价各季度环比增速逐季微降。

六 2017年城市地价变化趋势分析

（一）经济工作总基调继续定位为"稳中求进"，地价增速整体将平稳运行

2016年中央经济工作会议提出，稳中求进工作总基调是治国理政的重要原则，也是做好经济工作的方法论。2017年是实施"十三五"规划的重要一

---

① 《国家统计局工业司解读2016年1~11月工业企业利润数据》，http://www.stats.gov.cn/tjsj/sjjd/201612/t20161227_1446240.html。

年，执行持续稳健的货币政策、建立房地产市场长效机制、把振兴实体经济列入供给侧结构性改革，三项重要举措将为保持宏观经济在合理区间内运行提供有力保障，同时也直接影响土地市场预期，有利于维持土地市场的健康发展，地价整体将持续平稳上升态势。

（二）在"促进房地产市场平稳健康发展"的政策目标下，住宅地价增速将有所回落，商服地价将继续平稳运行

中央经济工作会议为2017年房地产市场定下了"平稳健康发展"的政策目标，明确"房子是用来住的、不是用来炒的"的定位，提出综合运用金融、土地、财税、投资、立法等手段，加快研究建立符合国情、适应市场规律的基础性制度和长效机制。在此背景下，货币政策将继续保持稳健中性，资金政策更多地向实体经济倾斜，热点城市调控收紧态势延续，差别化供地政策深入落实，这些都有利于遏制过度的投资和投机性购房需求，促进房地产用地市场的良性调整。预期一线和热点二线城市住宅地价增速将有所回落，三线城市住宅地价增速保持平稳，住宅地价增速整体有所放缓，商服地价增速保持平稳运行。

（三）在供给侧结构性改革深入推进的背景下，振兴实体经济的提出将助力产业结构优化，工业地价或将发生结构性变化

2017年是供给侧结构性改革的深化之年，整体来看，经济前景向好，但仍有风险尚需警惕，"三去一降一补"深入实施或将影响经济快速拉升，但中期来看，这是经济持续增长的良好支撑基础和必要条件。在供给侧结构性改革深入推进的背景下，振兴实体经济的提出将助力产业结构的优化调整，新增长动能不断积蓄，工业企业效益有望保持稳定增长，进而提升对工业用地的竞租能力。

近年来，与宏观治理目标相协同，工业用地供应制度改革持续推进。2016年，国土资源部发布《产业用地政策实施工作指引》（国土资厅发〔2016〕38号），江苏、山东、上海等地也出台了改革工业用地供应方式、促进产业转型升级和盘活存量工业用地等相关政策，积极探索工业用地弹性出让制度。随着各项支持新经济、新产业、新业态、新模式发展用地政策的进一步落实，新型产业用地承载的功能趋向多样化，亦有利于提升其市场需求。在此背景下，工业用地中，部分新型产业用地的预期价格将区别于普通工业用地，工业地价或将发生结构性变化。

2016年北京土地市场回顾及2017年展望

杨永军　卢世雄＊

摘　要：　2016年是"政策年"，全国各地在10月前后出台的限购、限贷等调控政策，让火爆的楼市开始降温，市场也从前三季度的大爆发到第四季度渐趋平静。楼市"930"调控之后，北京是执行政策力度最严格的城市之一，即便如此，2016年北京商品房销售业绩仍高达5074亿元，同比增长41%，创历史新高。

2016年也是"地王年"，全国卖地总额超过千亿元（人民币）的城市达到9个，分别为苏州、南京、上海、杭州、天津、合肥、武汉、重庆、深圳，刷新了历史最高纪录。30多个城市刷出340宗左右单价、总价"地王"，数量创历史新高，上海、深圳也相继刷新全国单价、总价"地王"纪录。在"地王"的巨大压力下，北京市场在明显收紧土地供应节奏的同时，7090重回市场，限房价、竞地价、竞自持新政出台，土地市场的供给侧结构改革开始发力。

关键词：　"930"新政　"地王"　7090　自持

一　2016年北京土地出让44宗，创十二年新低

12月28日，随着朝阳区东风乡安置房项目居住及基础教育用地被北京星

＊　杨永军，远洋集团开发事业一部投研总监；卢世雄，远洋集团开发事业一部投融资中心总监。

火房地产开发有限责任公司以底价获得，北京土地市场收官，全年合计出让土地 44 宗（含 3 宗棚户区），经营性用地共成交 29 宗，其中纯商品住宅仅 7 宗，创下了自 2004 年实行"招拍挂"政策以来的历史新低。土地成交价款 852.51 亿元（人民币），同比下降 57%，规划建筑面积总计约 513.15 万平方米，成交总建筑面积创下了五年以来的历史最低。

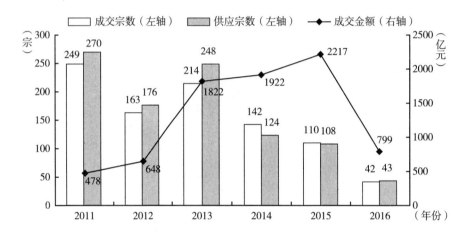

图 1 2011~2016 年北京土地供应成交走势

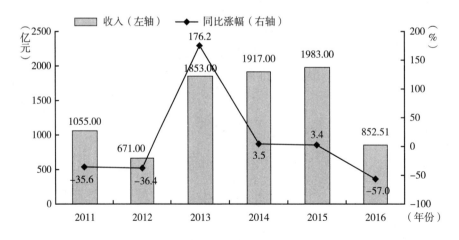

图 2 2011~2016 年北京土地市场收入对比

资料来源：《中国国土资源年鉴》、北京市土地整理储备中心。

2016 年，北京土地市场已经成交的含住宅用地的地块仅为 15 宗（不含 3 宗棚改区），相比上一年减少了 35 宗，建设用地面积合计 99.07 万平方米，规划建筑面积合计 219.93 万平方米（纯商品房住宅仅有 38.7 万平方米，其余均为保障房、自住房和租赁房，或者由开发商自持租赁），同比分别减少了 77%、75%。商品住宅成交面积及占比，也创了五年以来的历史最低。

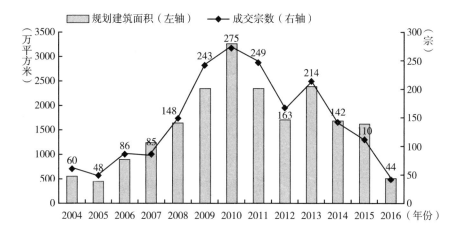

图3　2004～2016 年北京公开市场土地成交走势

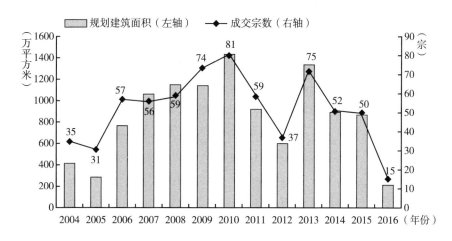

图4　2004～2016 年北京公开市场住宅用地成交走势

资料来源：《中国国土资源年鉴》、北京市土地整理储备中心。

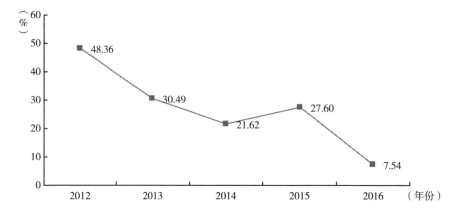

图5 2012~2016年北京经营性用地成交纯商品住宅面积占比

资料来源:《中国国土资源年鉴》、北京市土地整理储备中心。

二 量缩价涨,近郊经营性用地争夺白热化

全年土地供应稀缺,催生高价地与"地王"频出,其中,居住类用地和商服金融类用地平均楼面单价创新高,同比上年分别上涨了43%和65%,商服金融类用地溢价率高达112%(见表1)。

表1 2016年北京各用途土地成交楼面价及溢价率一览

土地用途	土地宗数(宗)	建设用地面积(万平方米)	规划建筑面积(万平方米)	楼面价(元/平方米)	成交金额(万元)	溢价率(%)
居住类用地	15	99.07	219.93	23886	525.33	29.83
商服金融类用地	6	17.82	46.08	22284	102.68	112
工业用地	11	59.92	76.04	1039	7.90	0
综合用地	8	241.8	247.14	9070	224.15	16.13
棚改用地	3	46.27	159.67	—	—	0
合　计	43	464.88	748.86	11485	860.06	31.51

资料来源:北京市土地整理储备中心。

2016年6月,北京出台政策明确规定了五环路内严禁新增建设用地,未来的土地供应均在五环之外,郊区化是未来常态。

072

表2　2016年北京成交土地区域分布

行政区	成交宗数(宗)	建设用地面积(万平方米)	楼面价(元/平方米)
东城区	1	36.88	—
朝阳区	3	14.92	32072
海淀区	5	31.01	32469
丰台区	1	5.93	—
石景山区	2	13.59	13744
大兴区	7	30.1	20570
通州区	1	207.08	5296
昌平区	2	17.31	17896
顺义区	3	7.91	15340
房山区	8	34.69	11279
门头沟区	1	8.26	15001
平谷区	2	16.05	467
延庆区	1	7.14	6639
开发区	6	34.02	4731
合　计	43	464.88	11485

资料来源：北京市土地整理储备中心。

三　纯自持、7090重现江湖，土地供给侧改革发力

2016年，北京土地市场分化严重，7宗含纯商品住宅用地均在上半年成交，从6月初至9月初，除通州"巨无霸"地块外，土地断供3个月。下半年风向突变，供地迎来小高峰的同时，在严控地价的思路下，北京陆续推出各种土地市场调控措施，限地价、限面积、限资金、竞自持，70年自持商品住宅走向历史前台，宣布房企当房东的时代悄然到来。

表3　2016年北京公开市场成交土地一览

宗地名称	规划建面(平方米)	住宅部分(平方米)	可售纯商品住宅(平方米)	成交价(万元)	实际楼面价(元/平方米)
朝阳区将台乡驼房营村1016－34、36、40、41地块	123983	105423	84323	513500	55000
大兴区黄村镇四街、五街、六街村项目DX00－0208－6001等地块	120599	91937	76937	39000	47000

续表

宗地名称	规划建面（平方米）	住宅部分（平方米）	可售纯商品住宅（平方米）	成交价（万元）	实际楼面价（元/平方米）
门头沟区龙泉镇 MC00 - 0003 - 0026 等地块	263190	150768	49700.92	394800	41000
昌平区南邵镇［昌平新城东区六期（东）］0302 - 57 地块	178694	125085.8	67585.8	319500	33800
昌平区南邵镇［昌平新城东区六期（东）］0302 - 70 地块	167465	117225.5	60025.5	300000	35200
顺义区后沙峪镇 SY00 - 0022 - 6014F2 公建混合住宅用地	39065	15625	15625	75000	44641
延庆新城05 街区05 - 043 地块	157021	157021	34580	104250	31000
海淀区"海淀北部地区整体开发"永丰产业基地（新）HD00 - 0401 - 0093、0097、0099、0108 地块	101325.2	84653	自持	576000	
大兴区黄村镇兴华大街 DX00 - 0202 - 0305 地块	91049	131178		367500	
海淀区"海淀北部地区整体开发"永丰产业基地（新）HD00 - 0401 - 0132、0120、0162 地块	183336	149245		590000	
海淀区"海淀北部地区整体开发"永丰产业基地（新）HD00 - 0401 - 0062、0166、0158 地块	135275	138825		500000	
房山区韩村河镇02 - 0066 地块	162894	98652	自住房、公租房及安置房	81500	
朝阳区东风乡豆各庄村 0311 - 610 等地块（东风乡农民安置房项目）	138825	235838		615200	
北京经济技术开发区 II - 6 街区 X84R3 地块	98652	10132.25		211000	
海淀区"海淀北部地区整体开发"永丰产业基地（新）HD00 - 0401 - 0146 地块	237938	91049		215000	

资料来源：北京市土地整理储备中心。

四　增量土地稀缺，房企出现并购潮

2016 年，全国 300 个城市共推出土地 27620 宗，同比减少 13%；推出土地面积 103212 万平方米，同比减少 9%。在优质土地资源，特别是一线城市、热点二线城市资源日益稀缺的大背景下，收并购日益成为获取开发资源的主要途径。2016 年不乏中海并购中信的年度大戏，更有恒大入主嘉凯城、廊坊发展的焦点案例，融创更是借助对莱蒙国际、金科、融科的收购，加上之前收入囊中的优质项目，2016 年创下 1500 亿元的销售额，同比达到 209% 的涨幅。

表4　2016 年各大房企收并购情况

时间	收/并购方	被收/并购方
3 月	中　海	中信地产
4 月	恒　大	嘉凯城 52.78% 股权
9 月	融　创	金科 16.96% 股权
		融科
10 月	万　科	印力集团 96.55% 股权
11 月	安　邦	中国建筑 5% 股权
	绿　地	协信 40% 股权
	中民投	亿达 53.02% 股权
	绿城阳光	中投发展 94% 股权
	万　达	美国 DCP 集团 100% 股权
12 月	保　利	中航地产

五　2017 年供应趋稳，"地王"缩减，深化结构性调控

1.政策环境：北京严控建设规模，资金监管趋严

2016 年 6 月，北京出台政策，明确规定了五环路内严禁新增建设用地。在京津冀一体化的发展思路下，北京严格控制建设规模，政策导向下的供应缩量将成趋势。

2017 年，货币政策将维持稳健偏中性，防范资金"脱实就虚"，不排除个别月份全面收紧的可能。在加强购房信贷资金监管的同时，土地竞买资金来源监管将更加严苛，资金面的趋紧，使得资金驱动性的土地市场高热局面有望逐渐趋于理性。

2. 供应：新增供应有限，土地增量郊区化明显

2017 年供应力度较 2016 年预计有所加大，但受制于供应不济，土地成交规模仍将维持在较低水平。预计未来北京土地供应则以郊区为主，住宅市场外延将成为现实。预计明后年，刚需、首次改善房只能选择保障房、二手房，新建商品房基本高端化。未来增量土地的供应仍将体现高端有市场、低端靠保障的思路，保证自住房、限价房等保障房的供应数量，以缓解刚需，保障民生。

3. 成交：成交量有所上升，地价持续受抑制

结合供应的趋势看，2017 年的成交量预计与 2016 年相比有小幅上升。在资金监管趋严的背景下，加上对溢价率、保障房配建比例等条件的设置，楼面价有望下降。

未来土地稀缺的趋势无法改变，房企的争夺依然会非常激烈。预计调控仍然会贯穿 2017 年，严格限定土地成交总价，当溢价率达到一定标准时，转而竞配建保障房或自持，通过调控，主动为"地王"降温。此外，由于房企 2017 年将面临较大的融资压力以及政府积极控制高价地出让，2017 年"地王"数量将减少。

4. 结构：供给侧结构性改革将持续，保刚需，去豪宅

2016 年，在严控地价的背景下推出各项土地市场调控措施是土地供给侧改革的尝试，目前来看对抑制地价起到了积极的作用。已成交的含住宅用地的地块中，只有 38.7 万平方米的纯商品房住宅，占总规划建面的比重不足 20%。其余均为保障房、自住房和租赁房或者由开发商自持租赁。

2016 年 11 月，北京成交的四宗"限房价、竞地价"地块均以 100% 自持商品房面积成功出让，预示着北京土地市场正在试探性地进入持有经营时代。未来一线城市自持住宅用地比重或将继续提升，这也符合国家支持租赁住房市场发展的政策倾向，长租公寓等运营模式将迎来快速发展的机遇。2017 年，北京土地市场"供给侧"改革模式会强化，如加大土地供应结构的调控力度，届时自住型商品房、保障房、棚户区改造等符合"供给侧"改革的项目会继续增多。控地价、降房价、支持刚需、去豪宅化将是 2017 年北京土地市场的主旋律。

附表:

表5 2016年北京土地成交金额 TOP10

序号	宗地名称	成交日期	规划用途	规划建筑面积(万平方米)	成交金额(亿元)	经营性楼面价(元/平方米)	溢价率(%)	受让企业
1	通州区台湖镇、张家湾镇、梨园镇F3多功能用地地块	2016年7月7日	综合	164.3	87.0	5296	0	北京首寰文化旅游投资有限公司
2	朝阳区东风乡豆各庄村0311－610等地块二类居住及基础教育用地	2016年12月28日	住宅	23.8	61.5	25855	0	泛海控股
3	海淀区"海淀北部地区整体开发"永丰产业基地(新)HD00－0401－0132、0120、0162地块二类居住地块	2016年12月1日	住宅	16.3	59.0	36220	34	万科集团、北京住总集团
4	海淀区"海淀北部地区整体开发"永丰产业基地(新)HD00－0401－0093、0097、0099、0108地块二类居住地块	2016年11月17日	住宅	18.3	57.6	31418	48	中粮集团、北京天恒房地产股份有限公司
5	朝阳区将台乡驼房营村1016－34、36、40、41地块F2公建混合住宅用地	2016年2月3日	住宅	12.4	51.4	52226	2	九龙仓、绿城中国、中交地产

续表

序号	宗地名称	成交日期	规划用途	规划建筑面积（万平方米）	成交金额（亿元）	经营性楼面价（元/平方米）	溢价率（%）	受让企业
6	海淀区"海淀北部地区整体开发"永丰产业基地（新）HD00 - 0401 - 0062、0166、0158 地块二类居住用地	2016 年 12 月 1 日	住宅	13.9	50.0	36017	30	万科集团
7	朝阳区北土城中路北侧 OS - 06A、OS - 10B 地块 B4 综合性商业金融服务业用地	2016 年 1 月 26 日	综合	11.9	41.5	34757	0	北京城建、新奥集团
8	门头沟区龙泉镇 MC00 - 0003 - 0026 等地块 B1 商业用地、F1 住宅混合公建用地及 A33 基础教育用地	2016 年 2 月 26 日	综合	26.3	39.5	36052	50	北京泰达和信投资管理有限公司
9	大兴区黄村镇四街、五街、六街村项目 DX00 - 0208 - 6001 等地块 R2 二类居住等地块	2016 年 2 月 23 日	住宅	12.1	39.0	50691	50	绿地集团
10	房山区长阳镇 FS00 - LX10 - 0042 等地块综合性商业金融服务地块	2016 年 11 月 28 日	综合	17.9	37.8	21103	200	龙湖地产、首开集团

表6　2016年北京土地成交经营性楼面价TOP10

序号	宗地名称	成交日期	规划用途	规划建筑面积（万平方米）	成交金额（亿元）	经营性楼面价（元/平方米）	溢价率（％）	受让企业
1	朝阳区将台乡驼房营村1016－34、36、40、41地块F2公建混合住宅用地	2016年2月3日	住宅	12.4	51.4	52226	2	九龙仓、绿城中国、中交地产
2	大兴区黄村镇四街、五街、六街村项目DX00－0208－6001等地块R2二类居住	2016年2月23日	住宅	12.1	39.0	50691	50	绿地集团
3	顺义区后沙峪镇SY00－0022－6014F2公建混合住宅用地	2016年6月2日	住宅	3.9	7.5	44600	50	阳光城
4	延庆新城05街区05－043地块R2二类居住用地	2016年6月2日	住宅	15.7	10.4	41600	50	北京天润诚泽房地产开发有限公司
5	海淀区"海淀北部地区整体开发"永丰产业基地（新）HD00－0401－0132、0120、0162地块二类居住及零售商业用地	2016年12月1日	住宅	16.3	59.0	36220	34	万科集团、北京住总集团
6	门头沟区龙泉镇MC00－0003－0026等地块B1商业用地、F1住宅混合公建用地及A33基础教育用地	2016年2月26日	综合	26.3	39.5	36052	50	北京泰达和信投资管理有限公司

序号	宗地名称	成交日期	规划用途	规划建筑面积（万平方米）	成交金额（亿元）	经营性楼面价（元/平方米）	溢价率（%）	受让企业
7	海淀区"海淀北部地区整体开发"永丰产业基地（新）HD00－0401－0062、0166、0158地块二类居住用地	2016年12月1日	住宅	13.9	50.0	36017	30	万科集团
8	朝阳区北土城中路北侧OS－06A、OS－10B地块B4综合性商业金融服务业用地	2016年1月26日	综合	11.9	41.5	34757	0	北京城建、新奥集团
9	海淀区"海淀北部地区整体开发"永丰产业基地（新）HD00－0401－0093、0097、0099、0108地块二类居住及零售商业用地	2016年11月17日	住宅	18.3	57.6	31418	48	中粮集团、北京天恒房地产股份有限公司
10	海淀区"海淀北部地区整体开发"中关村环保科技园HD－0303－0071地块B2商务用地	2016年6月2日	商办	4.7	14.1	30229	107	龙湖地产

表7　2016年北京土地成交溢价率TOP10

序号	宗地名称	成交日期	规划用途	规划建筑面积（万平方米）	成交金额（亿元）	经营性楼面价（元/平方米）	溢价率（%）	受让企业
1	房山区长阳镇FS00－LX10－0042等地块综合性商业金融服务业及公交场站设施用地	2016年11月28日	综合	17.9	37.8	21103	200	龙湖地产、首开集团

序号	宗地名称	成交日期	规划用途	规划建筑面积（万平方米）	成交金额（亿元）	经营性楼面价（元/平方米）	溢价率（%）	受让企业
2	北京顺义区李桥镇SY00－0029－6012地块F3其他类多功能用地	2016年1月27日	商办	12.4	18.8	15158	152	深耕拓展投资（北京）有限公司
3	大兴区黄村镇兴华大街DX00－0202－0307地块B4综合性商业金融服务业用地	2016年5月5日	综合	13.4	33.4	24837	118	首创置业
4	海淀区"海淀北部地区整体开发"中关村环保科技园HD－0303－0071地块B2商务用地	2016年6月2日	商办	4.7	14.1	30229	107	龙湖地产
5	大兴区北臧村生物医药基地DX00－0501－6003地块F3其他类多功能用地	2016年2月26日	商办	10.8	18.1	16779	101	绿地集团
6	大兴区黄村镇四街、五街、六街村项目DX00－0208－6001等地块R2二类居住、U17邮政设施、B4综合性商业金融服务业、A33基础教育用地	2016年2月23日	住宅	12.1	39.0	50691	50	绿地集团
7	顺义区后沙峪镇SY00－0022－6014F2公建混合住宅用地	2016年6月2日	住宅	3.9	7.5	44600	50	阳光城

续表

序号	宗地名称	成交日期	规划用途	规划建筑面积（万平方米）	成交金额（亿元）	经营性楼面价（元/平方米）	溢价率（%）	受让企业
8	延庆新城 05 街区 05-043 地块 R2 二类居住用地	2016 年 6 月 2 日	住宅	15.7	10.4	41600	50	北京天润诚泽房地产开发有限公司
9	门头沟区龙泉镇 MC00-0003-0026 等地块 B1 商业用地、F1 住宅混合公建用地及 A33 基础教育用地	2016 年 2 月 26 日	综合	26.3	39.5	36052	50	北京泰达和信投资管理有限公司
10	昌平区南邵镇[昌平新城东区六期（东）]0302-70 地块 F1 住宅混合公建用地	2016 年 5 月 5 日	住宅	16.7	30.0	27207	50	招商蛇口

表8　2016 年标杆房企拿地情况

企业名称	获取地块	规划建筑面积（万平方米）	成交总价（亿元）	经营性楼面价（元/平方米）	溢价率（%）	备注
万科	海淀区"海淀北部地区整体开发"永丰产业基地（新）HD00-0401-0132、0120、0162 地块二类居住及零售商业用地	16.3	59.0	36220	34	与住总集团联合拿地
	海淀区"海淀北部地区整体开发"永丰产业基地（新）HD00-0401-0062、0166、0158 地块二类居住用地	13.9	50.0	36017	30	
北京城建	朝阳区北土城中路北侧 OS-06A、OS-10B 地块 B4 综合性商业金融服务业用地	11.9	41.5	34757	0	

续表

企业名称	获取地块	规划建筑面积（万平方米）	成交总价（亿元）	经营性楼面价（元/平方米）	溢价率（%）	备注
绿地	大兴区黄村镇四街、五街、六街村项目DX00-0208-6001等地块R2二类居住、U17邮政设施、B4综合性商业金融服务业、A33基础教育用地	12.1	39.0	50691	50	
	大兴区北臧村生物医药基地DX00-0501-6003地块F3其他类多功能用地	10.8	18.1	16779	101	
	大兴区北臧村生物医药基地DX00-0502-0013地块F3其他类多功能用地	14.4	13.0	9043	8	
龙湖	房山区长阳镇FS00-LX10-0042等地块综合性商业金融服务业及公交场站设施用地	17.9	37.8	21103	200	与首开联合拿地
	海淀区"海淀北部地区整体开发"中关村环保科技园HD-0303-0071地块B2商务用地	4.7	14.1	30229	107	
首开	房山区长阳镇FS00-LX10-0042等地块综合性商业金融服务业及公交场站设施用地	17.9	37.8	21103	200	与龙湖联合拿地
招商蛇口	昌平区南邵镇[昌平新城东区六期(东)]0302-57地块F1住宅混合公建用地	17.9	32.0	26363	50	
	昌平区南邵镇[昌平新城东区六期(东)]0302-70地块F1住宅混合公建用地	16.7	30.0	27207	50	
首创置业	大兴区黄村镇兴华大街DX00-0202-0307地块B4综合性商业金融服务业用地	13.4	33.4	24837	118	
中国中铁	海淀区"海淀北部地区整体开发"永丰产业基地(新)HD00-0401-0146地块R2二类居住用地	9.1	21.5	23614	8	

金 融 篇

Finance

B.4
2016年个人住房信贷业务现状
分析及2017年展望

林 东[*]

摘　要：　2016年，房地产市场成交量持续上升，创历史新高。全年个
　　　　　人住房贷款实现快速增长，贷款利率触底企稳。展望2017
　　　　　年，在"抑泡沫和去库存并重"的大背景下，区域住房信贷
　　　　　政策仍将继续收紧，预计全年个人住房贷款增量有所下滑，
　　　　　加权平均利率出现回升。

关键词：　个人住房信贷　首付　贷款　利率

　　2016年，房地产信贷政策"先松后紧"，但居民购房需求集中快速释放，市场成交量持续上升。2016年，全国商品住宅累计销售面积13.75亿平方米，

---

*　林东，中国农业银行总行零售银行业务部高级专员，研究方向为房地产经济学。

同比增长 22.4%，销售金额 9.91 万亿元，同比增长 36.1%①，销售量价均创历史新高。在此背景下，金融机构个人住房贷款实现大幅增长，占各项贷款的比重快速上升。本文重点对 2016 年个人住房贷款的相关政策和信贷投放情况进行分析，并展望 2017 年个人住房信贷业务可能呈现的特征。

一 2016年个人住房信贷政策环境

2016 年，房地产市场区域分化不断加剧，住房信贷政策环境随之发生变化。在"分类调控、因城施策"的原则下，非限购城市信贷政策再次放松，而随着部分地区市场出现过热苗头，限购城市数量开始增加，且调控政策不断升级加码。

（一）非限购地区政策再次放松

2016 年初，全国房地产市场仍呈现总量过剩、库存过多的特点，且受施工和竣工面积庞大的影响，潜在的"去库存"压力仍然较大。2015 年中央经济工作会议将"去库存"列为 2016 年"三去一降一补"重点工作任务之一。在此背景下，2 月 1 日，人民银行、银监会联合发布《关于调整个人住房贷款政策有关问题的通知》，在不实施限购措施的城市②，将居民家庭首次购买普通住房的贷款最低首付款比例由 25% 降至 20%；对拥有 1 套住房且相应购房贷款未结清的最低首付款比例由 40% 降至 30%。在低利率、高杠杆的共同作用下，居民住房消费能力进一步增强，2015 年以来房地产市场销售火爆的态势得以延续。

此外，部分"去库存"压力较大的城市也出台了其他一系列"去库存"、稳楼市的地方性政策，主要包括降低房地产交易税费、放宽公积金贷款范围和支持农民进城购房等。例如，成都市将公积金贷款最长年限由 20 年提高至 30 年，贷款最高额度由 60 万元提高至 70 万元。

（二）热点地区政策转向收紧

宽松的住房信贷政策环境加速了一线城市、部分二线城市乃至周边三四线

---

① 资料来源于国家统计局编《2016 年全国房地产开发投资和销售情况》。

② 当时全国限购城市包括北京、上海、广州、深圳和三亚五个城市。

城市住宅库存的消化，使当地市场出现了供不应求的局面，并带来了房价、地价的快速上涨。为遏制热点地区房价过快上涨，各地政府相继出台限购、限贷等调控政策，抑制非合理的投资投机性需求。房价上涨势头未得到有效控制的地区，继而出台更加严厉的政策。总体而言，热点地区的调控呈现范围逐步扩大、政策持续加码的特征。

一线城市限贷政策逐步加码。2016年3月，上海将购买普通和非普通住房的二套房贷款最低首付款比例分别提高至50%和70%，首套房贷款利率统一提高至基准利率的0.9倍；深圳将居民家庭名下无房但有住房贷款记录的，或有一套住房但已结清相应住房贷款的，最低首付款比例提高至40%。国庆假期前后，由于房价连续快速上涨超出了合理范围，一线城市调控政策继续加码。北京将购买普通和非普通住房的首套房贷款最低首付款比例分别提高至35%和40%，贷款利率也统一提高至基准利率的0.9倍，并将购买普通和非普通住房的二套房贷款最低首付款比例分别提高至50%和70%。深圳在3月政策的基础上，将家庭名下无房但有住房贷款记录的贷款最低首付款比例继续提高至50%，已有一套住房的贷款最低首付款比例提高至70%。类似地，广州也出台了新政，收紧了限贷政策。

二线城市调控范围不断扩大。第三季度开始，调控收紧趋势逐步向热点二线城市蔓延。从调控方法来看，以限购、限贷、加强市场监管及舆论控制为主，尤其是通过重启限购、限贷政策，抑制非理性的购房需求。其中，南京、苏州政策最为严格，对居民家庭拥有一套住房且相应购房贷款未结清再购房的，最低首付款比例提高至80%；厦门、武汉对购买二套非普通住宅的最低首付款比例提高至70%；其他城市限贷政策多数将二套房贷款最低首付款比例提高至40%，政策力度相对温和。

部分三四线城市政策收紧。受益于核心城市房价上涨、产业转移和基础设施互联互通带来的需求溢出效应，核心城市周边的部分三四线城市和县城房地产市场出现量价齐升的局面，从而也加入限购、限贷的调控行列。例如，4月廊坊出台政策，在三河市、大厂回族自治县、香河县、固安县，对非本地户籍居民家庭限购1套住房，且购房首付款比例不低于30%。

表1　2016年热点二、三线城市和县城的限贷政策

城市	新政日期	限贷政策
杭州	9月28日	一套房且贷款已结清的首付款比例不低于50%
	11月9日	首套房贷款首付款比例不低于30%；无房有贷款记录、一套房无贷款记录或结清的首付款比例不低于40%；一套房贷款未结清的首付比例不低于60%
天津	9月30日	市内六区及武清区，首套房贷款首付款比例不低于40%
苏州	8月11日	无房有贷款记录或一套房无贷款记录的首付款比例不低于30%
	9月30日	首套房贷款最低首付比例为30%；无房有贷款记录或一套房无贷款记录的首付款比例不低于50%；一套房有贷款记录首付比例不低于80%
成都	10月1日	二套房贷款最低首付款比例不低于40%
郑州	10月1日	首套房贷款首付款比例不低于30%；二套房贷款首付比例不低于40%
无锡	10月2日	二套房贷款首付款比例不低于40%
济南	10月2日	首套房贷款首付款比例不低于30%；二套房贷款首付比例不低于40%
合肥	6月24日	首套房贷款最低首付款比例为25%；无房有1次贷款记录、一套房无贷款记录或结清的首付款比例不低于40%；有2次贷款记录、两套房无贷款记录或结清的首付款比例不低于60%
	10月2日	首套房贷款最低首付款比例为30%；无房有贷款记录、一套房无贷款记录或结清的首付款比例不低于40%；一套房有贷款未结清的首付比例不低于50%
武汉	8月31日	二套房贷款最低首付款比例为40%
	10月3日	首套房贷款最低首付款比例为25%，户籍居民二套房贷款最低首付款比例为50%
厦门	10月5日	二套房贷款最低首付款比例为60%
南京	8月11日	首套房贷款最低首付比例提高至35%，二套房贷款最低首付款比例提高至50%
	10月5日	首套房贷款最低首付款比例为30%；无房有贷款记录或一套房无贷款记录的首付款比例不低于50%；一套房有贷款记录的首付比例不低于80%
福州	10月6日	首套房贷款本市与非本市户籍家庭首付款比例分别不低于30%和40%；二套房贷款首付款比例不低于40%
东莞	10月6日	首套房贷款首付款比例不低于30%；二套房贷款首付款比例不低于40%
珠海	10月6日	首套房贷款首付款比例不低于30%；二套房贷款首付款比例不低于40%
佛山	10月7日	首套房贷款首付款比例不低于30%；二套房贷款首付款比例不低于40%
廊坊	4月10日	在三河市、大厂回族自治县、香河县、固安县，非本地户籍居民家庭限购1套住房且购房首付款比例不低于30%
怀来县	12月8日	本地户籍家庭有一套房的首付款比例不得低于35%，有两套房的首付款比例不得低于50%；非本地户籍家庭无房的首套房贷款首付款比例不低于30%

二 2016年个人住房信贷业务发展特点

在市场成交量大幅上升的背景下，个人住房贷款呈现总量快速增长、利率触底企稳等特点。同时，商业银行和公积金中心均积极推进个人住房抵押贷款资产证券化，拓宽资金来源，并试水不良贷款资产证券化，拓展不良资产处置新路径。

（一）贷款实现大幅增长

截至2016年末，全国主要金融机构个人住房贷款余额为18万亿元，同比增长38.1%，增速较上年末提高了14.2个百分点，高于人民币各项贷款增速24.6个百分点[1]。从增量看，全年个人住房贷款增量4.8万亿元，同比增加2.3万亿元，增量创历史新高，分别是2014年、2015年增量的3倍和1.9倍。

分季度看，贷款增长呈现"先升后降"的特点。第二季度增量达1.3万亿元，环比第一季度（0.96万亿元）增加约0.3万亿元。第三季度贷款增量继续上升至1.4万亿元，环比增加0.1万亿元。第四季度，受人民银行实施窗口指导的影响，贷款增量下降至1.2万亿元，环比下降0.2万亿元。值得关注的是，个人住房贷款余额增速逐季快速上升，至年末增速高达36.7%（见图1）。

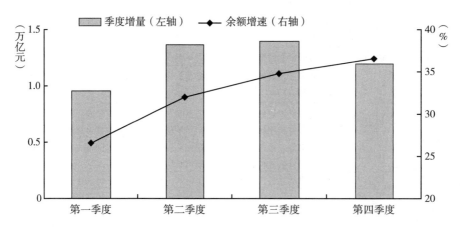

图1 2016年第一季度至第四季度个人住房贷款增长情况

---

① 资料来源于中国人民银行编《2016年第四季度中国货币政策执行报告》。

（二）结构占比明显提升

从贷款结构看，2016年个人住房贷款在整体信贷中的贡献度不断提高。个人住房贷款余额和增量占人民币各项贷款的比例分别达17%和38%，比上年分别提升3个百分点和17个百分点。这既反映了居民资产配置的倾向，也体现了商业银行房贷投放意愿的上升。一方面，直接融资渠道的拓宽，降低了企业客户对银行贷款的依赖，导致法人贷款需求明显下滑；另一方面，经济增速放缓，银行贷款风险管控压力上升，银行更倾向于投放资产质量良好、经济资本消耗小的个人住房贷款。因此，银行对按揭贷款的支持力度不断加大。

（三）贷款利率触底企稳

商业银行个人住房贷款投放意愿上升，主动增大了信贷供给，导致贷款利率持续下行，直至第四季度趋于平稳。2016年12月，贷款加权平均利率为4.52%，比上年同期下降0.18个百分点。分季度看，第一、第二季度贷款加权平均利率下行幅度较大，其中，3月加权平均利率为4.63%，比上年12月下降0.07个百分点[1]；6月加权平均利率为4.55%，比3月又下降0.08个百分点[2]。第三季度利率下行幅度开始收窄，9月加权平均利率为4.52%，比6月下降0.03个百分点[3]。进入第四季度后，利率水平趋稳，12月与9月加权利率持平（见图2)[4]。

（四）资产证券化规模进一步增长

2016年，个人住房抵押贷款支持证券（RMBS）发行规模呈现井喷式增长。银行间市场RMBS发行15笔，发行额1049亿元，较2015年发行笔数增长了86%，发行规模增长了3倍。在公积金个人住房贷款资产证券化方面，银行间市场发行5笔，发行额347亿元，较2015年增长了2.7倍，上海、杭州、武汉等地区公积金中心资金紧张问题有所缓解。

---

[1] 中国人民银行编《2016年第一季度中国货币政策执行报告》。
[2] 中国人民银行编《2016年第二季度中国货币政策执行报告》。
[3] 中国人民银行编《2016年第三季度中国货币政策执行报告》。
[4] 中国人民银行编《2016年第四季度中国货币政策执行报告》。

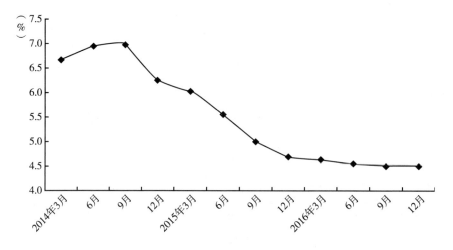

图2　2014～2016年个人住房贷款加权平均利率情况

表2　2016年RMBS产品发行情况

项目名称	发起机构	基础资产	发行金额（亿元）	计息起始日
家美2016年第一期个人住房抵押贷款资产支持证券	中国邮政储蓄银行股份有限公司	个人住房抵押贷款	38.17	2016年6月30日
中盈2016年第三期个人住房抵押贷款资产支持证券	中国银行股份有限公司	个人住房抵押贷款	101.26	2016年12月12日
中盈2016年第二期个人住房抵押贷款资产支持证券	中国银行股份有限公司	个人住房抵押贷款	103.91	2016年10月18日
中盈2016年第一期个人住房抵押贷款资产支持证券	中国银行股份有限公司	个人住房抵押贷款	104.24	2016年8月30日
企富2016年第一期个人住房抵押贷款资产支持证券	中国民生银行股份有限公司	个人住房抵押贷款	90.89	2016年12月2日
建元2016年第四期个人住房抵押贷款资产支持证券	中国建设银行股份有限公司	个人住房抵押贷款	94.15	2016年12月12日
建元2016年第三期个人住房抵押贷款资产支持证券	中国建设银行股份有限公司	个人住房抵押贷款	80.32	2016年12月1日
建元2016年第二期个人住房抵押贷款资产支持证券	中国建设银行股份有限公司	个人住房抵押贷款	90.73	2016年11月18日
建元2016年第一期个人住房抵押贷款资产支持证券	中国建设银行股份有限公司	个人住房抵押贷款	97.49	2016年5月30日
工元2016年第四期个人住房抵押贷款资产支持证券	中国工商银行股份有限公司	个人住房抵押贷款	102.55	2016年12月15日

续表

项目名称	发起机构	基础资产	发行金额（亿元）	计息起始日
和家 2016 年第一期个人住房抵押贷款资产支持证券	招商银行股份有限公司	个人住房抵押贷款	100.18	2016 年 9 月 2 日
苏福 2016 年第一期个人住房抵押贷款资产支持证券	苏州银行股份有限公司	个人住房抵押贷款	5.08	2016 年 10 月 9 日
居融 2016 年第一期个人住房抵押贷款资产支持证券	江苏江南农村商业银行股份有限公司	个人住房抵押贷款	14.96	2016 年 8 月 30 日
创盈 2016 年第一期个人住房抵押贷款资产支持证券	徽商银行股份有限公司	个人住房抵押贷款	6.29	2016 年 7 月 1 日
信融 2016 年第一期个人住房抵押贷款资产支持证券	广东顺德农村商业银行股份有限公司	个人住房抵押贷款	19.21	2016 年 3 月 8 日
武汉公积金 2016 年第一期个人住房贷款资产支持证券	武汉住房公积金管理中心	公积金个人住房抵押贷款	20.41	2016 年 3 月 3 日
沪公积金 2016 年第二期个人住房贷款资产证券化信托	上海市公积金管理中心	公积金个人住房抵押贷款	163.17	2016 年 6 月 7 日
沪公积金 2016 年第一期个人住房贷款资产证券化信托	上海市公积金管理中心	公积金个人住房抵押贷款	148.42	2016 年 4 月 22 日
湖州公积金 2016 年第一期个人住房贷款资产支持证券	湖州市住房公积金管理中心	公积金个人住房抵押贷款	5.14	2016 年 3 月 7 日
杭州公积金 2016 年第一期个人住房贷款资产支持证券	杭州市住房公积金管理中心	公积金个人住房抵押贷款	10	2016 年 3 月 7 日

资料来源：Wind 资讯。

此外，中国建设银行还发行了国内首单不良个人住房抵押贷款资产支持证券，发行规模为 15.60 亿元，基础资产未偿还本息合计 29.93 亿元，证券发行规模占基础资产未偿还本息余额的比例高达 52.12%。这是继以法人不良贷款、信用卡不良贷款、个人经营性不良贷款为基础资产的资产证券化产品之后，对基础资产品种的又一创新，为银行批量消化不良住房抵押贷款拓展了新的途径。

三 2017年展望

2017 年，国家对房地产行业的调控思路，由"去库存"转向"抑泡沫和

去库存并重"。预计热点城市调控政策将继续收紧，市场监管力度将加强，而三四线城市的政策仍将保持平稳。总体来看，房地产市场将进入调整期，个人住房贷款业务发展也将面临需求下滑、增长放缓的压力。同时，在监管窗口指导和市场需求变化的共同作用下，贷款利率将出现回升。

（一）区域限贷政策仍有收紧空间

2016 年中央经济工作会议强调，要坚持"房子是用来住的、不是用来炒的"的定位，促进房地产市场平稳健康发展。尽管 2016 年第四季度以来，个人住房贷款投放有所放缓，但居民购房和贷款的需求仍保持旺盛。为引导社会形成合理的住房消费预期，预计热点城市仍有可能继续收紧限购、限贷政策。一是降低购房杠杆，对非本地户籍家庭的购房需求和购买二套及以上住房的需求，进一步提高最低首付款比例，抑制投资投机性购房需求。二是严格套数认定方式，目前大部分热点地区采取"认房不认贷"的方式来区分首套和二套房贷款，但实际调控效果不尽理想，未来有可能恢复上一轮调控时采取的"认房又认贷"的方式。

（二）按揭贷款增量将有所下滑

2016 年第四季度个人住房贷款增速已出现放缓现象，12 月末贷款增速为 36.7%，环比 11 月下降 0.1 个百分点，为过去 20 个月以来首次放缓。预计放缓趋势将在 2017 年延续，全年个人住房贷款增量将有所减少。

从信贷需求端看，随着调控政策的持续收紧和效应叠加，市场成交量将出现萎缩，加之最低首付款比例的提高，贷款额度随之下降，因此 2017 年个人住房贷款总需求将有所下滑。从信贷供给端看，2017 年银行发展个人住房贷款业务的意愿较 2016 年也将降低。一是监管窗口指导趋严，2016 年个人住房贷款增速过快、占比过高的问题，已经引起了监管部门的关注，根据"在宏观上管住货币"的调控要求，预计 2017 年房地产贷款的投放控制将趋紧，即监管部门将对个人住房贷款增量和结构占比提出明确的监管要求，进而限制商业银行的按揭贷款投放能力。二是法人贷款需求回升，受政府购买服务、基础设施建设的融资需求上升、民间投资触底回暖等因素影响，法人信贷需求将明显回升，为银行信贷结构配置提供了更多选择，这将对个人住房贷款产生一定的挤出效应。

（三）按揭贷款利率触底回升

受人民币贬值预期上升影响，2017年贷款基准利率继续下调的可能性不大。而作为住房金融宏观审慎管理的组成部分，利率定价自律机制将发挥更大的作用。预计热点城市将相应提高个人住房贷款定价水平，通过价格杠杆，调节居民购房和贷款需求。此外，政府部门加大基础设施投资力度，企业部门信贷需求回升，有可能出现信贷规模紧张的局面。由此判断，2017年个人住房贷款利率有反弹回升的动力。

B.5
2016年房地产投融资现状及
2017年趋势分析

丁兴桥　严锦梅　徐瑞*

摘　要： 本文对2016年的房地产投融资现状进行分析，同时对2017年房地产投融资发展趋势进行判断。2016年房地产投资增速企稳回升，住宅投资也开始回暖，内部结构进一步优化，商业地产投资分化显现，营业用房投资显著提升，土地投资呈现"量跌价升"的特征；房地产融资规模稳步增长，融资内部结构继续盘整，信托、债券等融资渠道继续拓展，直接融资形式占比不断提升。展望2017年，房地产市场继续调整，行业分化形势继续，企业转型和整合会进一步加速，房地产投资进入下行通道，但将温和下滑，融资方面政策将稳重偏紧，重点转向防范风险。

关键词： 房地产　投融资　趋势

一　2016年房地产投资特征

2016年，我国经济以推进供给侧改革为主线、以稳中求进为主基调，实现了"十三五"的良好开局，经济形势总体缓中趋稳、稳中向好，从房地产市场来看，城市分化持续加剧，房地产政策经历了年初各类宽松政策频出到热点城市

---

* 丁兴桥，现供职于华夏幸福基业股份有限公司，投资高级经理；严锦梅，现供职于中国指数研究院，高级分析师；徐瑞，现供职于南京银行，客户经理。

调控持续加码的过程，整体成交在热点城市的带动下呈现量价齐升态势，商品房销售创历史新高，房地产投资在市场上行的趋势下出现明显的回暖现象。

（一）房地产开发投资增速①企稳回升

2016年，房地产市场出现了新一轮的上行周期，房地产开发投资和住宅投资增速扭转前两年连续下跌态势，快速回升，城镇固定资产投资仍延续下跌态势。具体来看，2016年全年房地产开发投资额首次突破10万亿元，达102581亿元，同比增长6.88%，增速较2015年回升近6个百分点，但仍低于同期城镇固定资产投资增速近2个百分点，占城镇固定资产投资的比重为17.2%，与上年基本持平（见图1）。在年初"去库存"的背景下，各类需求持续释放，住宅销售创历史新高，住宅投资亦显著回升，全年投资额为68704亿元，同比增长6.36%，增速较2015年提升了6个百分点。随着城市分化的加剧，未来一二线核心城市降杠杆、控风险，三四线城市"去库存"成为行业常态，在房地产成交逐渐回落的背景下，房地产投资增速也将在平稳中缓慢下降。

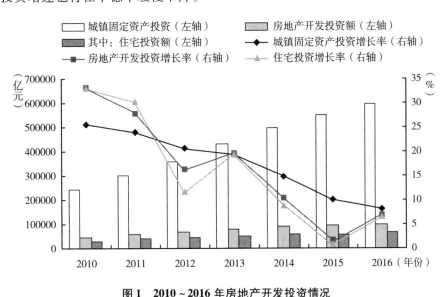

图1　2010～2016年房地产开发投资情况

---

① 本文中"增速、增长情况"，月度指相对上年同期同比增长，年度指相对上年环比增长。

2016 年，房地产开发投资和住宅投资累计增速扭转了上年逐月下滑的趋势，2015 年 12 月房地产开发投资和住宅投资双双跌至低谷，2016 年开始逐渐回升，月增长均在 6% 左右。房地产开发投资增速由 2015 年 12 月的 1% 回到到 2016 年 1 ~ 2 月的 3%，在 2016 年 1 ~ 3 月则回升到 6%；住宅投资增速由 2016 年 1 ~ 2 月的 2% 回升到 2016 年 1 ~ 12 月的 6%，从 2 月开始基本稳定在 6% 左右。受住宅投资和房地产开发投资增速回升的影响，城镇固定资产投资增长率开始企稳，除了前四个月与上一年基本持平外，其余各月增速均在 8% 左右（见图 2）。

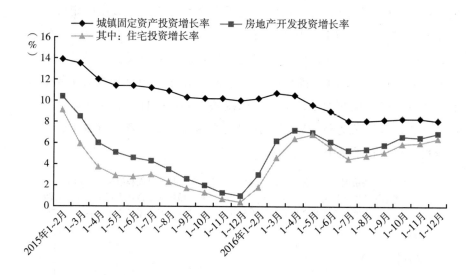

图 2　2015 ~ 2016 年各月房地产开发投资累计增速情况

（二）住宅投资回暖，投资结构不断优化

2016 年，房地产市场投资逐渐回暖，住宅投资增长率明显上升，由 2015 年 12 月的 0.4%，加速上升并稳定在 6% 左右。具体来看，住宅在回归居住属性的背景下在房地产市场继续分化，2016 年别墅、高档公寓的投资力度继续萎缩，投资增速为 - 0.1%；90 平方米以下刚需类产品投资力度变化不大，投资增速为 0.5%；而 144 平方米以上的改善型产品投资不降反升，投资增速为 13.7%（见表 1）。

表1 2015～2016 年全国房地产开发投资同比增长情况

单位：%

时间	房地产投资增长率	住宅投资增长率	住宅投资中			办公楼投资增长率	商业营业用房投资增长率	其他房地产投资增长率
			90平方米以下住房	144平方米以上住房	别墅、高档公寓			
2015 年								
1～2 月	10.4	9.1	25.6	14.0	-0.8	14.9	18.2	6.3
1～3 月	8.5	5.9	28.7	14.2	-5.7	20.6	17.2	7.4
1～4 月	6.0	3.7	29.2	12.5	-6.8	13.6	13.9	6.1
1～5 月	5.1	2.9	28.5	15.2	-3.0	12.8	11.9	5.6
1～6 月	4.6	2.8	26.6	17.1	-4.2	14.4	8.6	5.1
1～7 月	4.3	3.0	26.3	16.3	-6.7	13.5	7.6	3.7
1～8 月	3.5	2.3	25.0	14.8	-9.8	14.2	5.4	2.9
1～9 月	2.6	1.7	24.0	14.7	-8.4	11.1	4.0	1.9
1～10 月	2.0	1.3	22.4	15.3	-7.1	10.7	2.8	1.0
1～11 月	1.3	0.7	21.6	15.3	-9.8	10.3	1.9	-0.8
1～12 月	1.0	0.4	21.2	14.4	-9.5	10.1	1.8	-1.2
2016 年								
1～2 月	3.0	1.8	-0.2	-4.5	-1.8	16.1	2.7	3.4
1～3 月	6.2	4.6	0.7	-0.5	-0.9	14.2	7.1	9.5
1～4 月	7.2	6.4	0.5	3.4	-0.8	15.4	7.6	6.9
1～5 月	7.0	6.8	1.0	4.5	-2.1	12.8	8.2	3.7
1～6 月	6.1	5.6	0.1	5.1	-4.3	10.1	7.8	4.6
1～7 月	5.3	4.5	-0.9	6.3	-2.6	8.5	6.9	6.2
1～8 月	5.4	4.8	-1.2	8.5	-1.5	5.7	7.1	6.8
1～9 月	5.8	5.1	-0.8	9.9	-1.6	6.0	7.8	7.4
1～10 月	6.6	5.9	0.1	11.5	-1.1	6.2	7.8	9.1
1～11 月	6.5	6.0	0.2	12.1	0.1	5.0	7.7	8.9
1～12 月	6.9	6.4	0.5	13.7	-0.1	5.2	8.4	8.9

2016 年初，在"去库存"要求下各类需求持续释放，在二胎政策等因素叠加下改善型需求释放力度更大。具体来看，2016 年住宅投资占房地产开发投资

的比重为67%，较上年小幅下降了0.3个百分点。其中，90平方米以下住房占24.1%，同比下降1.6个百分点；144平方米以上住房占12.2%，同比上涨0.7个百分点；别墅和高档公寓占3.4%，同比下降0.2个百分点（见表2）。

表2　2005～2016年全国房地产开发投资结构情况

单位：%

年份	住宅投资占比	其中			办公楼投资占比	商业营业用房投资占比	其他占比
		90平方米以下住房占比	144平方米以上住房占比	别墅、高档公寓占比			
2005	68.3	—	—	6.6	4.8	12.8	14.1
2006	70.2	—	—	7.4	4.8	12.1	12.9
2007	71.2	16.6	—	7.1	4.1	11	13.7
2008	71.9	20.9	12.2	6.5	3.7	10.8	13.6
2009	70.7	23	14.3	5.7	3.8	11.5	14
2010	70.5	22.1	13.7	5.9	3.7	11.7	14
2011	71.8	22.1	14.7	5.5	4.1	11.9	12.2
2012	68.8	23.4	13.7	4.8	4.7	13	13.6
2013	68.5	33	17.7	6.2	5.4	13.9	12.2
2014	67.7	21.4	10.1	4	5.9	15.1	11.3
2015	67.3	25.7	11.5	3.6	6.5	15.2	11
2016	67.0	24.1	12.2	3.4	6.4	15.4	11.2

（三）商业地产投资分化显现，营业用房投资显著回升

2016年，商业地产的投资开始分化，办公楼投资增速同比下降近5个百分点，跌至5.2%，商业营业用房投资增速开始回升至8.4%，同比上升近7个百分点。具体来看，2016年"去库存"政策的深入开展，为商业地产发展带来新的机遇，商业地产投资增速仍高于整体开发投资增速，商业营业用房投资增速为8.4%，较同期房地产投资增长率高出1.5个百分点，较同期住宅投资增长率高出2个百分点；而办公楼投资增速大幅下降为5.2%，低于同期房地产投资6.9%的增长率，也低于同期住宅投资6.4%的增长率。从投资占比来看，2016年办公楼投资占比为6.4%，仅次于十年来2015年的6.5%；商业营业用房投资占比为15.4%，创十年来的新高（见表1、表2）。

（四）东部地区投资占比超50%，中部投资增速显著提升

2016 年，房地产行业开发投资区域分化更加明显，东部地区热点城市聚集、市场需求旺盛、居民购买力强，仍然是房地产开发投资的主战场，投资总额为 56233 亿元，占全国投资的 54.82%；中部和西部地区投资额则分别为 23286 亿元和 23061 亿元，两者占比相当，分别占 22.70% 和 22.48%。从增速来看，在"去库存"政策利好的刺激下，中部地区增速明显，增速为 10.7%，远高于东部地区的 5.6% 和西部地区的 6.2%（见图 3、图 4）。

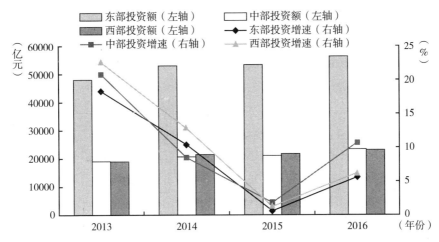

图 3　2016 年各区域房地产开发投资额及增速

图 4　2013～2016 年各区域房地产开发投资额占比

（五）土地购置量跌价升

2016 年，在城市分化严重的背景下，一二线热点城市成为土地投资的重镇，受到开发企业的青睐，而部分库存高企的三四线城市成交相对冷清，整体成交呈现量跌价升的态势。

2016 年，全国房地产企业土地购置面积为 22025 万平方米，较上年同期下降 3.4%，降幅虽较 2015 年大幅缩小 28 个百分点，但仍然没有扭转下降的趋势；全国房地产企业土地成交价款 9129 亿元，较上年同期上升 19.8%，同比 2015 年大幅上升 29 个百分点。土地购置面积下降和金额上升的原因之一在于热点城市高价地块频出，未来这些地块或存在开发风险隐忧。

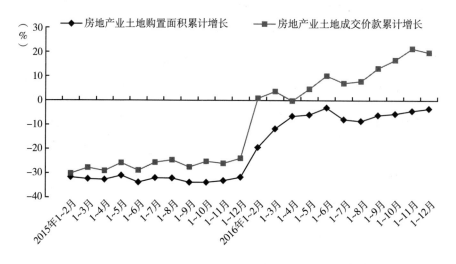

图 5　2015～2016 年各月房地产土地购置投资情况

二　2016 年房地产融资特征

2016 年，我国经济逐渐企稳，经济结构继续优化，房地产市场也从年初的"去库存"转向年尾的"抑制局部热点城市过热"，政策环境从"宽松"走向"收紧"，特别是严控防范金融风险。在这种背景下，2016 年房地产融资规模继续稳定增长，融资结构进一步盘整，信托、债券等新兴融资渠道得到拓展，然而随着第四季度融资环境的逐步收紧，融资增速也逐渐放缓。

（一）房地产融资规模稳步增长，融资内部结构继续盘整

2016年，房地产市场整体呈现上行态势，企业销售业绩节节攀升，土地市场不断升温，房地产企业信心趋于乐观，加之年初持续的货币宽松政策，房企的融资规模也在稳步增长。2016年，房地产开发企业当年资金来源144214亿元，同比增长15.2%。其中，国内贷款21512亿元，同比稳步增长6.4%；利用外资140亿元，同比大幅下降52.8%；自筹资金49133亿元，同比小幅增长0.2%；其他资金73428亿元，同比大幅增长31.9%。在其他资金中，定金及预收款41952亿元，同比大幅增长29.0%；个人按揭贷款24403亿元，同比大幅增长46.5%（见图6）。在房地产资金来源中，2016年国内贷款、利用外资、自筹资金、其他资金占当年资金小计的比重分别为14.9%、0.1%、34.1%、50.9%，其中，定金及预收款、个人按揭贷款占比分别为29.1%、16.9%；而2015年的占比分别为16.1%、0.2%、39.2%、44.5%，其中，定金及预收款、个人按揭贷款占比分别为26.0%、13.3%（见表3）。

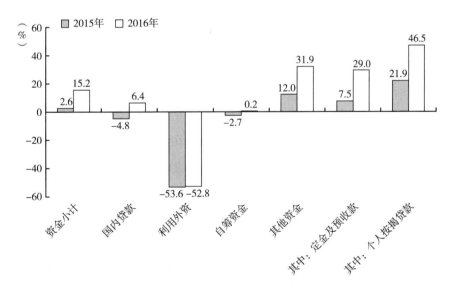

图6　2015～2016年房地产资金来源的增长情况

表3　2007～2016年全国房地产开发资金结构情况

单位：亿元，%

指标	当年资金小计	国内贷款占比	利用外资占比	自筹资金占比	其他资金占比	其中：定金及预收款占比	其中：个人按揭贷款占比
2007年	37478	18.7	1.7	31.4	48.2	28.5	13.1
2008年	39619	19.2	1.8	38.6	40.3	24.6	9.8
2009年	57799	19.7	0.8	31.1	48.5	28.1	14.8
2010年	72944	17.2	1.1	36.5	45.2	26.1	12.6
2011年	85689	15.2	0.9	40.9	43	25.2	9.8
2012年	96537	15.3	0.4	40.5	43.8	27.5	10.9
2013年	122122	16.1	0.4	38.8	44.6	28.3	11.5
2014年	121991	17.4	0.5	41.3	40.7	24.8	11.2
2015年	125203	16.1	0.2	39.2	44.5	26.0	13.3
2016年	144214	14.9	0.1	34.1	50.9	29.1	16.9

　　受到2015～2016年前三季度国内较为宽松融资环境的影响，房企纷纷选择回归国内融资，加之人民币的持续贬值导致房企境外融资成本上涨，部分房企选择通过境内融资来替换和偿还境外高成本融资，导致利用外资部分出现了大幅下跌，其在房地产资金来源中的占比下降；包括定金及预收款、个人按揭贷款在内的其他资金同比增长较为迅猛，其在房地产资金来源中的占比提升较为显著，这是由2016年房地产市场快速回暖情况下房企销售业绩提振所导致的；国内银行贷款同比增长的小幅提升，其在房地产资金来源中的占比小幅下降，说明银行在保持对房地产行业支持的同时开始注重把控金融风险；另外，自筹资金同比增长幅度不大，其在房地产资金来源中的占比也出现了一定程度的下降，但是其内部结构出现了一定变化，其中以公司债发行的迅速增长最为典型，另外股权融资、定向增发等更多更灵活的直接融资渠道也开始逐渐被房企使用。

　　2016年初延续了2015年较为宽松的融资环境，房地产企业融资规模同比增幅较大；随着年末融资渠道的逐步收紧，年末房地产企业融资规模有所下滑。从月份数据看，2016年房地产开发资金增长率整体呈现"先扬后抑"的态势，1～2月增长率为﹣1.0%，1～3月增长率突变为正增长14.7%，此后涨幅不断扩大，在1～5月扩大至16.8%，随后的月份增长率在震荡中下行，1～12月增长率调整至15.2%，全年保持了"先扬后抑"的态势。在房地产开发资金中，各种资金的变化趋势各有特点：国内贷款增长率与资金总体趋势相反，呈现"先抑后扬"的态势，年初1～3月增长率为6.5%，随后的月份增长率不断下行，1～7月增长率下行至0.7%，此后增长率转跌为升，1～12月增长率又反弹至6.4%；利用外资全年保持了负增长，且跌势呈现不断收窄的态势，年初1～2月为－82.8%，此后跌幅不断收窄，到年底1～12月跌幅收窄至－52.8%；自筹资金增长率全年整体保持了下行的态势，年初1～3月为4.7%，1～12月下行至0.2%；包括定金及预收款、个人按揭贷款在内的其他资金的增长率全年保持了高位震荡的态势，年初1～2月为13.3%，1～5月上行至39.4%，此后不断下行，1～12月达到31.9%（见表4）。

表4 2016年各月全国房地产开发资金同比增长情况

单位：%

指标	资金小计	国内贷款	利用外资	自筹资金	其他资金	其中:定金及预收款	其中:个人按揭贷款
1～2月	－1.0	－9.5	－82.8	－7.6	13.3	8.3	30.4
1～3月	14.7	6.5	－80.6	4.7	30.4	25.9	46.2
1～4月	16.8	2.2	－68.1	3.7	37.9	34.4	54.7
1～5月	16.8	2.3	－72.1	1.4	39.4	35.2	58.5
1～6月	15.6	1.0	－63.2	－0.1	38.3	34.1	57.0
1～7月	15.3	0.7	－49.8	0.4	36.3	31.6	54.6
1～8月	14.8	1.7	－52.6	0.6	34.1	29.7	52.2
1～9月	15.5	1.2	－50.8	0.8	35.6	31.5	51.4
1～10月	15.5	1.2	－49.0	0.6	35.2	32.2	51.5
1～11月	15.0	3.1	－49.0	0.3	33.4	30.5	49.3
1～12月	15.2	6.4	－52.8	0.2	31.9	29.0	46.5

（二）信托、债券等融资渠道继续拓展，直接融资形式占比不断提升

房地产融资结构中，房地产信托作为其中重要的融资形式，2013年之前表现出爆发式增长，2013～2015年经历了相对理性的回归后，2016年出现了

"数量下降、规模攀升"式的重新抬头。数据显示，2016 年全年房地产信托发行量为 716 支，规模总计 1873 亿元，与 2015 年规模相比略微上涨 8.6%，平均规模由 2015 年的 2.06 反弹至 2016 年的 2.62；平均预期年化收益率为 7.36%，较 2015 年下降了 1.98 个百分点，延续了 2012 年以来的下跌趋势（见表5）。另外，房地产信托一般时限较短，2016 年房地产信托平均时限为 1.78 年，易受到市场波动的影响，兑付风险较大。

表5　2007～2016 年房地产信托发行情况

指标	成立数量（支）	成立规模（亿元）	平均规模	平均期限（年）	平均预期年化收益率（%）
2007 年	60	118	1.97	2.44	7.2
2008 年	137	259	1.89	1.81	9.98
2009 年	213	422	1.98	1.94	8.16
2010 年	591	1845	3.12	1.86	8.87
2011 年	1021	2824	2.77	1.84	10.03
2012 年	756	1849	2.45	1.82	10.13
2013 年	1032	3439	3.33	1.89	9.50
2014 年	1144	2414	2.11	1.76	9.75
2015 年	835	1724	2.06	1.63	9.34
2016 年	716	1873	2.62	1.78	7.36

资料来源：用益信托网。

受到 2015 年初证监会关于公司债发行政策放宽的影响，公司债的发行门槛降低，发行流程得到简化，2016 年房企融资渠道中公司债发行的占比显著提升，根据中指数据信息中心对重点房企监测数据显示，2016 年债券类融资总数约 120 笔，融资金额约 4653 亿元，占比达到 31.92%（见图7、表6、表7），债券类融资已经成为重点房企最主要的融资方式之一，一定程度上分散了长期以来房企对银行贷款的过度依赖；另外，股权融资、定向增发、发行票据、贷款担保等融资形式也成为房企较为常用的方式，房企的融资渠道更加灵活，房企融资成本不断走低，这是房地产行业在利润不断摊薄情况下的被迫选择，也是房企继续发展和转型的主动适应。

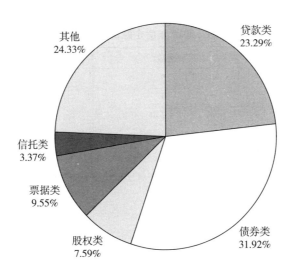

图7 2016年重点监控房企各类融资占比

资料来源：CREIS 中指数据。

表6 2016年房企单笔融资 TOP 10

房企名称	融资规模（亿元）	融资形式	发行日期	基本情况
绿地控股	600	银行授信	12月15日	与中国民生银行达成战略合作,并获授信
华夏幸福	500	银行授信	10月10日	与邮政银行河北省分行达成战略合作,并获授信
富力地产	300	发行公司债	3月11日	于上交所和深交所面向合格投资者公开发行
华侨城	251	股东借款	4月22日	向控股股东华侨城集团公司申请贷款
五矿地产	200	银行授信	7月26日	与渤海银行达成战略合作,并获授信
九龙仓	200	离岸融资	9月28日	发行境外非金融机构人民币债务融资工具
华夏幸福	200	银行授信	10月10日	与渤海银行石家庄分行达成战略合作,并获授信
泰禾集团	200	银行授信	10月18日	与大连银行达成战略合作,并获授信
中国金茂	160	中期票据	12月15日	发行无担保中期票据
泰禾集团	156	融资担保	6月15日	为下属公司融资提供担保

资料来源：CREIS 中指数据。

表7　2016年房企融资TOP 10

房企名称	融资次数（次）	融资规模（亿元）
泰禾集团	15	989
华夏幸福	13	951.1
绿地控股	7	874.51
阳光城集团	32	777.52
泛海控股	16	662.55
万达集团	11	458.57
荣盛发展	24	414.21
蓝光发展	9	349
华发股份	19	327.65
华侨城	2	301

资料来源：CREIS中指数据。

三　2017年趋势分析

1.行业——分化继续，整合加速

2016年的房地产行业分化继续加深。这种分化首先体现为区域性的分化，即一二线城市和三四线城市之间的分化，由于其经济发展动力和人口聚集能力的差异，一二线城市和三四线城市间的房地产市场"冰火两重天"的局面将持续。但是，这种分化更加突出地表现为企业间的分化，即大企业和中小型企业之间的分化，大企业在全国范围内布局的策略使得房地产区域性风险得以化解，同时享受到区域性上涨的利好，另外大企业融资的易获得性和低成本性，使得其竞争优势异常突出。2016年，共有131家房企跻身百亿元军团，市场份额已接近50%，房地产行业集中度进一步提升；其中，恒大、万科、碧桂园3家企业跻身3000亿元超级阵营，强者愈强态势凸显，规模效应凸显。2017年，随着融资环境趋紧，银行开发贷、公司债券等低成本融资手段将受限，房企将被迫寻求融资成本更高的其他手段，如房地产信托、房地产基金等，融资成本的提高，加之土地获取难度加大和获取成本提升、市场需求升级对产品提出更高要求等变化，使得2017年的房地产市场竞争会更加激烈，"大鱼吃小鱼、快鱼吃慢鱼"的现象更加频繁，房企整合将进一步加剧。

2. 投资——进入下行通道，温和下滑

随着供给侧改革的深入，2016年我国经济结构持续优化、整体经济运行保持在合理区间，经济质量和效益有效提升。房地产市场在政策的由松转紧中迎来了成交的历史高点，带动房地产投资走出近两年来的低谷期，进入增速上涨通道。与此同时，城市分化发展趋势更加明显，在人口和财富集聚的一线城市需求旺盛，但在土地供给减少的背景下，存量房逐渐成为一线市场成交的主力之一；重点二线城市在2016年的高速上涨期使房价和地价快速飙升，部分城市市场和金融风险隐现；大部分三四线城市仍以"去库存"为主基调。展望2017年，城市分化将进一步加大，因城施策将更加显著，一二线重点城市仍以调控为主，其中二线城市降杠杆已成为主要任务，三四线城市"去库存"的优惠政策仍将继续，整体成交量将逐渐回落；同时，根据2016年底中央经济工作会议"房子是用来住的、不是用来炒的"的定位，以及"既抑制房地产泡沫，又防止出现大起大落"的定调，房地产市场将回归居住属性，投机性需求将受到压制。预计2017年房地产投资将进入下行通道，整体呈现温和下滑态势。

3. 融资——稳中偏紧，防范风险

2016年，部分地区出现房地产过热现象，亟须加强房地产调控。年末，中央经济工作会议指出货币政策要坚持稳健中性，防控金融风险被放在更加重要的位置，"抑制资产泡沫、防范金融风险"成为房地产调控和货币政策的总基调，融资环境整体趋向收紧。2017年，国内外政治经济环境充满不确定性，国内宏观经济尚不能企稳，流动性大环境不会出现大的逆转，2017年的房地产行业资金面将总体呈现"稳中偏紧"的基本特征，房地产企业融资增速将继续放缓。另外，近两年房企的银行贷款、发行的短期票据债券以及部分中长期债务将在2017年陆续迎来偿还高峰，房企或者通过新增融资、或者通过销售获得现金流来偿还到期债务，然而2017年的融资环境偏紧，如若销售也不理想，部分房企尤其是中小型房企将面临无法偿债的可能，房地产市场整体也将面临一定的偿债风险，进而影响到整个国家的金融安全，因此防范风险将成为2017年房地产市场的应有之义。

B.6
2016年房地产业税收分析
与2017年展望

摘　要：　本文描述了2016年中国房地产业税收运行情况，总结了房地
产业税收运行的主要特征，同时对2017年中国房地产业税收
进行了初步展望。通过对房地产业的定性和定量分析，全方
位描绘了中国房地产业税收全貌，并对2016年房地产税收主
要政策进行了回顾。

关键词：　房地产业　税收收入　营业税　企业所得税

一　2016年中国房地产业税收
收入分析

2016年，中国全年税收收入①140499.04亿元，比上年增加4477.56亿元，同比增长3.3%，房地产行业（简称房地产业，下同）税收出现小幅下降，实现18601.79亿元，比上年增加2200.65亿元，同比提高13.4%，较上年（2015年增速为-0.9%）上升14.3个百分点（见表1）。

（一）2016年中国房地产业税收分季度累计收入走势分析

第一季度累计，税收收入实现35503.16亿元，同比增长6.5%，房地产业

---

*　付广军，国家税务总局税科所研究员，中安联合博士后科研工作站博士后导师，主要研究
方向为税收分析、税收政策。

① 本文税收收入是指税务部门统计口径，不包括关税和船舶吨税，未扣减出口退税。

表1 2016年房地产业税收收入分季度运行状况

单位：亿元，%

指标名称	第一季度累计		第二季度累计		第三季度累计		全年累计	
	绝对数	同比增长	绝对数	同比增长	绝对数	同比增长	绝对数	同比增长
税收收入	35503.16	6.5	76805.90	6.8	107632.80	5.0	140499.04	3.3
房地产业税收	4643.18	16.8	10711.61	19.9	14550.63	16.0	18601.79	13.4
房地产业占比	13.1		13.9		13.5		13.2	

资料来源：国家税务总局收入规划核算司：《税收月度快报》，2016年3月、6月、9月、12月。

税收实现4643.18亿元，同比增长16.8%，房地产业税收收入增速高于全部税收收入增速10.3个百分点，占全部税收收入的13.1%。

上半年累计，税收收入实现76805.90亿元，同比增长6.8%，房地产业税收收入实现10711.61亿元，同比增长19.9%，房地产业税收收入增速高于税收收入增速13.1个百分点，占全部税收收入的13.9%。

前三季度累计，税收收入实现107632.80亿元，同比增长5.0%，房地产业税收收入实现14550.63亿元，同比增长16.0%，房地产业税收收入增速高于税收收入增速11.0个百分点，占全部税收收入的13.5%。

全年累计，税收收入实现140499.04亿元，同比增长3.3%，房地产业税收收入实现18601.79亿元，同比增长13.4%，房地产业税收收入增速高于税收收入增速10.1个百分点，占全部税收收入的13.2%（见表1、图1）。

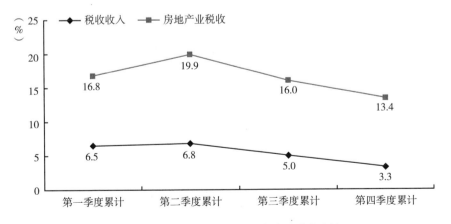

图1 房地产业税收与全部税收收入增速比较

（二）2016年中国房地产业税收增长状况分析

2016年5月1日起，"营改增"全面铺开，房地产业原来征收营业税，5月1日后改为征收增值税，所以，2016年中国房地产业税收收入，以前主要来自营业税和企业所得税，现在开始出现营业税和增值税并存的局面（5月1日前为营业税，5月1日后为增值税）。其中，来自营业税的收入为3967.74亿元，占全部房地产业税收收入的21.3%；来自增值税（销售不动产）的收入为2748.10亿元，占全部房地产业税收收入的14.8%；来自企业所得税的收入为3641.23亿元，占全部房地产业税收收入的19.6%。来自这三大税种的收入占全部房地产业税收收入的55.7%，来自其他税种的收入为8244.72亿元，占全部房地产业税收收入的44.3%（见表2、图2）。

表2　2016年中国房地产业主要税种收入状况

单位：亿元，%

税种	合计	营业税	增值税	企业所得税	其他
2014年收入	16541.86	5626.57	—	2960.67	7954.62
2015年收入	16401.14	6104.36	—	2870.52	7426.26
2016年收入	18601.79	3967.74	2748.10	3641.23	8244.72
占比	100.0	21.3	14.8	19.6	44.3
同比增减额	2200.65	-2136.62	2748.10	770.71	818.46
同比增长	13.4	-35.0	—	26.8	11.0

注："其他"是指除营业税、增值税和企业所得税以外的税种收入。
资料来源：国家税务总局收入规划核算司：《税收月度快报》，2016年12月。

2016年，房地产业税收收入比上年增加2200.65亿元，同比增长13.4%，在房地产业税收收入中，由于"营改增"的影响，营业税比上年减少2136.62亿元，同比下降35.0%；增值税较上年增加2748.10亿元（上年没有增值税）；企业所得税较上年增加770.71亿元，同比增长26.8%。其他税收收入较上年增加818.46亿元，同比增长11.0%。特别是原来作为第一大税种的营业税减少较大，即使加上"营改增"的增值税，也无法弥补其下降幅度，总体上看"营改增"对房地产行业减税效果明显。同时，房地产业企业所得税增加较多，以及房地产业其他税收收入增速的提高，直接导致了房地产业税收收入增速的较大提高。

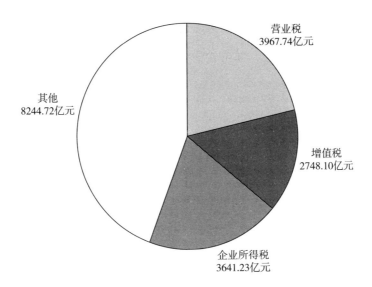

图2　2016年房地产业税收收入构成

（三）2016年房地产业税收分月度收入分析

2016年中国房地产业税收收入月度运行有以下几个特点。

1. 各月份房地产业税收收入绝对额存在差异

从绝对量看，呈"前高后低"状分布，1月、4月、5月和6月量大，与2015年趋势有较大差别。6月最高，达到2126.20亿元，占全年房地产业税收收入的11.4%；8月最低，仅为1059.13亿元，占全年房地产业税收收入的5.7%，最高的6月是最低8月的2.01倍，其余各月收入相对比较稳定，大部分月份基本维持在月平均收入1550.15亿元上下，占全年房地产业税收收入的比重在5.7%~11.4%。高于月平均数的有7个月，低于平均数的有5个月（见表3、图3）。

2. 各月份房地产税收收入增加额有增有减

2016年4月较上年同期增加674.22亿元；而12月较上年同期减少218.61亿元。1月至5月、7月、9月至11月，这9个月较上年同期增加，6月、8月、12月，这3个月较上年有所减少。2016年全年较上年增加2200.65亿元，月均增加183.39亿元。

表3 2015年、2016年房地产业税收收入分月度运行状况

单位：亿元，％，个百分点

月份	2016年			2015年		与2015年比较	
	绝对数	同比增长	占全年比	绝对数	同比增长	增减额	增速
1	1990.97	9.7	10.7	1815.10	2.0	175.87	7.7
2	1059.65	14.8	5.7	922.92	-13.8	136.73	28.6
3	1592.56	28.9	8.6	1235.83	-18.6	356.73	47.5
4	1934.71	53.5	10.4	1260.49	-7.0	674.22	60.5
5	2007.53	28.9	10.8	1557.05	-6.1	450.48	35.0
6	2126.20	-0.9	11.4	2144.69	0.2	-18.49	-1.1
7	1606.14	20.1	8.6	1337.12	10.9	269.02	9.2
8	1059.13	-3.7	5.7	1099.52	8.3	-40.39	-12.0
9	1173.76	0.2	6.3	1171.45	8.6	2.31	-8.4
10	1602.38	27.7	8.6	1254.87	8.8	347.51	18.9
11	1202.21	5.7	6.5	1136.94	7.5	65.27	-1.8
12	1246.56	-14.9	6.7	1465.17	-2.9	-218.61	-12.0
合 计	18601.79	13.4	100.0	16401.14	-0.9	2200.65	14.3
月平均	1550.15	13.4	—	1366.76	—	183.39	—

资料来源：国家税务总局收入规划核算司：《税收月度快报》，2016年1～12月。

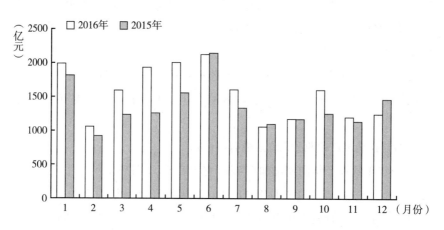

图3 2015年、2016年分月度房地产业税收收入情况

3.各月份房地产业税收收入增速波动剧烈

从增速上看,2016年前期先升、中间高企、后期逐降,呈不规则波动态势,与上年逐月下降态势存在明显差异,1月实现1990.97亿元,同比增长9.7%,2月仅实现1059.65亿元,同比增长14.8%,3月实现1592.56亿元,同比增长28.9%,4月实现1934.71亿元,同比增长53.5%,5月实现2007.53亿元,同比增长28.9%,连续5个月增速高于上年同期。6月实现2126.20亿元,同比下降0.9%,7月实现1606.14亿元,同比增长20.1%,8月实现1059.13亿元,同比下降3.7%,9月实现1173.76亿元,同比增长0.2%,10月实现1602.38亿元,同比增长27.7%,11月实现1202.21亿元,同比增长5.7%,12月实现1246.56亿元,同比下降14.9%(见表3、图4)。

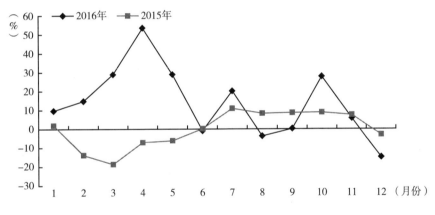

图4 2015年、2016年分月度房地产业税收收入增速

(四)2016年中国房地产业主要税种收入分析

1.房地产业营业税和增值税收入分析

2016年5月1日后,由于"营改增"实施,营业税变为增值税。2016年房地产业营业税与增值税合计收入6715.85亿元,较上年增加611.49亿元,同比增长10.0%,增速较上年提高1.5个百分点。由于实施房地产业"营改增",房地产业营业税在5月前增加较多,特别是4月增加471.68亿元,5月增加441.11亿元。6月后随着营业税的急剧减少,尽管开征了增值税,但是也没能弥补营业税减少的幅度,可见"营改增"对房地产业是减税的(见表4、图5、图6)。

表4 2015 年、2016 年房地产业营业税收入分月度运行状况

单位: 亿元, %

| 月份 | 2016 年 | | | | 2015 年 | | 与2015 年比较 |
	合计	营业税	增值税	同比增长	绝对数	同比增长	增减额
1	668.02	668.02		14.0	585.94	4.7	82.08
2	491.67	491.67		29.8	378.67	-10.0	113.00
3	757.08	757.08		55.3	487.51	-10.5	269.57
4	894.00	894.00		111.7	422.32	9.6	471.68
5	894.10	859.72	34.38	97.4	452.99	2.3	441.11
6	458.81	110.44	348.37	-33.4	689.04	9.3	-230.23
7	416.65	32.74	383.91	-7.5	450.40	12.7	-33.75
8	388.45	35.28	353.17	-20.1	486.35	28.1	-97.90
9	414.79	25.03	389.76	-21.0	524.84	29.3	-110.05
10	423.33	17.95	405.38	-6.5	452.89	25.3	-29.56
11	456.85	45.63	411.22	-9.8	506.55	17.7	-49.70
12	452.10	30.19	421.91	-32.2	666.88	9.6	-214.78
合计	6715.85	3967.75	2748.10	10.0	6104.36	8.5	611.49

资料来源: 国家税务总局收入规划核算司:《税收月度快报》, 2016 年 1~12 月。

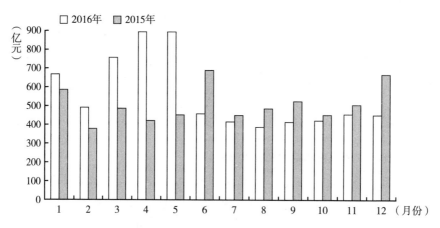

图5 2015 年、2016 年房地产业营业税（增值税）分月度收入情况

2. 中国房地产业企业所得税分析

2016 年房地产业企业所得税收入 3641.23 亿元, 较上年增加 770.71 亿元,

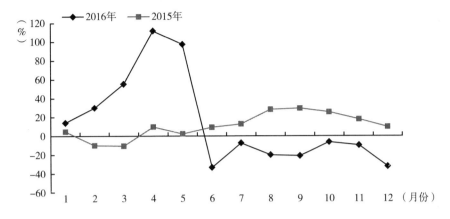

图6 **2015年、2016年分月度房地产业营业税（增值税）收入增速**

同比增长26.8%，增速较上年提高29.8个百分点。房地产业企业所得税分月度看波动剧烈，最高的6月为784.36亿元，占全年房地产业企业所得税收入的21.5%，而最低的12月仅为58.17亿元，占全年房地产业企业所得税收入的1.6%。房地产业企业所得税收入各月差距很大，除1月、4月、5月、6月、7月和10月高于300亿元外，其余月份远远低于月平均303.44亿元。企业所得税收入本来应该有的较强的季节性在房地产行业表现得尤为突出（见表5、图7、图8）。

表5 **2015年、2016年房地产业企业所得税收入分月度运行状况**

单位：亿元，%，个百分点

月份	2016年			2015年		与2015年比较	
	绝对数	同比增长	占全年比	绝对数	同比增长	增减额	增速
1	580.51	16.3	15.9	499.04	9.4	81.47	6.9
2	71.62	−2.0	2.0	73.11	0.5	−1.49	−2.5
3	111.38	22.4	3.1	90.97	−32.2	20.41	54.6
4	321.27	47.2	8.8	218.20	−11.9	103.07	59.1
5	423.69	−9.5	11.6	468.39	−11.7	−44.70	2.2
6	784.36	29.7	21.5	604.68	−2.1	179.68	31.8
7	558.45	86.9	15.3	298.86	13.7	259.59	73.2
8	92.56	14.6	2.5	80.78	−14.2	11.78	28.8

续表

月份	2016 年			2015 年		与 2015 年比较	
	绝对数	同比增长	占全年比	绝对数	同比增长	增减额	增速
9	91.17	5.4	2.5	86.47	-13.1	4.70	18.5
10	457.02	62.6	12.6	280.99	13.1	176.03	49.5
11	91.05	14.7	2.5	79.41	-11.5	11.64	26.2
12	58.17	-35.1	1.6	89.63	-16.6	-31.46	-18.5
合 计	3641.23	26.8	100.0	2870.52	-3.0	770.71	29.8
月平均	303.44	—	—	239.21	—	64.23	—

资料来源：国家税务总局收入规划核算司：《税收月度快报》，2016 年 1～12 月。

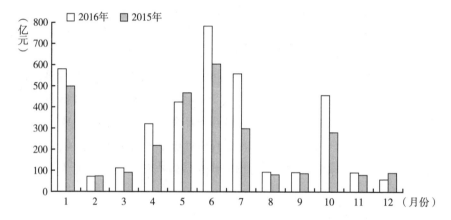

图 7　2015 年、2016 年房地产业企业所得税分月度收入情况

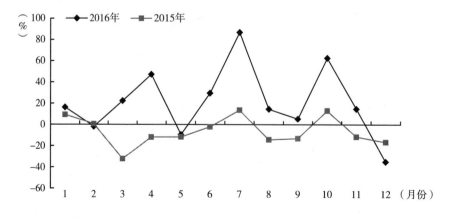

图 8　2015 年、2016 年分月度房地产业企业所得税收入增速

二 2016年房地产业税收运行特点与政策回顾

（一）2016年房地产业税收运行特点

第一，2016 年，房地产业税收实现 18601.79 亿元，占全国税收收入的 13.2%（2015 年为 12.1%），较上年提高 1.1 个百分点，较上年增加 2200.65 亿元，同比增长 13.4%（2015 年增速为 0.9%），较上年提高 12.5 个百分点。房地产业税收的高速增长，提升了房地产业税收在全部税收收入中的地位。

第二，2016 年，房地产业税收收入中，来自营业税的收入为 3967.75 亿元，占全部房地产业税收收入的 21.3%；来自增值税的收入为 2748.10 亿元，占全部房地产业税收收入的 14.8%；来自企业所得税的收入为 3641.23 亿元，占全部房地产业税收收入的 19.6%，来自其他税种的收入为 8244.72 亿元，占全部房地产业税收收入的 44.3%。因此，营业税、增值税和企业所得税是房地产业税收的主要来源，未来随着房地产业"营改增"的全面实施，房地产业营业税收入会逐步消失，房地产业增值税将成为第一大税种，并对房地产业产生巨大影响。

（二）2016年房地产业主要税收政策回顾

1. 税费优惠政策

财政部、国家税务总局、住房城乡建设部联合发布通知，2 月 22 日起，调整房地产交易环节契税、营业税优惠政策。

（1）契税：对个人购买家庭唯一住房（家庭成员范围包括购房人、配偶以及未成年子女），面积为 90 平方米及以下的，减按 1% 的税率征收契税；面积为 90 平方米以上的，减按 1.5% 的税率征收契税；对个人购买家庭第二套改善性住房，面积为 90 平方米及以下的，减按 1% 的税率征收契税；面积为 90 平方米以上的，减按 2% 的税率征收契税；并且新政策不再区分普通和非普通住宅（房屋建筑面积是否超过 144 平方米）。

（2）营业税：个人将购买不足 2 年的住房对外销售的，全额征收营业税；个人将购买 2 年以上（含 2 年）的住房对外销售的，免征营业税。而此前政策

仅对个人购买 2 年以上（含 2 年）的普通住房（单套建筑面积在 144 平方米以下）对外销售的免征营业税。

2．农户购房有补助

为去房产库存，政府鼓励农民工进城买房。目前，各地也加紧出台各种农民工进城买房的补贴政策。河南最先出台农民工进城买房补贴政策：农民工进城买房可享受每平方米 200 元的补助，为农民工省去一部分买房成本。

三　2017年房地产业税收收入展望

（一）2011～2016年房地产业营业税和企业所得税回顾

1．房地产业营业税（增值税）分析

2011～2016 年房地产业营业税收入不断增加，由 2011 年的 3631.32 亿元，增加到 2016 年的 6715.85 亿元，增加了 3084.53 亿元。从历年增加额看，2013 年房地产业营业税增加较多，比上年增加 1360.04 亿元，同比增长 33.6%，2014 年仅比上年增加 215.74 亿元，同比增长 4.0%（见表 6）。

表 6　2011～2016 年中国房地产业主要税种收入情况

单位：亿元，%

收入年份	营业税			企业所得税		
	收入额	比上年增加	同比增长	收入额	比上年增加	同比增长
2011	3631.32	470.09	14.9	2203.46	392.36	21.7
2012	4050.79	419.47	11.6	2277.73	74.27	3.4
2013	5410.83	1360.04	33.6	2850.43	572.70	25.1
2014	5626.57	215.74	4.0	2960.67	110.24	3.9
2015	6104.36	477.79	8.5	2870.52	-90.15	-3.0
2016	6715.85	611.49	10.0	3641.23	770.71	26.8

注：为保持可比性，2016 年营业税为营业税和增值税（"营改增"后）之和。

资料来源：国家税务总局收入规划核算司：《税收月度快报》，2011～2016 年。

2．房地产业企业所得税分析

2011～2016 年房地产业企业所得税变化幅度小于营业税。2011 年为 2203.46 亿元，较上年增加 392.36 亿元，同比增长 21.7%；2012 年为 2277.73

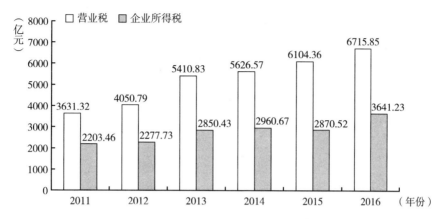

图9　2011～2016年中国房地产业营业税（增值税）、企业所得税收入情况

亿元，较上年增加74.27亿元，同比增长仅为3.4%；2013年为2850.43亿元，较上年增加572.70亿元，同比增长25.1%；2014年为2960.67亿元，较上年增加110.24亿元，同比增长3.9%；2015年为2870.52亿元，较上年减少90.15亿元，同比下降3.0%；2016年为3641.23亿元，较上年增加770.71亿元，同比增长26.8%（见表6）。

（二）2017年房地产业税收收入初步展望

1. 2011～2015年房地产业税收分析

2011～2014年中国房地产业税收收入不断增加，从2011年的11064.34亿元，增加到2014年的16541.86亿元，但是2015年出现下降趋势，比上年减少140.72亿元，同比下降0.9%，2016年为18601.79亿元，比上年增加2200.65亿元，同比增长13.4%（见表7）。

2. 2017年房地产业税收收入初步预测

由于对2017年的房地产业税收收入预测属于短期预测，可以简单地按照近年来的房地产业税收收入发展情况进行短期外推预测。

根据表7的资料，我们可以采用平均增加额法和平均增长率法来预测2017年房地产业的税收收入。

（1）增加额法预测。按2012～2016年5年平均增加额1507.49亿元，预测2017年房地产业税收收入为20109.28亿元，比2016年增长8.1%。按2016

表7　2011～2016年中国房地产业税收状况

单位：亿元，%

年份	税收收入	增加额	增长率
2011	11064.34	—	—
2012	12241.40	1177.06	10.6
2013	15481.05	3239.65	26.5
2014	16541.86	1060.81	6.9
2015	16401.14	-140.72	-0.9
2016	18601.79	2200.65	13.4
平均数	—	1507.49	11.3

资料来源：国家税务总局收入规划核算司：《税收月度快报》，2011～2016年。

年增加额2200.65亿元，预测2017年房地产业税收收入为20802.44亿元，比2016年增长11.8%。

（2）增长率法预测。按2012～2016年5年平均增长率11.3%，预测2017年房地产业税收收入为20703.79亿元，比2016年增加2102.00亿元。按2016年增长率13.4%，预测2017年房地产业税收收入为21094.43亿元，比2016年增加2492.64亿元。

综上所述，分析预测结果为：2017年房地产业税收收入预测值为20109.28亿～21094.43亿元的可能性较大，结论预测值为20675.89亿元，比2016年增加2074.10亿元，增长11.15%（见表8）。

表8　2017年中国房地产业税收预测值

单位：%，亿元

方法 \ 指标	税收收入增长率	税收收入增加额	税收收入预测值
增加额法	8.1	1507.49（前5年平均数）	20109.28
	11.8	2200.65（2016年数）	20802.44
增长率法	11.3（前5年平均数）	2102.00	20703.79
	13.4（2016年数）	2492.64	21094.43
平　均	11.15	2074.10	20675.89

市场篇

Market

B.7
2016年存量房市场分析及2017年展望

杨现领*

摘　要：　狭义的存量房市场主要指的是二手房交易市场，广义范围上
还包括待售新房库存、租赁市场、物业管理和城市更新等。
2016年，我国二手房市场交易额达到6.6万亿元的新高点，
占房地产交易量的40%，接近2012年的2倍。二手房、租赁
市场的发展，房屋流通效率提高以及围绕存量交易服务的兴
起，标志着我国存量房市场正在快速崛起。存量房市场不仅
是房地产业的重要组成部分，更是经济增长的重要动力，不
仅能满足消费者不同层次的住房需求，而且对稳定市场、抑
制房价过快上涨都起到积极的作用。预计2017年我国二手房
交易规模整体不及2016年，重点城市房价继续保持稳定；中

---

* 杨现领，经济学博士，链家网（北京）科技有限公司链家研究院院长。

介集中度将进一步提升，互联网的渗透将进一步深入。

关键词：　存量房　流通率　市场　互联网

从国际经验来看，当一个地区的住房自有率超过 65%、人均 GDP 突破
8000 美元、户均住房套数大于 1，由增量开发主导的新房市场趋于稳定和成
熟，基于二手房流通和房屋资产管理的存量时代将逐步来临。我国正处于由增
量向存量市场转换的过渡期。根据链家研究院测算，2016 年，二手房（不含
商办）交易额达到 6.6 万亿元左右，占住房交易总额的比例达到 40%，北京、
上海的二手房交易额占比已分别高达 74%、72%，这个比例已经达到成熟国
家市场的水平。根据我国城镇人口、租赁人群占比、城镇人均可支配收入和用
于租赁的花费比例测算，2016 年我国租赁市场的成交规模在 1.1 万亿元左右。

一　存量房市场的核心意义和范围

（一）核心意义

狭义的存量房市场是指已被购买或自建并取得所有权证书的居住性质的房
屋交易市场，也就是通俗意义上的二手房市场，主要是相对于增量房（也就
是新建商品住宅）而言，包括用于交易、租赁、自住的所有二手住宅房屋
交易。

增量时代，开发商存在的最大价值在于让超过 1 亿的城市家庭拥有自己的
房屋产权；存量时代的核心价值则是让房屋资产得到更好的配置和管理，实现
资产价值的最大化。围绕这个核心，存量时代至少有三层含义。

第一，流通层面，让房屋所有权能够以最低的交易成本、最短的交易周期
实现高效的流通。原则上，每一次流通对交易双方都意味着经济学意义上的
"帕累托改进"，这也是对房屋资产价值的重估和充分利用，在不耗费增量资
源的情况下，让每一个交易方都实现边际改进。根据链家成交数据估计，2016
年中国二手住宅交易量约 500 万套。根据人口普查数据推算，目前我国存量住

宅套数超过 2.7 亿套，二手房流通率（交易房屋数量/存量房屋数量）为 2% 左右。相比之下，美国的二手房流通率历史均值为 4.5%，峰值超过 5.6%；美国二手房交易额占住宅市场（新房 + 二手房）之比曾达到 93%（见图 1），中国目前只有 40%。

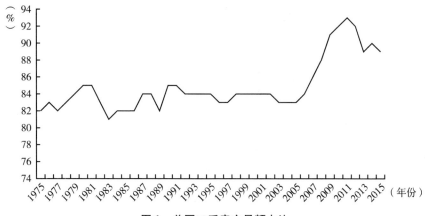

图 1　美国二手房交易额占比

资料来源：全美经纪人协会 NAR。

第二，管理层面，让房屋资产得到更好的管理，实现资产的保值和增值，让资产得到最优化的使用，本质是实现房屋使用权的价值最大化。在这个层面，通常会培育四大市场：一是租赁市场，主要的参与者是中介，提供的核心价值是信息匹配；二是房屋托管市场，主要的参与者是各类服务机构，提供租前、租中和租后的相关服务及衍生服务；三是物业管理市场，对住宅、写字楼等存量房屋进行管理和维护等；四是公寓运营市场，主要的参与者是提供运营和管理的专业化、规模化机构，在中国主要表现为公寓运营机构，在美国主要表现为公寓类 REITs。如果我们仅仅从租金水平来估算资产使用市场的效率，可以发现，根据链家推测，2016 年我国存量住宅资产的价值约计 180 万亿元，北京、上海和深圳三个一线城市的价值合计超过 80 万亿元。我国住宅租赁市场的租金规模约 1.1 万亿元，三个一线城市约 3000 亿元。据链家研究院测算，中国存量资产的使用率只有 0.6%，一线城市不足 0.4%，美国和日本的这一数据分别为 1.6% 和 0.9%（见表 1）。

表1　各国存量资产使用效率

国家	存量房市值(亿元)	租金规模(亿元)	租金规模/存量房市值(%)
中国	1800000	11000	0.6
日本	846367	7361	0.9
美国	2148377	34750	1.6

资料来源：美国数据来自美国统计局、日本数据来自日本统计局、中国数据来自链家研究院测算。

第三，金融层面，让资产与现金流、资产与收益之间建立更多的连接方式，本质是实现资产的金融化，核心在于房地产金融市场的发展。在增量主导的时代，房地产金融的核心功能在于通过金融杠杆让人们实现对所有权的获取。在存量主导的时代，房地产金融的核心功能在于实现房屋资产的变现和投资，主要表现为房屋再融资和房地产REITs，前者提供变现渠道，在所有权和使用权不发生转移的条件下，让资产实现更多的变现方式；后者提供投资渠道，无须直接拥有所有权和使用权，也能让投资者获取资产收益。

因此，从相对狭义的角度讲，存量房市场的核心含义在于交易、管理、金融，交易是为了达成所有权的流通和转移，管理是为了实现资产的价值创造，金融是为了完成资产的价值兑现。

（二）广义范围

存量房市场广义范围还应该包括：（1）在售和待售新房库存、二手房（含住宅、商办物业）的交易市场及交易衍生服务；（2）房屋租赁、管理以及衍生服务，如搬迁、保洁、维修等；（3）存量土地和房屋的更新改造；（4）围绕交易和资管的房地产金融服务。我们可以重点估算以下几类市场的规模。

在售新房交易市场：2016年新建商品住宅，交易9.9万亿元，围绕交易的媒体广告、代理服务、一二手联动等加总的货币化率约3%，由此产生的收入约3000亿元。

二手房交易市场：2016年二手住宅交易约6.6万亿元，围绕交易的佣金、评估、过户等综合费率约2%，按照62%的机构渗透率估算，合计产生818亿元收入。

租赁市场：包括租金、中介费用、房屋委托管理服务以及搬迁、保洁及维修等，大致估算，合计约1.13万亿元，其中租金1.1万亿元，根据租金规模×机构渗透率×佣金比例测算，佣金约300亿元。

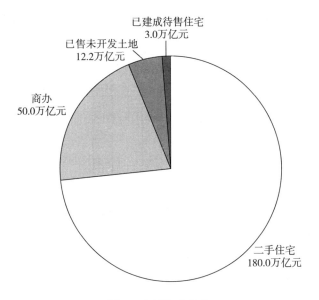

图2 存量资产分布

资料来源：国家统计局、广发地产、链家研究院。

物业管理：根据中金公司测算，2015年全国物业管理面积达174.5亿平方米，按照物业管理费每月1.91元/平方米，2015年物业管理收入规模约为4000亿元。

城市更新：广义上的城市更新包括土地更新、商办更新与住宅更新。如果参照日本，粗略住宅更新180万亿元的存量资产，更新率约为1.5‰，更新净收入约10%，合计约270亿元的规模。

二 2016年中国存量房市场发展现状

（一）交易规模不断扩大，占比不断提高

1. 成交规模不断扩大

2016年，全国二手房成交金额超过6.6万亿元，较上年增长41.3%，创历史新高（见图3）。成交量约为504套，同比增长24.6%。

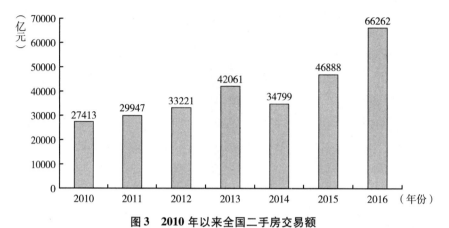

图3 2010年以来全国二手房交易额

资料来源：链家研究院。

2.二手房交易占比提高

2016年，全国二手房成交额占总体住宅市场成交金额的40%，接近2012年（21.5%）的2倍。一线城市二手房交易额达到3.2万亿元，是新房成交额的2.13倍，北京、上海二手房成交额分别是总交易额的74%、72%，较2015年分别提高6个、4个百分点。二线城市中南京、厦门、福州二手房交易额分别占总交易额的52%、67%与60%，比上年分别提高2个、12个与15个百分点（见图4、图5、图6）。根据各地网签数据汇总，2016年全国二手房约成交504万套，其中北京二手住宅成交26.9万套，上海36.2万套，深圳10.2万套。

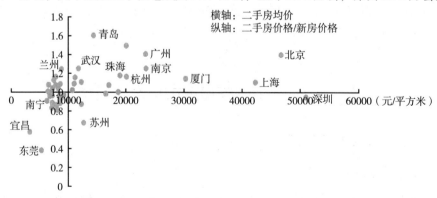

图4 2016年重点城市二手房均价和二手价格/新房价格

资料来源：链家研究院测算。

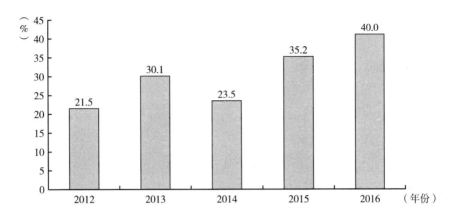

图5　2012～2016年全国二手房交易额占比

资料来源：链家研究院测算。

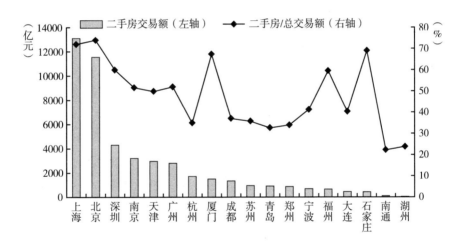

图6　2016年主要城市二手房交易额

资料来源：链家研究院测算。

二手房交易量超过新房的城市有北京、上海、深圳、厦门、南京、福州、宁波、苏州、石家庄9个城市。

　　存量时代的到来是房地产业发展的必然阶段，其内在驱动力主要包括以下几个方面。

　　第一，庞大的存量以及较高的住房自有率是存量房的基础。（1）存量房

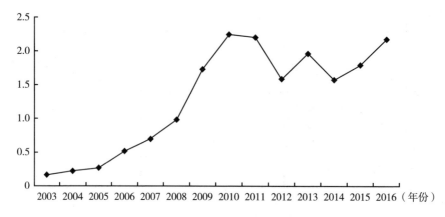

图7　北京二手房与新房成交量比值

资料来源：链家研究院测算。

的规模决定市场上的房屋流通量。根据人口普查数据与每年新房销售数据估算，2016年末全国存量房规模达到270亿平方米，按照套均100平方米折合为2.7亿套，按城镇常住家庭计算，户均套数为1.08套，人均住房面积33平方米，住宅存量规模巨大。（2）住房自有率决定二手房的出售与出租。根据国家统计局人口普查住房状况数据推测，近年来我国居民家庭住房自有率超过60%。如果扣除城市常住人口中有超过2.5亿的非户籍人口，2015年我国城镇户籍家庭的住房自有率已超过70%。从国际经验看，我国住房自有率与美国60%~70%的水平相当，如此之高的住房自有率是二手房市场崛起的支撑条件。

第二，人口在城市内部流动是房屋流通的条件。一是由于一线城市的公共资源优于其他城市，三四线城市居民会进一步向更好的城市迁移，产生存量房屋的流转。二是由于城市就业结构向服务业转换，人口从过去的工棚、厂房中解放出来，流动性更强，部分产业（如互联网软件信息业）由市区迁往郊区，部分产业（如理发送餐快递业）又吸引人口聚集在市区。这种人口的流动带来了住房需求的变动，导致房屋在不同职业人群之间流动。

第三，居住需求升级是房屋流通的核心动力。一般来说，当城市人均GDP达到8000美元后，居民消费进入升级阶段，改善性需求成为"新刚需"。居民不再仅仅满足于"有房住"，而是期待更大面积、更高品质、更好环境的"好宅",目的是为了增加人均居住空间,能够享受到更好的教育、医疗、商业环境,这就导致了房屋在不同收入、不同阶层人群之间的流动。从近年居民消费支出结构的变化来看,2010~2016年,居民消费中居住类支出占比从17.05%提高到21.9%,提高了近5个百分点(见图8、图9)。居民已进入消费升级阶段,居民对于住宅品质的要求大幅提高,换房人群将推动存量房屋的高速流通。

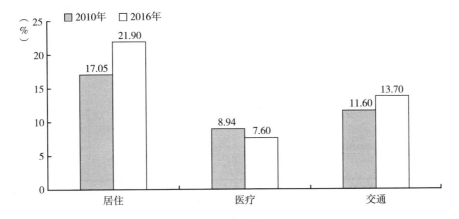

图8 2010年和2016年居民消费支出占比

资料来源:国家统计局。

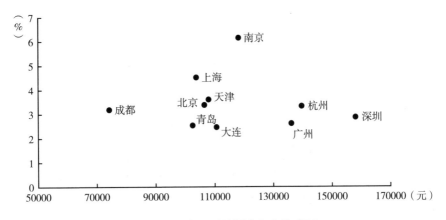

图9 2016年二手流通率与人均GDP

资料来源:链家研究院测算。

（二）市场集中分布

2016 年重点城市中前三个城市的二手房交易金额占全国二手交易总金额（6.6 万亿元）的 43.7%，存量房交易相对活跃的地区为一线城市和重点二线城市，而三四线城市还处在新房"去库存"的阶段，二手房交易不活跃，市场分化的特征较为明显（见图 10、图 11）。

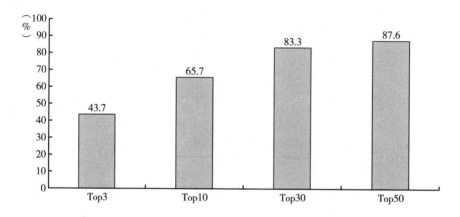

图 10   2016 年重点城市二手交易集中度

资料来源：链家研究院。

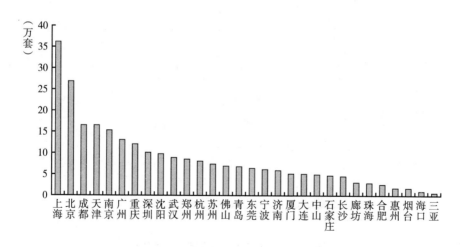

图 11   2016 年重点城市二手房成交套数

资料来源：链家研究院。

（三）流通性趋势性上升

流通性衡量的是存量房市场的交易活跃程度，可以用二手房流通率和百人流通量两个指标来衡量。

1.二手房流通率提高

二手房流通率是当年交易的二手房数量与存量房屋总量的比值，该比值越高代表房屋的流通速度越快。从横向数据看，2016年中国总体流通率为2%，北京、上海、深圳、广州分别为3.6%、4.5%、5%、2.8%。二线重点城市中，天津、成都、杭州、苏州、厦门分别为3.6%、3.2%、3.3%、2.3%、4.3%。中国2%的总体流通率高于日本但低于美国，一线城市和二线热点城市已经接近甚至超过发达国家的平均水平（见图12）。从纵向对比看，以北京为例，2007年二手房交易量开始超过新房之后，流通率逐步提升，过去十年的均值为2.4%，峰值为2009年的3.9%。

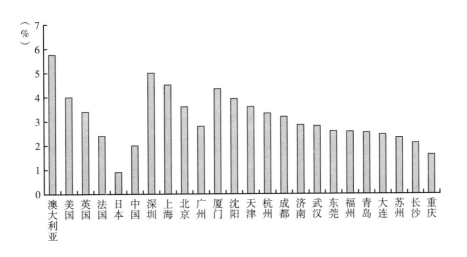

图12　2016年各国及中国典型城市流通率

资料来源：国外数据来自各国统计局，国内城市数据来自链家研究院。

2.百人流通量提升

百人流通量是指城市常住人口中每百人成交多少套房屋（含新房与二手房），衡量了一定时期内有多少人买到或者改善了自己的房屋，代表的是真实

需求被满足的程度。百人流通量越高，代表房地产市场的流通效率越高，房地产市场的供给弹性越高。2016 年，主要城市百人流通量不断提升，尤其是成都、长沙、沈阳、武汉等城市，都在 3 以上，流通效率提升，供给弹性较高（见图 13）。

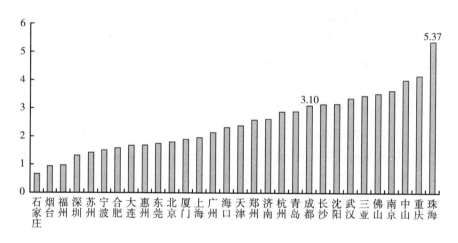

图 13　2016 年中国主要城市百人流通量情况

资料来源：房屋成交数据来自各地网签，人口数据来自各地统计局。

（四）中介行业规模和范围进一步扩大

2016 年，我国中介行业的规模进一步扩大，主要战场正在从一线城市向重点二线城市蔓延。中介机构参与二手房交易的渗透率不断提升，佣金规模也随之提高，这反映出越来越多的购房者更加重视经纪服务的价值。在行业发展和市场的竞争中，中介行业的集中度进一步提高，互联网渗透率大幅提升。

1. 规模和范围进一步扩大

2016 年，随着二手房交易量的大幅扩张，中介的规模比 2015 年有明显增长。2016 年末，链家经纪人数量从 2015 年的 10 万人增长至 13 万人，门店数量达到 8000 家；中原地产、我爱我家经纪人与门店规模均有不同程度的扩张。线上经纪公司线下扩张明显，搜房网从 2015 年初没有线下经纪人，到 2016 年已经发展了 1.7 万名经纪人（见表 2）。

表2 2016年主要经纪机构经纪人和门店数量

机构名称	经纪人数量(万人)	门店数量(家)
链家	13	8000
中原地产	5	1700
我爱我家	4	2500
Q房	3	1700
搜房网	1.7	—

资料来源：各经纪公司网站。

2. 城市覆盖呈现城市圈分布的特征

随着越来越多的城市向存量房时代过渡，经纪机构在全国城市的分布更为广泛。目前全国主要房地产经纪机构中搜房网覆盖城市数量最多，达到651个城市，这主要是由于其线上的特点；中原地产与21世纪不动产覆盖城市35个，Q房覆盖城市34个，链家覆盖28个城市。经纪公司城市分布呈现明显的城市圈特征。如链家在环北京的天津、廊坊，环上海的苏州、杭州，以及环广州、深圳的东莞、佛山等12个城市都设置门店，在主要城市圈的覆盖占全部进入城市的43%。Q房覆盖北京、上海、广州、深圳城市圈周围的15个城市，占全部进入城市的44%（见表3）。

表3 2016年末主要房地产经纪机构覆盖城市数量

单位：个

机构名称	搜房	Q房	中原地产	21世纪不动产	链家	我爱我家	爱屋吉屋
覆盖城市个数	651	34	35	35	28	18	9

资料来源：各经纪公司网站。

3. 机构渗透率进一步提升

近年来，北京、上海二手房交易中机构渗透率（经纪行业参与促成二手房交易比例）稳步提升。2016年，北京机构渗透率达到88%，较2015年上升2.1个百分点，较2014年上升8.2个百分点；上海为85.8%，较2015年上升0.3个百分点，较2014年上升4.1个百分点；深圳为80.2%，较2015年上升2个百分点，较2014年上升8.2个百分点（见图14）。由于二手房交易流程的复杂性和潜在的风险较多，越来越多的消费者会选择专业的经纪机构完成交

易，降低交易中的风险。美国、日本、英国等国家经纪渗透率均在90%以上，中国经纪机构渗透率未来还有很大的提升空间。

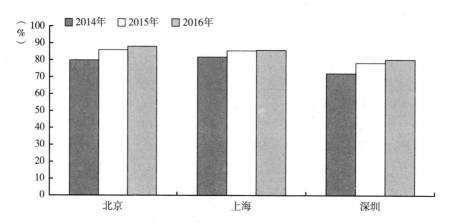

图14　2014～2016年北京、上海、深圳经纪公司成交占比

资料来源：各城市网签数据。

4. 市场集中度进一步增强

2016年，北京、上海、深圳市场排名前10的房地产经纪机构平均市场份额达到70.6%，比2015年提高8.2个百分点。北京集中度最高，2016年前10名房地产经纪机构的市场份额达到84.5%，较2015年提高1.9个百分点；深圳为79.1%，比2015年提高4个百分点；上海市场集中度比2015年大幅提高10.1个百分点（见图15）。三个城市前5名房地产经纪机构的市场份额为59%，前3名房地产经纪机构的市场份额为49%。从前3名房地产经纪机构的市场份额看，2016年北京为72.4%，深圳为44.8%，上海为29.7%（见图16）。

5. 佣金规模持续扩大

2016年，随着二手房交易的显著增长，根据二手房交易总额×机构渗透率×佣金率测算，全国佣金规模达到903亿元，比2015年提高73.3%。分城市看，上海佣金规模为221.43亿元，同比增长27.3%；北京佣金规模达到200.04亿元，同比增长83.8%；深圳佣金规模相对较小，为84.1亿元，同比增长9.9%（见图17）。

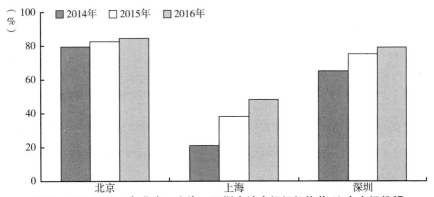

图15　2014～2016年北京、上海、深圳房地产经纪机构前10名市场份额

资料来源：各城市网签数据。

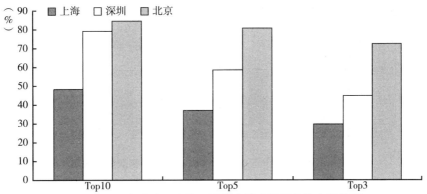

图16　2016年北京、上海、深圳房地产经纪机构市场份额

资料来源：各城市网签数据。

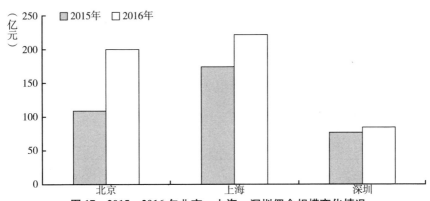

图17　2015～2016年北京、上海、深圳佣金规模变化情况

资料来源：链家研究院。

6. 互联网渗透率大幅提升

成交中客源端的互联网渗透率比较高。2016 年，北京、深圳、广州链家成交客源中，来自互联网的占比最高，为 52%，高出实体开发 28 个百分点，高出人际开发 37 个百分点。其中，北京成交客源来自互联网的占 50%，深圳成交客源来自互联网的占 41%，广州成交客源来自互联网的占 64%。与上年相比，2016 年北京链家交易客源来自互联网的比例比 2015 年增加 15 个百分点，实际成交中客源来自互联网的比例比 2015 年增加 12.6 个百分点（见图 18、图 19）。

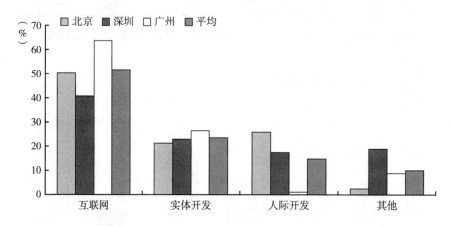

图 18　2016 年北京、深圳、广州链家成交客源来源情况

资料来源：链家研究院。

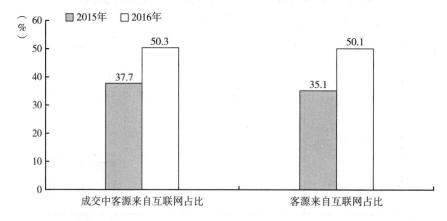

图 19　2015～2016 年北京链家二手房交易客源来自互联网占比变化情况

资料来源：链家研究院。

除了链家之外，主要经纪机构均在努力提高互联网在房地产经纪业务中的渗透率。全国其他主要房地产经纪机构，例如我爱我家、21世纪不动产、中原地产等也纷纷建立自己的线上平台，线上业务包含新房租售、二手房租售、海外置业与金融理财，利用互联网提高在客源获取上的能力与二手房交易中的衍生价值（见表4）。

表4　国内主要房地产经纪机构自建互联网平台及业务情况

房地产中介名称	是否自建线上平台	网络主要业务			
		新房销售	二手房租售	海外置业	金融理财
链家	是	√	√	√	√
我爱我家	是	√	√	√	√
21世纪不动产	是	√	√		√
中原地产	是	√	√		
满堂红	是	√	√		

资料来源：中信建投、公司网站、链家研究院。

（五）品牌公寓、物业管理进入快速成长期

存量房市场的快速发展给专业化、规模化机构带来了较大的发展空间，公寓品牌渗透率、物业管理渗透率快速提升。

1.品牌公寓进入快速成长期

自2010年以来，大量资本进入品牌公寓行业，长租公寓数量及规模迅速扩张，2014年单轮融资出现亿元级规模。根据链家研究院统计，2016年我国规模较大的长租公寓企业有1000多家，运营公寓数量约100万间，租金规模在205亿元左右，相对于1.1万亿元的租金规模，我国品牌公寓企业的渗透率为2%左右。其中一线城市为长租公寓的主力战场，近年来发展速度较快，市场占有率在5%左右，二线城市在1%左右。

2.物业管理渗透率上升

物业管理面积的增长动力一方面来自不断竣工的商品房；另一方面来自不断升级的消费需求。从物业管理渗透率来看，根据中金公司研究部测算，2008年全国物业管理面积占房屋总存量的64%，大体呈逐年上升的趋势，预计

2016 年将有 73% 的房屋引入物业管理服务。一线城市的物业管理渗透率通常较高，北京为 81%，上海为 88%。从物业管理服务内容来看，我国物业管理深度还不够。美国 FirstService Residential 是全美住宅物业管理领域最有代表性的龙头企业，公司来自社区增值服务的收入占全部收入的 70% 以上。我国物业管理渗透率达到一定水平后，物业管理服务的专业性与服务领域的加强将是未来物业管理行业的发展趋势。

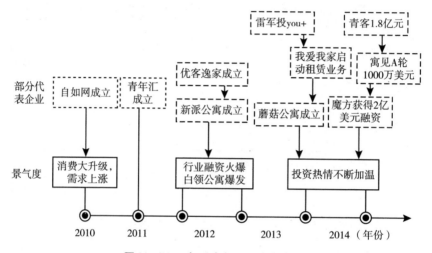

图 20　2010 年以来长租公寓大事记

资料来源：链家研究院整理。

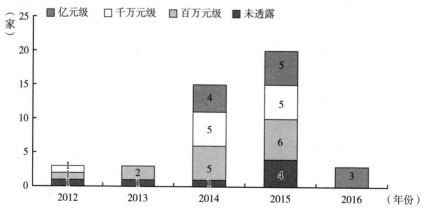

图 21　2012～2016 年我国长租公寓企业 TOP 20 的融资情况

资料来源：链家研究院调研。

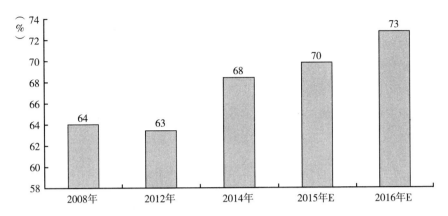

图22 近年来全国物业管理渗透率

资料来源：中金公司研究部。

表5 First Service Residential 的社区增值服务

增值服务	内容
战略规划	为机构提供战略服务
财务管理	月度财务报表生成、融资选项、多种支付方式、为银行和审计准备报表等
资产保持	保持资产物理属性的完整和安全
物业技术创新	公司自己开发的智能型在线社区管理工具——行业首家集中式物业管理系统
行业发展培训	培训时间管理、财务知识、技术和客户服务等
24 小时/7 天客户关怀中心	支付、账户、安全、急救等
开发商服务	在各阶段支持开发商的设计和工程进度等
金融服务	保险、金融产品和贷款投放服务

资料来源：链家研究院整理。

三 存量崛起的宏观意义

（一）存量房是房地产的重要组成部分

一是构建多元化供给主体，实现不同房屋功能之间的转换联通。存量房的

流通使房屋供给主体由单一的开发商变为无数业主或房屋持有机构,主体更加多元,减少对土地供给的依赖,降低市场参与者因土地供给关系产生的看涨预期。存量房市场能够连接并促进土地、新房、二手、租赁以及其他功能房屋之间的互相转换,使房屋的供给更能符合需求的变动。

二是通过存量盘活为市场增加有效供给。盘活存量土地和闲置资源能增加房屋供给,弥补新房供应的不足。尤其在热点城市的土地供给减少、中心城区二手房屋质量问题突出的背景下,改造或盘活存量房屋是解决新市民不断升级的居住需求的重要途径。存量的崛起有助于推动人口有序流动,促进以人为本的城镇化,有助于实现住有所居的社会目标。

(二)存量市场是经济增长的重要动力

存量房市场是宏观经济的重要组成部分,对经济增长具有直接和间接贡献。直接贡献主要为存量交易服务产生的增加值以及税收。粗略估计,2016年我国存量房交易的总规模达到6.6万亿元,相当于GDP的8.9%;服务总收入达到3.82万亿元,约占GDP的5.1%,对GDP的贡献率达到6%左右(见表6)。此外,存量房市场能够带动建材家具、设计装修、资产管理等上下游产业发展,从而成为经济增长的重要动力,资产价格上涨带来的"财富效应"也会提高居民的消费倾向,促进居民消费。

表6　存量房及相关服务对经济的贡献

单位:亿元,%

类型	收入	2016年收入	在GDP中占比	对GDP的贡献率
新 房	营销与代理	3300	0.38	1.48
二手房	经纪佣金	818.4	0.11	0.65
租 赁	租金与佣金	11300	1.54	2.28
物业管理	物管费	4395	0.60	0.86
装 修	装修费	18094	2.47	1.13
城市更新	更新净收入	270	0.04	0.10
总 计	—	38177.4	5.14	6.5

资料来源:链家研究院测算,装修收入数据来自中国建筑装饰协会。

　　相比美国，我国存量房市场规模还较小，占 GDP 比重还较低，未来还有很大的发展空间。2015 年美国中介行业佣金规模大约为 5000 亿元人民币，占 GDP 的比重为 0.41%，而我国中介佣金规模目前约为 521 亿元，占 GDP 比重为 0.08%；美国租赁市场租金规模约为 3 万亿元，占 GDP 比重为 2.45%，而我国租金规模目前仅为约 1 万亿元，占 GDP 比重为 1.47%；美国住宅装修市场规模约为 4.9 万亿元，占 GDP 比重为 4.08%，而我国住宅装修市场规模目前为 1.66 万亿元，占 GDP 比重仅为 2.42%。总体来看，美国存量房市场服务行业占 GDP 比重为 7.34%，而我国占 4.97%（见图 23）。

　　此外，二手房交易为政府产生了大量的税收收入。以 2016 年二手房交易额为 6.6 万亿元，平均税费率为 3% 来算，2016 年二手房交易共产生税收 1980 亿元。

（三）存量房的流通能够满足消费者不同层次的需求

　　一个人的住房生命周期与家庭事业形成轨迹相同，从刚毕业租房，到结婚时首次置业，再到家庭扩大、收入提高后改善换房，再到退休后养老度假，对房屋的需求不同。对于城市居民来说，不同收入、不同阶层、不同职业的人每个阶段对住房的需求呈现多层次的特征。存量房的流通能满足消费者在不同周期、不同阶段的住房需求，也能满足不同收入群体的换房需求（见图 24）。

（四）存量房市场能够对抑制房价上涨起到积极作用

　　大城市房价上涨的重要原因在于房地产供给弹性小，房价上涨的一致性预期强。与新房的供给周期不同，二手房供给能够随着需求变化快速做出反应，增加市场供给弹性，降低市场的看涨预期，因此在二手房交易发达的地方，价格上涨的预期会出现分化。美国 1970 年以来二手房成交量占房地产市场成交总量的比例由 79% 提高至 92%，二手房流通率在 2004 年达到 5.6% 的高点，二手房价的波动幅度明显低于新房。我国房屋流通率较高的地区，如成都、重庆与珠海等城市房价也较为平稳（见图 25、图 26）。

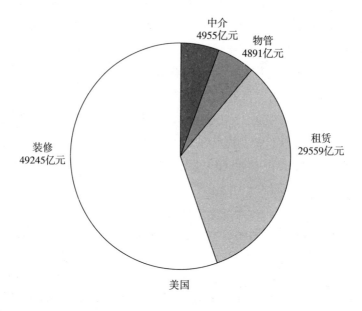

中介
4955亿元

物管
4891亿元

租赁
29559亿元

装修
49245亿元

美国

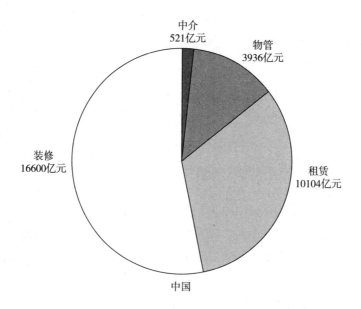

中介
521亿元

物管
3936亿元

租赁
10104亿元

装修
16600亿元

中国

图23 美国和中国主要存量房市场规模

资料来源：美国数据来自 IBISworld，中国数据由链家研究院测算。

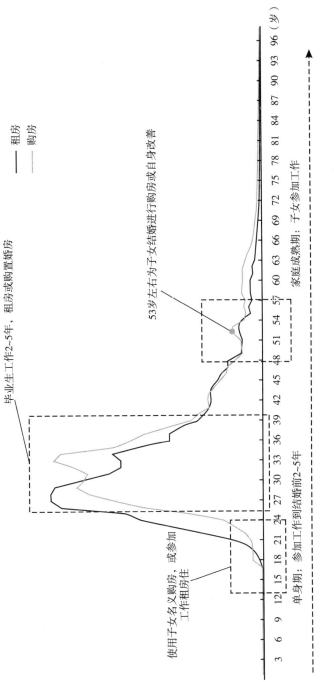

图24　2016年北京市二手房购房者年龄分布

资料来源：链家研究院。

143

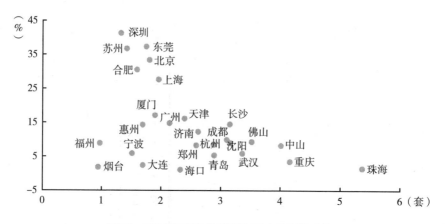

图25　2016年度房价涨幅和百人流通量分布

注：一线城市的房价口径为二手房，其他城市为新房。

资料来源：链家研究院。

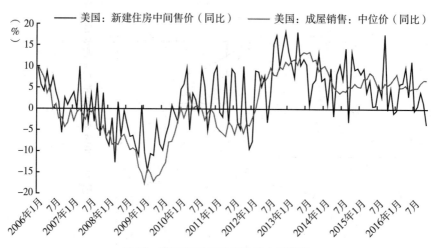

图26　美国二手房价格波动小于新房

资料来源：Wind。

四　2017年存量房市场展望

（一）二手房成交量不及2016年

限购限贷的政策使热点城市需求减少，全国整体成交量预计不及2016年。

2017 年在加快落实"房子是用来住的"的政策背景下，金融信贷政策边际收紧，热点城市限购不会放松，购房者预期和购买力水平也会受到影响。目前二手房交易量绝大部分集中于一、二线热点城市，2017 年二手房成交量整体下降是大概率事件。

（二）一线城市二手房价格基本稳定

一方面，价格大幅上涨的动力受到抑制。限购限贷使部分依靠贷款的需求大幅减少，居民使用贷款的比例和贷款强度出现下降。另一方面，在以换房为主的存量房市场，抑制需求的同时也减少了供给，市场供需矛盾没有得到根本缓和，甚至有所加剧。因此，一线城市二手房价仍将保持稳定。

（三）中介集中度进一步提高

2017 年中介行业集中度将进一步提高。一方面，中介行业规模扩张的竞争使效率出现下降，2016 年四家中介公司人均成交单量为 3.34 单，比 2015 年下降 0.12 单；另一方面，市场总量提升有限。2016 年主要城市中介市场渗透率已经接近或超过美国 80% 左右的水平，未来增长空间越来越小。2017 年市场成交量出现明显下降，行业间竞争兼并将加强，市场集中度将进一步提高。

（四）互联网与存量房的结合更加紧密

互联网将改变消费者行为。购房者除了可以更加充分便捷地掌握房屋信息外，通过经纪人信息的公开和透明，购房者也可以首先选择评价较好的经纪人为其提供个性化服务。市场可以通过互联网创造更多的交互场景，建立更多的链接方式，降低用户主动生产信息的障碍，创造更多的 UGC 方式，例如"业主预售"等以减少经纪人在信息生产中的影响力。互联网将重塑交易流程。通过互联网可以建立大数据并进行数据分析，推动线上的升级形成闭环优化管理，提升交易效率。中介公司将线下各个交易行为变为可衡量、可比较的线上数据，以此判断客户意愿，确定交易失利的原因并提出改善措施，提升成交效率和客户体验。

B.8
2016年住宅市场形势分析及2017年预测

刘 琳　任荣荣*

摘　要：　2016年住宅市场景气上升。商品住宅各项建设指标同比变化均由负转正；商品住宅投资增速回升；商品住宅销售面积大幅增加，销售量创历史新高；70个大中城市新建住宅价格环比涨幅总体呈波动上升趋势，9月房价涨幅创历史新高；各季度居住用地价格涨幅逐季增加且均高于上年同期。预计2017年住宅销售面积减少，住宅开发投资增速放缓，住宅价格涨幅回落。

关键词：　住宅市场　形势　预测

一　宏观背景

（一）2016年我国经济增长好于预期，价格水平持续上升

初步核算，2016年我国国内生产总值744127亿元，按可比价格计算，比上年增长6.7%。分季度看，第一季度同比增长6.7%，第二季度增长6.7%，第三季度增长6.7%，第四季度增长6.8%。2016年全国居民人均可支配收入23821元，比上年名义增长8.4%，扣除价格因素实际增长6.3%。按常住地分，城镇居民人均可支配收入33616元，增长7.8%，扣除价格因素实际增长5.6%；农村居民人均可支配收入12363元，增长8.2%，扣除价格因素实际增长6.2%。

2016年价格指数持续回升，工业生产者出厂价格（PPI）由负转正。2016

---

* 刘琳，国家发展与改革委员会投资研究所研究员，研究方向为房地产经济学；任荣荣，国家发展与改革委员会投资研究所研究员，研究方向为房地产经济学。

年下半年 PPI 结束了自 2012 年 3 月开始的连续 54 个月环比下降的态势，呈现环比上涨，且涨幅逐步增加，12 月 PPI 环比上涨 1.6%。9 月以后 PPI 同比增加，增幅逐月快速上升，12 月 PPI 同比上涨 5.5%。2016 年居民消费价格同比上涨 2%，12 月居民消费价格同比上涨 2.1%，涨幅连续三个月超过 2%。

（二）2016年宏观调控政策着力稳增长，积极的财政政策力度有所加大，货币政策持续宽松

2016 年坚持稳中求进工作总基调，适应经济发展新常态，保持经济运行在合理区间，抓好去产能、"去库存"、去杠杆、降成本、补短板，加强民生保障，切实防控风险。积极的财政政策力度有所加大。2016 年赤字率提高到 3%。适度扩大财政赤字，主要用于减税降费，进一步减轻企业负担。从 5 月 1 日起全面实施"营改增"，将试点范围扩大到建筑业、房地产业、金融业、生活服务业，并将所有企业新增不动产所含增值税纳入抵扣范围，确保所有行业税负只减不增。初步统计，5 月至 11 月四大新纳入试点行业累计减税 1105 亿元，税负下降 14.7%。1 月至 11 月"营改增"减税 4234 亿元。考虑到城建税及教育费附加和个人二手房减税因素，1 月至 11 月"营改增"带来的整体减税已达到 4699 亿元，全年可完成减税 5000 亿元的目标。规范推广运用 PPP 模式，着力推进 PPP 立法，用好 1800 亿元引导基金，促进更多项目落地。

货币政策持续宽松。自 2016 年 3 月 1 日起，普遍下调金融机构人民币存款准备金率 0.5 个百分点，以保持金融体系流动性合理充裕，引导货币信贷平稳适度增长，为供给侧结构性改革营造适宜的货币金融环境。12 月末，广义货币（M2）余额 155.01 万亿元，比上年末增长 11.3%，狭义货币（M1）余额 48.66 万亿元，增长 21.4%。12 月末，人民币贷款余额 106.6 万亿元，人民币存款余额 150.59 万亿元。2016 年新增人民币贷款 12.65 万亿元，比上年多增 9257 亿元，新增人民币存款 14.88 万亿元，比上年少增 924 亿元。2016 年社会融资规模增量为 17.8 万亿元。

（三）2016年房地产调控政策由"去库存"转向"去库存与防风险并重"

2016 年以来，房地产市场调控总体可分为两个阶段：一是年初以来的"去库存"政策，由中央层面的信贷宽松、税收优惠政策和地方购房优惠政策

组成；二是"930"以来的热点地区防控房地产风险措施，坚持因城施策，先后有 20 多个城市多次出台措施遏制房地产投资投机需求。

中国人民银行、银监会 2 月 2 日公布通知，为进一步支持合理住房消费，促进房地产市场平稳健康发展，对不实施限购的城市下调了居民购买首套房和二套房的最低首付比例。2 月 22 日，财政部、国家税务总局、住房城乡建设部联合发布《关于调整房地产交易环节契税营业税优惠政策的通知》（财税〔2016〕23 号），降低非限购城市房地产交易契税。2016 年上半年，多个城市陆续出台房地产"去库存"政策，落实中央在减税、降低首付比例、放松限购等方面的政策措施。

9 月 30 日晚间至 10 月 7 日晚间，许多热点城市出台了房地产调控政策，这些城市包括：北京、天津、苏州、成都、郑州、无锡、济南、合肥、武汉、深圳、广州、佛山、南宁、南京、厦门、昆山、珠海、东莞、福州、惠州。上海、深圳、苏州、合肥等热点城市 3 月开始收紧房地产调控政策。房地产调控政策主要包括增加土地供给、限购、限贷等控制需求的措施。

二 2016年住宅市场运行状况

（一）商品住宅建设景气回升，各项建设指标同比变化均由负转正

1998～2013 年，商品住宅各项建设指标总体呈现较快的增长态势，施工、新开工和竣工面积的年均增幅分别为 18.9%、15.6% 和 12.1%。2014 年和 2015 年商品住宅建设景气明显下降，各建设指标增幅下降或负增长。其中，商品住宅新开工面积连续两年出现两位数负增长，2015 年商品住宅施工面积出现 1998 年以来的首次负增长，商品住宅竣工面积比上年减少 8.8%，为 1998 年以来的最大减幅。

2016 年，商品住宅建设景气回升，各项建设指标同比变化均由负转正。全年，商品住宅施工面积、新开工面积和竣工面积分别为 52.13 亿平方米、11.59 亿平方米和 7.72 亿平方米，分别同比增加 1.9%、8.7% 和 4.6%，增幅分别比上年同期增加 2.6 个、23.3 个和 13.4 个百分点。

从 2016 年商品住宅各项建设指标的月度变化来看，各指标同比增幅均呈

现前高后低的态势。其中，住宅施工面积同比增幅逐步回落，由年初的 4.2%
降至 1~12 月的 1.9%；住宅新开工面积同比增幅在 1~4 月达到最高，为
18.0%，之后总体呈回落态势；住宅竣工面积同比增幅在 1~7 月达到最高，
为 20.3%，之后逐步回落至 1~12 月的 4.6%（见图 1）。

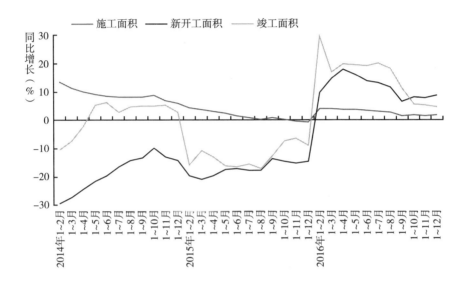

图1 商品住宅各项建设指标变化情况

资料来源：国家统计局。

2016 年，东、中、西部地区①商品住宅新开工面积同比变化由负转正，分别
增长 9.4%、12.8% 和 2.4%，增幅分别增加 25.3 个、23.6 个和 19.0 个百分点。分
省来看，有 10 个地区商品住宅新开工面积负增长，分别是东部地区的辽宁、天津、
上海、福建，中部地区的湖北，西部地区的重庆、贵州、云南、西藏、新疆。

2016 年，一、二、三四线城市②商品住宅新开工面积分别增加 -3.9%、

---

① 东部地区：北京、天津、河北、辽宁、上海、江苏、浙江、福建、山东、广东、海南；中
部地区：山西、吉林、黑龙江、安徽、江西、河南、湖北、湖南；西部地区：内蒙古、广
西、重庆、四川、贵州、云南、西藏、陕西、甘肃、青海、宁夏、新疆。

② 一线城市为北京、上海、深圳、广州（4 个）；二线城市为南京、杭州、宁波、重庆、温
州、天津、武汉、成都、苏州、无锡、厦门、福州、济南、青岛、沈阳、大连、长沙、西
安、昆明、郑州、合肥、石家庄、长春、哈尔滨、呼和浩特、南宁（26 个）；三四线城市
为除上述一、二线以外的其他城市。

15.2%和6.8%，二线和三四线城市住宅新开工面积同比变化由负转正，一线城市住宅新开工面积减幅收窄。40个重点城市中，有14个城市商品住宅新开工面积负增长，分别是一线城市中的深圳、上海，二线城市中的厦门、天津、沈阳、哈尔滨、长春、大连、重庆、呼和浩特，三四线城市中的乌鲁木齐、贵阳、银川、三亚。

（二）商品住宅投资增速回升，二线城市投资增速增加幅度最大

1998年以来，商品住宅投资额持续增加，但投资增速在2014年和2015年出现明显下降。1998～2013年，商品住宅年均投资增速约为25%，2014年投资增速降至9.2%，2015年投资增速进一步降至0.4%，为1998年以来的历史最低水平。

2016年，商品住宅投资增速回升，全年商品住宅完成投资68704亿元，比上年增长6.4%，增速比上年同期增加6个百分点，比同期房地产开发投资增速低0.5个百分点。从月度变化来看，2016年商品住宅投资增速呈现波动态势，1～5月投资增速最高，为6.8%，6～8月投资增速持续回落，9月以来投资增速再度上升（见图2）。

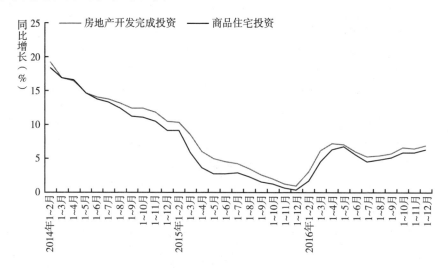

图2　商品住宅投资完成额变化情况

资料来源：国家统计局。

2016年，东部、中部和西部地区商品住宅投资额分别为56233亿元、23286亿元和23061亿元，分别增长6.3%、9.9%和2.9%，增速分别比上年同期增加5.8个、8.6个和3.8个百分点，西部地区住宅投资增速由负转正，中部地区住宅投资增速增加幅度最大。分省来看，2016年，有8个地区商品住宅投资仍为负增长，分别是辽宁、黑龙江、湖北、重庆、贵州、云南、西藏、新疆。

2016年，一线、二线和三四线城市商品住宅投资分别增长10.1%、7.2%和5.1%，其中，一线城市投资增速比上年同期减少1.9个百分点，二线和三四线城市投资增速由负转正，分别比上年同期增加8.0个和5.7个百分点。二线城市投资增速增加幅度最大。从商品住宅投资增速的月度变化来看，一线城市投资增速总体呈上升态势，二线城市投资增速波动上升，三四线城市投资增速前高后低。40个重点城市中，有11个城市商品住宅投资增速负增长，分别是沈阳、大连、哈尔滨、无锡、厦门、武汉、三亚、重庆、成都、贵阳、乌鲁木齐。

从商品住宅投资结构来看，2016年，90平方米及以下住房投资在商品住宅投资中所占比重为36.1%，比上年下降2.1个百分点，但仍为近年来的较高水平。90平方米以下住房投资的较快增长可能与大规模棚户区改造有关。2016年，全国棚户区改造开工600万套，棚改货币化安置比例达到48.5%，比上年提高18.6个百分点。

（三）商品住宅销售面积大幅增加，销售量创历史新高

2006~2013年，商品住宅销售面积总体呈增加态势，年均增速为11.1%，其间，受全球经济危机的影响，2008年商品住宅销售面积出现15.5%的下降。2014年，商品住宅销售面积出现继2008年之后的再次下降，降幅为9.1%。2015年，商品住宅销售面积同比变化由负转正，全年增长6.9%。

2016年商品住宅销售量大幅增加，全年，商品住宅销售面积13.75亿平方米，比上年增加22.4%，增幅比上年同期增加15.5个百分点，为2010年以来的同期最高涨幅。其中，现房销售面积2.7亿平方米，同比增加26.7%，增幅比上年同期增加17个百分点；期房销售面积9.2亿平方米，同比增加23.9%，增幅比上年同期增加16.6个百分点。商品住宅销售面积创历史新高。

从月度变化来看，商品住宅销售面积同比增幅前高后低，1~4月增幅最高，为36.7%，之后增幅总体呈回落态势，但在9月和10月增幅短期上升。11月和12月，商品住宅销售面积同比增幅分别降至7.7%和9.6%（见图3）。

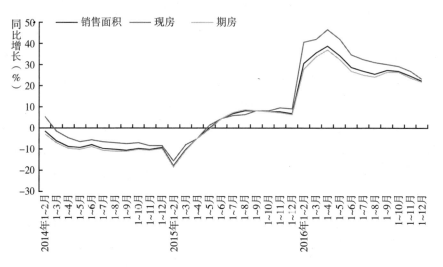

图3　商品住宅销售面积变化情况

资料来源：国家统计局。

2016年，东部、中部和西部地区商品住宅销售面积分别为63870万平方米、41074万平方米和32596万平方米，分别比上年增加22.4%、28.5%和15.3%，中部地区增幅最大。东、中、西部地区商品住宅销售面积增幅均比上年同期增加，分别增加12.5个、21.8个和13.4个百分点。分省来看，只有2个地区商品住宅销售面积同比负增长，分别是北京和辽宁。

2016年，一线、二线和三四线城市商品住宅销售面积分别比上年增长1.1%、26.3%和22.1%，增幅分别比上年同期减少12.9个百分点、增加17.5个百分点和增加16.5个百分点。二线和三四线城市商品住宅销售面积增幅较大，一线城市销售面积增幅减小。从月度变化来看，一线城市自年初、二线和三四线城市自1~4月以来商品住宅销售面积同比增幅总体呈回落态势，9月销售面积增幅出现短暂回升。2016年，40个重点城市中，有4个城市商品住宅销售面积同比负增长，分别是北京（-12.9%）、深圳（-11.7%）、厦门（-6.8%）和南京（-1.6%）。其余36个城市商品住宅销售面积均同比增加，其中，有16个城市同比增幅超过30%，分别是郑州、天津、杭州、青岛、温州、长沙、福州、无锡、三亚、成都、济南、宁波、合肥、南昌、太原、南宁。

（四）70个大中城市新建住宅价格环比涨幅总体呈波动上升趋势，9月房价涨幅创历史新高

从价格的月度环比变化来看，2016年初以来，70个大中城市新建住宅价格环比涨幅总体呈波动上升趋势，其中，9月价格环比涨幅最高，为2007年以来的历史最高水平。10月以来房价涨幅连续回落至0.3%。1~12月，70个大中城市新建住宅价格环比累计上涨5.8%。从结构上看，1~12月，90平方米及以下、90~144平方米、144平方米以上新建商品住宅价格分别环比累计上涨6.6%、6.2%、6.0%，90平方米及以下住宅价格涨幅最大（见图4）。

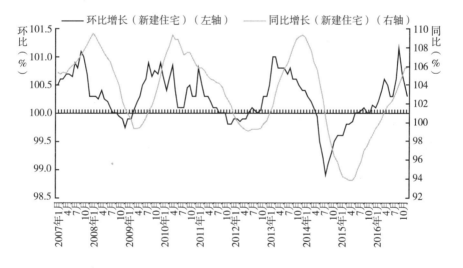

图4　70个大中城市新建住宅价格环比变化情况

资料来源：国家统计局。

2016年以来，一、二、三四线城市新建住宅价格全面上涨。一线城市房价环比涨幅在3月达到历史最高水平，为3.3%，之后涨幅回落，但8月和9月房价连续两个月单月涨幅上升至3.1%的历史较高水平；随着调控政策的实施，10

月以来房价涨幅较快回落。二线城市房价环比涨幅在9月达到历史最高水平（3.0%），之后涨幅较快回落。三、四线城市房价环比涨幅在9月达到最高（0.9%），之后涨幅小幅回落。12月，一、二、三四线城市新建住宅价格分别环比上涨0.0%、0.1%、0.4%，涨幅分别比9月回落3.1个、2.9个、0.5个百分点，一线城市房价涨幅回落幅度最大（见图5）。

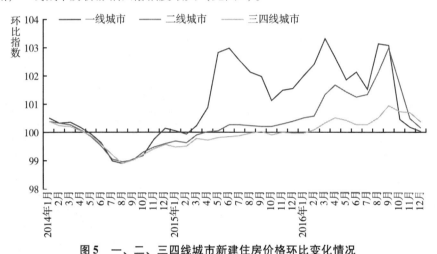

图5　一、二、三四线城市新建住房价格环比变化情况

资料来源：国家统计局。

2016年1~12月，70个大中城市中，仅有5个城市新建住宅价格环比累计下降，其余65个城市房价均环比累计上涨。新建住宅价格环比累计涨幅最大的十个城市分别是：合肥（46.2%）、厦门（41.5%）、南京（38.9%）、无锡（35.4%）、杭州（28.5%）、郑州（28.2%）、福州（27.2%）、上海（26.4%）、北京（25.9%）、惠州（24.8%）。另有4个城市房价涨幅也超过20%，包括武汉（24.3%）、天津（24.3%）、广州（24.2%）、深圳（23.5%）。上述房价环比累计涨幅超过20%的14个城市中，除惠州外，其余均为一线城市和热点二线城市。

（五）居住用地价格涨幅逐季增加且均高于上年同期，珠三角地区地价涨幅最高

2016年第一季度至第四季度，全国105个城市居住用地监测价格分别环

比上涨 1.27%、1.95%、2.11%、2.18%，涨幅分别比上年同期增加 0.74 个、0.93 个、0.95 个、1.04 个百分点；分别同比上涨 4.66%、5.73%、6.77%、7.91%，涨幅分别比上年同期增加 1.43 个、2.95 个、3.24 个、3.99 个百分点。2016 年以来居住用地价格涨幅逐季增加且均高于上年同期。

分区域看，长三角地区第三季度以来居住用地价格涨幅回落、珠三角地区第四季度价格涨幅回落、环渤海地区价格涨幅逐季增加。第一季度至第四季度，长三角、环渤海和珠三角地区居住用地价格分别环比累计上涨 12.5%、9.9%、13.4%，珠三角地区价格涨幅最高。

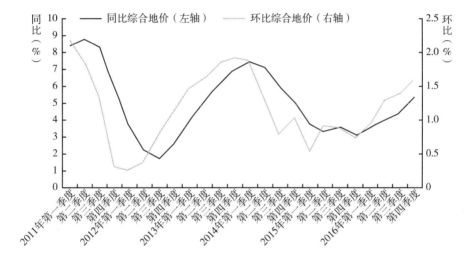

图 6 全国 105 个城市居住用地价格变化情况

资料来源：国土资源部。

三 2017年住宅市场发展趋势

2016 年商品住宅市场的需求及价格涨幅均高于我们之前的预期，主要原因在于，在中央经济工作会议将"去杠杆"列为 2016 年经济工作的五大任务的背景下，房地产业却在快速加杠杆。截至 2016 年末，房地产贷款余额达到 26.68 万亿元，同比增加 27%，房地产贷款余额在金融机构人民币贷款余额中的占比达到 25%，比上年同期上升 2.6 个百分点，为 2010 年以来的最高增速。

该增速已接近和超过美国和日本房地产泡沫破裂时的水平。这种通过加杠杆推动的市场上升蕴含着较大的风险。

（一）2017年住宅市场走势的主要影响因素

2017年商品住宅市场的发展趋势主要受货币政策环境、房地产调控政策和住房市场自身供求状况的影响。

1. 货币政策保持"稳健中性"

2015年以来，央行通过五次降息、五次降准后，一年期存款利率已降至1.5%，大型金融机构存款准备金率已降至17%。五年期以上贷款利率和五年期以上公积金贷款利率分别保持在4.9%和3.25%的历史最低水平。2016年以来，绝大多数月份实际利率为负（见图7）。2016年12月中央经济工作会议强调，货币政策要保持稳健中性，适应货币供应方式新变化，调节好货币闸门，努力畅通货币政策传导渠道和机制，维护流动性基本稳定。而上一年中央经济工作会议对货币政策的表述为"稳健的货币政策要灵活适度，为结构性改革营造适宜的货币金融环境，降低融资成本，保持流动性合理充裕和社会融资总量适度增长"。真实利率持续处于负利率区间的现状以及"稳健中性"的货币政策取向，预示着2017年货币政策再度宽松的空间有限。

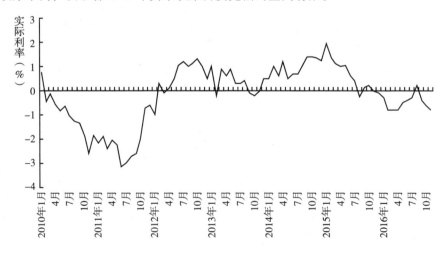

图7 实际利率走势

资料来源：人民银行。

2. 房地产调控政策致力于促进市场平稳健康发展

2016 年 12 月 26 日召开的全国住房城乡建设工作会议中，将"千方百计抓好房地产调控，确保房地产市场平稳健康发展"和"继续加快棚户区改造工作，不断完善住房保障体系"作为 2017 年住房城乡工作的两项重要任务。房地产调控政策的实施将减小当前市场热度，房地产长效机制的逐步建立和完善将有助于减小市场波动。

3. 住房市场库存消化压力减小

住房市场在 2015 年和 2016 年经历了连续两年的"去库存"调整后，库存水平明显下降，多项指标显示目前库存消化压力减小。第一，商品住宅待售面积自 2016 年 3 月以来连续 9 个月减少，12 月末，商品住宅待售面积降至40257 万平方米，累计减少6378 万平方米，商品住宅待售面积已低于 2014 年底水平。第二，以"商品住宅施工面积/销售面积"衡量的住宅库存消化周期连续两年下降，目前已低于 2008 年全球金融危机爆发时的水平。第三，商品住宅新开工面积经过 2014 年和 2015 年连续两年两位数的负增长，2016 年，"商品住宅新开工面积/销售面积"小于 1，该比值近年来首次低于 1，为同期最低水平，预示着未来库存水平的下降。第四，2016 年底，16 个代表城市商品住宅可售面积均同比下降，而且，除呼和浩特外，其余的一、二、三四线代表城市商品住宅可售面积均低于 2014 年之前的最高水平。总体来看，2017 年住房市场库存消化压力较之前两年明显减小，这意味着由库存因素导致的市场下行压力减小。

4. 由宏观基本面因素决定的中长期住房需求增长趋于放缓

从住房需求的宏观影响因素来看，虽然宏观基本面因素总体依然向好，但经济增长和收入增长的放缓以及部分人口结构指标的逆向变化预示着中长期住房需求增长趋于放缓。从经济因素来看，2011 年以来我国经济增速持续下行；2013 年以来城镇居民人均可支配收入增速持续减小。从人口结构来看，我国人口抚养比自2011 年由降转升，2014 年和 2015 年上升速度增加；2014 年以来结婚对数持续加速下降，2014 年和 2015 年分别比上年减少约 40 万对和 80 万对。

（二）2017年住宅市场发展趋势

1. 住宅销售面积减少

2016 年，在货币政策环境宽松以及加杠杆、"去库存"的政策刺激下，住

房需求得到极大释放，全年商品住宅销售面积接近 14 亿平方米，创历史新高。与宏观基本面因素决定的中长期住房需求增长放缓趋势相比较，我们认为当前的销售规模难以持续。综合商品住宅销售面积预测模型和对中长期住房需求的估计，预计 2017 年商品住宅销售面积将出现 5%～10% 的负增长。

2. 住宅开发投资增速放缓

2016 年全年，商品住宅投资增速增长 6.4%，比上年增加 6 个百分点。住宅投资增速的回升主要得益于住宅销售面积大幅增加的拉动。随着商品住宅销售面积增幅减小甚至出现负增长，住宅开发投资增速也将放缓。

3. 住宅价格涨幅回落

2016 年初以来，70 个大中城市新建住宅价格环比涨幅总体呈波动上升趋势，9 月房价涨幅创历史新高。伴随着热点城市房地产调控政策的实施，10 月以来房价涨幅已出现收窄。在货币政策保持"稳健中性"的环境下，预计 2017 年 70 个大中城市新建住宅价格涨幅回落，热点城市受政策收紧影响回落幅度将较大。

2016年商业地产市场分析及2017年预测

杨泽轩　李　懿*

摘　要： 随着国家经济的转型，商业地产市场也随之发生变化。在保持稳定增长的同时，企业战略调整、消费者需求升级、网络零售对行业的冲击与推动，逐渐促成了新零售时代的到来。作为未来推动经济增长的新发动机，零售商业市场将发挥愈加重要的作用，由量变到质变的转型，会带来行业更健康的发展。办公楼市场热点正向二线城市扩展，中资企业对办公楼的需求明显比外资强劲。新的金融、信息科技、消费服务业、电子商务及互联网金融等的快速发展也成为办公楼市场增长的主要动力。酒店市场总体趋稳，高端酒店市场缓增，中端酒店市场发展迅速，旅游经济发展为旅游酒店及客栈带来了更多的发展机遇。

关键词： 商业地产　零售商业　办公楼　酒店

一　2016年中国商业地产发展总览

商业地产市场主要包括零售商业市场、办公楼市场、酒店市场等三大版块，本次将针对商业地产总体市场表现，以及零售商业、办公楼、酒店等物业市场的发展现状及未来预测分别展开分析。

---

* 杨泽轩，万达商管集团商业地产研究部总经理；李懿，万达商管集团商业地产研究部研究业务总监。

（一）2016年商业地产的市场表现

1. 投资同比增速略有回升，但仍保持整体放缓态势

2010年是商业地产市场投资的分水岭，近年来受宏观经济减速及房地产市场调控等因素的影响，商业地产投资增长持续放缓，2016年全年商业地产投资额22371亿元，投资增速为7.5%，较2015年4.2%的增长率略有回升，但仍保持整体投资放缓的态势（见图1）。商业地产去化压力大、商办物业同质化严重，加之互联网时代电商的冲击，市场对商业地产的投资趋向保守和谨慎。

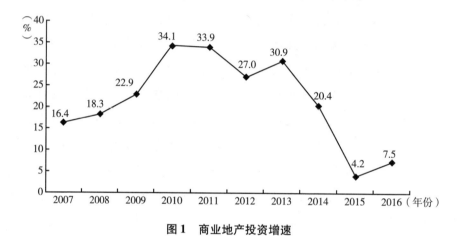

图1 商业地产投资增速

资料来源：国家统计局。

2016年，办公楼的投资增速继续下滑到5.2%，全年办公楼投资额6533亿元；商业营业用房的投资继上年达到增长低点（2015年增速1.8%）后有所回升，全年投资增速8.4%，商业营业用房投资额15838亿元，占商业地产投资总额的70%（见图2）。

2. 新开工面积连续3年下降，2016年市场供应量有回升迹象

2010年以来，商业地产市场新开工面积的增速持续放缓，尤其是从2014年开始出现负增长的情况，甚至2015年新开工面积同比降幅达到10.2%，2016年随着房地产市场销售情况好转及部分政策利好因素，新开工面积降幅缩小至1.3%。总体来看，商业地产市场的供应量在维持减量的趋势下有回升迹象（见图3）。

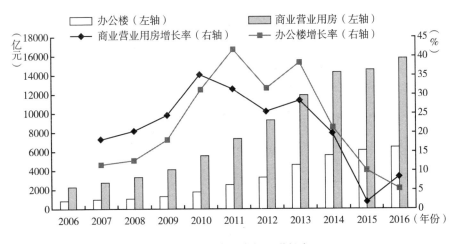

图2　商业地产投资额及增长率

资料来源：国家统计局。

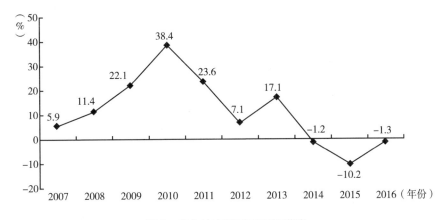

图3　商业地产新开工面积增速

资料来源：国家统计局。

2016年，办公楼的新开工面积持续两年减少至6415万平方米，同比降幅2.3%，比2015年的10.6%的降幅有明显减小；商业营业用房的新开工面积持续三年减少至22317万平方米，同比降幅0.9%，比2015年的10.1%的降幅有明显减少（见图4）。商业营业用房的新开工面积占商业地产市场总量的77.6%，仍是市场供应主力。

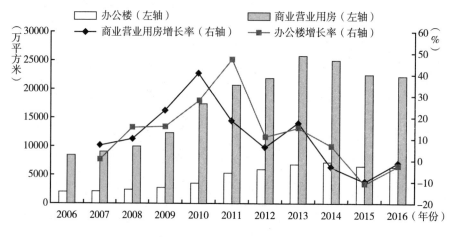

图4　商业地产新开工面积及增长率

资料来源：国家统计局。

3. 住宅调控政策频出导致需求外溢，商业地产市场销售规模增长明显

2016年，商业地产销售面积同比增长20.3%，达到近六年来的最快增速，最终实现销售面积14638万平方米（见图5）。这一方面是由于各大主要城市2016年的住宅调控政策频繁出台且把控更加严格，部分自住及投资需求外溢到商业地产市场购买商用物业；另一方面是得益于国家出台的降准降税等一系列货币宽松政策，使得商业地产销售规模增长明显。

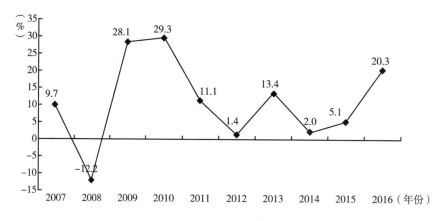

图5　商业地产销售面积增速

资料来源：国家统计局。

办公楼销售面积在2014年下降之后已经连续两年保持增长，2016年同比增幅31.4%，年销售面积3826万平方米。商业营业用房销售面积10812万平方米，同比增幅16.8%，占商业地产销售面积的73.8%（见图6）。对比来看，办公楼市场过去两年的销售增长情况明显好于商业营业用房，这与科技行业的迭代发展、金融行业的快速增长有一定关系。

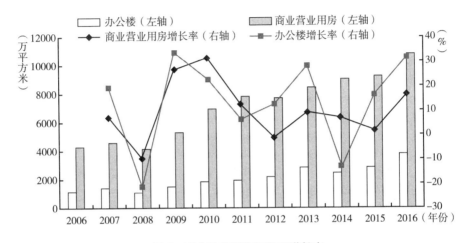

图6 商业地产销售面积及增长率

资料来源：国家统计局。

4. 办公楼售价增幅回升，商业营业用房售价增长乏力

2016年，办公楼市场的售价延续2015年的增长态势，平均销售价格达到14333元/平方米，同比增幅达到11%；商业营业用房的售价仍处于低增长状态，同比增幅2.3%，比2015年的－2.6%的负增长有所好转，但仍增长乏力，这主要是由于商业地产行业快速扩张带来的规模泡沫、线上购物带来的消费分流等方面的压力。2016年商业营业用房的销售价格达到9786.3元/平方米（见图7）。

（二）2016年商业地产行业重大政策

万商俱乐部对业内347位商业地产企业高层的问卷调研表明，2016年影响商业地产行业的重大事件主要包括财政部"营改增"扩大试点、国务院颁布推动实体零售创新转型意见以及发布商业用房可改住宅的政策，另外人民币贬值的国际化战略、英国脱欧带来的资本变化也间接影响到国内的商业地

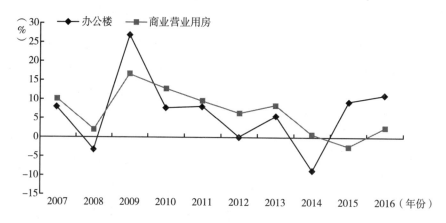

图7　商业地产销售价格增长率

资料来源：国家统计局。

产市场。

1."营改增"扩大试点

2016 年 3 月 24 日，据国家税务总局消息，财政部、国家税务总局发布了《关于全面推开营业税改征增值税试点的通知》。通知要求自 2016 年 5 月 1 日起，在全国范围内全面推开营业税改征增值税（简称"营改增"）试点，建筑业、房地产业、金融业、生活服务业等全部营业税纳税人，纳入试点范围，由缴纳营业税改为缴纳增值税。覆盖到建筑业、房地产业、金融业和生活服务业。

2.推动实体零售创新转型

2016 年 11 月 11 日，国务院办公厅发布《国务院办公厅关于推动实体零售创新转型的意见》（国办发〔2016〕78 号），加快供给侧结构性改革的实施，促进中国消费升级和实体零售业的全面创新转型。

3.发布"商可住"政策

2016 年 6 月 4 日，国务院办公厅通过"中国政府网"发布了《关于加快培育和发展住房租赁市场的若干意见》，公布了一系列政策，以支持加快培育和发展住房租赁市场。除了落实现有政策，对个人出租住房所得减半征收个人所得税之外，也正式提出允许将商业用房等按规定改建为租赁住房。意见也明确了"商改租"后，土地使用年限和容积率不变，土地用途调整为居住用地，调整后用水、用电、用气价格应当按照居民标准执行。

4. 人民币国际化

2016年10月1日，人民币将正式加入IMF特别提款权（SDR）货币篮子，所占权重10.92%，成为SDR篮子的五种权重货币之一。加入SDR作为人民币国际化道路上里程碑式的事件，对于人民币中长期发展的影响远远大于短期的冲击。一是各国央行可能提高国际储备中的人民币资产比例，使得人民币作为国际储备货币的地位得到提升；二是鼓励和吸引全球私人部门增加对人民币资产的配置，人民币的股、债和其他资产都将迎来更为广阔的国际市场；三是提高人民币债券的吸引力，使得离岸和在岸人民币市场得到长足发展。

（三）2016年商业地产标杆企业动向

2016年影响行业发展的主要商业地产企业动向包括了资产管理输出形式的企业轻资产化、零售闭店潮、万科宝能之争、马云的"新零售"概念、企业产品线转型、优客工场"独角兽"的存在、万达商业H股退市等，这些龙头企业的动向都在表明行业正在发生快速的变化，面对新零售时代的到来，如何及时变化企业发展策略以适应市场需求、抓住市场的新机遇成为未来企业重点关注的问题。

2016年，许多商业地产企业开始尝试轻资产运作方式，万达、绿地、恒大等五大地产巨头"轻资产"化，凯德、大悦城、红星商业纷纷试水资产管理输出模式。未来输出管理、合作经营将成为商业地产企业的战略发展重点。

网购对实体商业的冲击带来了新零售时代的到来，一方面实体商业的闭店潮来袭，百盛、华堂、美特斯邦威、达芙妮等品牌大幅度闭店，超市、百货企业也相应关闭业绩不佳的门店，百盛、王府井等传统百货企业转向城市奥莱。而另一方面马云提出的"新零售"概念在网络里刷屏。

万科、万达等龙头企业也在做股权调整，万科与宝能系股权之争引发全民全年关注，最终华润退出、深铁接盘。万科收购印力集团96.55%的股权，成印力控股股东。万达商业H股退市，发行A股。

受政策影响，长租公寓、联合办公已成为行业热点，各类企业竞相进入长租公寓、联合办公等领域。毛大庆创办的优客工场估值屡创新高，成为行业"独角兽"。

房地产蓝皮书

二 2016年零售商业市场分析

消费对经济增长的"稳定器"和"压舱石"作用日益增强。作为拉动经济增长的三驾马车之一，最终消费支出保持较快增长，消费对经济增长的贡献率不断提高。2016年，最终消费支出对经济增长的贡献率为64.6%，高于2015年4.9个百分点，高于2014年15.8个百分点。2016年，社会消费品零售总额突破33万亿元，达到332316.3亿元，比上年名义增长10.4%，增速比上年回落0.3个百分点；扣除价格因素，实际增长9.6%，增速比上年回落1个百分点，但高于GDP增速2.9个百分点。消费的稳步增长对商用物业的发展带来整体利好，但传统零售业与网络零售业的发展情况冷热不均。

（一）传统零售业态中超市、百货业态的总额下滑，专业店仍保持增长

2016年，因受到网络购物的持续冲击，传统零售业的超市、百货业态的零售额分别下滑0.2个、2.1个百分点，市场整体出现低迷状态，许多连锁超市、百货等零售企业为了整体收益考虑，采取将部分盈利能力弱的门店关闭的措施。

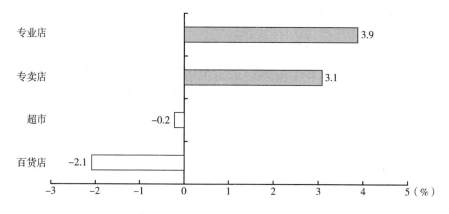

图8 2016年传统零售业态内部增长率（限额以上单位）

资料来源：国家统计局。

166

据赢商网统计，2016年，10家知名超市企业关闭共计34家门店，16家知名百货企业关闭共计24家门店。近年来，实体零售业的业绩下滑、经营压力增大是一直延续的情况，线上购物的冲击与人工、房租等成本的不断增长，使得实体零售企业的盈利空间日渐减少，生存压力增长，所以不得不缩减规模。

（二）持续高速增长的网络零售对拉动整体零售市场作用更加明显

据德勤及中国连锁企业协会的研究，中国网络零售在整体零售市场中发挥的作用远超全球平均水平。2016年，中国网络零售额占社零总额的比重达到15.5%，比北美、西欧等地区高出7~8个百分点，该趋势随着网络零售额的持续增长将更加明显（见表1）。

表1　2016年全球主要地区网络零售额占社零总额的比重

单位：%

全球各地区	中国	亚太	北美	西欧	全球
2016年网络零售额/社零总额	15.5	12.4	7.7	8.2	8.6

资料来源：德勤《2016中国网络零售市场发展研究报告》。

中国网络零售市场已开始由先前的疯狂增长逐渐步入相对成熟和稳定增长的阶段，且其规模在不断扩张的情形下，整体增速将逐渐下行并接近稳定合理区间。据国家统计局的数据显示，2016年，全国网上零售额51556亿元，比上年增长26.2%，这也是近五年来网络零售额增速首次低于30%（见图9）。

相比实体零售业而言，网络零售市场的增长对零售业的拉动作用日趋增大。2016年，实物商品网上零售额41944亿元，同比增长25.6%，占社会消费品零售总额的比重为12.6%。

（三）零售业在三四五线城市的增长幅度明显高于一、二线城市

通过对银联全年54.7亿次交易数据的分析发现：2016年，按银联交易口

房地产蓝皮书

图9　中国网络零售市场规模

资料来源：德勤《2016中国网络零售市场发展研究报告》、国家统计局。

径统计，全国零售业消费额增长33%，消费频次增长10%。按城市级次来看，三四五线城市2016年的消费额、消费频次同比增长均远高于一、二线城市，是全国消费市场的有力增长极。其中，三线、四线、五线城市2016年消费额的同比增幅分别为41%、47%、44%，消费频次的同比增幅分别为17%、19%、24%。可以看出，三线以下城市的居民消费力被逐步释放，这对全国零售业的增长是有效的支撑，也是未来商业市场的发展动力之一（见表2）。

表2　2015~2016年银联交易口径零售业消费额的年增长率

单位：%

城市分级	消费额增幅	消费频次增幅	城市分级	消费额增幅	消费频次增幅
一线	17	5	四线	47	19
二线	35	9	五线	44	24
三线	41	17	全国	33	10

资料来源：银联、微瑞思创。

（四）餐饮行业冷热不均，文体娱行业的消费高速增长

通过对银联全年54.7亿次交易数据的分析发现，2016年，餐饮业在各级城市的发展呈现冷热不均的情况。其中，在一线城市餐饮业的消费额下降

168

20%，在二线城市餐饮业的消费额增长22%，在三线、四线、五线城市的同比增长分别达到67%、83%、74%，甚至远高于零售业在这些城市的增长幅度。可见，一线城市的居民对外出就餐的意愿有减弱倾向，餐饮业竞争加剧，而三线以下城市的居民外出就餐的消费正在快速增长，餐饮业在这类城市仍然有较大的发展空间。

2016年，文体娱行业的消费在全国平均增长162%，是目前零售业中最热门的行业，这与人们关注健康、社交、娱乐等生活品质提升方面的需求有一定关系。文体娱行业在各级城市的增速均很高，目前来看，二线、三线、四线城市的文体娱行业发展处在黄金期，同比增幅分别达到172%、216%、231%，而在一线城市的消费增幅也达到85%。由此可以说，文体娱行业将成为未来促进商业市场发展的强劲动力。

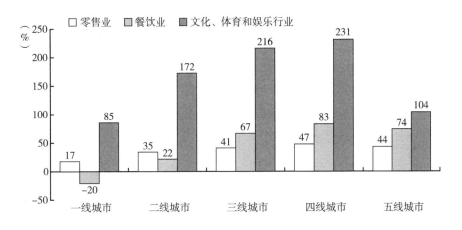

图10 2016年各行业银联交易额同比增幅

资料来源：银联、微瑞思创。

（五）全国购物中心新开563个，六大区域中仅华东就占44%，二、三线城市占64%

根据搜铺及赢商网对2016年新开业购物中心项目的盘点，统一梳理3万平方米以上购物中心的数量后发现：2016年，全国开业3万平方米以上商业项目563个，商业总体量4945万平方米。全国各区域之间的发展并不

平衡，华东区新增供应量远高于其他区域，2016 年共开业 251 个商业项目、共计 2182 万平方米，占全国新增供应数量的 44%。而华南、西南、华北、华中四个区域的新开业商业项目数量为 55 个至 83 个不等，总商业面积在492 万平方米至 605 万平方米不等。另外，西北、东北两个区域受经济大环境的影响，新增商业供应量也相对较少，新开业商业项目数量分别为 32个、20 个，总商业面积分别为 302 万平方米、211 万平方米（见图 11）。

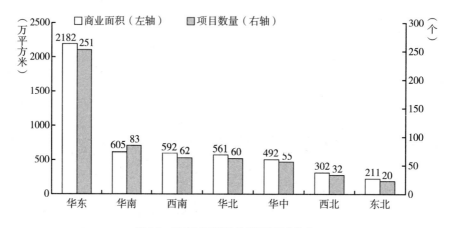

图 11　2016 年新开业项目区域分布

资料来源：赢商网、搜铺网。

从各级城市的新开项目量来看，2016 年新增商业供应主要集中在二、三线城市，占总供应数量的 64%。一线城市的新开商业数量仅占总量的 16%，四、五线城市的商业供应也有一些，分别占总量的 13% 和 7%（见图 12）。

（六）全国购物中心单店日客流量与上年基本持平，一、二线城市下降，三线城市保持增长

据汇纳科技的数据统计，近五年来，购物中心的客流量保持稳步增长。2016 年全国购物中心平均单店日客流持续增长至 4.72 万人次，基本与上年持平，增长速度有所放缓（见图 13）。这与购物中心大量开业、网上消费的分流导致竞争加剧有一定关系。

从不同级次的城市来看，2016 年，一、二线城市购物中心的单店客流呈下降趋势，分别达到 4.8 万、4.9 万人次，均比 2015 年下降 0.1 万人次。而三线城

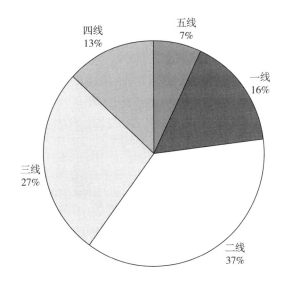

图12　2016年新开项目城市级次分布

资料来源：赢商网、搜铺网盘点，统计口径为3万平方米以上的商业项目。

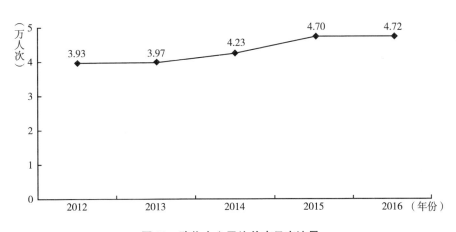

图13　购物中心平均单店日客流量

资料来源：汇纳科技。

市购物中心2016年的单店客流维持在4.4万人次（见图14）。从总体上看，三线城市的平均单店客流增长仍是最高，2013~2016年，三线城市购物中心的平均单店客流累计增长了29.5%。一、二线城市的购物中心市场日趋成熟且竞争加剧，三线城市因居民收入提升及消费的升级带来了商业发展的机会。

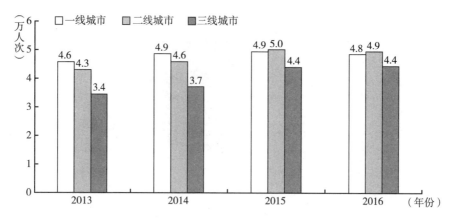

图14　购物中心分城市平均日客流量

资料来源：汇纳科技。

（七）全国200家标杆商场销售同比上涨4%，百货商场分化明显、购物中心大部分上涨

iziRetail 调研了全国 54 个城市共计 200 家标杆商场（包括 109 家百货商场、78 家购物中心、12 家奥特莱斯、1 家免税店）的 2016 年业绩总量同比上涨 4%，其中 104 家上涨，76 家下跌。

调研样本中开业时间超过 2 年的百货商场，2016 年的总业绩同比 2015 年微跌 1.5%。其中，业绩下降的百货商场有 67 家，远高于业绩上涨的 34 家。各百货商场之间的分化明显，少量优质百货商场业绩提升，而更多的百货商场业绩仍在下滑中。

调研样本中开业时间超过 2 年的购物中心，2016 年的总业绩比 2015 年上涨了 10%。其中，有 61 家购物中心业绩上涨，8 家业绩下跌。

（八）全国主要商业地产企业持有的商业规模增长不一，万达持有面积最大

截至 2016 年底，全国持有商业规模排名前 12 的企业中，万达集团以 2964 万平方米的持有商业面积稳居行业第一的地位，同时保持 34.8% 的高速增长，在总规模和增幅两方面都表现出绝对的优势。

凯德集团以全集团522万平方米的持有商业面积位列第二，2016年仅开业一个项目，发展比之前有明显放缓。银泰商业以银泰百货和银泰城两条商业产品线为主，也已拥有358.8万平方米的商业体量。

值得一提的是，万科集团收购印力集团之后的商业规模排全国第四，同比增幅22.2%。而宝龙集团以2016年新开8个项目的速度，实现了同比41%的增幅。

三 2016年办公楼市场分析

中国经济格局切换，"向下"的传统经济与"向上"的新经济交错而行，经济的发展和企业经营活跃程度预示了办公楼市场的主力演变。近年来，办公楼市场总体保持增长态势，每年的新增供应量随经济环境的变化而调整，外资企业对经营扩张的需求日趋谨慎，中资企业成为新增需求的主力。

（一）全国主要城市优质办公楼新增供应840万平方米，一、二线城市基本相当

2016年，全国17个主要城市优质办公楼的新增供应量达到840万平方米。考虑到国际政治经济环境的不确定性和中国经济增速趋缓，开发商可能延迟供应。考虑15%的延误率，未来三年市场将迎来办公楼供应高峰，预计总量约为2300万平方米。从新增供应的分布来看，53%的项目位于非核心商务区或新兴商务区。供应集中入市无疑令新兴商务区的去化压力居高不下，但"十三五"期间城市轨道交通和购物中心建设的加速也将推动一、二线城市办公去中心化的进程。

（二）中资企业对办公楼的需求将进一步增长，金融、信息科技、消费服务业为需求主力

从企业类别来看，未来一年预计外资企业大多对经营扩张持谨慎态度，而中资企业相对进取的经营态势将使其继续担当办公楼市场新增需求主力，占比将从2016年的83.4%进一步上行。

（三）传统金融业混业经营带来需求增长，二线城市需求更强劲

2016年，金融行业成为办公楼市场新增需求的主要来源，占比31.4%。

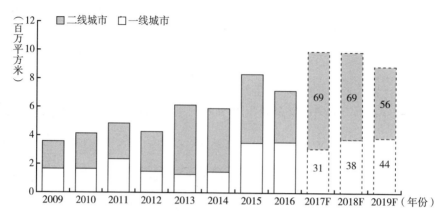

图15 全国主要城市优质办公楼新增供应量

资料来源：《CBRE 大中华区房地产市场展望报告》。

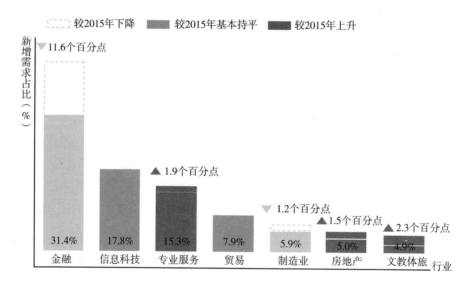

图16 2016 年办公楼新增需求中行业占比

资料来源：《CBRE 大中华区房地产市场展望报告》。

虽然 P2P 行业退潮影响使得非传统金融业呈现调整，但金融业仍在持续增长，未来一年金融行业对于办公楼市场的直接需求将更多来源于传统金融企业的业务创新、混业经营、业务拓展等。同时，金融行业对二线城市的办公楼需求增速明显高于一线城市。

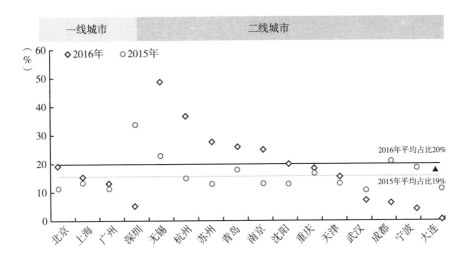

图17　传统金融业在办公楼新增需求中的占比

资料来源：《CBRE大中华区房地产市场展望报告》。

（四）科技行业需求"迭代"增长，电子商务及互联网金融投资活跃带来更多租赁需求

科技行业因行业整合迅速，办公楼需求呈现增长迅捷而多变的特点。在2016年TMT领域的投资仍保持较高速增长。北京、上海、深圳、浙江和广东是TMT投资最为活跃的区域，电子商务和互联网金融是当前吸引投资最多的子行业——这也深深地影响了其办公楼的租赁。

（五）"消费"类服务业助推办公楼需求，共享办公空间需求扩展

以教育和医疗为代表的消费服务类租户成为办公楼市场的新兴力量，在2016年前三季度市场需求中发现，此类租户在一、二线城市都占到专业服务类租户新增需求的30%以上。

共享办公经营目前来看无论是开业场所与吸引客群均不对甲级办公楼构成直接竞争，但其对租户彼此之间的协作与经营助力的运营模式可谓颠覆。北京、上海仍然是共享办公扩展的首选之地。

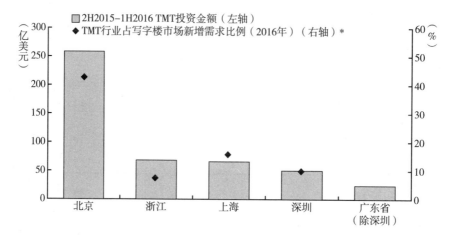

图18　TMT 投资前五位地区与办公租赁市场占比

注：写字楼需求占比浙江数据用杭州替代。

资料来源：《CBRE 大中华区房地产市场展望报告》。

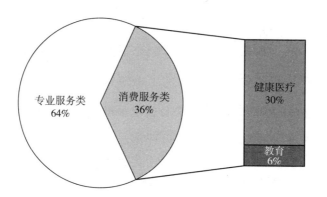

图19　消费服务行业在新增需求中的估计占比

注：一线城市，以上海为例。

资料来源：《CBRE 大中华区房地产市场展望报告》。

四　2016年酒店市场分析

　　国内高端酒店市场总体平稳增长，中端经济型酒店市场发展相对快速。随着国内旅游经济进入快速增长期，度假酒店、客栈也迎来了发展良机。

（一）高端酒店市场总量保持微增，涨幅低于上年

从国内高端酒店市场总体来看，除去部分酒店摘牌的因素外，2016年，中国五星级酒店净增8家，比2015年同期净增的55家少了47家。高端酒店市场总体保持稳定发展。

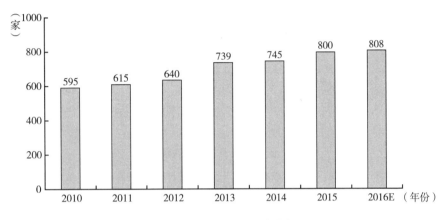

图20　中国五星级酒店家数

资料来源：国家旅游局。

（二）万达、绿地在国内主要业主酒店数量中分列第一、第二名，远高于其他业主公司

国内酒店业主分布集中，除了万达、绿地外，其他持有酒店的企业都保持较小的规模，主要是在综合体项目中的附属物业，并未作为主要投资及发展版块。2016年底，国内主要业主酒店公司持有的酒店数量排名中，万达、绿地分别以102个、70个分列第一、第二名，远超过其他业主公司。宝龙、海航等9家公司持有8～15家酒店（见图21）。

（三）万豪在知名酒店集团中规模最大，其次是希尔顿、洲际、雅高

按照知名国际酒店集团的客房数排名，截至2016年底，万豪以110万间客房总数位居全球酒店集团规模第一的位置，希尔顿、洲际、雅高这三大集团

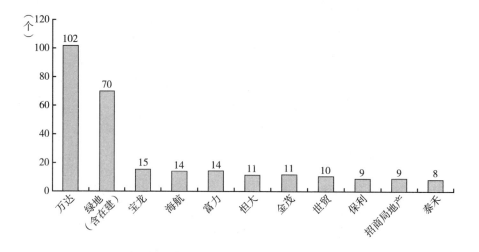

图21 国内主要业主酒店数量统计

资料来源：各公司官网及公共披露渠道；未公开披露或未查实的公司未纳入统计。

分别以77万间、72万间、52万间的客房总数位列第2名至第4名，这四大酒店集团的酒店客房规模远高于其他集团。另外，国内的万达酒店集团以3.3万间客房总数接近于香格里拉酒店集团（见图22）。

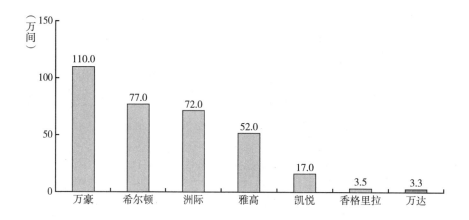

图22 2016年酒店集团客房数

资料来源：各公司官网及公共披露渠道；未公开披露或未查实的公司未纳入统计。

五 2017年商业地产市场发展预测

（一）零售商业市场预测

据赢商网不完全统计，2017年全国预计新开购物中心将高达864个（商业面积≥3万平方米），其中计划新开购物中心10个以上的城市达20个，主要集中在新一线城市；重庆以预计新开购物中心55个居全国之首，上海和西安分别以50个、38个分列第二、第三。

2017年购物中心总数同比增幅与2016年相当，华东地区霸主地位不变，西南地区一跃而上，因此预计西南地区开业数量排第二位，华南地区落为第三位。

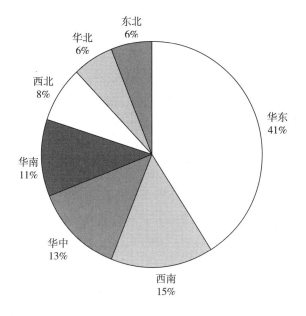

图23 2017年全国拟开业购物中心区域分布

资料来源：赢商网。

在国内经济转型、消费市场升级、电商加速侵蚀线下消费市场、商业地产供应量猛增的情况下，商业市场的经营压力越加明显。而随时关注消费者及市

场新动向成为未来商业地产企业及零售企业的重点，如"80后""90后"的消费力量，中产阶级消费升级，健康、家庭、社交、女性等消费观念的出现，线上线下消费的融合等都将成为未来影响行业的趋势。

未来，中产阶级的消费观念将成为中国零售市场的风向标，消费者健康意识更强，崇尚为健康消费。同时，"家庭型消费"的需求也将日益强烈。女性经济独立趋势更明显，创造"她时代"市场。

网络零售市场走入"成熟期"，交易规模增长维持稳定增速。社交媒体成为催生网购需求的新动力，O2O平台推动餐饮与出行行业的创新。跨境电商成为消费市场新宠。三、四线城市网购总量已经超过一、二线城市。

（二）办公楼市场预测

2017年，全国17个主要城市优质办公楼新增供应初值预计将接近1000万平方米，比2016年实际交付量增幅超过19%。

从租户行业角度来看，金融混业、信息科技和消费服务业将是2017年国内办公楼的新需求所在。在"大众创业"和办公楼供应充沛的背景下，共享办公预计将继续成为2017年租赁市场上的一股活跃力量，快速发展带来的竞争升级将凸显运营能力和增值服务的重要性。

预计2017年底17个城市办公楼平均空置率将上升3.3个百分点至23.5%，17个主要城市中有14个城市的平均空置率都将上升，市场有呈现供过于求的特征，中国办公楼供需平衡将逐渐倾斜到需求端。

从一线城市来看，上海空置率相对最高，将超过15%。二线城市中，则只有南京、杭州、宁波、大连四城在20%以下。成都、重庆、无锡、长沙的空置率将至少连续第三年处于30%以上。天津受到滨海新区的新增供应入市的影响，办公楼整体空置率也将首次踏过30%的门槛。二线城市总体空置率仍将上行。成、渝两地虽然空置率仍高企，但租金调整幅度将有所收敛。在空置水平目前仍处于20%以下的市场，如杭州、南京、青岛、大连，预期租金变化仍不会非常敏感，将处于缓步下行态势。

（三）酒店市场预测

从规模增量来看，一线城市（"北上深"）和旅游目的地的市场新增将持续大于其他城市，国内高端酒店业主集中度会继续攀高，持有规模排名前5的业主将占据80%的份额。星级认证高端酒店数量将持续缓增（年度5%左右）。

从酒店级次来看，豪华及奢华酒店营利性高于低星级酒店，且资产保值增值较好。

从经营策略来看，多数城市需求存在但平均房价受压，行业以价保量策略将依然明显。

管理篇

Management

B.10

2016年房地产估价行业现状与
2017年展望

王 欢 王 霞*

摘　要：　作为2016年评估行业最重大的事件，《中华人民共和国资产
评估法》的出台确立了包括房地产估价在内的评估行业的法
律地位，房地产估价行业发展面临新的机遇和挑战，估价师
执业风险加大，行业竞争加剧。在资产评估法施行和简政放
权的背景下，房地产估价机构和注册房地产估价师管理制度
都发生了改变，行业监管进入新阶段。2016年房地产估价业
务量增长明显，估价机构营业收入稳步增长。2017年估价机
构队伍将面临较大调整，行业或面临外部竞争者的加入，竞
争加剧，与此同时，估价业务拓展迎来新的机遇。

---

* 王欢，中国房地产估价师与房地产经纪人学会研究中心主任；王霞，中国房地产估价师与房
地产经纪人学会副秘书长。

关键词：　房地产估价　资产评估法　发展现状　走势分析

　　随着我国社会、经济和房地产市场的发展，房地产估价已从服务于房地产交易、税收和房屋征收，扩展到服务于金融、司法、保险以及资本市场、海外市场，并逐渐成为政府行政决策的重要智库。房地产估价关系个人、企业和公共利益，关系金融安全和司法公正，关系社会稳定和社会公平。2016年在资产评估法出台、职业资格制度改革、政府简政放权，以及大数据、云计算、移动互联网等技术向各行各业渗透的背景下，房地产估价行业发生了重大变化。

一　2016年中国房地产估价行业现状

（一）2016年中国房地产估价行业重大事件

1.《中华人民共和国资产评估法》出台

　　7月2日，《中华人民共和国资产评估法》（简称《资产评估法》）由十二届全国人民代表大会常务委员会审议通过，自2016年12月1日起正式实施。作为评估行业的第一部专门法律，该法确立了评估专业人员、评估机构和评估行业的法律地位，对于规范房地产估价行为，保护当事人合法权益和公共利益，维护房地产市场秩序，促进房地产估价行业健康发展，具有十分重要的意义。7月8日至15日，中国房地产估价师与房地产经纪人学会在其官方网站和微信公众平台上陆续发布了对《资产评估法》的系列理解文章，引导行业正确解读《资产评估法》，在业内引起积极反响。

2.房地产估价师注册取消省级初审，实行网上办理

　　9月13日，住房城乡建设部发布《住房城乡建设部关于修改〈勘察设计注册工程师管理规定〉等11个部门规章的决定》，对原《注册房地产估价师管理办法》（建设部令151号）进行了修改，取消了省级主管部门房地产估价师执业资格注册初审，缩短了审批时间。10月21日，住房城乡建设部办公厅发布《关于试行网上办理房地产估价师执业资格考试注册的通知》（建办房〔2016〕50号），规定自2016年10月20日起，房地产估价师执业资格注册试

行网上申报、受理和审批。至此，房地产估价师注册改变了十多年来的办理方式，申请材料全部电子化，办理进度实时可查，审批通过的直接向申请人寄送注册证书，审批时限大幅度缩短。

3. 2016年中国房地产估价年会在北京隆重召开

为引导广大房地产估价机构及房地产估价师正确理解和贯彻落实《资产评估法》，深入分析该法对房地产估价行业的影响，做好实施的相关准备工作，10月27日至28日，中国房地产估价师与房地产经纪人学会以"新估价服务大市场——迎接资产评估法施行后时代"为主题，在北京举办了房地产估价行业最具影响力的年度盛会——2016年中国房地产估价年会。来自各领域的演讲嘉宾分别从发达国家和地区评估行业发展格局、房地产估价行业专业化发展方向、房地产估价机构创新发展模式等方面，探讨了资产评估法施行后房地产估价行业的机遇与挑战。来自全国各地房地产估价机构负责人、地方房地产估价行业组织负责人、国际知名房地产咨询顾问机构代表，以及我国港台地区估价行业代表600余人参会。

4. 房地产估价机构实行备案管理制度

为贯彻落实资产评估法，规范房地产估价行业管理，12月6日，住房城乡建设部发布《关于贯彻落实资产评估法规范房地产估价行业管理有关问题的通知》（建房〔2016〕275号），明确自2016年12月1日起，对房地产估价机构实行备案管理制度，不再实行资质核准。设立房地产评估机构，应当符合资产评估法第十五条、二十七条、二十八条规定。估价机构等级划分仍然保留，备案机构符合《房地产估价机构管理办法》中相应等级标准的，将在备案证明中予以标注。对于现有三级资质房地产估价机构，资质有效期满后未达到资产评估法规定条件的，不予备案，不得开展房地产估价活动。房地产估价人员继续实行准入类职业资格管理，管理机构、管理办法保持不变，取得房地产估价师职业资格并经注册后方可从事房地产估价活动。

5. 房地产估价师以准入类职业资格列入国家职业资格目录清单

12月16日，人力资源和社会保障部发布《国家职业资格目录清单》，共列入151项职业资格。其中，专业技术人员职业资格58项，分别为准入类34项，水平评价类24项；技能人员职业资格93项，分别为准入类8项，水平评价类85项。资产评估法释义中提及的6类评估师，分别是房地产估价师、资产评估师、土地估价师、矿业权评估师、保险公估从业人员和旧机动车鉴定估价师。这6类评估师中，房地产估价师被列入准入类职业资格，资产评估师被列入水平评价类职业资格，其余未见列入清单。准入类职业资格具有行政许可性质，根据有关法律、行政法规和国务院决定设置；水平评价类职业资格，不具有行政许可性质，是面向社会提供的人才评价服务。根据规定，没有上清单的，一律不得开展职业资格许可和认定，凡是不涉及国家安全、意识形态、安全生产、食品安全的不能作为准入类资格。

（二）2016年中国房地产估价行业发展状况

2016年，共19041人报名参加全国房地产估价师资格考试，其中2347人考试合格取得房地产估价师执业资格证书。截至2016年底，共举办了20次全国房地产估价师资格考试，取得房地产估价师执业资格证书的人数已达56037人（含1993年、1994年资格认定的347人，2004年、2011年资格互认的196人），其中51177人注册执业。

截至2016年底，全国共有房地产估价机构5600余家，其中一级机构485家（2016年新增72家），二级机构1500余家，三级（含暂定）机构2900余家，一级机构分支机构700余家。

2016年全国一级房地产估价机构平均营业收入为1721万元，与2015年基本持平，但行业集中度进一步提高。营业收入超亿元的机构从2015年的5家增长为8家，营业收入排名前10的机构收入总额从2015年的11.7亿元增长为13亿元，增长11.1%；营业收入前100名的机构收入总额从2015年的37.7亿元增长为45.8亿元，增长21.5%。2010～2016年，全国一级房地产估价机构数量及平均营业收入的变化情况见图1。

2016年全国一级房地产估价机构各类估价业务均有较大幅度的增长，特别是房屋征收评估、房地产司法鉴定估价、房地产咨询顾问业务较上年有大幅增长。根据房地产估价信用档案系统（gjxydaxt.cirea.org.cn）的统计，2016年一级机构开展的估价业务量平均为：房地产抵押估价项目2270个，同比增长30.12%；房地产转让估价项目189个，同比增长95.74%；房地产司法鉴定估价项目67个，同比增长116.68%；房地产咨询顾问项目49个，同比增长239.37%；房屋征收评估项目88个，同比增长437.17%。2010～2016年，全国一级房地产估价机构主要估价业务的变化情况见图2至图6。

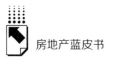
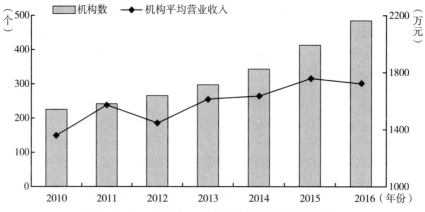

图1　2010~2016年一级机构数量及平均营业收入

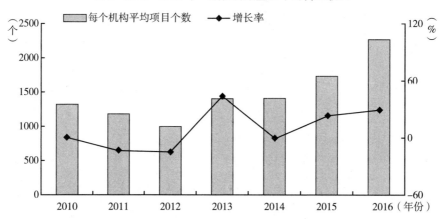

图2　2010~2016年一级机构房地产抵押估价业务量变化情况

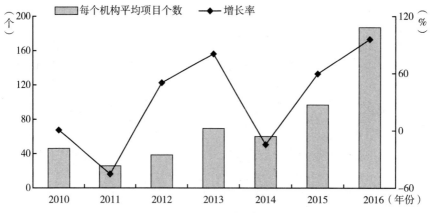

图3　2010~2016年一级机构房地产转让估价业务量变化情况

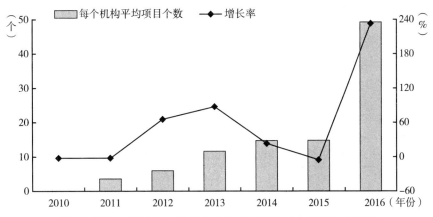

图4　2010～2016年一级机构房地产咨询顾问业务量变化情况

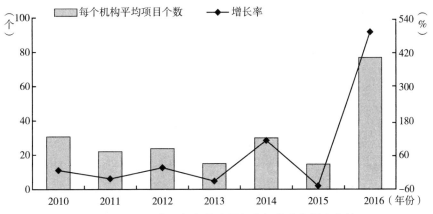

图5　2010～2016年一级机构房屋征收评估业务量变化情况

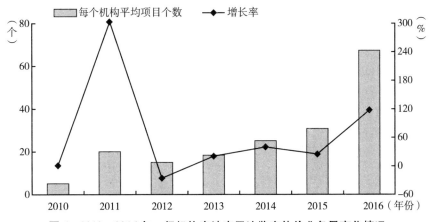

图6　2010～2016年一级机构房地产司法鉴定估价业务量变化情况

2016 年营业收入全国前 10 名的房地产估价机构与 2015 年一致，但具体顺序有变动（见表 1、表 2），这反映出近年来行业龙头企业竞争格局逐渐趋于稳定。从 2016 年营业收入全国前 10 名的房地产估价机构分布地域来看，主要分布在经济发达的城市，其中总部在深圳的最多，有 5 家；总部在北京的有 3 家；总部在上海、重庆的各有 1 家。

表 1　2016 年营业收入全国前 10 名房地产估价机构

序号	机构名称
1	深圳市世联土地房地产评估有限公司
2	深圳市国策房地产土地估价有限公司
3	深圳市戴德梁行土地房地产评估有限公司
4	重庆汇丰房地产土地资产评估有限责任公司
5	北京仁达房地产评估有限公司
6	上海城市房地产估价有限公司
7	深圳市鹏信资产评估土地房地产估价有限公司
8	深圳市同致诚土地房地产估价顾问有限公司
9	北京康正宏基房地产评估有限公司
10	北京首佳房地产评估有限公司

表 2　2015 年营业收入全国前 10 名房地产估价机构

序号	机构名称
1	深圳市世联土地房地产评估有限公司
2	深圳市国策房地产土地估价有限公司
3	北京仁达房地产评估有限公司
4	深圳市同致诚土地房地产估价顾问有限公司
5	深圳市戴德梁行土地房地产评估有限公司
6	上海城市房地产估价有限公司
7	重庆汇丰房地产土地资产评估有限责任公司
8	北京首佳房地产评估有限公司
9	北京康正宏基房地产评估有限公司
10	深圳市鹏信资产评估土地房地产估价有限公司

二　2017年房地产估价行业走势分析

1. 房地产估价机构将迎来一次大幅度整合

根据资产评估法，设立评估机构应当有8名以上评估师（含房地产估价师以及其他被认可的评估师），目前房地产估价机构中，二级机构有8名以上房地产估价师，一级机构有15名以上房地产估价师，均符合资产评估法要求，不受法律施行影响。三级机构根据原规定只需要有3名以上房地产估价师，现有的2900余家三级机构资质有效期到期后，需要通过增加评估师、公司改制或机构之间合并等方式才能达到资产评估法的要求。但这些都会遇到不少困难，如目前的评估师总量有限，人员成本的增加可能导致其无法长期生存。合伙形式的评估机构因要承担无限责任，不易找到志同道合的合伙人。较大的可能性是评估机构之间合并、兼并，但也需要寻找有意向的机构并进行大量谈判。据此估计，预计在今后一两年内，房地产估价机构的数量可能减少上千家。

2. 房地产估价行业可能面临外部竞争者

过去，《房地产估价机构管理办法》规定，房地产估价机构必须由自然人出资，法定代表人或执行合伙人必须是房地产估价师。资产评估法出台后，法律没有对出资人做出限制，《房地产估价行业监督管理办法》目前尚未出台，如果办法允许法人出资，则有两种可能的方案：一种是对房地产估价机构的出资人不做任何限制，任何公司和资本都可进入房地产估价行业；另一种是有条件地允许法人出资，比如只允许估价机构持股，如成立母子公司。法人持股有利于评估机构规模化发展，做大做强，但不设条件的法人持股也可能造成大的金融机构、互联网企业等外部资本的进入，这样一方面可能影响到估价的专业性和独立性，另一方面会加剧估价行业的竞争，削弱其他估价机构的竞争优势。

3. 围绕存量房交易的估价业务将稳定增长

随着存量房在房地产整体市场中的占比越来越大，存量房交易在整个房地产交易市场的占比也越来越高，在一线城市和部分二线城市，存量房交易量已经超过新房，如北京的存量房交易已占到整个房地产交易的约90%，存量房

占主体的时代将加速到来，服务于存量房交易的抵押估价业务将保持稳定增长态势。一些地方的存量房计税价值多年没有调整，预计近两年计税价值评估也将迎来很多业务机会。此外，近年来机构化、规模化住房租赁企业发展迅猛，这些租赁企业在融资过程中，以及国有企业房地产对外出租等都需要将租赁价格评估作为第三方鉴证，评估机构可以在这类业务中有所作为。

4. 房地产估价服务进入不动产证券化领域

一直以来，由于上市公司资产评估必须取得证券资产评估资质，房地产估价机构一直难以进入资产证券化评估这一领域。近年来，随着不动产资产证券化的发展，以房地产为基础资产的证券化产品如 REITs、类 REITs 增多，2017年3月，深圳证券交易所固定收益部发布《深圳证券交易所资产证券化业务问答》最新修订稿，要求基础资产（写字楼、购物中心、酒店等）涉及不动产评估的，应由一级资质房地产估价机构出具评估报告，并根据中国房地产估价师与房地产经纪人学会发布的《房地产投资信托基金物业评估指引（试行）》（中房学〔2015〕4号）相关要求进行评估。房地产估价机构可以抓住这一契机进入资产证券化评估领域，拓展高端估价业务。

5. 估价机构合作联盟将进一步发展

近年来房地产估价机构尝试以估价联盟的方式抱团发展，陆续涌现出了一些合作平台，有的较为成功，通过联合化发展，降低了企业信息化建设成本，提高了企业的品牌影响力和竞争优势，通过资源信息共享实现联盟内企业合作共赢。面对竞争日益激烈的市场环境，越来越多的中小机构有加入联盟或者重新组建联盟的愿望，已有的估价联盟队伍逐步壮大，随着行业竞争的多样化，不排除产生新的估价机构合作联盟。

B.11
2016年物业管理行业现状及发展展望

刘寅坤*

摘　要：　经过三十五年的发展，全国物业管理面积约为175亿平方米，覆盖不动产管理的所有领域。随着国家产业结构调整，以及消费结构由生存型、物质型逐步向发展型、服务型转变，物业管理作为现代生活性服务业，积极借助互联网等新技术，构建、优化社区经济生态圈，物业服务价值也越来越得到社会和资本市场的认可，迎来前所未有的发展机遇。本文主要从行业健康发展、行业创新发展、行业提速发展、行业未来发展四个方面介绍物业管理行业发展现状、特点和趋势，供社会参考。

关键词：　物业管理　现代服务业　服务升级　社区经济生态圈

　　经过三十五年的发展①，我国物业管理行业发展已粗具规模，物业管理覆盖不动产管理的所有领域。据国家统计局第三次经济普查和中国物业管理协会统计数据显示，截至2015年底，我国物业服务企业10.5万家，全国物业管理面积约为175亿平方米，行业年主营业务收入超过5000亿元，在管物业资产价值超过50万亿元，行业从业人员超过700万人。物业管理对我国经济社会发展的推动作用日益显现，在改善人居工作环境、推动国民经济增长、维护社区和谐稳定、解决城乡就业问题、推进社会建设等方面发挥了重要的作用。

＊　刘寅坤，中国物业管理协会行业发展研究部主任。
①　1981年3月10日，第一家物业管理企业——深圳市物业管理有限公司成立。

一 行业健康发展

1. 物业管理行业发展前景良好

2015 年，国务院办公厅印发《关于加快发展生活性服务业促进消费结构升级的指导意见》，明确指出要推动物业管理、搬家保洁、家用车辆保养维修等生活性服务规范化、标准化发展。物业管理行业作为生活性服务业的重要构成，日益得到国家关注。尤其是随着互联网和科学技术的广泛应用，科技化、智能化、产业跨界融合趋势明显，传统物业管理逐步向现代服务业转型升级。同时，物业服务企业不断提升服务品质，提高专业化服务能力，完善以业主需求为中心的服务体系，赢得了广大业主的好评与信任，与业主建立了持续稳定的合作关系。

2. 物业管理工作备受政府重视

2016 年，住房城乡建设部印发《住房城乡建设事业"十三五"规划纲要》，明确要促进物业服务业发展，提出"以推行新型城镇化战略为契机，进一步扩大物业管理覆盖面，提高物业服务水平，促进物业管理区域协调和城乡统筹发展。健全物业服务市场机制，完善价格机制，改进税收政策，优化物业服务标准，强化诚信体系建设。建立物业服务保障机制，加强业主大会制度建设，建立矛盾纠纷多元调处机制，构建居住小区综合治理体系。转变物业服务发展方式，创新商业模式，提升物业服务智能化、网络化水平，构建兼具生活性与生产性双重特征的现代物业服务体系"。各地政府也纷纷将物业管理工作纳入重点，上海市提出"政府要把管理、服务和执法延伸进小区，加强业委会专业能力培训，建立物业服务企业良性发展机制，重视培育小区共同价值观，把小区建设成为市民安居乐业的美好家园"。重庆市提出"出台物业管理有关实施细则，加强物业管理基础、基层和效能、诚信、品牌建设。深入开展主题活动和示范项目创建活动，支持智慧社区建设，促进小区矛盾属地化解。培育物业领军企业，探索物业服务交易市场建设"。

3. 物业管理政策法规逐渐完善

各地纷纷出台相关法律法规，进一步规范物业管理，维护业主、物业使用人和物业服务企业的合法权益。上海市政府下发了《关于加强住宅小区综合治理工作意见》和《上海市加强住宅小区综合治理三年行动计划》两个文件，以及《湖南省物业服务收费管理办法》《湖北省物业服务和管理条例》《安徽物业管理条例》《南京住宅物业管理条例》《青海省住宅物业服务收费管理办法》《青海省物业企业信用评级管理办法》《西安市物业管理条例》《四川省业主大会和业主委员会指导规则》等法律法规纷纷出台，政策力度之大，针对性、可操作性之强，都是近年来罕见的，对解决物业管理行业长期困扰的问题起到积极的作用。

4. 物业管理行业社会价值凸显

中国社会结构正发生着巨大的变化，城市社区也在不断地发展，物业管理正逐渐成为城市社区中最有组织性的日常力量。在国家大型G20峰会中，绿城、开元、南都、滨江、耀江等多家杭州代表性物业服务企业，投身到会务服务保障中，在世界级标准要求的服务舞台上，做得有声有色，以长期服务社区的经验，在公共服务中释放行业能量；上年四轮大暴雨猛袭湖北，面对百年不遇的洪灾，管理武汉市2600多个住宅小区中的物业服务企业，参与抢险共投入近十万人次，投入约600余万元资金购买抢险设备和物质，解决了8000余起安全隐患，建设报专题撰文《暴雨，阻挡不了您回家的"路"——抗洪抢险物业人在行动》；天津港"8.12"爆炸事件发生后，各小区物业均采取积极措施，万科物业积极协助业主安全撤离，安装防盗网防止不法分子趁火打劫，13天后又推出"回家计划"，一系列举动体现了对业主财产的负责，彰显出物业管理的社会作用。

二　行业创新发展

2016年国家发布"十三五"规划纲要，提出实施创新驱动发展战略，新技术的创新与应用、智慧社区的建设，促进了传统物业管理转型升级。

1. 物业基础服务持续改善

物业客户服务、秩序维护、设备维修、清洁卫生及绿化养护等基础服务紧密关系人们的生活基本需求。随着移动互联网等新技术的兴起，企业纷纷借助新技术来实现基础服务水平的提升，一方面通过对物业管理项目进行集中管控，减少管理层级，优化区域资源，在降低企业经营成本的同时，提升物业服

务效率；另一方面通过对员工工作流程、工作效果和工作评价的标准化，使服务质量可控、可管、可优化、可评价，在强化企业核心竞争力的同时，提升了物业服务品质。2015 年物业管理百强企业营业成本率为 79.96%，较 2014 年（87.28%）下降 7.32 个百分点；人均产值为 10.39 万元，同比增长 20.12%；人均管理面积 4538.77 平方米，同比增长 38.67%。①（见图 1）

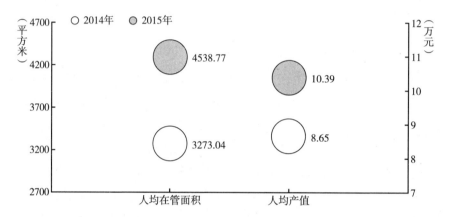

图 1　2014～2015 年百强企业人均管理面积和人均产值变化情况

2. 物业增值服务不断深化

物业服务企业结合互联网的互动、便捷的特性，运用大数据、云计算等核心技术，围绕业主生活服务链与第三方建立合作共赢关系，搭建社区管理互动平台，满足业主多样化、多层次的需求与服务。2015 年百强物业管理企业全年实现营业收入总值 1135.61 亿元，同比增幅达 27.24%，其中多种经营收入 189.94 亿元，占营业总收入的 16.73%。在行业向现代服务业转型升级的新常态下，物业服务企业创新管理理念，积极拓展多元化物业服务渠道，努力让业主足不出户便可享受到居家购物、养老、教育、健康、商旅、文化等多种服务，实现物业服务领域的延伸拓展和效益提升。

3. 物业生态体系逐步构建

近两年行业联盟发展比较快，共享经济的理念让企业看到资源是可以共享

---

①　资料来源于中国物业管理协会发布的《2016 中国物业服务百强企业研究报告》。

的，通过合作、连接资源、产生价值、实现共赢。彩生活的"彩之云"、长城的"一应云"（见图2）通过合作、加盟等方式，2016年底分别涉及管理面积超过7亿平方米，服务业主人口近2000万人。万科物业的"睿服务"体系3.0，在云端的信息平台直接供合作项目的业主与员工使用，借此来提升项目现场服务品质的标准化程度，同时保障物业服务的工作效率。技术平台的输出以资源整合、合作共赢为理念，挖掘并满足社区业主多样性和个性化需求，与其他物业服务企业共创共享社区经济生态圈，共同引领社区生活新方式。同时，在协会组织的首届博览会上，参展企业近200家，专业观众达到1.5万人次，达成合作意向5031个项目，实现物业服务企业与产业链上下游企业的有效和精准对接，加快了产业集中、规模经济的行业发展步伐，推动行业产业生态链条协同发展。

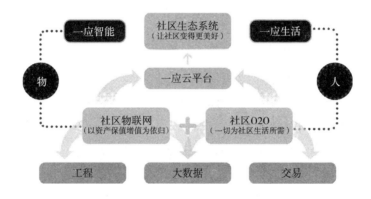

图2　长城物业"一应云"生态系统示意

三　行业提速发展

1.行业集中度进一步提升

国内资本市场政策环境的持续改善以及房地产市场的高速发展，为物业管理行业带来了巨大的发展空间，行业集中度进一步提升。2015年全国管理项目总建筑面积为175亿平方米，百强企业管理面积149.59亿平方米，约占全国的28.42%，较2014年（19.5%）提升8.92个百分点，在管规模直接反映

了企业真实的业务水平与市场地位。伴随着资本的进入及技术的不断提升，行业优胜劣汰加剧，物业服务品牌企业凭借良好的口碑和专业能力、较高的市场满意度和忠诚度，以及丰富的资源和广泛的区域分布，固本守正、多元发展，在全国进一步扩张和深耕，市场占有率稳步提升。

2. 资本助推企业规模化发展

继 2014 年 6 月彩生活在港交所上市后，物业服务企业不断受到资本市场的青睐，中海物业、中奥到家和绿城服务均先后成功在中国香港上市，2016年底，四家企业的市值分别为 49 亿元、40 亿元、10 亿元和 75 亿元，市盈率分别为 29、40、92 和 38，远高于香港主板的平均市盈率 9。募集的资金主要用于收购其他物业服务企业，快速实现规模增长，优化地域及项目布局，为企业的长远发展打下基础。作为多层次资本市场的重要组成部分，新三板也已成为行业发展另一股重要的资本推动力，受到众多创新、创业型物业服务企业的持续追捧。截至 2016 年底，已有保利物业、开元物业等 30 多家物业服务企业在新三板挂牌交易。

3. 行业快速发展实现多方共赢

行业科技水平持续创新，人力资本不断优化，企业整体实力提高，促进政府、企业和业主三方实现共赢（见图 3）。对业主而言，快速发展使得行业竞争更加充分，淘汰落后、服务质量欠佳的物业服务企业，使业主能够以合理的价格享受到优质的服务。对企业而言，快速发展使得企业赢利能力和创新动力得到进一步增强，通过转型升级赢得较高的客户满意度，提升企业管理效率和服务质量。对政府而言，物业服务作为城市居民生产、生活的基本要素，快速发展能够进一步整合资源，拉动社区经济增长，积极参与社区治理，缓解政府监管压力。

四　行业未来发展

1. 消费升级，行业迎来新起点

目前我国正处在第三次消费结构升级中，传统的生存型、物质型消费逐步让步于发展型、服务型等新型消费，消费者从最初的应付生活转变为经营生活、享受生活。物业管理行业也正摆脱传统理念的桎梏，不断挖掘行业本身价

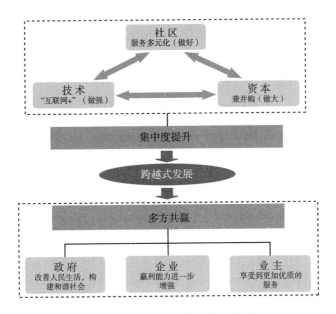

图3 行业快速发展实现多方共赢

值,积极向现代服务业转型升级。随着国家产业结构调整,第三产业占GDP比重已经达到51.6%,但与发达国家占比70%相比,服务业还有约20%的增长空间,处于第三产业的物业管理企业赶上一个好时代,站在了制胜未来的新起点。

2. **内外兼顾,行业提升空间广阔**

消费升级必须依托服务升级,企业将更加注重服务品质,增强企业核心竞争力,拓展行业发展空间。通过兼并重组、股权合作,不断扩大管理规模,整合优势资源,凸显品牌价值;通过在高新技术应用上的积极探索,新设备的投入应用,企业服务效率不断提升;通过管理职能化、业务外包,缩减基层操作人员的数量,加大对高端人才的吸收,改善企业的人力资源结构;通过业主需求的挖掘,布局多元化业务,开展增值服务,有效盘活存量市场,拓展企业经营效益。

3. **标准先行,行业规范化发展**

2016年3月,国务院印发《深化标准化工作改革方案》,鼓励具备相应能力的学会、协会、商会、联合会等社会组织和产业技术联盟协调相关市场主

体，共同制定满足市场和创新需要的标准，供市场自愿选用，增加标准的有效供给。在这样的背景之下，行业将以新的高度来推动物业管理标准化工作，做好顶层设计，建设科学完善的物业管理行业标准化体系（见图4），稳妥有序地开展标准制定、宣贯、实施、评估和修订等工作，这对提高物业服务品质，提升物业服务水平，实现物业管理规范化发展，具有非常重要的意义。

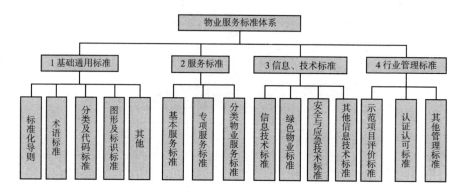

图4　物业管理行业标准化体系框架

4. 共享理念，行业不断优化生态圈

物业服务企业开展社区服务，天生具备线上引流优势，万科的"睿服务"、彩生活的"彩之云"、长城的"一应云"、龙湖的"千丁"、嘉宝的"生活家"等，将进一步优化基础物业服务＋增值服务的商业平台。通过运用互联网思维变革企业管理体制，倡导去中心化和去中介化的平台化管理体制，控制运营成本，提高服务质量，使业主满意；通过有效整合相关产业资源、引导用户深度参与交互、鼓励员工参与平台建设等方式，把物业管理行业相关的"物"聚合在平台，把业主、员工和资源所有者等利益相关者凝聚在一起，构筑新型社区经济生态圈。

5. 精细管理，行业参与城市配套服务

我国房地产业迄今已经历了10余年的"黄金时代"，在人口红利拐点、城市化率增幅放缓等因素的作用，行业由"增量开发"向"存量持有"转舵。2015年，中央城市经济工作会议强调，"城市建设与发展的一切核心是人，让人民群众在城市生活得更方便、更舒心、更美好""政府要创新城市治理方式，特别是要注意加强城市精细化管理"……这些内容，对未来物业管理行

业的发展产生深远的影响。城市中的每一栋建筑、每一个小区都是这个城市的细胞体，物业管理行业作为这些细胞的管理者，直接关系整个城市的管理水平，因此加强城市精细化管理必然要求物业管理行业从业主需求入手，倡导专业化、标准化和精细化的服务创新，彻底改变粗放型的管理方式，让业主有更好的体验，让物业管理更有价值。

6. 契约精神，行业持续发展之基

物业服务企业和业主之间的关系是建立在服务合同之上的，而且这个服务合同并非一次性的交易合同，企业要在相当长的时间内持续不断地为业主提供物业管理服务。合同是企业经营最本质的活动，履约是考量企业诚信最基本的要素，也是在市场化条件下，物业服务企业在业主中、在市场中生存下去的重要条件。所以，企业要树立基于诚信的价值观，守住底线和红线，按规矩办事，在这个前提条件下用专业素质提供超出预期的服务，积累业主的口碑和信用，这样企业就会有价值，行业才会健康可持续发展。

B.12
2016年房地产经纪行业现状
与2017年发展趋势

赵庆祥　程敏敏*

摘　要：　在存量房交易崛起和房地产市场调控的背景下，房地产经纪行业正处于外部环境变化的风口，2016年房地产经纪行业专项整治连续加码，2017年房地产经纪行业的服务标准和行业规则体系会进一步完善，行业监管和自律管理也将更加严格，行业格局或将发生重大变化。

关键词：　房地产经纪　中介机构　房屋租赁

房地产经纪是房地产业和现代服务业的重要组成部分。近年来，影响我国房地产中介行业发展的制度政策、市场环境以及行业本身都发生了较大变化。特别是在职业资格制度改革、政府简政放权，以及移动互联网技术的兴起并向各行各业渗透的背景下，房地产经纪行业发生了重大变化。下文将总结2016年房地产经纪行业发生的重大事件及重要变化，并对2017年行业走势进行展望。

一　2016年中国房地产经纪行业现状

（一）2016年中国房地产经纪行业现状

1.2016年房地产经纪行业重大事件

（1）链家违规开展金融服务引社会关注。2016年2月23日，上海市消保

---

* 赵庆祥，中国房地产估价师与房地产经纪人学会副研究员，研究方向为房地产经纪；程敏敏，中国房地产估价师与房地产经纪人学会副研究员，研究方向为房地产经济。

委召集二十家知名房产中介召开新闻通气会，通报了房产中介服务中存在的四大乱象。上海链家房地产经纪有限公司因出售问题房源，违规开展金融服务而被消费者投诉，引起社会广泛关注。

（2）房地产经纪人员职业资格考试管理体制改变。2016年3月1日，住房城乡建设部、国家发展改革委、人力资源和社会保障部共同发布《关于修改〈房地产经纪管理办法〉的决定》，修改后的办法自2016年4月1日起施行。房地产经纪人协理考试由原来的各省组织实施修改为全国统一考试，明确房地产经纪人协理和房地产经纪人职业资格实行全国统一大纲、统一命题、统一组织的考试制度，由房地产经纪行业组织负责管理和实施考试工作。

（3）房地产中介机构须规范开展金融业务。2016年4月12日，国务院办公厅发布《关于印发〈互联网金融风险专项整治工作实施方案〉的通知》（国办发〔2016〕21号），明确房地产开发企业、房地产中介机构和互联网金融从业机构等未取得相关金融资质的，不得利用P2P网络借贷平台和股权众筹平台从事房地产金融业务；取得相关金融资质的，不得违规开展房地产金融相关业务。从事房地产金融业务的企业应遵守宏观调控政策和房地产金融管理相关规定。规范互联网"众筹买房"等行为，严禁各类机构开展"首付贷"性质的业务。

（4）房地产中介机构做出诚信服务十大承诺。2016年6月16日，中国房地产估价师与房地产经纪人学会和9家房地产中介机构——21世纪中国不动产、链家、伟业我爱我家、中原地产、房天下、世联行、麦田房产、信义房屋、合富置业在京发起房地产中介诚信服务承诺活动，针对行业存在的突出问题，郑重向社会做出了十大承诺，包括：发布真实房源信息，从业人员实名服务，服务项目明码标价，不侵占挪用交易资金，不哄抬房价，不炒买炒卖房地产，不违规提供金融服务，不泄露客户信息，及时处理投诉纠纷，营造行业良好环境。

（5）召开2016年房地产经纪年会。2016年6月16日至17日，中国房地产估价师与房地产经纪人学会在北京召开2016年中国房地产经纪年会。年会以"创新与服务——基于命运共同体的行业生态构建"为主题。来自我国两岸三地的知名房地产经纪机构、房屋租赁经营企业、房地产网络平台负责人，地方房地产经纪行业组织负责人，以及全美房地产经纪人协会（National

Association of Realtors，NAR），世界不动产联盟（The International Real Estate Federation，FIABCI），境外知名房地产企业代表等共 500 余人参会。

（6）互联网中介发展势头减弱。与 2015 年连获资本青睐，积极布局市场的局面形成鲜明对比，2016 年互联网中介发展风头减弱，甚至走向衰弱，先后出现爱屋吉屋身陷裁员风波，好屋中国被明牌珠宝收购，房多多"撤退"沈阳，原安居客创始人梁伟平房产 O2O 项目安个家倒闭，Q 房网 38 亿元被国创新高收购等事件。

（7）上海创建网络经纪可信交易平台。2016 年 10 月 17 日，上海市执业经纪人协会、上海市房地产经纪行业协会与百姓网、安居客、中原地产等网络经纪平台签订《创建网络经纪可信交易平台合作框架协议》，启动创建"网络经纪可信交易平台"。该平台以国家诚信体系建设为目标，对接政府部门，配合做好跨部门信息归集、交换、公示机制，实现互联互通、开放共享。

（8）房地产经纪专业人员列入专业技术人员职业资格中的水平评价类资格。2016 年 12 月 16 日，人力资源和社会保障部向社会公示《国家职业资格目录清单》，房地产经纪专业人员被列入专业技术人员职业资格中的水平评价类资格，由住房城乡建设部、人力资源和社会保障部、中国房地产估价师与房地产经纪人学会组织实施。

（9）房地产经纪专业人员职业资格考试人数创新高。2016 年 10 月 15 日、16 日举办的全国房地产经纪人、房地产经纪人协理职业资格考试，首次实行"机考"，即考试均采用闭卷、计算机化考试方式，在计算机终端获取试题、作答并提交答题结果。2016 年度，房地产经纪专业人员职业资格考试的报名人数和科次、实考人数和科次均创历史新高，首次超过 20 万科次。

（10）国家积极推动专业化住房租赁市场发展。2016 年 2 月 14 日，国务院发布《关于深入推进新型城镇化建设的若干意见》（国发〔2016〕8 号），明确支持城市政府推行基础设施和租赁房资产证券化，加快发展专业化住房租赁市场各项措施。2016 年 5 月 17 日，国务院办公厅发布《关于加快培育和发展住房租赁市场的若干意见》（国办发〔2016〕39 号），全面部署加快培育和发展住房租赁市场工作，明确提出调动企业积极性，通过租赁、购买等方式多渠道筹集房源，提高住房租赁企业规模化、集约化、专业化水平，形成大、中、小住房租赁企业协同发展的格局，满足不断增长的住房租赁需求。

（11）国家积极规范房地产中介行为。为规范房地产中介行为，住房城乡建设部2016年多次开展了整顿中介市场秩序的活动：2016年5月27日，住房城乡建设部发布《住房城乡建设部关于房地产中介行业违法违规典型案例的通报（一）》（建房函〔2016〕112号），通报了房地产中介专项整治工作中各地查处的7个典型案例；2016年7月29日住房城乡建设部会同相关部门，发布《关于加强房地产中介管理 促进行业健康发展的意见》（建房〔2016〕168号），要求规范中介服务行为，完善行业管理制度，加强中介市场监管；2016年11月10日至12月10日国家发展改革委和住房城乡建设部联合通知部署开展商品房销售明码标价专项检查，检查对象为房地产开发企业和房地产中介机构，对房地产开发企业在售楼盘和房地产中介机构门店明码标价情况进行检查；2016年11月25日，住房城乡建设部召开规范房地产中介行为持续整顿市场秩序电视电话会议，要求各地进一步规范房地产中介行为，持续整顿市场秩序，并同时公布了近期各地查处的30家违法违规房地产中介机构名单。

（12）长租公寓继续强劲发展。长租公寓以其优质服务越来越受到社会关注，国家也相继出台了促进规模化租赁企业发展的政策。在政策利好的推动下，万科、绿地、龙湖等品牌开发商及知名物业服务企业全面进入长租公寓领域。魔方公寓再次获资本青睐，完成C轮融资。58同城推出"品牌公寓馆"产品，与以万科泊寓、途家为代表的多家公寓运营商合作。

2. 2016年房地产经纪行业发展情况

2016年，全国房地产经纪人资格考试恢复，截至2016年底，拥有全国房地产经纪人资格共57413人，其中登记人数31233人。从地域分布来看，上海和北京是房地产经纪人数量最为集中的地区（见图1）。

根据国家统计局及相关机构的数据，2016年，全国房地产买卖成交额超过18万亿元。其中，新建商品房销售额11.8万亿元，存量房买卖成交额6.5万亿元。存量房交易额约占整体成交额的35%左右。但是全国排名前30的城市，存量房的成交额已经超过新建商品房，约是新建商品房成交额的1.1倍。特别是北京和上海，存量房交易量占比已经达到70%～80%。存量房时代正在加速到来。

假设60%的房屋通过经纪服务成交，佣金标准平均为2%，2016年房地产经纪行业佣金总收入超过2200亿元。链家作为全国规模最大的房地产经纪

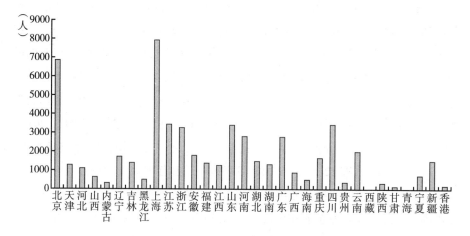

图1　2016年房地产经纪人全国分布情况

机构，2016年依靠13万~15万名房地产经纪人员，大概卖掉了价值1万~1.2万亿元的房屋，佣金收入超过200亿元，全国市场占有率约为10%。2016年超过百亿元收入的还有中原、世联、易居等经纪机构。

二　房地产经纪行业发展前景和2017年行业走势

1. 房地产市场深度调整，经纪行业面临洗牌

房地产市场经过2016年的高歌猛进，全年成交规模和成交价格均创历史新高，但城市分化态势延续。2017年，以北京为首的全国重点城市市场调控加码，因城施策将在控风险与"去库存"基调下不断深化，热点城市量价回调，而三四线城市有望延续平稳走势。2017年，在房地产市场的压迫下，刚刚经历互联网中介洗礼和资本狂潮冲刷的房地产经纪行业面临深度调整，第一阵营或许会发生变化。

2. 落实租购并举制度，房屋租赁成为新热点

2016年的中央经济工作会议将"购租并举"确定为深化城镇住房制度改革的主要方向，2017年的中央经济工作会议又提出，要加快住房租赁市场立法，加快机构化、规模化租赁企业发展，重申"房子是用来住的、不是用来炒的"。租住作为最纯粹的"居住"，发展住房租赁市场上升为国家战略。

2017年，受市场调控影响，房屋买卖量会有所下降，保命的房地产经纪机构会重新重视房屋租赁业务，住房租赁和房屋租赁经营会成为新焦点和新热点。

3.推进房屋租赁和转让立法，行业准入有望破冰

近年来，政府屡次整治经纪市场，但收效甚微，根本原因是缺少以立法为核心的长效机制。房地产经纪行业越来越重要，根治房地产经纪行业的问题，未来还需要建立房地产市场的长效机制，不断完善行业管理制度。2017年中央要求运用金融、土地、财税、投资、立法等手段，加快研究建立符合国情、适应市场规律的基础性制度和长效机制，加强住房市场监管和整顿，规范开发、销售、经纪等行为。立法是长效机制的核心内容，是加强房地产市场和经纪行业监管最有效的手段，期待多年的房地产经纪行业准入制度有望借此立法机会被确立。通过立法建立房地产经纪行业准入制度，是众望所归。

4.完善行规行约，推行合同和业务文书的示范文本

伴随着房地产市场的蓬勃发展，房地产经纪行业一直处于"野蛮生长"状态，缺乏基本的成文的行规行约。通过建立推行从业者的职业道德标准和行为规范，实行有效的行业自律，是美国、加拿大、日本、澳大利亚及中国香港和中国台湾地区通行的做法。2016年，中央和地方的文件里都提到发挥行业组织的作用，加强行业自律。2017年，房地产经纪人员职业道德和行为规范，以及房地产经纪服务合同、服务告知书、房屋状况说明书等一系列行业标准和规范将会出台，行业自律基础有望被进一步夯实。

5.互联网和大数据对房地产经纪行业的影响继续深化

科技发展进程不可逆，并且速度正在加快。对房地产经纪行业来说，互联网、大数据互联网、大数据、云计算、人工智能、物联网以及VR等新技术高科技，正在带来前所未有的影响和改变。互联网，特别是移动互联网，改变了人们找房的方式，楼盘字典等大数据成为房地产经纪企业管理的基础，交易数据和搜寻行为数据正在成为交易决策的核心。2016年互联网中介遇到发展困境，但是以互联网和大数据为代表的科技对房地产经纪行业的影响没有中断，2017年还将继续深化。

区 域 篇
Regions

B.13
2016年北京存量房市场分析
及2017年展望

靳瑞欣*

摘　要：　2016年是北京二手房交易量高涨的一年，全年成交27万套，
创历史新高。货币宽松致使春节后二手楼市爆发，而市场火
爆发展，加速调控政策出台，"930新政"加码限购限贷，对
于二套首付的大幅提高，使得二手房改善市场快速降温，年
底陷入僵持阶段。2016年虽有严厉调控，但在北京土地高价
且稀缺以及新房豪宅化的大背景下，二手房填补了北京中高
端市场需求，未来这种情况依然存在，2017年北京二手房仍
是房屋市场交易的主场。

关键词：　成交量高涨　加码调控　新房豪宅化

---

* 靳瑞欣，中原集团北京顾问中心经理。

一 市场特点——货币从松到紧，长效机制保平稳

（一）货币宽松，节后楼市爆发

按照惯例，2月受春节假期影响，购房行动放缓，节后楼市节奏跟天气回暖一样，逐渐升温，这是周期变化规律。但2016年的节后楼市升温却有点儿出乎预料，节后售房、买房、成交量突然间爆发了，坐地涨价比比皆是。

据中原集团研究中心数据显示：2月六大城市的中原二手住宅价格指数环比全线上涨，其中京沪蓉三个城市涨幅扩大。上海市场短期内在政策、价格、舆论等多重因素综合影响下，几乎达到亢奋状态。尤其二手房高涨的看涨情绪使得诸多业主惜售调价，更加导致买家追涨入市，供不应求的局面推升房价迅速上扬。经过13个月的连续上涨后，上海本轮房价涨幅达到38%，且当前大有接棒深圳成为下一个资金追捧焦点之势。

本轮房价上涨，从上海和深圳已传导至北京，2016年2月北京全市二手住宅网签总量为15149套，环比下降37.7%，同比上涨70.7%，2月北京二手房市场受春节长假影响，成交量并未出现年前火爆式增长，但节后市场迅速回温，春节后首周（2月14日~2月20日）二手房的网签量高达6048套，快速回到节前1月周均成交水平。3月二手房交易更加火爆，3月1日至13日北京二手房网签量9375套，日均721套，再创新高，仅次于2015年12月的日均769套。

2016年春节后市场火爆，主要是受货币宽松政策影响，2016年1月2.51亿元的新增货币创下新高，同比上涨70.75%，涨幅最高。资金的大幅宽松，势必会大量流入楼市，而一线城市的资源高度集中以及土地稀缺性更是大量资金吸附的场所。

（二）市场火爆，22个城房市集中施策

"十一"前后，全国房地产迎来新的一轮限购限贷调控潮，包括一线城市和部分重点二线城市，如南京、杭州、苏州、合肥、郑州等，其中部分城市持续追加调控政策。此次采取调控政策城市范围很广，扩展至22个城市，引致

大范围政策调控的原因主要是全国"地王"频现和房价疯涨。

1. 土地疯狂，供应集中且"地王"不断

【一线城市】上海土地供应大增，创全国"地王"

2015～2016年8月上海共成交177宗住宅用地，总规划建筑面积1758.8万平方米，在一线城市中处于高位；其次是北京和广州，分别成交57宗、49宗，总规划建筑面积为980.2万平方米及989.3万平方米；而深圳始终处于土地稀缺状态，近两年仅成交7宗住宅用地，总规划建筑面积仅116.9万平方米。

2016年以来上海土地市场也是全国"地王"（广义"地王"，即地价创版块或区域历史新高）诞生最多的一个城市。2016年8月下旬上海楼市信贷收紧的传闻愈演愈烈，8月17日，上海静安区的一宗商住用地"中兴社区N070202单元地块"以110.1亿元的价格竞出，得主为福建房企融信地产。据估算，这块地的溢价率达到139%，名义楼面价为10万元/平方米，扣除商业配套及保障房，可售部分的楼面价达到14万元/平方米，创中国历史"地王"纪录。

而北京2016年（截至2016年8月）仅成交7宗住宅用地，住宅用地成交面积创7年来新低，规划建筑面积降至105万平方米，其中仅2月、5月、6月有住宅用地成交。

2016年，房价持续大涨、资本逐利等现象传导到土地市场，虽然楼市调控政策出台，但也不能有效遏制土地市场的疯狂，截至2016年8月，深圳共有2块住宅用地成交，均分布在宝安区，合计建筑面积65.5万平方米，楼面地价34122元/平方米，同比上涨9倍。

2. 房价大涨，重点城市现恐慌购房

【一线城市】量价齐涨，深圳涨幅最高

在一线城市中，2015～2016年8月上海商品住宅成交205005套，成交面积2561.77万平方米，在一线城市中成交量最高；其次是北京和广州，分别成交188572套、173782套，成交面积分别为1926.94万平方米、1981.97万平方米，而深圳受到供应量较少的影响，在近两年共成交94916套，成交面积963.02万平方米。

从成交均价来看，深圳近两年商品住宅成交均价为39196元/平方米，在一线城市中价格水平最高，而2016年成交均价已达52130元/平方米。上海近两年商品住宅成交均价为34064元/平方米，仅次于深圳，而2016年8月已成功突破

4万元大关，成交均价高达42459元/平方米，较上年1月上涨13800元/平方米。北京商品住宅成交均价整体平稳上扬，其中2016年5月以及7月成交价格相对突出，7月成交均价为33239元/平方米，达到年内第二价格高位。广州近两年商品住宅成交价为15605元/平方米，在一线城市中处于相对较低水平。

（三）调控加码，市场急速降温

"十一"前后，22个城市集中施策，尚属首次，力度空前，调控城市10月市场降温，行情波及非调控城市。

10月，二手房市场成交量高位回落，且绝大部分重点城市成交量环比下降。中原集团研究中心监测的21个城市二手住宅成交面积环比大降34%，但同比微升5%。分城市来看，二手房成交量较大的10个城市中，除杭州、青岛外，其他城市10月二手住宅成交面积全线回落，其中上海、苏州降幅超过四成，北京降幅达三成，据中原研究部统计数据，2016年10月北京全市二手住宅网签总量为20950套，环比下降31.35%。10月去除小长假影响，10月8日至31日均成交864套，和9月日均相比环比下降15%，市场依然呈现下降趋势。

（四）长效机制，年底市场陷僵持

12月9日，中央政治局召开会议，提出了要加快研究建立符合国情、适应市场规律的房地产平稳健康发展长效机制。在长效机制发展的宏观背景下，城市因城施策持续执行，11月多地成交量回落，二手房市场降温僵持。

从数据相对完整的36个中原所监测的城市来看，11月新建住宅成交面积环比下降20%，其中29个城市新房成交量下降，其中，深圳、东莞、佛山、广州等调控城市降幅超过两成，而惠州、杭州、苏州、南昌等调控城市的降幅则超过四成。

二手房市场在经历了持续的成交回落之后，在2016年12月第二周终于有所企稳。中原监测的21个城市在这一周的二手住宅成交面积环比上升4%，结束了此前连续五周的环比下降走势。在主要的九大城市中，仅广州、深圳二手房成交量环比有所上升，其他城市均出现下降。二手房成交水平能够最直接地反映市场的真实情况，近期的整体回落正是体现了当前市场的降温之势。中原经理指数反映了专业经纪人对后市的期望，2016年12月第二周，北京的中

原经理指数环比持平。中原报价指数则客观地反映了业主对后市的信心，这一周各主要城市中原报价指数全线于近期低位有所回升，反映业主对后市预期有所走强。从上述两个指数的综合走势来看，市场将陷入买卖双方的僵持阶段。

二 数据表现——量价齐涨，创历史新高

（一）2017年二手房成交超27万套，创历史新高

北京二手房交易的起伏变化，与信贷的松紧及调控政策的严厉程度正相关。北京已完全进入存量房时代，随着北京土地的极度稀缺化发展，"地王"引致北京新房豪宅化，且郊区化发展。二手房以其地段优势、可选性多等特点，已逐渐成为消费者改善性购房的首选。二手房交易活跃程度与信贷放量多寡有很大关系，2009年二手房交易量为26.7万套，相当于2008年的8倍有余，2009年如此大的交易量主要是因为4万亿元的投资激活市场，资金潮引发一波房产投资需求暴涨。2016年与之相似，在货币宽松政策的刺激下，春节后楼市爆发，之后虽然有"930"收紧政策出台，但2016年整体宏观环境仍处资金潮下，在持续通货膨胀下，房产成为大家首选的保值增值产品，再加上学区房、改善购房需求暴涨，众多因素叠加助推2016年二手房成交量超27万套，创下历史新高（见图1）。价格方面，伴随成交量的上涨，价格也呈现水涨船高之势，海淀学区房已突破10万元/平方米价格关卡。

（二）房价涨幅超过租金，租金回报率继续走低

租赁市场的表现同样值得关注，相对房价中蕴含的投资需求而言，租金水平代表的是真实居住需求。与房价相比，2016年租金的涨幅要小得多，2016年京沪成渝四大城市的租金同比涨幅为6%左右，广州为2.4%，深圳受调控影响，微跌0.3%（见图2）。

政策收紧后对市场的影响，不仅体现在买卖价格，也体现在租金上，这一点在深圳特别明显。根据中原二手住宅租金指数显示，第一季度各城市租金普遍上扬，第二季度走势平稳，第三季度开始有回落趋势，其中深圳回落幅度比较大，10~11月租金累计下滑超过5%（见图3）。

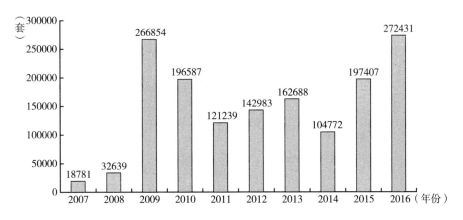

图1　2007～2016年二手住宅成交套数

资料来源：北京中原市场研究部。

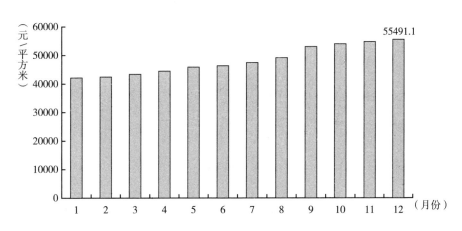

图2　2016年北京二手房成交价格走势

资料来源：北京中原市场研究部。

由于房价涨幅超过租金，因此各重点城市2016年住宅的租金回报率继续走低。2016年，京沪深津四城市二手住宅租金回报率均在1.5%至1.6%，广州和成都略高，分别为2.1%和2.5%，重庆回报率最高，为3.9%。整体来看，房价越高的城市，租金回报率就越低（见图4）。

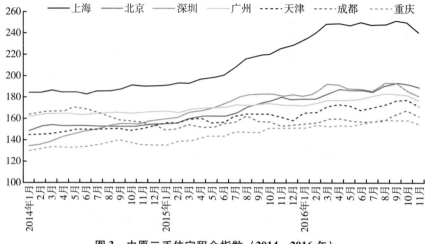

图3 中原二手住宅租金指数（2014～2016年）

资料来源：中原集团研究中心。

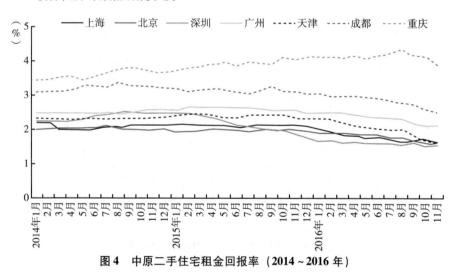

图4 中原二手住宅租金回报率（2014～2016年）

资料来源：中原集团研究中心。

三 深层原因——土地稀缺，新房豪宅化

（一）北京土地郊区化、稀缺化，且未来不可改变

北京住宅用地稀缺，土地成交呈量跌价涨趋势，2016年北京成交住宅用

地15宗,是近7年最低水平,且不断出现断供现象,月均成交量创历史最低。另从成交土地分布区域来看,基本位于五环至六环及六环外沿线,土地郊区化、稀缺化已成定局,根据北京已划定城市开发边界来看,未来土地大量增加基本没有可能性,未来北京土地将更加稀缺(见图5)。

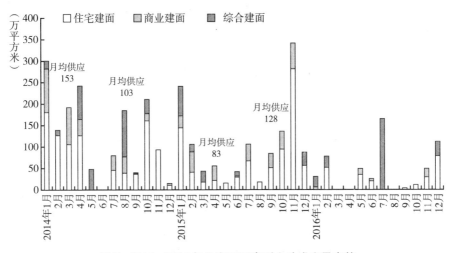

图5　2014～2016年北京不同类型土地成交量走势

(二)北京新房豪宅化,二手房仍是交易主战场

北京地价上涨促使房价上涨,未来北京南五环外新盘房价将达6万元/平方米的水平,北京新房进入豪宅化时代。2016年随着新房豪宅化的推进,以及改善性需求增加,中高价位普宅成交套数明显上涨。

根据新房成交结构划分:2016年北京市场400万元/套成为中低端市场新的分水岭,中低端住宅市场成交套数占比较上年同期下降15个百分点;2016年北京普宅市场400万~1000万元/套为中高价位,中高价位成交套数占比较上年同期增长了12个百分点,增至31%;高价位分界线为1000万元/套,2016年高价位普宅成交套数占比7%,较上年同期增长3个百分点(见图6)。

新房的郊区化及豪宅化发展,将消费者购房视线重新拉回到四环内的二手房市场,尤其交通便利、配套齐全区域或学区房受到购房者热捧。北京2016年新房和二手房成交比为0.46∶1,二手房是交易主力的趋势不会改变,将越来越明显。

213

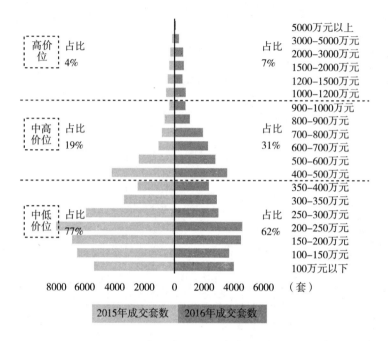

图6　2015～2016年北京不同总价段成交套数占有比重

四　2017年市场展望

（一）政策符合国情，城市继续分化

　　2016年12月9日，中央政治局召开会议，提出了要加快研究建立符合国情、适应市场规律的房地产平稳健康发展长效机制，这就进一步确定了2017年乃至2018年整个房地产发展的主基调。从目前市场来看，房地产主要面临的国情是：一二线与三四线城市冰火两重天，一二线城市土地供应严重不足，三四线城市土地供应充足，但由于人口大量涌出，直接导致房屋供应远大于购房需求。另外，对三四线城市来说，城市基础设施严重不足，土地财政仍是城市基础设施建设资金的重要来源。在这样的国情下，房地产市场呈现一二线与三四线城市发展两重景象也属情理之中，根据我国城市发展的国情，这种趋势在未来很长的一段时间内仍将存在，城市分化愈加严重。

（二）北京功能新定位，房地产调控政策仍继续

京津冀协同发展规划中对北京功能有新的定位，即北京是政治中心、文化中心、国际交往中心、科技创新中心，目前不属于新定位功能的所有产业将进行转移，北京也启动了城区人口的向外疏解，主要通过"以业控人"，但北京的城市地位、经济水平、就业机会等独一无二的优势，使得北京对中高端人才的吸附作用越来越强。人口的净流入，会产生房产的需求，另外，北京土地稀缺，地价高涨，未来土地将更加稀缺，这直接导致新房量少，且豪宅化，把购房需求直接助推到二手房市场，这也是北京2016年二手房成交量超过27万套的重要原因，对于2017年来说，市场交易的基本面不会改变，房价仍会上涨，伴随着房价上涨，调控政策仍将继续，以达到稳定房价的作用。

B.14
2016年广州房地产市场分析与2017年展望

廖俊平　朱嘉蕾　邱思钿*

摘　要： 2016年，"去库存"的主基调引领着房地产市场迎来复苏，广州市商品住宅的交易量价齐涨。为稳定房地产市场，广州继续严格执行限购政策，并在第四季度初收紧公积金贷款政策，同时针对房地产开发企业及中介企业展开了一系列的检查整治活动，通过规范行业促进房地产市场平稳健康发展。在中央反复强调"房子是用来住的、不是用来炒的"的背景下，加之金融政策经历了前期的持续宽松后或将收紧，结合广州市房地产市场历年的成熟发展经历，预期2017年广州房地产市场整体平稳，仍然不会出现大起大落的局面。

关键词： 广州　房地产市场　平稳健康发展

一　2016年广州市房地产市场分析

（一）政策分析

2016年，政策环境整体上呈现"先松后紧"的趋势。2015年末，中央经济工作会议上强调要化解房地产库存，稳定房地产市场；2016年2月29日，

---

* 廖俊平，中山大学岭南学院房地产咨询研究中心主任，教授；朱嘉蕾，广州市广房中协房地产发展研究中心研究员；邱思钿，广州市广房中协房地产发展研究中心研究员。

广东省政府印发供给侧结构性改革方案，提出具体的"去库存"政策，并指出广州市应及时调整执行住房限购政策的行政区域范围。

政策的宽松基调促使房地产市场成交一路向好，量价快涨。在此形势下，稳定房地产市场的调控政策适时而至，先是一线城市收紧限购政策，随后全国各地多个城市对楼市政策进行调整，广州本地的房地产政策则整体稳中偏紧，以规范市场为主旋律，政府反复权衡后一直没有取消限购政策。

一方面，相比于以往的政府"强调控"，2016年行政主管部门更倾向于通过规范房地产行业促进房地产市场平稳健康发展；另一方面，金融调控手段继续发挥作用，房地产交易环节的契税、营业税等税收改革向减负方向发展。

1．房地产交易环节税收政策："营改增"落地，契税减负

（1）"营改增"正式落地，税负不增反降

2016年3月24日，财政部与税务局公布全面推开营业税改征增值税的细则，其中在房地产方面，对于"北上广深"，个人将购买不足2年的住房对外销售的，按照5%的征收率全额缴纳增值税；个人将购买2年及以上的非普通住房对外销售的，以销售收入减去购买住房价款后的差额按照5%的征收率缴纳增值税；个人将购买2年及以上的普通住房对外销售的，免征增值税。5月1日，"营改增"正式实施。

自3月初即传出即将实施"营改增"到政策真正落地，市场主体经历了三个阶段的变化：细则出台前，有买家担心税负增加而加紧入市；细则出台后，买家入市紧迫感舒缓；正式实施后，市场买卖双方心态转向稳定。实际上，税改后税收的计征不增反降，税负变化甚微，同时，只有购买不足2年及144平方米以上的住房涉及增值税的征收，因此，房地产交易环节营业税的征收平稳过渡至增值税，楼市经历短暂的恐慌后回归稳定。

（2）购买144平方米以上唯一住房契税减半

2016年2月，财政部、税务局、住建部联合发布通知，自2月22日调整房地产交易环节的契税及营业税，但对于广州，税费的调整仅限于购买家庭唯一住房且面积在144平方米以上的，契税由3%降为1.5%。

契税减半直接降低了购房成本，同时，面向144平方米以上的物业税收优惠有利于促进大户型的销售。然而，该户型段面向的买家多为改善型，一方面往往难以满足"唯一住房"的条件；另一方面多数买家经济实力较强，节省

税费不是其重要关注点。而购买唯一住房的首次置业者极少选择大面积户型，因此，可以享受到该政策优惠的客户群体较窄，多为"一卖一买"的换房客。

2. 限购限贷政策：广州坚守，多地重启

（1）广州继续执行限购政策

2016年2月29日，广东省政府印发供给侧结构性改革方案，提出具体的"去库存"政策，明确要求广州市应及时调整住房限购的行政区域范围。市场预期限购政策有望调整，导致市场急速升温。然而，4月15日，广州市政府发布的供给侧改革方案明确广州继续执行住房限购政策。据分析，这一方面是出于稳定房地产市场的考虑；另一方面，应该也是受了3月25日上海及深圳发布收紧楼市政策的启发。

（2）多地调整楼市政策

2016年3月25日，上海、深圳同时收紧楼市政策，开启了本年度第一轮政策调整潮；而在"十一"黄金周前后，全国进入政策的密集调整期，包括天津、合肥、杭州、苏州、南京、成都、武汉、厦门、济南、郑州、佛山等超过20个城市先后出台相关楼市新政。

从全国各地的政策调整来看，内容虽有异同，但核心均围绕着以下几个方面：一是限购，具体举措包括重启限购、提高非户籍买家购房门槛、暂停第三套房的销售等；二是限贷，具体举措包括提高贷款首付比例、收紧对二套房的认定等；三是加大土地尤其是住宅用地的供应力度；四是加强行业监管，查处违法违规行为。多地调整政策虽与广州没有直接关系，但政策风向趋严显然对市场预期有相当大的影响。

2014年，受市场成交低迷影响，多地按照中央分类调控的要求，调整限购政策，全国仅余五城坚守限购政策；2016年，多地房地产市场显现非理性增长，这是各城市重启限购、收紧政策的重要原因。值得称赞的是：一方面，以往"一刀切"的管理方式正逐渐退出，地方政府调节市场的自主性进一步增强；另一方面，主管部门顺应楼市的变化做出的政策引导十分及时和精准。尤其值得称道的是，广州的房地产调控政策长期保持稳定，不仅有利于调控形成长效机制，也有利于市场形成稳定预期。

3. 货币政策：再次降准0.5%，本轮降息降准周期基本结束

2015年央行共相继降息降准五次，2016年3月1日，央行再次降低存款准备金率0.5个百分点。至此,自2014年末开始的本轮降息降准周期基本结束,货币政策趋向稳定。对于房地产市场而言,连番降息后5年期以上的商业贷款基准利率已降至4.9%的低位,而再次降准激活了资金流动性,一方面加强了购房者的购买力;另一方面也提高了房地产开发商的资金充裕度。

4. 住房租赁新政:发展住房租赁市场,允许"商改租"

2016年5月4日,国务院常务会议上提出实行购租并举,发展住房租赁市场的指导思想,并具体提出促进从事长期租赁经营服务的住房租赁企业发展、支持利用已建成住房或新建住房开展租赁业务、允许将商业用房等按规定改建为租赁住房等意见。5月17日,《国务院办公厅关于加快培育和发展住房租赁市场的若干意见》正式颁布实施。

本轮政策目标转向租赁市场,主要可归因于以下几方面:一是城市化进程使得大中城市的人口越发膨胀,居住需求持续增长,而在限购及高房价下,这部分需求难以完全通过购房得到满足,因此需另觅疏堵新径,通过发展租赁市场达到住有所居;二是住房租赁市场仍不够旺盛;三是通过开拓租赁市场能为闲置物业提供新出路,盘活存量房源,促进"去库存"。

5. 公积金政策:提高首付,强化审批

2016年10月5日,广州住房公积金管理中心发布新政,对申请公积金贷款购买首套自住房的,最低首付款比例由20%提高至30%;对拥有一套住房且相应购房贷款未结清的,再次申请公积金贷款购买普通自住房,最低首付款比例由40%提高至70%。

提升首付比例提高了购房者的置业门槛,但一方面,新政只适用于纯公积金贷款,调整后公积金贷款首付比例几乎追平商业贷款,对大部分申请商贷或组合贷的购房者影响不大;另一方面,原来的低首付其实难以满足贷款需求,政策优势未有充分体现,所以本来就有较少购房者受惠。

11月,公积金管理中心发布《关于加强住房公积金贷款风险管理的通知》,诚信记录作为重要审批依据,六种情况被限制贷款,范围从房贷逾期扩大至贷记卡逾期;同时,职工申请公积金贷款时不需要提供收入证明,而是以缴存基数认定。公积金贷款政策再次趋向收紧。

另外,公积金贴息贷款自2015年10月实施以来,一直备受青睐,2016年3月,楼市在春节过后迅速升温,购房者入市大增,也给贴息贷款带来一定压

力，贷款额度一度告急。在此情况下，广州市公积金中心规定自 3 月 22 日起，新申请的贴息贷款，公积金贷款部分占贷款总金额的比例不得大于等于 50%。10 月，公积金管理中心增加 50 亿元贴息贷款额度及 4 家承办银行，一定程度上缓解了额度紧张的局面。连同此前批出的 50 亿元，广州住房公积金总计投入了 100 亿元用于贴息贷款。

6. 行业政策：加强行业监管，查处违法违规行为

2016 年 7 月 29 日，住建部等七部委联合发布《关于加强房地产中介管理促进行业健康发展的意见》，针对规范中介服务行为、完善行业管理制度、加强中介市场监督三个方面提出 16 条具体意见，行业及市场整治正式提上日程。10 月 10 日，住建部发布《关于进一步规范房地产开发企业经营行为　维护房地产市场秩序的通知》，要求积极引导房地产开发企业规范经营，列出了具体的不正当经营行为及查处措施。11 月 10 日至 12 月 10 日，国家发改委和住建部针对房地产开发企业和房地产中介机构开展商品房销售明码标价专项检查。

10 月 4 日，广州市人民政府出台《关于进一步促进我市房地产市场平稳健康发展的意见》，提出加强房地产开发企业和中介机构监管、严肃查处房地产市场违法违规行为等 8 条意见。10 月 18 日，市住建委、国规委、发改委、工商局联合发文，成立专项检查小组，对房地产开发的八项经营活动、房地产经纪的五项经营活动进行重点检查整治，并提出九项违法违规处理措施。

本轮市场整治工作具有几个突出特点：一是加强多部门联动，开展专项检查强化监管；二是规范房源信息调查及发布；三是要求商品房及中介服务价格明码标价；四是禁止捂盘惜售或者囤积房源，以及哄抬房价；五是加强商品房预售及交易资金监管，严禁首付贷、众筹购房等业务。

尽管行业监管是老生常谈，但政策如此密集、力度如此之大还是近年来较为罕见的，从中可以看见主管部门对此的决心。到目前为止，这一轮市场整治工作仍在持续，并未出现虎头蛇尾的现象。

（二）广州市2016年经济发展分析

2016 年广州市地区生产总值为 19610.94 亿元，同比增长率为 8.2%，较 2015 年增速下滑 0.2 个百分点，但仍然领先全国及全省水平（见图 1）。广州市经济总量继续稳居全国第三位，其中第三产业占比再次提升。但同时，广州市经济仍面临着一定的挑战，一方面是增速继续小幅放缓，另一方面是经济总量与深圳的差距进一步缩小。

2016年全市完成房地产开发投资2540.85亿元，同比增长18.9%，较2015年扩大1.2个百分点，占全市固定投资的44.5%，同比扩大5个百分点。虽然经济增速有所放缓，但房地产开发投资继续提速增长，突破2500亿元（见图2）。这一方面反映出"去库存"政策下房地产市场较为景气，另一方面表现出开发商对市场后市走势仍持有乐观预判。同时，房地产开发投资占固定投资总额的比重超过四成，达到近年高位，房地产开发投资对拉动关联产业发展、稳定经济增长做出了重要贡献。

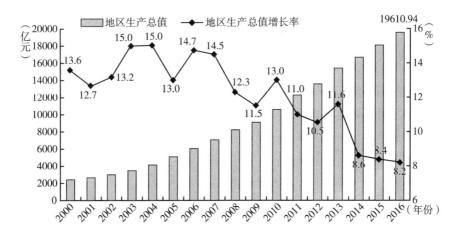

图1　2000～2016年广州市地区生产总值及增长率

资料来源：广州市统计局。

（三）土地市场分析

1.土地计划供应情况

2016年广州市计划供给建设用地共241宗、1729.72万平方米，较2015年的204宗和1621.46万平方米分别增加了37宗和108.26万平方米，同比增长幅度分别为18.14%和6.68%（见图3）。

其中，商办商服用地计划供应宗数仍然最多，但占比较2015年收窄近3个百分点；商品住宅用地计划供应46宗，共计328.77万平方米，供应面积较

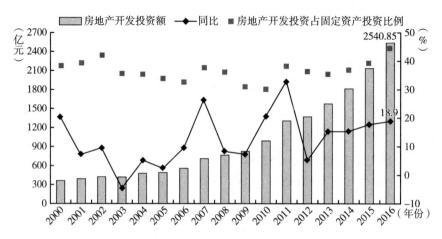

图2　2000～2016年广州市房地产开发投资额及占比

资料来源：广州市统计局。

2015年减少近两成，体现了供给侧改革的力度，目的在于帮助"去库存"；工业用地供应宗数则明显增加，占比提高2.42个百分点（见图3）。

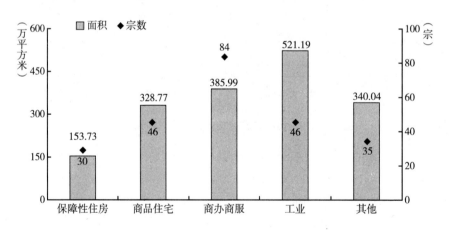

图3　2016年广州市建设用地供应计划

资料来源：广州市国土资源和规划委员会。

2. 土地出让情况

从各月份土地出让成交来看，2016年1月延续了2015年末的火热气氛，但随着2月春节的来临，土地出让进入传统淡季，直至10月，广州市土地出让市场一直不温不火，推地节奏缓慢，交易气氛平淡，并且以工业用地的出让为主。国庆期间，市政府发文提出加大住宅用地供应力度，揭开了土地拍卖盛宴的帷幕。11月，22日及25日分别集中成交了10宗及8宗靓地，土地市场进入年内高潮，多宗土地溢价成交。形成这样的结果有其必然性：首先，年终将至，政府为完成全年土地供应计划加快了推地步伐；其次，前数月土地供应量紧俏，同时房地产市场存量快速消化，刺激了开发企业对土地的渴求；最后，11月推出的土地素质较佳，以宅地为主，且分布的区域广泛（见图4）。

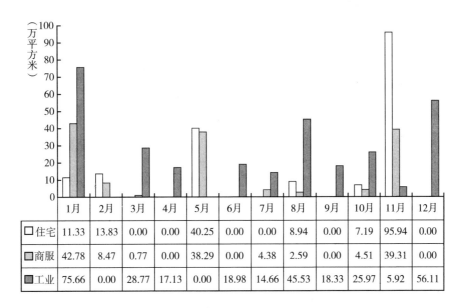

（万平方米）	1月	2月	3月	4月	5月	6月	7月	8月	9月	10月	11月	12月
□ 住宅	11.33	13.83	0.00	0.00	40.25	0.00	0.00	8.94	0.00	7.19	95.94	0.00
□ 商服	42.78	8.47	0.77	0.00	38.29	0.00	4.38	2.59	0.00	4.51	39.31	0.00
■ 工业	75.66	0.00	28.77	17.13	0.00	18.98	14.66	45.53	18.33	25.97	5.92	56.11

图4 2016年广州市各月份建设用地交易面积

资料来源：广州市国土资源和规划委员会。

从各行政区土地出让成交来看，居住用地方面，南沙区的成交量居全市前列，11月一口气成交5宗地块，其中黄阁镇是热点区域，楼面地价刷新至超过1.5万元/平方米；荔湾区8月时推出岭海街地块，在多月无住宅用地出让的市况下，多家房企踊跃竞价，拍出高达36773元/平方米的楼面地价，成为当时的区域单价"地王"，而广钢新城仍然是市中心宅地出让的重头戏，2016年在多个楼盘已开卖的情况下继续推地，其中保利地产在11月22日拿下两地块，配建面积均超过 2 万平方米，并带领广钢新城进入 4 万元/平方米的时代；白云区的白云新城楼面地价同样突破 4 万元/平方米，另外，在 11 月 25 日的土地拍卖中，白云民科园地块有超过 20 家房企参与争夺，竞拍历时 3 小时；海珠区中心版块土地供应一直稀缺，截至 11 月结束仅有万宝地块一宗成交；新黄埔的宅地交易主要集中在长岭居及开发区；番禺区 11 月推出汉溪及南村镇南草堂村两宗宅地，其中南村地块配建面积占比接近 40%，楼面地价高达 2 万元/平方米（见图 5）。

商服商办用地方面，海珠区的土地交易主要集中在琶洲版块，2015 年以来琶洲大规模推地，吸引一众互联网巨头进驻，产业聚集形成，2016 年区位效应延续，互联网创新集聚区在 2 月、3 月、8 月均保持适度的商地成交节奏；白云区云城东路－云城西路地段共成交 3 宗商地，连同周边的万达广场、五号停机坪、凯德广场等商业中心，区域商业价值有望继续提升；天河区仅推出智慧城 2 宗地块，区域整体商地供应量趋于下降；另外成交较多的还有化都万达旅游城版块，且均为较大面积规模。

工业用地方面，土地成交主要以南沙、增城、新黄埔为主。

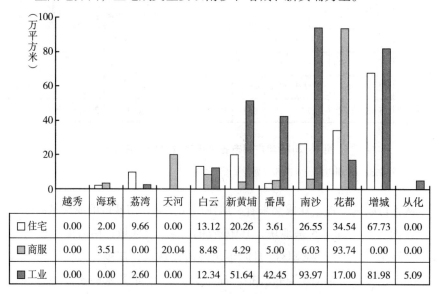

	越秀	海珠	荔湾	天河	白云	新黄埔	番禺	南沙	花都	增城	从化
□住宅	0.00	2.00	9.66	0.00	13.12	20.26	3.61	26.55	34.54	67.73	0.00
▨商服	0.00	3.51	0.00	20.04	8.48	4.29	5.00	6.03	93.74	0.00	0.00
▰工业	0.00	0.00	2.60	0.00	12.34	51.64	42.45	93.97	17.00	81.98	5.09

图 5　2016 年广州市各行政区建设用地交易面积

资料来源：广州市国土资源和规划委员会。

整体上，2016 年广州市土地市场运行呈现以下三个特点：一是供应仍然以外围近郊区为主，中心区凸显出土地资源的供不应求，如越秀区新增出让用地为空白；二是一线城市庞大的人口支撑着居住需求蓬勃发展，促使居住用地最受欢迎；三是全年土地出让较平淡，推地集中在年末。

（四）商品住宅市场分析

1. 新建商品住宅

（1）建设情况分析

2016 年广州市房屋施工面积为 10062 万平方米，同比增长 7.7%，其中住宅施工面积为 6106 万平方米，同比增长 6.0%；房屋竣工面积为 1202 万平方米，同比大幅减少 20.5%，其中住宅竣工面积为 818 万平方米，同比减少16.6%（见表 1）。

表 1　2010~2016 年广州市房地产施工与竣工面积情况

年份	2010	2011	2012	2013	2014	2015	2016
房屋施工面积(万平方米)	6464	7704	7846	8939	9370	9346	10062
同比增长(%)	16.4	19.2	2.0	13.9	14.8	-0.3	7.7
住宅施工面积(万平方米)	3984	4848	4918	5474	5770	5760	6106
同比增长(%)	15.4	21.7	1.7	11.3	15.6	-0.2	6.0
房屋竣工面积(万平方米)	1095	1263	1291	1141	1919	1511	1202
同比增长(%)	1.5	15.4	0.1	-11.6	68.2	-21.3	-20.5
住宅竣工面积(万平方米)	775	832	801	710	1221	981	818
同比增长(%)	-2.4	7.4	-5.1	-11.4	72	-19.6	-16.6

资料来源：广州市统计局。

房屋施工面积经历 2015 年的向下微调后再次转向增长，并突破 1 亿平方米，其中住宅施工面积占比达六成，在房屋交易畅旺的带动下，开发商的房屋建设活跃度有所回温；而房屋竣工面积同比继续下跌约两成，但跌幅有所放缓，这一方面是受到 2015 年施工面积减少的影响，另一方面部分前期拍出的"地王"开发周期长，也在一定程度上影响了房屋竣工的情况。

（2）交易情况分析

2016 年，广州市新建商品住宅批准预售面积与交易登记面积分别为

992.27万平方米和1415.99万平方米，同比分别减少4.61%及增长31.17%。新建商品住宅整体供应较上年有所减少，但成交量却明显升温，市场吸纳率高达142.70%，"去库存"效果显著。

先看成交量：2月，受春节影响，新建住宅销售进入休整期，市场上新盘减少，成交面积环比下降近五成，同比呈现全年唯一的负增长；3月，受深圳、上海楼市成交旺盛、楼价快速上涨的影响，部分买家担心广州房价"补涨"开始恐慌性入市，积压了数月的需求快速释放，带动成交量赶超1月水平，同比涨幅逾九成；5月，一手住宅单月成交12874套，刷新了限购后广州的月成交量之最；6月，新房市场进入年中淡季，房企备战第三季度，供应减少，促使成交量下滑；进入"金九银十"的传统旺季，开发商着力推新，促进10月成交量刷新纪录，突破1.5万宗，逼近170万平方米（见图6、图7）。

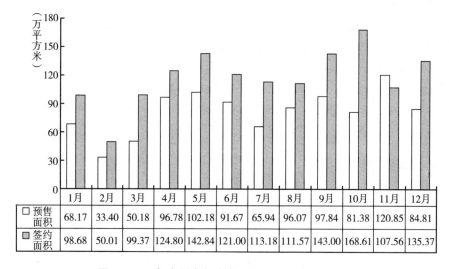

图6 2016年广州市新建商品住宅预售及签约面积

资料来源：广州市住房和城乡建设委员会。

再看价格：2016年新建住宅各月签约均价位于1.5万元/平方米之上，整体水平高于2015年，并呈现波动向上的趋势。2月，虽然季节性原因拉低了新建住宅成交量，但成交价环比上涨8.11%至17009元/平方米，这或是由大宗高价盘成交较多的结构性因素所致；3月，经历了春节的成交低迷，房企为消化库存回笼资金，不敢贸然提价，成交价跌回至15634元/平方米；5月，

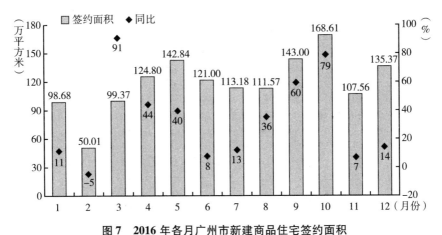

图7 2016年各月广州市新建商品住宅签约面积

资料来源：广州市住房和城乡建设委员会。

市政府明确限购政策继续执行，松绑预期落空，带动价格小幅回落；8月，开发商为传统的"金九银十"旺季预热，为新盘营销造势，买家高涨的入市热情也给予了一手住宅涨价的动力；"金九银十"期间量价齐升，签约均价在10月达到全年最高（见图8）。

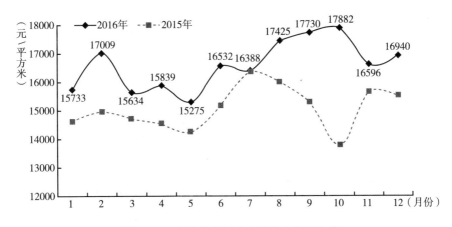

图8 2016年广州市新建商品住宅签约均价

资料来源：广州市住房和城乡建设委员会。

（3）房地产开发企业

新建商品住宅成交的畅旺带动房地产开发企业销售业绩大幅增长，但市场

分化现象日趋明显。

分地区看,在"去库存"的背景下,一二线城市楼市有所好转,给了标杆房企更多的发展空间;但在三四线城市依然面临着"去库存"和滞销的问题,并影响着销售业绩的提升。

从房地产开发企业的发展看,排名前三的恒大、万科、碧桂园销售业绩均超过3000亿元。同时,并购转型潮流延续,部分大型房企收购合并规模较小的同行;而部分中型房企则通过与多家企业合作来提升自身的销售业绩,并打造企业品牌及口碑。大型房企凭借自身的品牌优势在房地产市场中的地位愈加显著,而小企业的竞争力在下滑,整体产业集中度更加提高。

另外,2016年的信贷政策较为宽松,房企融资的压力减小,销售业绩的上涨也有助于房企及时回笼资金。

2. 存量住宅

(1) 交易情况分析

2016年,广州市存量住宅的签约宗数突破13万宗,签约面积为1153.31万平方米,同比攀升逾六成,存量住宅成交量稳步增长(见图9)。

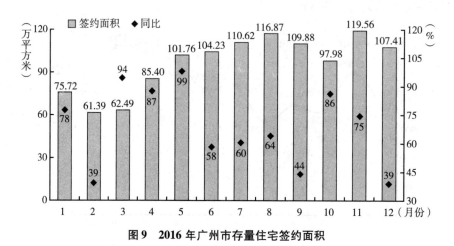

图9 2016年广州市存量住宅签约面积

资料来源:广州市住房和城乡建设委员会。

1月,二手房成交淡季不淡,与2015年12月基本持平,同比增长78%,一方面,"去库存"基调下政策宽松,另一方面,新盘减少,部分客户回流到二手房市场;2月,尽管同样受到春节因素的影响,但市场交投仍相对比较活跃；4月，"营改增"实施消息传出，担心后市房屋交易税负上升的买卖双方加紧成交，清明节也未造成淡季；5月，税改正式落地，税负不增反降，市场主体紧迫感舒缓，二手房成交突破100万平方米，同比上年接近翻番涨；8月，楼市涨势持续，加上芳村及长岭两宗新"地王"的刺激，买卖双方对后市看涨预期强烈，业主报价应声上涨，买家加快入市，成交量创年内新高；9～10月，二手楼市成交量趋向下滑，一方面，国庆节期间广州重申限购并出台公积金新政，同时主管部门开展了一系列的专项整治，买家心态有所变化，理性观望增多；另一方面，新建住宅的集中营销分流了部分二手房客源；11月，随着一手楼盘的推新促销放缓，部分客户开始回归二手房市场，加上两场土地拍卖中多地块溢价成交，买卖双方对后市预期普遍看好，楼市冲至全年最高位，成交1.3万宗、近120万平方米。可以发现，由于存量住宅市场不受开发商供应节奏的限制，全年成交量走势较为和缓。

2016年存量住宅成交均价整体高于2015年，稳中小幅上扬。3～5月，买卖双方在春节过后重回市场，同时受政策因素影响，成交量迅速升温，3月价格超过1.5万元/平方米，5月价格攀升至15585元/平方米的年中高位；6～8月，签约均价有所回调，一方面，优质盘源快速消化，部分买家追涨意欲下降，另一方面，随着市中心盘源的减少，越来越多的买家转战外围区域，结构性拉低成交价格；9月起，二手房住宅均价重新开始上涨，大部分业主心态稳定，叫价仍然坚挺，促使11月达到全年最高的16462元/平方米（见图10）。

图10 2016年广州市存量住宅签约均价

资料来源：广州市住房和城乡建设委员会。

（2）房地产中介企业

自 2014 年起，搜房网、Q 房网、爱屋吉屋等互联网中介涌入市场，以低佣金吸引客户，迅速抢占市场份额，为传统中介带来竞争压力。然而，较高的运营成本导致互联网中介利润进一步降低，加上行业整治趋严，2016 年，互联网中介开始面临亏损、裁员、并购等挑战。部分互联网中介开始提高佣金比例，并在线下开设中介门店，模式已渐与传统中介趋同。这一系列现象显示着中介行业仍未出现革命性变革，互联网中介对传统中介的冲击逐步缓解。

另外，2016 年，一连串规范房地产企业经营活动的整治举措对中介行业触动很大。第四季度，主管部门针对中介机构的房源信息发布、经营场所公示信息、中介服务明码标价等方面开展检查整治，不少中介门店撤下房源水牌，显得门庭冷落。随着规范整改的成果渐现，年末中介机构重回稳定运行轨道，并有序展开业务。

（五）商业物业及写字楼市场分析

1.商业物业

2016 年，广州市新建商业物业的整体成交走势保持平稳，成交面积同比提高近五成，究其原因：一是房地产市场的整体向上，促使部分有投资需求的人将目光瞄准不限购的商业物业；二是不少购物中心开始增加体验式业态商铺的占比，例如餐饮、书店、儿童娱乐城、VR 体验等，吸引更多的消费者前来消费；三是得益于"商改住"的政策红利。纵观全年，年初商业市场一直比较平淡，特别是春节期间成交面积一度下降至 3.2 万平方米；4 月，随着楼市的逐步升温，商业市场的走势也同步向上，供应量大幅增加是原因之一，天河、番禺均有大批量新货投入市场；"金九银十"期间，不少商业公寓入市，新建商业的交易量一直保持在 9 万平方米以上，年末的集中式成交更推动网签面积逼近 18 万平方米，环比接近翻倍。其中，花都在规划利好下赢得投资者的追捧，中轴线经济区凭其发展潜力成为炙手可热的版块，其中的万达文化旅游城保持在销售榜前列。

但二手商业物业交易整体呈现下行趋势，且显著落后于新建商业物业，历史上曾经火热的上下九步行街、北京路步行街等，都同样面临空置率高及关店的问题。一方面，电商对实体商铺的冲击仍在持续，不少二手商铺的投资收益率降低，空置率升高；另一方面，二手商业物业流转成本较高，致使客户更倾向于新建商业物业。另外，社会消费品零售总额的高低是影响商业市场需求的长期因素，2016年社会消费品零售总额增速降至个位数，未来商业物业市场仍面临着挑战。

从价格看，新建商业物业成交均价的波动性比存量商业物业小。新建商业物业成交均价在第一、第二季度较为平稳，7月时成交价一度下跌至16494元/平方米的低位，随后成交价波动上涨，并在11月达到近2.4万元/平方米的峰值，房地产市场的火热带动了新建商业成交价的上扬（见图11）。而二手商业物业均价受成交的结构性影响较大，6月时最低12070元/平方米，而8月达到全年最高23348元/平方米（见图12）。

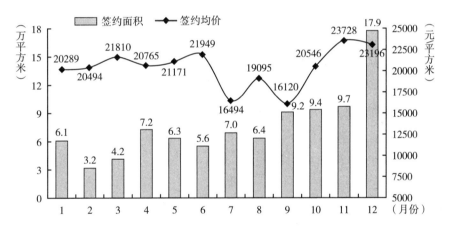

图11 2016年广州市新建商业物业签约面积及签约均价

资料来源：广州市住房和城乡建设委员会。

2．写字楼

从整体上看，新建写字楼多分布在珠江新城、琶洲、金融城、万博等版块。2016年，广州周大福金融中心、侨鑫国际金融中心、凯华国际中心等优质甲级写字楼进入市场，带动企业的升级搬迁。而第三产业的稳步发展，使得金融、IT、互联网、专业服务等行业成为优质写字楼需求的新增

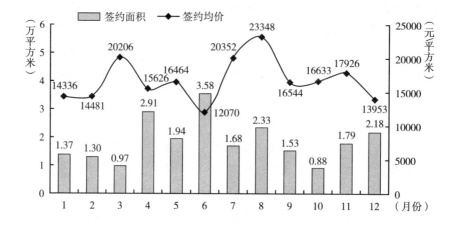

图12 2016年广州市存量商业物业签约面积及签约均价

资料来源：广州市住房和城乡建设委员会。

长点。

2016年新建写字楼的整体成交同比上升，除2月受春节效应影响成交量走低外，其余月份成交面积均在12万平方米以上，年末迎来多宗整售和大宗成交，促进交易量超越21万平方米。其中中心区域的写字楼成交业绩闪亮，天盈广场、保利金融大都汇、保利叁悦广场、保利世界贸易中心等写字楼热销，带动市场趋于暖和（见图13）。

而二手写字楼成交与一手市场差距较大，主要是因为市场对其需求相对较低，且多以个人投资的散售交易为主导。但与2015年相比，2016年二手写字楼市场出现转机，成交量价普涨，5月"营改增"实施，企业购买不动产可抵扣增值税，一定程度上促进了写字楼物业的成交；10月存量写字楼成交高于4.5万平方米，达到年度高位（见图14）。

从成交价来看，由于市场热度稳中上涨，且中心区域高价项目成交增多，助推新建写字楼及二手写字楼的整体均价平稳上扬，较2015年均稍有增长，其中新建写字楼每平方米均价基本稳定在1.7万~1.9万元；而二手写字楼交易价格波动较大，11月均价环比上涨78%，冲至逾2.2万/平方米，这主要是由于存量写字楼成交量较少，容易对价格造成结构性影响（见图13、图14）。

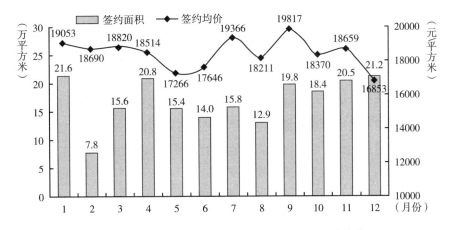

图13　2016年广州市新建写字楼签约面积及签约均价

资料来源：广州市住房和城乡建设委员会。

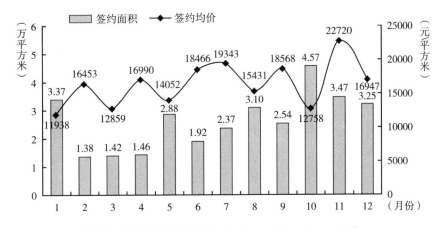

图14　2016年广州市存量写字楼签约面积及签约均价

资料来源：广州市住房和城乡建设委员会。

二　2017年广州市房地产市场预测

（一）政策以稳定市场为主旨，顺应楼市走势适时调整

2016年末，中央经济工作会议上对房地产市场给出了明确的新定位，即

233

"要坚持房子是用来住的，不是用来炒的"，综合运用金融、土地、财税、投资、立法等手段，加快研究建立符合国情、适应市场规律的基础性制度和长效机制，既抑制房地产泡沫，又防止出现大起大落。

可以预见，2017 年，维持房地产市场平稳健康发展、抑制投资投机需求仍然是政策的主基调。在此基础上，一方面，政策走势将取决于市场的表现，适时调整，同时各地因城施策仍将持续；另一方面，长效机制的建立被提上日程，包括改革土地供应制度以提高土地利用效率、从发展租赁市场的角度丰富住房供应结构、以金融手段遏制投资投机等。

广州市的房地产市场潜在需求一直保持旺盛，为确保商品住房价格的稳定，限购、限贷政策继续严格执行几乎是毋庸置疑的；与之相适应，住宅用地的供应有望增加；另外，整顿市场及行业秩序将持续下去，新的规范市场及行业的政策将陆续出台。

（二）信贷宽松局面或将结束，去杠杆思路明确

2016 年，宽松的货币政策及信贷政策为房地产市场创造了"低利率、高杠杆"的利好局面，同时也滋长了房地产开发的风险及消费者的投资投机行为。2017 年，持续宽松的局面或将结束，预期货币政策以稳健中性为主；信贷政策方面，去杠杆思路明确，房地产金融监管将持续加强，金融机构对房地产企业和购房者的支持预期减少，尤其是严格限制流向投资投机性购房。

（三）外围发展驶进快车道，中心供应紧张有所舒缓

各区分化、冷热不均是近年来广州市房地产市场的重要表现特征。展望2017 年，分化的局面有望逐步得到缓解。随着政府逐步推进外围区域的规划，以及落实相关教育、交通配套的建设，外围区域供应充足、价格相对低洼的优势将逐渐凸显，这些区域的楼市将更趋繁荣。

而中心区域占据着区位、配套及资源优势，但近几年来供应一直短缺。2017 年，中心区域一手住宅供应量增多，且多集中在广钢、广纸、奥体等版块，有望形成新的次级中心旺地，并带动传统中心区域成交。除了新盘入市、原有楼盘加推新货外，多区预计还将有大型的旧改项目入市，包括荔湾区的荔

湾新城、黄埔区的万科城市之光和保利鱼珠港等，不少改造项目占地规模较大，且均具备优越的交通条件。

（四）商品住宅交易市场趋于理性

2017 年，预期随着政策及信贷宽松度的收紧，广州市商品住宅交易将更加趋于理性，楼市整体保持稳定，进入周期性调整。成交量方面，市场仍有大量潜在需求，但经历了 2016 年的成交大年后，预计 2017 年难以再次突破高位，交易有所回落。而成交价在土地溢价及需求蓬勃的支撑下，仍具备向上的动力，但基于政府趋向房价稳定，预计全年成交均价涨幅将有所放缓。

另外，随着土地供应呈现递减趋势，房地产市场将逐渐转向以存量房交易为主导。

（五）商业市场有望迎来春天

2016 年，国务院针对住房租赁市场的发展出台相关意见，其中包括允许将商业用房等按规定改建为租赁住房。2017 年 1 月，《广东省人民政府办公厅关于加快培育和发展住房租赁市场的实施意见》出台，落实"商改住"，并允许土地用途调整为居住用地，且水、电、气价格按照居民标准执行。部分区域商业物业库存高企、供求关系不平衡的现象一直突出，而"商改住"的实施或将盘活待售商业物业，进一步刺激其成交，为买家、租客提供新选择，也为商业市场的发展提供良好助力。同时，灵活、合理地调整住房供应结构，将推动住房制度完善。但值得注意的是，"商改住"面临着不少困难，在细则仍未出台的背景下，如何实质促进商业市场繁华仍如纸上谈兵。

B.15
2016年重庆房地产市场分析及
2017年展望

陈德强　张倩蔓　江承维　杨宇雯*

摘　要：　本文回顾了重庆市 2016 年房地产市场的运行状况，详细分析
了影响重庆市 2016 年房地产市场运行的主要因素，结合重庆
市房地产市场的宏观及微观环境，预测 2017 年重庆房地产市
场发展态势。

关键词：　重庆　房地产市场　运行状况　展望

一　2016年重庆市房地产市场运行状况

2016 年，重庆市房地产市场"去库存"成果初显，固定资产投资增速和房
地产投资增速下降，土地成交量持续下跌，开工、施工与竣工面积也纷纷下降，
与此同时，2016 年的销售面积和销售均价都呈现上涨趋势，已初步完成从 2015
年政策红利下的"以价换量"到 2016 年"价量齐升"的转变。年内重庆市并没
有如一线城市一般纷纷出台调控政策，重庆房地产市场依旧保持着平稳上升的健
康态势。2016 年是供给侧改革的攻坚之年，供给方面重庆市政府减少了土地的
供给量，市场开发节奏得到明显放缓，需求方面销售面积和销售额大幅增加，市

---

* 陈德强，博士，副教授，重庆大学建设管理与房地产学院研究生导师，城市发展与建筑技术
集成实验室主任，研究方向为房地产经营与管理、财务管理、投资理财等；张倩蔓，重庆大
学建设管理与房地产学院硕士研究生，研究方向为土地资源管理；江承维，重庆大学建设管
理与房地产学院硕士研究生，研究方向为财务管理；杨宇雯，重庆大学建设管理与房地产学
院硕士研究生，研究方向为建筑及土木工程管理。

政府力挺楼市健康发展，支持刚需和改善性需求；同时，五大功能区域发展战略得到进一步深入实施，献力于供给侧结构性改革，提高了供给体系的质量和效率。以"深化供给侧改革"作为经济任务之一，在"房子是用来住的"的民生理念的引领下，预计2017年国内房地产市场仍以"去库存"为主基调，同时着力解决"供需错配"的问题，"一城一策"现象更加凸显，宏观调控或为大概率事件，重庆房价将保持平稳或小幅上升。

（一）重庆市固定资产投资和房地产投资分析

2016年，重庆市固定资产投资增速相较2015年回落5%，同比增加12.1%，基本完成《2016年政府工作报告》中"固定资产投资增长12.5%"的目标。年内固定资产增长速度较为稳定，房地产投资增速起伏不定，其累计月增速出现八次负增长和三次正增长，相对于增速为17.1%的2015年，跌幅明显。2016年末房地产投资同比增速为-0.7%，年初增幅为-8%，1~10月同比增速仍为负数，为-0.85%，1~11月全年第三次由负转正至2%，但年末再次变成负数（见表1）。

2016年重庆市房地产投资增速一直都远低于固定资产投资增速，且其占比不断减小，由2015年1月的38.3%跌至2016年12月的21.46%，这也表明了重庆市对房地产投资显得越发谨慎。重庆市1~6月实现固定资产投资7089.34亿元，同比增长12.55%，完成全年固定资产投资的40.83%，下半年固定资产投资总额较上半年大，但全年增速微缓，较上半年回落0.41个百分点，全年固定资产投资总计达17361.12亿元，总量增长，投资力度有所加大（见表1）。

表1　2016年度重庆固定资产投资、房地产投资情况

2016年	固定资产投资（亿元）	同比（%）	房地产投资（亿元）	同比（%）	房地产投资占固定资产投资的比例（%）
1~2月	1250.20	10.08	400.27	-8.00	32.02
1~3月	2639.16	12.04	746.81	-1.98	28.30
1~4月	3878.61	12.51	1012.20	0.54	26.10
1~5月	5385.07	12.70	1321.91	-1.70	24.55
1~6月	7089.34	12.55	1724.06	0.48	24.32

2016 年	固定资产投资（亿元）	同比（%）	房地产投资（亿元）	同比（%）	房地产投资占固定资产投资的比例（%）
1~7 月	8524.52	12.25	1992.97	-1.00	23.38
1~8 月	10043.27	12.18	2282.36	-2.50	22.73
1~9 月	11865.04	12.20	2679.06	-1.26	22.58
1~10 月	13549.10	11.87	2964.02	-0.85	21.88
1~11 月	15409.14	12.00	3314.24	2.00	21.51
1~12 月	17361.12	12.14	3725.95	-0.70	21.46

资料来源：重庆市统计信息网，数据小数点位数或有调整。

（二）重庆市房地产供应市场分析

1. 土地成交量持续下跌，成交均价上涨

2016 年重庆市主城区共成交土地 106 宗，成交面积为 667.39 万平方米，成交金额为 705.7 亿元。继 2014 年重庆市土地成交量大幅度萎缩后，2015 年土地成交量亦比较少，2016 年土地成交量进一步下跌。就推出的建设用地面积而言，与 2016 年相比，2015 年下降 25%，最终成交面积下降 45.68%，但成交金额上升 6.04%，成交的楼面地价比 2015 年上升 25%，上升幅度较大。2016 年土地成交量虽小于 2015 年，但楼面地价的均价上升幅度较大，各大开发商拿地囤地热度上升，土地市场有回暖迹象（见图 1）。

年内变化中，2015 年末土地成交热并未在 2016 年初得以延续，2016 年 1 月成交面积仅为 45.47 万平方米，仅为 2014 年 1 月成交面积的 32.07%。3 月和 4 月，都只有 1 宗土地成交，5~6 月成交宗数涨幅明显，仅 6 月单月成交量即为 16 宗，其土地成交量形成全年第一个小高峰，成交面积亦达单月最大，共计 136.07 万平方米，但好景不长，7 月土地成交量开始缓慢下跌，且下跌趋势一直持续到 11 月份，到 12 月份市场才开始回暖。12 月单月成交量达到全年最高峰，为 31 宗，其成交土地的面积较小，地理位置近核心区域，竞争较为激烈，创下全年单月最高成交金额 305.33 亿元。比较 2015 年和 2016 年的土地市场易发现，2016 年上半年的土地成交量与 2015 年较为相似，但是 2016 年下半年的土地成交量并没有提前回暖，直至 11 月成交量均保持平稳，

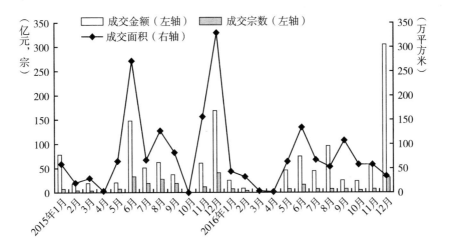

图1 2015～2016年重庆市土地成交情况

资料来源：搜房网。

12月出现明显的成交热，其土地成交量较2015年稳定。

2. 施工面积增速由正变负，住宅施工面积再次减少

2016年重庆市商品房屋总施工面积为27363万平方米，较2015年下降了1623万平方米。继2010年高幅度增长后，重庆市商品房屋施工面积增速呈现波动性降低。2015年增幅跌落近8个百分点，仅为1.26%，2016年增幅又进一步较大跌落，跌落了6.86个百分点，最为-5.6%，是近十年来首次出现的负增长。住宅施工面积同商品房屋施工面积变化相似，继2015年住宅施工面积总量首次减少后，2016年住宅施工面积总量再次减少，且减少幅度由-2.42%至-7.5%，跌幅变宽。2016年房屋施工面积中住宅所占比例有所降低，降至65.54%，市场产品将继续调整（见表2）。

表2 重庆市历年商品房屋及住宅施工面积情况

年份	商品房屋施工面积		住宅施工面积		房屋施工面积中住宅所占比例(%)
	数量（万平方米）	增长率(%)	数量（万平方米）	增长率(%)	
2007	10579	19.34	8179	22.90	77.31
2008	11639	10.02	9166	12.07	78.75
2009	13052	12.14	10338	12.79	79.21
2010	17138	31.30	13745	33.00	80.20

续表

年份	商品房屋施工面积		住宅施工面积		房屋施工面积中住宅所占比例(%)
	数量(万平方米)	增长率(%)	数量(万平方米)	增长率(%)	
2011	20397	19.02	15924	15.90	78.07
2012	22009	7.90	16998	6.74	77.23
2013	26252	19.28	19249	13.24	73.32
2014	28624	9.04	20294	5.43	70.90
2015	28986	1.26	19390	-2.42	66.90
2016	27363	-5.60	17933	-7.50	65.54

资料来源：重庆市统计信息网，数据小数点位数或有调整。

2016年，商品房屋施工面积增速从年初的1.9%持续下降至年末的-5.6%，且5月至12月，其累计月同比增长率均为负值，同住宅施工面积年内变化相似。年内住宅施工面积增速逐渐减少，且始终处于负增长状态，跌幅明显变宽（见表3）。商品房屋施工面积和住宅施工面积年增幅双双为负，房屋施工面积中住宅所占比例不断降低，而销售面积和销售额大幅上升，重庆市"去库存"成果显现，房地产市场产品结构得到一定调整。

表3　2016年重庆市商品房屋及住宅施工面积情况

月份	商品房屋施工面积		住宅施工面积		房屋施工面积中住宅所占比例(%)
	数量(万平方米)	增长率(%)	数量(万平方米)	增长率(%)	
1~2月	23097	1.9	15303	-2.1	66.26
1~3月	23414	1.6	15515	-2.4	66.26
1~4月	23907	0.9	15835	-2.5	66.24
1~5月	24388	-0.1	16109	-3.5	66.05
1~6月	24949	-0.7	16429	-4.0	65.85
1~7月	25307	-1.9	16673	-4.9	65.88
1~8月	25605	-2.8	16848	-5.8	65.80
1~9月	26100	-4.0	17156	-6.1	65.73
1~10月	26555	-3.8	17418	-6.1	65.59
1~11月	26935	-5.1	17630	-7.2	65.45
1~12月	27363	-5.6	17933	-7.5	65.54

资料来源：重庆市统计信息网，数据小数点位数或有调整。

3. 竣工面积小幅下跌，新开工面积创六年新低

2016年重庆商品房屋竣工面积为4421万平方米，增速较2015年小幅下跌，环比下降 –4.5%。其中，住宅竣工面积为3084万平方米，下降幅度较商品房屋竣工面积略小，为 – 3.20%，房屋竣工面积中住宅所占比例较2015年微升0.94个百分点。年内，上半年商品房屋和住宅竣工面积均保持着高速增长，下半年增速放缓，1~11月商品房屋和住宅竣工面积累计月同比增长率变为负数，1~12月两者仍为负数，且跌幅进一步变大（见表4）。

表4　2016年重庆市商品房屋及住宅竣工面积情况

月份	商品房屋竣工面积		住宅竣工面积		房屋竣工面积中住宅所占比例(%)
	数量(万平方米)	增长率(%)	数量(万平方米)	增长率(%)	
1~2月	591	26.4	415	28.1	70.17
1~3月	905	22.7	585	20.4	64.62
1~4月	1082	30.7	748	34.8	69.12
1~5月	1396	32.2	1004	35.7	71.92
1~6月	2149	32.6	1462	22.5	68.02
1~7月	2584	41.4	1743	28.5	67.44
1~8月	2812	35.2	1918	24.7	68.18
1~9月	3123	24.8	2136	17.2	68.40
1~10月	3381	14.8	2300	11.4	68.01
1~11月	3644	– 0.1	2514	– 2.5	68.97
1~12月	4421	– 4.5	3084	– 3.2	69.75

资料来源：重庆市统计信息网，数据小数点位数或有调整。

年初，商品房屋新开工面积的同比增速为9.2%，1~3月激增至22.7%后，1~4月增速急速下跌至7.1%，上半年新开工面积的增速为 – 4.1%，1~10月跌幅有所收窄，1~11月跌幅加大，全年新开工面积跌幅为 – 16.1%。住宅新开工面积的变化趋势与商品房屋新开工面积基本一致，年初为9.9%，年末为 –18.3%（见表5）。结合2016年竣工面积下跌、新开工面积创近6年新低和土地成交数据的变化来看，重庆市的房地产投资越发谨慎，市场土地和商品房屋供给有所减少，"去库存"为重庆市房地产市场的发展大方向。

表5　2016年重庆市商品房屋及住宅新开工面积情况

月份	商品房屋新开工面积		住宅新开工面积		房屋新开工面积中住宅
	数量(万平方米)	增长率(%)	数量(万平方米)	增长率(%)	所占比例(%)
1~2月	482	9.2	315	9.9	65.41
1~3月	905	22.7	585	20.4	64.62
1~4月	1392	7.1	896	10.2	64.40
1~5月	1887	−1.3	1164	−4.1	61.69
1~6月	2452	−4.1	1499	−7.4	61.15
1~7月	2765	−8.7	1727	−12.0	62.46
1~8月	3063	−11.9	1901	−15.7	62.08
1~9月	3558	−16.0	2207	−14.7	62.04
1~10月	3985	−13.4	2453	−13.4	61.56
1~11月	4366	−15.5	2666	−17.9	61.07
1~12月	4875	−16.1	2999	−18.3	61.51

资料来源：重庆市统计信息网，数据小数点位数或有调整。

4. 全国房企资金供应充足，渝房企资金压力有所缓解

2016年全国房地产开发企业到位资金同比增速除第2个月为−1.00%外，其他各月保持稳定增长，维持在15%左右，全年增速为15.2%，共计144214亿元。其中，国内贷款21512亿元，占比14.92%，同比上升6.4%；利用外资140亿元，占比0.10%，同比下降52.6%；自筹资金49133亿元，占比34.07%，同比增长0.2%；其他资金73428亿元，占比50.92%，同比上升31.9%。在其他资金中定金及预收款41952亿元，同比增长29%；个人按揭贷款24403亿元，同比增长46.5%。[①]

2016年的外资较2015年下跌约50%，原因之一是受人民币贬值突破6.9的影响，海外发债资金成本大幅提高，外资利用比例降低。2016年下半年，国内部分城市房地产市场异常火爆，秉着"因地制宜，因城施策"的理念，上海、天津、杭州等城市出台了严厉的调控政策，信托融资渠道被迫中止，债券融资下降，美债被提前赎回。2016年下半年重庆市房价未出现大幅上涨，政府也未出台有关的调控政策，重庆房地产市场相较于一线城市的房地产市场处于一种平稳发展状态。

上半年，重庆市房企实际到位资金同比下降3.68%，较第一季度下降1.21个百分点，资金压力较大；下半年资金的增速相对平稳，2016年全年资金来源共计20073.73亿元，同比增长4.1%，资金压力有所缓解。到位资金来源中，国家预算

---

① 中华人民共和国国家统计局2016年度数据披露。

资金下降8.9%，国内贷款上升2.2%，自筹资金增长9.5%[①]。2016年3月1日，央行继2015年5次降准后又一次将存款准备金率下调0.5个百分点，释放出6000亿~7000亿元的资金给市场，信贷政策和降准降息政策的放宽缓解了资金压力，随着市场存量"去库存"化进程的推进，2016年房企资金压力相较于2015年有所缓解。

（三）重庆市房地产需求市场分析

1．商品房销售面积增长显著

近10年内，重庆市商品房销售面积仅2008年及2012年出现下降，环比增速分别为－19.27%和－0.2%，但长期增长趋势显著。2016年商品房销售面积同比增加16.3%，达到6257万平方米（见表6）。商品房销售面积中，住宅销售面积的变化趋势与商品房趋同，2008年出现负增长，且负增长幅度大于商品房销售面积负增长幅度，随后一直保持增长态势，环比增长比例变化不定，2016年环比增长比例相较2015年增加12.8个百分点，增幅较大。住宅销售面积所占比例仅在2009年有些微提升，此后该比例一直下降，2016年占比相较2015年下降了1.63个百分点，相比2014年下降了5.15个百分点（见表6），但总的来说住房销售面积所占比例始终保持在80%以上，住宅销售仍是拉动商品房销售面积稳健增长的主要动力。

表6　2007~2016年重庆市商品房及住宅销售面积情况

年份	商品房销售面积		住宅销售面积		住宅销售面积所占比例（%）
	数量（万平方米）	增长率（%）	数量（万平方米）	增长率（%）	
2007	3553	59.57	3310	64.5	93.16
2008	2872	－19.27	2670	－19.3	92.97
2009	4003	39.4	3771	41.2	94.20
2010	4314	7.8	3986	5.7	92.40
2011	4534	5.1	4063	1.9	89.63
2012	4522	－0.2	4105	1.0	90.77
2013	4818	6.6	4359	6.2	90.47
2014	5100	5.9	4424	1.5	86.73
2015	5381	5.5	4478	1.2	83.21
2016	6257	16.3	5105	14.0	81.58

资料来源：重庆市统计信息网，数据小数点位数或有调整。

---

① 重庆市统计信息网2016年度数据披露。

2015 年，央行连续 5 次降准降息，房地产市场利好政策不断，2016 年上半年全国房地产市场依然弥散了 2015 年利好政策氛围，重庆市上半年商品房销售面积为 2807.87 万平方米，同比增幅达 20.7%（见图 2），完成全年销售面积的 44.22%，商品房销售面积和住宅销售面积同比增幅基本相似，但年内住宅销售面积占商品房销售面积的比例不断下降；受部分城市调控政策出台的影响，下半年重庆市房地产市场商品房销售面积同比增速有所下降，但仍完成了全年销售面积的 55.13%。

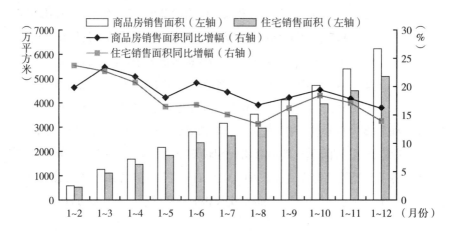

图 2　2016 年重庆市商品房及住宅销售面积走势

资料来源：重庆市统计信息网，数据小数点位数或有调整。

比较 2015 年和 2016 年商品房和住宅销售面积的变化，2015 年两者增速一直处于缓慢上升的状态（见图 3），2016 年两者增速在前四个月急速上升后，保持在 18% 左右，相比 2015 年两者有了较大幅度的增长，这表明房地产市场较 2015 年有了一定程度的回暖。2016 年重庆市商品房销售面积全年增速为 16.3%（见图 2），全市商品房竣工面积增速为 -4.5%，新开工面积增速为 -16.1%，市场"去库存"效果显著。

2. 商品房销售额与销售面积增长相当

2016 年重庆市商品房销售额为 3432 亿元，环比增长 16.3%，增速较 2015 年大幅上升 11.4 个百分点，与商品房销售面积增速相当。商品房销售额中住宅销售额变化与商品房销售额的变化趋于同步，其增长比例较商品房销售额的

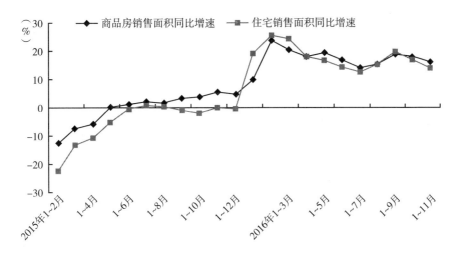

图3 2015~2016年重庆市商品房及住宅销售面积增速走势

资料来源：重庆市统计信息网，数据小数点位数或有调整。

增长比例高 1.1 个百分点，增长率为 17.4%。住宅销售额占商品房销售额的比例在 2015 年首次降至 80% 以下后，2016 年较 2015 年再次下降 1.31 个百分点，为 76.80%，但市民置业需求仍较为强劲。

2016 年，重庆市商品房销售额同比增速呈现起伏态势，1~3 月急速上升至 23.8%，1~6 月同比增速为 19.5%，1~9 月同比增速为 15.4%，最终全年增速为 16.3%。2016 年商品房销售额的变化趋势和 2015 年趋同，上半年销售额起伏不定，7 月达到全年销售额的最低峰，为 185.64 亿元，之后一直持续上升，12 月为 458.70 亿元（见表 7）。

表7 2016年度重庆商品房及住宅销售额情况

月份	商品房销售额		住宅销售额		住宅销售额所占比例(%)
	数量(亿元)	增长率(%)	数量(亿元)	增长率(%)	
1~2月	298.66	10.1	257.11	19.2	86.09
1~3月	646.83	23.8	541.13	26.1	83.66
1~4月	894.74	20.5	747.01	24.6	83.49
1~5月	1155.55	17.9	936.50	18.4	81.04
1~6月	1505.08	19.5	1197.22	17.0	79.55
1~7月	1690.72	16.6	1342.03	14.0	79.38

续表

月份	商品房销售额		住宅销售额		住宅销售额所占比例(%)
	数量(亿元)	增长率(%)	数量(亿元)	增长率(%)	
1~8月	1885.60	14.1	1501.17	12.7	79.61
1~9月	2204.38	15.4	1739.95	15.5	78.93
1~10月	2573.87	19.1	2021.85	20.0	78.55
1~11月	2973.30	17.7	2322.57	19.5	78.11
1~12月	3432.00	16.3	2635.64	17.4	76.80

资料来源：重庆市统计信息网，数据小数点位数或有调整。

结合商品房销售面积和销售额情况来看，2016年内重庆市商品房销售面积的累计增幅除1~3月外，其余月份均大于重庆市商品房销售额累计增幅，年末两者的增幅差距逐渐缩小至0，而2015年两者增幅的差距为5.3%。2016年商品房的平均单价呈现持续上涨的趋势，年初为6864元/平方米，年末为7507元/平方米，而2015年商品房的平均单价持续下跌，年初为7211元/平方米，年末为6986元/平方米。2015年重庆市房地产市场把握"以价换量"的"去库存"主节奏，房价有小幅度下降，2016年重庆市房地产市场初步显现"以价换量"到"价量齐升"的变化（见图4）。

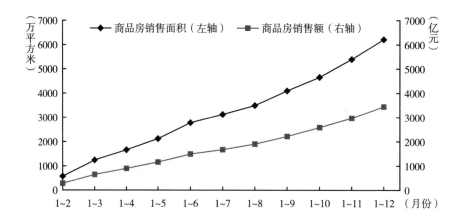

图4 2016年度重庆市商品房销售面积与销售额对比分析

资料来源：重庆市统计信息网，数据小数点位数或有调整。

二　2016年重庆市房地产市场影响因素分析

（一）宏观政策调整不断

2016年全球经济不断调整，6月英国脱离欧洲共同体；12月美联储再度加息，美元兑人民币汇率突破6.9。国内的宏观经济稳中向好，关于房地产市场的调整政策起伏变化明显。2015年楼市利好政策不断：央行5次降准降息，首付比例下调，公积金贷款政策不断放宽，住房公积金异地贷款业务全面推行。2016年上半年利好政策氛围得到维持，政策暖风不断：2月2日，不限购城市最低首付调整为25%，各地还可向下浮动5%；2月19日，财政部调低房地产交易环节契税、营业税，将个人购买的住房对外销售免征营业税的时间从5年调整为2年；下半年，上海、苏州、郑州、天津等二十多个楼市热点城市开启调控，陆续提高首付比例，甚至再次启动限购、限价和限贷等政策。国家层面普遍实施的调控措施未出台，重庆市地方政府也未颁布相关的政策，因各大城市房地产市场发展不一，一、二线城市与三、四线城市的房地产市场情况差别更大，"一刀切"政策被摒弃，"因地制宜，因城施策"得到发扬。2016年中央经济工作会议中，习近平总书记提到"房子是用来住的、不是用来炒的"，强调要"着力推动供给侧结构性改革"，从2016的改革攻坚之年，迈向2017的改革深化之年。可预见，2017年国家层面可能会继续通过金融信贷、税收手段等支持刚性自住买房需求，"抑投机，保刚需"，各地方政府亦将通过土地市场供应、开竣工时点把控等方式进一步贯彻"去库存"政策，供需两端发力，助力市场长效机制的建立，促进楼市健康可持续发展。

具体来看，3月重庆市政府工作报告中明确提出要科学调控土地供给量和房地产开发量，加强去产能、"去库存"过程中的风险排查，推动2016年"去库存"工作；同时提出做好农村集体经营性建设用地入市改革试点，建成城乡统一的建设用地市场的目标，加上中央2月不断的利好政策，奠定了上半年重庆市房地产市场回暖的基调。6月，为建立购租并举的住房制度，国务院在《关于加快培育和发展住房租赁市场的若干意见》中指出要培育市场供应主体，鼓励住房租赁消费，完善公共租赁住房制度建设等措施；为了解决商业

用房库存高的问题，住建部允许"商改租"，通过"打隔断"解决租房难等问题。这些政策均从供给侧助力住房供应结构的调整，鼓励市民转变住房自有观念，降低我国住房自有率，缓解全民住房压力。随着"金九银十"的到来，9月30日至10月9日，多地出台调控政策，重庆市虽未列入其中，但也给重庆市的一些投机需求者带来不小的压力。土地供应方面，中央经济工作会议中强调"有效供给，促进用地结构调整，加大从土地供应侧助力市场"去库存"工作，以此来监督和促进房地产市场稳中求进；要落实人地挂钩政策，以人口流动情况来分配建设用地指标"。根据重庆市房地产市场供需结构，重庆市政府提出两年内土地供应规模逐年减少10%，这或是2016年重庆市楼面地价上升的主要原因。

（二）五大功能区发展战略得到深化拓展

2013年9月，重庆市委将重庆划分为五个功能区域；2015年五大功能区定位发展，成效显现；2016年4月，重庆市提出要深化拓展五大功能区发展战略，深入推进全市一体化科学发展，深化对内对外开放。在对五大功能区深化拓展后，2016年全市生产总值为17558.76亿元，五个功能区中，都市功能核心区生产总值为3445.34亿元，同比增长9.3%，对全市贡献率为19.62%；都市功能拓展区生产总值达4201.40亿元，同比增长11.4%，对全市贡献率为23.93%；城市发展新区生产总值贡献率为33.64%，其实现的社会消费品零售总额、工业投资总额和固定资产投资总额居五大功能区之首；渝东北生态涵养发展区和渝东南生态保护发展区主要以生态保护和生态经济建设为主，2016年其生态功能不断恢复和加强，特色小镇示范点开始建设，特色旅游产业和特色农业逐渐形成，两区生产总值对全市的贡献为22.81%，地区经济实现绿色发展。2016年重庆市GDP增幅达10.7%，较全国高出4个百分点，第一、第二、第三产业生产总值分别占7.42%、44.17%、48.41%，五大功能区各区域的生产总值同比涨幅均在9.30%及以上，各产业生产总值同比也呈增长态势。随着五大功能区域的深化拓展，全市经济保持着高速增长，产业结构得到优化，为房地产业的发展积蓄动力。

（三）新型城镇化成果丰厚，城乡户籍实现统一

2016年1月举行的国务院常务会议提出将更大力度地推进以人为核心的

新型城镇化，为今年新型城市化进程奠定了基调。就全年来看，重庆市的"新型城镇化"成果颇丰：其一，统一了城乡户口登记制度，商品房迁移户口购买条件全面开放；其二，城镇的规划、空间布局得到优化，随着成渝城市群建设的推进，双方的基础设施和产业发展等成为重点合作领域；其三，50个特色小镇的示范点的创建，形成了"一镇一韵"的差异化发展格局；其四，重庆市交通设施得到完善，多个污水厂项目完工，城市绿地面积得到增加；其五，实现了与海南、贵州等六省区异地就医的社保跨省异地实时联网结算等。

随着重庆市城镇化进程的不断推进，城乡户籍也实现统一化。2015年9月1日发布的《重庆市政府关于进一步推进户籍制度改革的实施意见》中，提出要实行城乡统一的户口登记制度，以居住证为载体，推动常住人口基本公共服务全覆盖，分区分配指标等；2016年，重庆市新型城镇化进程进一步完善和发展，2016年9月18号，重庆市政府公众信息网发布了《重庆市居住证实施办法》，于11月1日开始执行，进一步推动和鼓励了农村人口向城镇流动。截至2016年底，重庆市常住人口城镇化率为58%，新增就业人口为60万，户籍改革制度初见成效。到2020年，全市常住人口城镇化率将达到65%以上，户籍人口城镇化率将达到50%左右。2016年，重庆市新型城镇化坚持以人为本为核心，突出规划引领，促进城乡结合，完善基础设施，不断提升城市集群的发展质量，为房地产市场创造需求，缩短"去库存"周期，改善人民的生活质量。

（四）棚户区改造货币化与公租房货币化

2016年重庆市棚户区改造的任务是5.7万户，1～10月，全市完成棚户区改造5.75万户，面积为384.03万平方米，提前超额完成了国家下达的棚改任务，棚户区改造货币化安置比例也高达74.32%，位居全国前列。棚户区改造货币化不仅可以满足人民安置需求的多样性，缩短安置周期，还可以缩短重庆市"去库存"的周期。

2015年12月28日，由于我国住房体系中租赁比例偏低，住房自有率达70%，远高于西方发达国家，住建部部长陈政高表示2016年将从建设公租房转向通过市场筹集房源，政府将采用租金补贴的方式实现公租房货币化。在重庆市2016年的《政府工作报告》中，也提到要建立购租并举的住房制度。建立完善的租赁制度，不仅可以加快我国房地产市场"去库存"的步伐，还可

以鼓励农民进城，有利于推进城镇化进程，调整房地产市场结构，促进建立健康的房地产市场。2016年已有不少地方开始实施"公租房货币化"，比如郑州1230户通过公租房货币化补贴，12月上旬发放；杭州、南京等城市也在2016年内实行了公租房货币化。"公租房货币化"的实施，使安置周期大大缩短，被安置人可以根据自己的需求寻找合适的房源，更加具有人性化。重庆市主城区目前共建成民心佳园、康庄美地等13个公租房小区，主城区公租房共摇号配租4次，新增分配入住7万户。2016年11月，重庆市出台了全国第一部针对公租房的物业管理规范——《公共租赁住房物业管理规范》，全市共3000多人参与公租房的物业管理工作，并且物业管理费远低于普通商品房，这为公租房的居民们创造了良好的居住环境。在其他配套方面，学校、医院、商铺、农贸市场等配套服务也在不断推进，真正解决住户入住的后顾之忧，使其安居乐业。重庆市"公租房货币化"的政策还未落脚，响应市场变化，拉动公租房货币化进程或将成为市政府2017年的工作重点。

重庆市加快实施棚户区改造货币化政策，货币化安置水平远高于全国平均值，提前完成全年目标；公租房的运营管理和相关的配套设施得到进一步加强和完善，居民居住条件的改善进一步推动重庆市城镇化进程。棚户区改造货币化和公租房货币化，加快"去库存"步伐，增加市场活力，调整供需结构，帮助促进市场健康平稳发展。

（五）公积金政策宽松

回顾2015年，住房公积金政策不断放宽：降低首付比例，推行异地贷款，放宽提取条件，住房公积金信贷资产证券化得到认可等。2016年2月2日，央行调整不限购城市的房贷政策，最低首付调整为25%，各地还可向下浮动5%；同月，中国人民银行等部门决定将职工住房公积金账户存款利率统一调整为按一年期定期存款基准利率执行，目前为1.50%，同时在26日又发布了关于放宽提取住房公积金支付房租条件的通知。6月6日，重庆市住房公积金管理委员调整住房公积金缴存比例，缴存范围为5%~12%，对于生产经营困难的企业可申请暂缓缴存住房公积金。自2015年7月"汇富武汉住房公积金贷款1号资产支持专项计划"成功发行以来，住房公积金资产证券化进程不断推进，扩大了住房公积金的投资渠道，盘活了住房公积金的资产存量，将其产生的收益用于棚户区改造和公租房建设，进一步推动了城市化进程。这些举措有利于缓解企业的资金压力，保障广大人民的利益，社会公平感上升，公积金投资渠道得到拓宽。

2016年1~6月，重庆市公积金个贷发放130亿元，同比增长110%，较好地发挥了支持住房消费、促进房地产市场健康发展的作用。截至6月底，全市缴存人数和缴存单位都较年初有所增加，增幅分别为2.4%和4.2%；到11月底发放公积金同比增长82%，共计243亿元，创历史新高。虽然公积金政策不断放宽，但重庆市内采用公积金贷款购房的比例相对于一线城市来说仍然较小，长期趋势可预见这一差距正在缩小，更多的刚需将从中受益。

（六）重庆市房价较低的原因分析

1. 重庆市的土地储备制度

重庆市2002年实行了土地储备制度，在此基础上，重庆市政府建立了土地整治储备中心和重庆市地产集团，之后又有几家政府企业被授予了土地储备职能。所以相比于其他城市的土地储备制度，重庆市的土地储备制度更具有政府主导性，其储备和土地供应把控力度也更大。2002~2003年，重庆市储备了40多万亩地，并且明确表明每年最多只能开发5%，这就是说重庆市的土地最少还能维持今后6年的开发；此外，2016年重庆市政府规定两年内土地供应规模逐年减少10%，要提高土地供应的质量，减少无效供给；另外，重庆市政府还限制了政府出让土地的价格，不能高于房价的35%，同时对每年房地产投资占固定资产的比例和每平方千米住宅建设用地的容纳人数等做出了明确的规定。这些措施一方面使得开发商有地可拿，加快了重庆市房地产业的建设和发展，另一方面也使得房价处于较为稳定的状态。

2. 重庆的地票制度

重庆市地票制度诞生于2008年12月，其实质就是将农村闲置或低效占用的建设用地进行复垦转化为耕地，验收后取得地票，这部分地票指标可以转化为城市的新增建设用地指标，这样不仅避免了农村土地资源的浪费，增加了农民的收入，还缓解了城市建设用地的紧张。同时，在集体土地除了征用这种方式外不能转化为国有土地进行流转的背景下，地票交易制度促进了农村闲置建设用地使用权的流转，让部分农民在进城时有了一定的积蓄作为生活保障，促进了城乡一体化发展，为重庆城市土地的大量供应提供了可能。截至2016年末，重庆成交地

票共 19. 95 万亩、396. 2 亿元，其中 70% 来自于承担着生态保护功能的渝东北和渝东南地区的贫困县；2016 年全年共成交 2. 66 万亩、50. 54 亿元。可见，地票制度的实施符合"建设用地跟着人口和产业走"的开发理念，不仅提高了重庆市城市建设用地指标，还考虑了市场意愿，提高了城镇规划实施效率。

3. 重庆的人口结构特征

据 2016 年重庆市统计年鉴显示，重庆市 2015 年总人口为 3016. 55 万人，0～14 岁占比为 16. 49%，15～64 岁占比为 71. 34%，65 岁以上占比为 12. 17%，在全国十大城市中，重庆市 15～64 岁的人口占比最低，其中 15～60 岁的人口占比低于 70%，是全国十大城市中唯一一个该比例低于七成的城市，相应的，其抚养比比较高，为 40. 17%，所以劳动力居民负担较重，房屋购置支付能力有限，购房动机受到一定影响，这使得重庆市住房需求中刚需占据绝大部分；加之重庆市推行"低端有保障，中端有优惠，高端有遏制"的政策和完善的保障房制度，有效安置了部分刚需，这也许是重庆市房价一直不温不火的原因之一。另外，重庆市 2015 年人口净流出 413. 72 万人，外来人口主要来自贵州、四川、湖南和湖北等相邻省份，其对房地产市场的需求刺激作用较小。2017 年 1 月，重庆市政府出台了相关政策，明确对"无户籍、无企业、无工作"的三无人员购置首套房征收个人房产税，这对外来入渝投机炒房者形成有力打击。同时，重庆市禁止企业配资拿地，且规定商品房用于抵押或预售的，只能取其一种用途，这对房企的资金筹划能力提出新的要求。2017 年 2 月初，重庆市政府提出现房销售试行价格备案制度，对市场价格监控力度空前。地票交易制度和土地储备制度，政府直接从供给侧把控市场开发节奏；人口结构、支付能力、人口流动情况决定了市场的主导需求动力，供需两侧共同决定了重庆市房地产市场不可能出现过热，房价并不会发生暴涨现象，而将继续保持平稳发展和小幅上升。

三 2017 年重庆市房地产市场发展形势展望

（一）重庆政府或将帮助市场稳定房价

近几年，我国经济增速放缓，由两位数下调至 7% 左右，2015 年为 6. 9%，

2016年为6.7%，经济发展步入转型升级的新常态。2011～2016年近六年来，重庆在其中四年摘取GDP增速全国第一的桂冠，非第一的2012年和2013年也保持10%以上的增速，重庆房地产不限购不限贷的5年内房地产均价仅上升12%，市场发展平稳。2016年重庆房地产开发投资同比下降0.7%，商品房新开工面积同比下降16.1%，竣工面积同比下降4.5%，商品房销售面积增长16.3%，其中住宅销售面积增长14%。在政策刺激下2016年重庆市房地产市场价量齐升，但房地产开发投资力度减弱，且新开工面积呈现下跌态势，市场"去库存"成果初显。

2016年重庆市常住人口和户籍人口城镇化率分别达到62.2%、47.2%，新增城镇人口16.9万，城镇新增就业超过70万人，并且城镇化率仍在不断增加，居民的刚性需求占市场主导地位。为促进房地产市场平稳运行，政府提出要重点监督非银行金融机构，使银行业不良贷款率保持在低位运行。2016年10月，部分城市房地产市场过热，全国20多个城市出台了严厉的房地产调控政策，中央也三次警示房地产泡沫。这些都为2017年房地产市场奠定了基调，即2017年房地产市场谨防泡沫，继续抑制投机性需求、保刚需。

房价上涨的根本原因是因为供给小于需求，而中国许多一线城市已经没有太多的地可以用来建房，但是重庆市有土地储备制度和独特的"地票制度"，不仅能严守"18亿亩的耕地红线"，还能让开发商有地可拿、加快城镇化进程，使得重庆市房地产市场保持健康发展；此外，重庆市有着完善的公租房制度，五年之后还能获得产权，妥善安置和转换了部分刚需，为房屋上涨缓解了部分压力。纵观重庆房地产市场近五年的情况，重庆市房地产一直保持着一种较为温和的态势。同时，由于一些城市的房地产调控政策，部分资金撤出过热城市，重庆市不限购和不限贷，较为宽松的政策环境可能吸引这部分资金。综上，2017年部分城市房地产市场可能会继续保持调控状态，国家进行宏观上的调控可能成为大概率事件，面对市场变化热资流入，重庆市房地产市场相关的应对政策或将出台。

（二）"去库存"效果初显，重庆楼市保持平稳或为大概率事件

据国家统计局统计，截至2016年末，重庆市商品房竣工面积达4421万平方米，新开工面积达4875万平方米，销售面积6257万平方米，库存压力有所

缓解。2016 年末全国商品房待售面积达 6.95 亿平方米，若加上在建未售和待开工面积，房地产库存量与 2015 年相比较为乐观，2015 年重庆市房地产企业多采用"以价换量"策略应对市场风险，整体市场呈平稳态势，而 2016 年则是"价量齐升"，整体市场呈现平稳上升态势。2016 年重庆房地产的成交量市场规模有所扩大，成交量表现出逐渐上升的趋势，据克尔瑞数据显示，1～11 月重庆主城区商品房成交 28.51 万套，成交建筑面积 2458.38 万平方米，创近 7 年楼市成交量的新高。2015 年中央经济工作会议提出"去库存"的国家经济发展任务，2016 年"去库存"成为重庆房地产市场主要动态导向且初见成效，预计 2017 年在 2016 年初见成效、结构差异明显的背景下，会针对结构性矛盾，在"分类调控"的指导下继续探索新的解决方案，进而让库存背后的供求关系处于一个更加健康的状态。

2016 年上半年重庆房地产市场沿袭了 2015 年的房地产利好政策，下半年房地产市场稳中有升。因为配套设施、交通等因素的改善，江北区均价上升，成为渝中区价格最高区域，渝北、渝中、南岸三区均价也都在 7000 元/平方米以上，沙坪坝、九龙坡等区域成交均价都在 7000 元/平方米以下。2017 年重庆各区新规划中，渝中区规划在 2020 年前新增 4.5 万个停车位，11 条道路等；渝北区的江北机场将有 3 座轨道站，观音桥交通将得到改善，渝长高速预计 2020 年建成；南岸区的重庆东站预计 2019 年底建成通车等。随着重庆市交通网络的不断完善，城市新兴区域的商品房吸引力也逐渐增大，但是在国家宏观调控的背景下，预计 2017 年重庆市房地产市场成交量和房价都将保持平稳或小幅上涨。

（三）"供给侧改革"迈向纵深，重庆市房地产市场或将平稳运行

2015 年习总书记首次提出了供给侧改革的概念；2016 年是供给侧改革的攻坚之年，"三去一降一补"是 2016 年供给侧改革的五大任务，经过一年的时间，政策棋盘布局已经基本完成；2017 年是供给侧改革的深化之年，经济发展坚持稳中求进的总基调，以供给侧改革为中心，五大功能区将得到深入发展，重庆市的发展也将更有质量和效益，全市人民将越加感到幸福。

供给侧改革的实质是在持续增加有效供给、有序去除无效供给的同时，降低成本，促进供给侧与需求侧的匹配程度，解决"供需错位"和"供需错

配"等问题。2016年1月，重庆市委提出要加大土地供应调控，两年内减少10%的土地供应；农民工和外来人口新增购房100万平方米、发展租赁市场从而降低房地产库存100万平方米等；同时，降低房地产企业税费，帮助房地产企业转型，推行货币化安置，去除房地产库存400万平方米。在供给侧改革的深化之年，预计国家会加快建立符合国情、适应市场规律的房地产平稳健康发展长效机制，让房地产回归其居住属性，降低成本，加快推进国企、财税、金融、社保等基础性关键性改革，更好地发挥经济体制改革的牵引作用。

（四）写字楼供应量减少，商业地产转型或为发展新方向

据戴德梁行数据显示，2015年重庆市写字楼新增供应量为92.7万平方米，创下历史新高；2016年，在"去库存"的大背景下重庆市写字楼供应量从上年的约93万平方米下降到约70万平方米，空置率为42%；截至11月底，重庆市写字楼库存量为432万平方米，同比下降15.7%，甲级写字楼的整体空置率较2015年下降了4.1个百分点，为44.8%。重庆市写字楼存量虽然比2015年有所减少，但存量依然较大。在这种背景下，房地产开发企业根据市场情况延长了蓄客期，调整了开发节奏，预计2017年新增供应可能会有所缓解；各业主迫于市场库存压力，为了吸引客户提升竞争力，写字楼的租金或有所调低，灵活的租赁方案或将萌发。另外，重庆"十三五"规划确立了打造国内重要功能性金融中心的战略目标，计划到2020年，金融业增加值占GDP比重超过10%，金融业资产规模提升至7万亿元，重庆市金融等行业的快速发展，使其对写字楼的需求量也不断增加。

随着互联网时代的到来，线上购物变得更加方便快捷与安全，这种趋势在不断地冲击着传统的商业地产。随着商业物业的不断增长，物业租金面临下行压力，空置率也居高难下。对于商业地产，最重要的是前期的定位，要对百货与购物中心不断地进行调整，细分市场，满足大众对商业氛围及购物环境越来越高的要求。政府支持房企的开发业务多元化和转型，2016年初，重庆市政府在《关于进一步落实涉企政策促进经济平稳发展的意见》中指出，将在税收、金融、重组合并等多方面向房地产企业提供支持，支持房企转型发展旅游地产、养老地产、医疗地产等；2016年10月，重庆商业地产行业峰

会举行，社区商业将成发展重心；2016 年 11 月，为防止商业类房地产过剩，严控写字楼、商铺等项目规模。这些都为 2017 年重庆市商业地产市场前景奠定了基础，预计 2017 年重庆市商业地产的库存量会有所缓解，租金或保持平稳或有所下调；各大房企也会加快商业地产的转型，社区商业将成为一个新的发展方向。

B.16
2016年深圳房地产市场
现状及2017年展望

宋博通 古祺 黄子嵩 赵洁 宋晶晶 曾琴 程勇 杨玉竹*

摘　要：　2016年，深圳房地产开发投资及占固定资产比重再创新高。住宅方面，因3月和10月两轮调控影响，一线城市中深圳新房价格指数领先回调；价格走势上，新房略涨二手房微调，新房再度反超二手房；成交量走势上，新房和二手房都较上年锐减，二手房缩量更甚；千万价位新房成交套数占所有成交新房比例继续上升。商业用房方面，新房供过于求，二手房均价和租金先升后降。写字楼方面，新房同样供过于求，二手房均价升但租金降。临深片区住宅价格方面，新房与深圳联动不尽相同，价格补涨较普遍。人才住房方面，制度建设和机构设置多管齐下，房源筹建渠道呈多元化趋势。土地市场方面，全年居住用地供销几近翻番、竞拍热度不减，旧改供地占比逐年增加。

展望2017年，深圳住房政策将以调控为主基调，房价以"稳"为主，从促进住宅市场良性发展角度，尚需侧重增加住房供给。在人才住房方面，新设住房保障机构强力推进，人才住房房源存量有望快速增加。商务公寓因不受限购限贷政策影响，对住宅替代效应将有所体现。城市更新事权下放，

＊ 宋博通，建筑学博士后，深圳大学基建部主任，深圳大学房地产研究中心常务副主任、副教授，研究方向为住房政策、城市经济与房地产市场。古祺，深圳市前海中证城市管理发展有限公司高级研究员；黄子嵩，深圳技术大学筹备办；赵洁、宋晶晶、曾琴、程勇、杨玉竹，深圳大学土木工程学院硕士研究生。第二作者排名不分先后。

助推旧改高效实施。随着城际轨道对接和通道建设开展，临深片区房价与深圳联动将更趋显著。

关键词：房地产市场　土地市场　人才住房　临深片区

一　2016年深圳房地产市场现状

（一）房地产开发投资额连年增长，占固定资产比重持续攀升

从房地产开发投资额看，2005～2007年深圳房地产市场稳步发展，开发投资额平稳运行；2008～2010年受金融危机影响，市场进入小幅调整状态，开发投资额处于低位；自2011年以来开发投资额呈逐年增长态势，2016年累计达1756.52亿元，同比增长31.97%，投资额再创新高（见图1）。

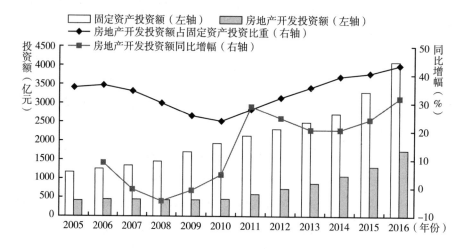

图1　2005～2016年深圳市房地产开发投资情况

资料来源：广东省统计局。

从房地产开发投资额占固定资产投资比重看，深圳自2005年呈逐年下降趋势，2011年起止跌回升，连续六年持续攀升，2016年比重为43.07%（见图1）。

（二）新房价格六年来首超二手房，新房略涨二手房微调岁末皆企稳

1. 一线城市各月价格指数深圳上半年领涨，九月后率先回调

从京、沪、穗、深2016年各月新房价格指数走势看，前三季度均保持上涨态势；第四季度，受调控政策影响，京、沪、穗新房价格指数趋于平稳，深则有小幅下跌。整体来看，全年京、沪、穗、深新房价格指数累计涨幅分别为24.24%、25.45%、21.33%、17.52%（见图2）。

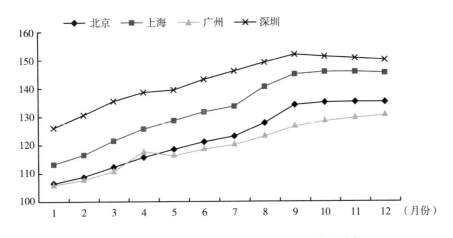

图2 2016年各月京、沪、穗、深新房价格指数走势

注：定基以2015年价格为100。

资料来源：国家统计局。

从京、沪、穗、深2016年各月二手房价格指数走势看，全年均稳步上涨。1～8月，深圳领先京、沪、穗；9月开始，北京二手房价格指数迅速攀升，反超深圳。整体来看，全年京、沪、穗、深二手房价格指数累计涨幅分别为29.54%、26.20%、22.01%、12.35%（见图3）。

2. 历年新房、二手房均价持续上升，六年来新房首次反超二手房

从深圳历年商品住宅成交均价看，2005～2007年，新房、二手房价格均稳步攀升；2007年房地产市场进行调整，2008年房价小幅回落；2009年开始，政府出台"鼓励合理住房消费"的救市政策，新房、二手房市场迅速回暖；2011年，新房价格小幅回落，二手房均价同比上涨，深圳住宅市场首次

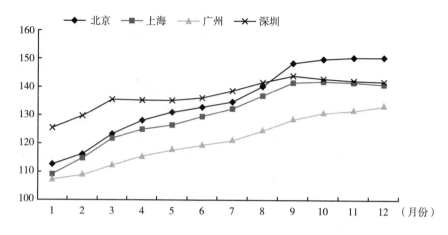

图3 2016年各月京、沪、穗、深二手房价格指数走势

注：定基以2015年价格为100。

资料来源：国家统计局。

出现新房和二手房价格倒挂现象；2012～2015年，新房和二手房价格持续上涨，倒挂依旧；2016年，新房成交均价为53454元/平方米，二手房均价为51628元/平方米，新房成交均价比二手房高3.5%，持续五年的新房和二手房价格倒挂现象被打破（见图4）。

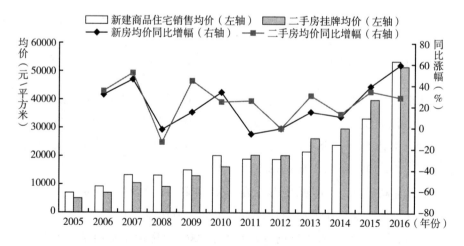

图4 2005～2016年深圳历年新房、二手房均价

资料来源：深圳市规划和国土资源委员会、深圳市房地产信息网。

3. 各月新建商品住宅均价先升再微调，二手房均价、住宅租金逐月微跌岁末回稳

从2016年新建商品住宅月成交均价走势看，1~6月，新房价格持续攀升，6月豪宅入市，房价大幅上涨，均价达61756元/平方米，创历史新高；7~12月，新房价格波动下行。10月4日"深八条"出台，市场陷入低迷，在第四季度盘整回落，连续三个月环比下跌，12月新房均价跌至54946元/平方米。整体看，全年新房在高价位上呈小幅波动状态，成交均价为53454元/平方米，同比上涨59.92%，涨幅创历史新高。

从各月二手房挂牌均价走势看，1~3月，二手房价持续攀升；从4月开始，受"3·25"和"10·4"调控政策影响，二手房价持续下跌，12月略有回升。全年二手房成交均价为51628元/平方米。

从各月住宅租金走势看，1~3月，住宅租金持续攀升；4月，住宅租金开始回落；5~7月，住宅租金保持平稳；从8月开始，住宅租金持续微跌。全年住宅月租金均价为77元/平方米（见图5）。

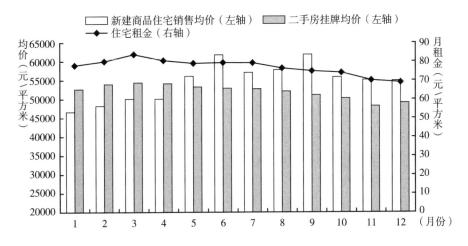

图5　2016年各月新房均价、二手房均价、住宅租金走势

资料来源：深圳市规划和国土资源委员会、深圳市房地产信息网。

4. 各区新房均价上半年略涨下半年趋稳，福田、南山最高，罗湖次之，龙岗低位徘徊

从2016年各区新建商品住宅价格变动看，1~3月，南山房价轻微回落，

4月开始,房价持续上涨,9月均价突破98000元/平方米,"10·4"政策出台,山语海等楼盘成交拉低均价,新房价格大幅回落,11月房价再次回升,南山全年均价82185元/平方米;福田1~7月,房价高位波动增长,8月开始,房价小幅回落,11月宝能公馆等高价盘成交,价格激增,达到全年最高105819元/平方米;罗湖全年波动增长,均价64330元/平方米。盐田、宝安、龙岗新房全年均价处于低位,分别为44606元/平方米、47555元/平方米、39557元/平方米(见图6)。

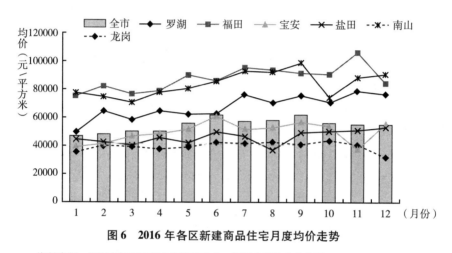

图6 2016年各区新建商品住宅月度均价走势

资料来源:深圳市规划和国土资源委员会、深圳市房地产信息网。

总体来说,原关内外①新房价格两极分化,南山、福田依然处于高位,罗湖区处于两极之间,福田、南山、罗湖月度均价全年波动较大。

5. 各区二手房价基本平稳略有下行,南山、福田居首,罗湖、宝安接近,龙岗垫底

从2016年深圳各区二手住宅价格走势看,南山、福田二手房价处于高位平稳态势,均价分别为62760元/平方米和61240元/平方米;罗湖二手房走势与南山区类似,均价为50121元/平方米;盐田二手房价格波动上行,岁末翘尾,全年均价为46613元/平方米;宝安区全年二手房均价波动趋势较平稳,均价为48185元/平方米;龙岗均价为37373元/平方米(见图7)。

---

① 原关内指罗湖、福田、南山、盐田四区;关外指宝安、龙岗两区。

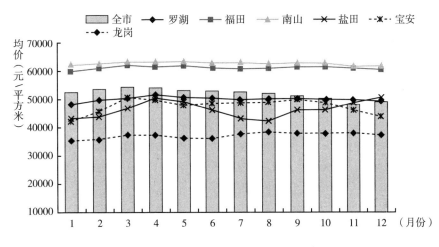

图7　2016年各区二手住宅月挂牌均价走势

资料来源：深圳市规划和国土资源委员会、深圳市房地产信息网。

（三）新建住宅批售面积六年来首降，3月和10月两轮调控导致成交锐减

1. 新建住宅全年供、销基本持平，皆较上年大幅回落

从历年新建商品住宅供需来看，2005～2007年，批售面积逐年递减；2008年美国金融危机爆发，政府出台多项救市政策，批售面积同比上涨13.14%；2009年刚性需求大增，新建商品住宅供不应求；2010～2011年，受调控政策影响，深圳楼市推盘量明显减少，批售面积低位运行；2012～2015年，房地产市场需求旺盛，开发商积极推盘入市，批售面积逐年增长，销售面积波动上涨；2016年，为抑制房价高速增长，政府出台"3·25"和"10·4"两轮调控政策，供销双降，全年批售面积434万平方米，同比下降35.68%，销售面积418万平方米，同比下降37.24%（见图8）。

2. 3月和10月两轮政策影响明显，调控后新房成交骤降

从2016年新建商品住房成交看，1～3月延续2015年翘尾的行情，成交总量159万平方米；受"3·25"新政影响，住房市场快速降温，新房成交大幅下跌，4～8月，新房成交量低位波动；随着市场对政策的逐步消化，开发商入市节奏加快，10月成交量大幅上涨，环比涨幅为52.1%；随后10月"深八

条"出台，市场再度低迷，新房成交量价齐跌，12月成交量为全年最低，为21.84万平方米（见图9）。

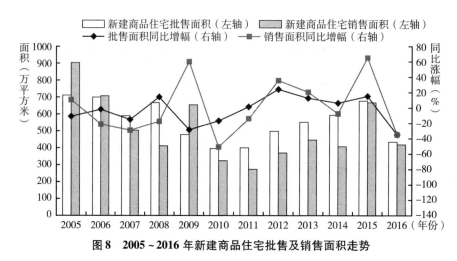

图8 2005~2016年新建商品住宅批售及销售面积走势

资料来源：深圳市规划和国土资源委员会、深圳市房地产信息网。

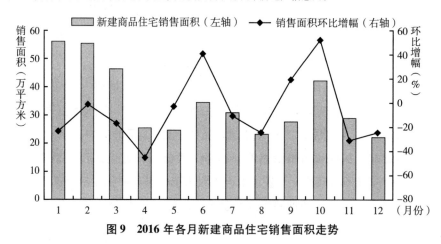

图9 2016年各月新建商品住宅销售面积走势

资料来源：深圳市规划和国土资源委员会、深圳市房地产信息网。

从深圳2015年、2016年三种面积结构成交量看，近两年新建商品住宅成交均以90平方米以下小户型为主，2016年成交量为294.22万平方米，占总成交量的70.40%；90~140平方米的改善型户型与144平方米以上的大户型全年成交量占比分别为17.80%、11.8%，成交量分别为74.39万平方米、49.32万平方米（见表1）。

表1　深圳市2015年、2016年三种面积结构成交量比例对比

单位：%

户型	2015 年	2016 年
<90 平方米	61. 24	70. 40
90 ~ 144 平方米	21. 57	17. 80
>144 平方米	17. 18	11. 80

资料来源：深圳市规划和国土资源委员会、深圳市房地产信息网。

3. 各区新房成交皆因调控缩量，影响程度宝安最大，龙岗南山位列第二、第三

从各区新建商品住宅成交量看，新房成交主要集中在宝安、龙岗，共占全市的71.21%，分别为150.56万平方米、147.03万平方米。1月为成交高峰期，2～5月，宝安、龙岗新房成交量持续大幅下降，6～12月，宝安、龙岗新房成交量波动下行；南山波动剧烈，全年新房成交91.36万平方米；罗湖、福田、盐田新房成交全年低位波动，成交量分别为18.24万平方米、5.25万平方米、5.48万平方米（见图10）。

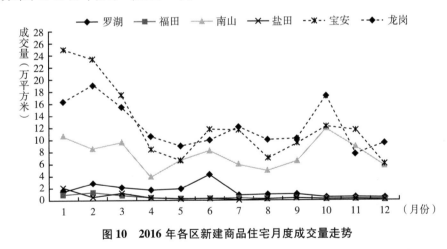

图10　2016年各区新建商品住宅月度成交量走势

（四）二手房全年成交同比虽降但仍超六年来均量，两轮调控缩量显著效果超过新房市场

1. 全年二手房成交同比下降，但仍超近六年来均量

从历年二手商品住宅成交量看，2005～2007年，成交量持续上升；2008

年受金融危机影响，成交量骤降；2009 年，众多利好政策出台，二手房市场逐渐回暖，成交量迅速攀升，同比上涨 220.25%；2010 年，限购政策出台，成交 1130.66 万平方米，同比下降 19.00%；2011 年，成交量同比下滑 38.15%；2012～2014 年，二手房市场处于调整期，成交量处于低位；2015 年，在各种利好政策刺激下，二手房市场快速升温，成交量迅速反弹，同比上涨 104.58%；2016 年，"3·25" 和 "10·4" 新政出台，全年成交 944.81 万平方米，同比下降 22.48%（见图 11）。

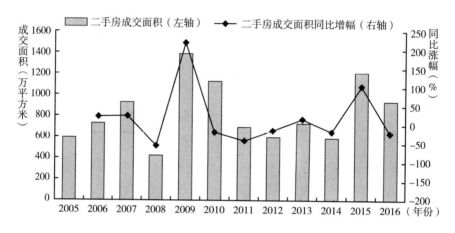

图 11　2005～2016 年历年二手房成交面积走势

资料来源：深圳市规划和国土资源委员会、深圳市房地产信息网。

2. 调控前夕二手房成交 3 月激增，回暖趋势被 10 月调控再度遏制

从 2016 年各月二手房成交量看，全年成交波动剧烈。1～3 月，延续 2015 年末的成交热度，3 月成交量为全年最高，达 186.81 万平方米；4 月开始，受 "3·25" 政策影响，成交量骤减，5 月降至 46.9 万平方米；经过两个月的调整，6～9 月，二手房成交量低位上涨；10～12 月，受 "10·4" 新政影响，市场速冻，短期内量价齐跌，成交量持续下降，12 月成交量为全年最低 42.26 万平方米（见图 12）。

3. 各区二手房成交量受两轮调控影响显著，年末各区市场萧条

从各区二手房成交量看，全年成交趋势基本一致，成交面积均在 "3·25" 出台后大幅减少。原关内、关外二手房成交面积之比为 1.03∶1，关内成

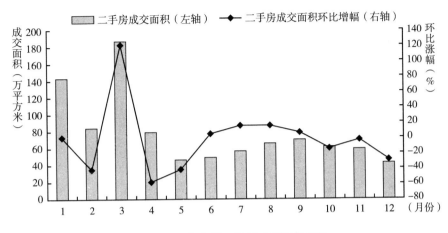

图12　2016年各月二手房成交面积走势

资料来源：深圳市规划和国土资源委员会、深圳市房地产信息网。

交479.48万平方米，占全市的50.75%，新房成交主要集中在关外，而二手房成交量关内外平分秋色。全年龙岗成交量最高，为255.2万平方米；其次是宝安，为210.13万平方米（见图13）。罗湖、福田、南山、盐田、宝安、龙岗二手房成交量同比下降，下降幅度分别为19.45%、25.61%、23.06%、26.62%、19.34%、23.78%。

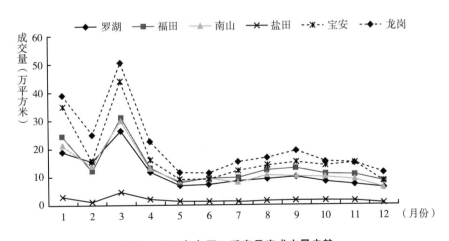

图13　2016年各区二手房月度成交量走势

资料来源：深圳市规划和国土资源委员会、深圳市房地产信息网。

房地产蓝皮书

（五）商业用房新房批售同比续放量需求再下降，二手房价、租金先升后降

1. 全年新建商业用房供给续放量需求再下降，面积吸纳率下行处于低位

自 2007 年起，新建商业用房批售面积一直低位徘徊，直至 2012 年开始逐步增加，2016 年全年新建商业用房批售面积 142.10 万平方米，同比小幅回落4.03%。在深圳住房市场长期限购的政策下，部分投资转向商务公寓，导致近年来新建商业用房成交量大涨，2015 年批售和销售面积达到峰值。2016 年因住房市场调控，影响整个房地产市场，住房市场降温也波及商业用房市场。全年新建商业用房销售面积为 67.05 万平方米，同比下跌 29.17%；吸纳率降至47.19%，新房空置依旧明显（见图 14）。

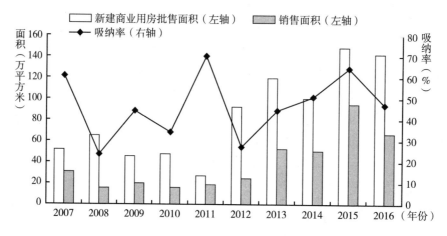

图 14　2007～2016 年历年新建商业用房市场批售、销售面积走势

资料来源：深圳市规划和国土资源委员会、深圳市房地产信息网。

2. 各月二手商业用房挂牌均价先升后降，岁末南山罗湖翘尾

2016 年上半年在降息减税、信贷放松等一系列利好政策刺激下，二手商业市场延续 2015 年第四季度的上涨趋势，全市挂牌均价稳步攀升，6 月达到全年最高峰 93783 元/平方米，下半年政策逐步收紧，全市均价有所回落。整体看，2016 年全市二手商业用房挂牌均价达 80848 元/平方米，同比增长23.89%；全年二手商业用房成交面积 54.45 万平方米，同比上涨 15.83%。

罗湖、福田、南山、宝安各区二手商业用房市场活跃，挂牌均价基本呈上涨趋势，龙岗二手商业用房挂牌均价较为平稳。2016年罗湖、福田、南山全年挂牌均价分别为104557元/平方米、91616元/平方米、84096元/平方米，同比分别上涨25.29%、15.48%、20.92%。关外宝安、龙岗两区均价相差大，龙岗全年挂牌均价最低，为48773元/平方米，宝安全年挂牌均价上涨明显，同比增长10.62%，为95544元/平方米（见图15）。

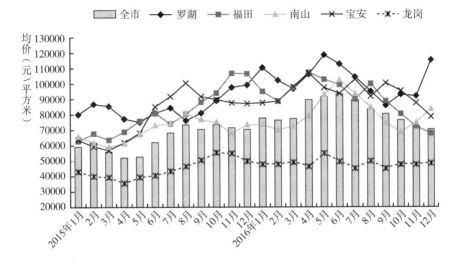

图15 2015~2016年各月各区二手商业用房挂牌均价走势

资料来源：深圳市规划和国土资源委员会、深圳市房地产信息网。

3.各月商业用房平均租金先升后降再平稳，房源区位差异导致各区租金波动大

2016年上半年，全市商业月租金仍延续2015年之势，一路震荡上行，6月达到峰值301元/平方米·月。全年商业租金均价263元/平方米·月，同比上涨3.7%。

各区商业用房租金波动明显、涨跌不一，总体而言，关内租金仍远超关外。罗湖同比下跌18.21%，均价274元/平方米·月；福田同比上涨17.6%，均价294元/平方米·月，反超罗湖为全市最高；南山同比上涨20.98%，均价271元/平方米·月；龙岗同比上涨18.06%，均价170元/平方米·月；宝安同比下跌8.75%，均价174元/平方米·月（见图16）。

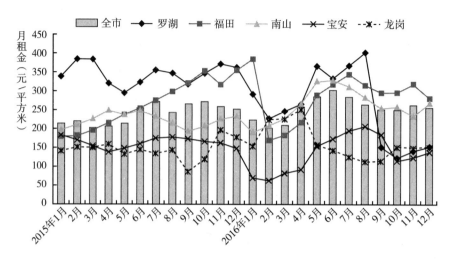

图16　2015～2016年深圳市各区各月租金走势

资料来源：深圳市规划和国土资源委员会、深圳市房地产信息网。

（六）新建写字楼批售创新高、销售大缩水，二手物业均价稳中有升、租金岁末回落

1. 全年写字楼供给再创新高，销售反向大幅下降

从历年新建写字楼批售面积看，2005～2007年逐年递减；2008年起有所回升，2009年达54.11万平方米；2010年在从严政策环境下，批售面积骤降至15.70万平方米；2011～2016年，批售面积逐年增加，2014年和2015年再次突破50万平方米的高位；2016年新建写字楼批售面积为61.83万平方米，成交均价5.3万元/平方米，价格同比上涨11.7%（见图17）。

从历年新建写字楼成交面积看，2006～2008年销售面积逐年降低；2009年成交面积增加，吸纳率上涨至64.2%；2010年吸纳率激增，达117.45%；2011～2014年，成交面积逐年增加，但整体吸纳率不高；2015年，受自贸区概念和后海总部基地崛起及中心区发展等因素影响，全市成交52.40万平方米，吸纳率达96.34%；2016年成交量有所回落，成交面积30.5万平方米，吸纳率降至49.33%。近6年新建写字楼一直处于供过于求的状态，在供应不断累积作用下，新建办公楼累积可售存量已达82万平方米（见图17）。

从2016年新建写字楼供给量区位分布看，供应主要集中在宝安和龙岗两

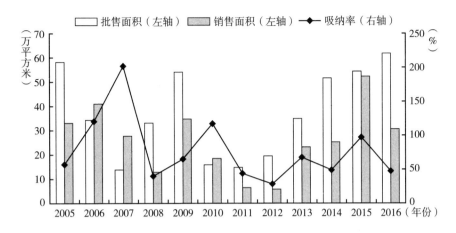

图17　2005~2016年新建写字楼市场比较

资料来源：深圳市规划和国土资源委员会、深圳市房地产信息网。

区，其中宝安供应量14.62万平方米，占全市的23.6%，龙岗供应量19.61万平方米，占全市的31.7%。

从2016年新建写字楼成交量区位分布看，福田和南山两区是主力，其中，居全市第一的福田占35%，紧随其后的南山占24%，宝安占19%，龙岗占16%，盐田占4%，罗湖占2%。2016年关内、关外新建写字楼成交量之比为65∶35。

2. 各月二手写字楼挂牌均价稳中有升，关内各区涨跌相异

2016年，二手写字楼挂牌均价40793元/平方米，同比上涨8.2%。罗湖1~7月均价持续下跌，7月跌至谷底，为20141元/平方米，8月开始，挂牌均价平稳上涨，12月均价为26000元/平方米；福田1~3月持续上涨，4~11月，挂牌均价基本保持平稳，12月骤降，12月均价为38714元/平方米；南山全年均价波动幅度大，1~9月波动下行，1月均价50918元/平方米，9月均价降至40241元/平方米，10~12月均价持续上涨，12月翘尾明显，12月均价53111元/平方米（见图18）。

3. 各区写字楼租金波动不一，租金水平福田全年最高、罗湖下半年赶超福田

2016年，写字楼月租金平均145元/平方米，同比上涨2.8%。

福田全年租金波动较小，平均月租金为165元/平方米，同比上涨5.1%；南山租金波动下行，全年平均月租为120元/平方米，同比下跌5.5%；罗湖

租金波动上行，8月开始，租金攀升，全年平均月租为129元/平方米，同比上涨11.2%（见图19）。

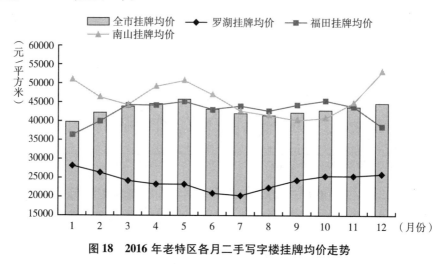

图18　2016年老特区各月二手写字楼挂牌均价走势

资料来源：深圳市规划和国土资源委员会、深圳市房地产信息网。

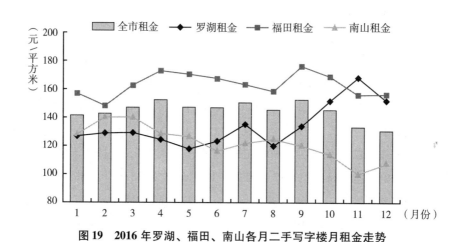

图19　2016年罗湖、福田、南山各月二手写字楼月租金走势

资料来源：深圳市规划和国土资源委员会、深圳市房地产信息网。

（七）新建住宅成交中千万价位套数占比持续上升，供销面积同比下降、价格大幅上涨

从千万价位住宅成交套数看，2011～2014年，成交量较少，2015年成交

量激增达 3165 套，2016 年成交 4285 套，同比上涨 35.38%。从千万价位住宅成交套数占所有新建商品住宅成交比例看，自 2011 年以来，比例持续上升，2015 年为 4%，2016 年达 9%，新房高总价化趋势凸显（见图 20）。

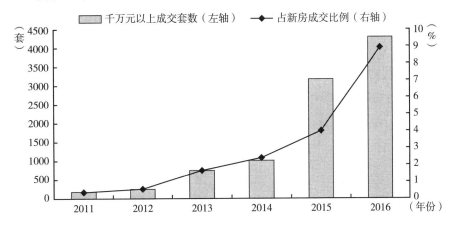

图20　2011～2016 年深圳市一手千万元豪宅成交套数及占比走势

资料来源：深圳中原研究中心。

从千万价位住宅成交面积看，受"3·25"和"10·4"新政影响，市场降温明显，部分 2016 年入市的高总价住宅推迟入市。对于 2016 年全市千万价位住宅，供应面积 88 万平方米，同比下降 45%；成交量 103 万平方米，同比下跌 11%。全市千万价位住宅成交量大于供应量，全年成交均价 88000 元/平方米，同比上涨 34%。

（八）临深片区新建住宅价格与深圳联动效果不一，价差引致片区房价趋势更近深圳相邻片区、补涨普遍

2016 年深圳新建商品住宅均价先升再微调，与莞、惠、中临深片区①价差较 2015 年进一步拉大，临深片区与深圳联动效应逐步显现。价格联动区域主要为莞、惠、中与深圳相邻区域，而与各自城市中心区关联较弱。联动效应使得临深片区均价逐渐超越各自主城区，更趋向于深圳相邻区域，补涨优势体现。

---

① 临深片区指东莞市凤岗、塘厦、黄江、清溪片区，惠州市大亚湾、惠阳片区，中山市火炬、南朗、港口、东区、石歧片区。

273

对于东莞临深片区，与其他临深片区相比，经济发展水平最高并且与深圳间交通最便捷，2016 年均价与深圳联动明显。其中，因龙岗中心区与东莞临深区域空间更为接近，两者价格特征也更为相似。2016 年，东莞临深片区涨幅均过半，凤岗、塘厦、黄江、清溪同比增幅分别为 62.02%、78.95%、96.08%、83.37%，成交均价分别为 20291 元/平方米、22360 元/平方米、20241 元/平方米、16406 元/平方米（见图 21）。

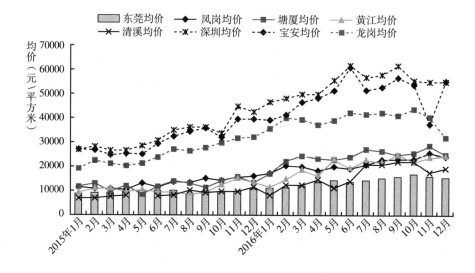

图 21 2015~2016 年东莞临深片区房价走势

资料来源：合富数据平台。

对于惠州临深片区，距深圳坪山新区较近，住宅品质优良，2016 年大亚湾、惠阳二区房价与坪山新区房价联动趋于明显。二区新房全年成交 616.24 万平方米，约占惠州全市的 40%；全年成交均价分别同比上涨 51.12%、39.47%，分别为 9356 元/平方米、9142 元/平方米（见图 22）。

对于中山临深片区，由于珠江阻隔，虽空间直线距离不远，但通行时间为三市最大，中山临深片区房价与深圳联动相对较弱。"深中通道"已于 2016 年 12 月末正式动工，建成后将大幅缩短深中往来时间。在深中通道概念下，2016 年中山临深片区涨幅超过中山全市平均涨幅，火炬、东区、石歧、港口、南朗全年成交均价分别同比上涨 52.10%、34.60%、39.47%、36.36%、

51.45%，分别为 8814 元/平方米、8819 元/平方米、8821 元/平方米、7561 元/平方米、8570 元/平方米（见图23）。

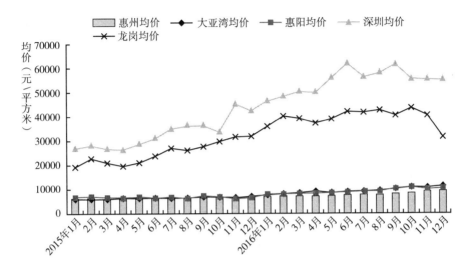

图22　2015～2016年大亚湾、惠阳成交均价走势

资料来源：惠州市房管局、世联数据平台。

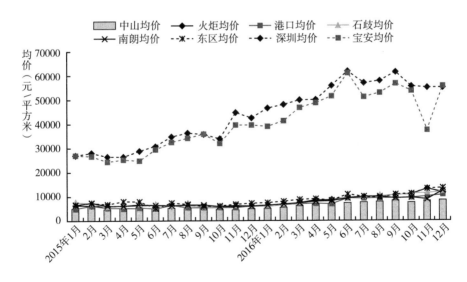

图23　2015～2016年中山市临深片区商品房均价走势

资料来源：中山市国土规划局、世联数据平台。

（九）人才住房制度建设、机构设置多管齐下，助力房源总量快速增长

1. 人才住房新政频出，制度顶层设计日臻完善

深圳市房价高企，居住成本不断提高。深圳市政府为使人才安居深圳、乐居深圳，将人才住房作为吸引和留住人才的一项重要措施。

2016 年深圳相继出台新政，自上而下推进人才住房规划建设。3 月，出台《关于促进人才优先发展的若干措施》；7 月，出台《关于完善人才住房制度的若干措施》；后续将制定《深圳市城市更新项目配建人才住房和保障性住房实施办法》《深圳市人才住房租金定价细则》等七项细则。

在新政中，深圳调整人才住房、保障性住房和普通住房供应结构，将人才住房从现有的住房保障体系中剥离出来，构建人才住房与保障性住房双轨并行的公共住房体系。新政明确人才住房界限，能够有针对性地开展人才住房规划工作，并优质高效地落实人才住房建设与分配。

2. 人才住房筹建渠道多元，鼓励企事业单位利用自有用地建设

深圳土地资源稀缺，政府探索多渠道筹建保障性住房和人才住房。"十三五"期间，深圳计划通过新增建设和改造征收两个途径实现 40 万套住房建设目标。其中，新增建设包括城市更新配建、拆迁安置和产业园区宿舍配建、轨道交通段新供应用地建设等方式，合计计划新建设公共住房 21 万套；改造征收包括棚户区改造、挖掘存量保障性住房和人才住房项目、城际合作等方式，合计筹集公共住房 19 万套。

值得注意的是，深圳充分挖掘存量土地，积极鼓励企事业单位利用自有用地建设人才住房，或者企业将自有商业、办公用房等改造为人才租赁住房，供给单位员工或者社会人才。如，中兴通讯、比亚迪等企业单位已兴建人才公寓，供给本单位高端人才；一些学校、医院等单位正在利用自有用地推进人才住房建设。这种方式可有效释放企事业固化存量用地，为人才住房提供新的供给渠道。

3. 各区成立人才安居公司，人才住房建设力度空前

2016 年 4 月成立深圳市住房保障署，10 月，相继注资 300 亿元组建"专营机构"——深圳市人才安居集团，专项负责全市人才住房的建设筹集、投资运营与管理等业务。2016 年底，人才安居集团已实现全市 10 个区的区级人才安居公司全覆盖，为在全市范围内大规模建设人才住房奠定了基础。

作为"十三五"开局之年，深圳持续加大保障性安居工程建设力度。全年全市计划新开工和筹集房源6万套，竣工5万套，供应4万套。实际新开工和筹建6.24万套，竣工5.17万套，实际供应4.2万套，各项指标均超额完成，并且实际完成额度均为2015年的两倍以上。实际供应住房中，面向人才供应的约3.2万套，占比高达76%。

二 2016年深圳土地市场现状

（一）全年土地供销皆较大幅度增长，住宅用地占比小幅下降

从历年土地供应总面积来看，2008年和2010年供应总面积较大，分别为397.94万平方米和611.40万平方米，2012～2015年土地供应量波动趋于平稳，年均供应172万平方米。2016年土地供应量增加，供应面积为300.11万平方米，同比上涨109.13%；就土地供应类型占比而言，2016年商服用地、工业用地、居住用地分别为42.63%、40.77%、8.77%，其中居住用地占比与2015年的9.27%相比有所下降。

2016年深圳土地成交额创新高，达1006亿元。从土地面积成交率①看，历年年均值高位波动，2011～2015年，年均土地面积成交率为94.71%，2016年土地成交率小幅下跌，成交率为74.09%，而成交面积同比上涨62.45%，为222.35万平方米（见图24）。

（二）全年居住用地供销几近翻番、竞拍热度不减，商品住房供应面积中旧改占比逐年增加

2016年居住用地②出让面积26.33万平方米，同比增长97.97%。全年共有5宗居住用地出让，由于龙华一块宗地的出让被终止，实际成交4宗，成交面积23.97万平方米，同比上涨80.23%，平均楼面地价28787.17元/平方米，同比下跌24.80%。

---

① 土地面积成交率=成交土地总面积/出让土地总面积×100%。
② 居住用地包括纯居住用地和商住综合用地。

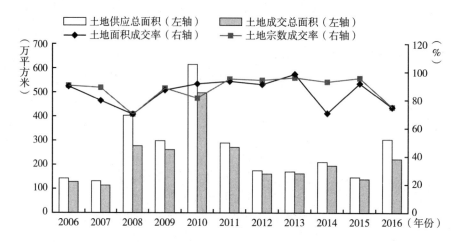

图24　2006～2016年深圳市土地总出让、成交情况

资料来源：深圳市规划和国土资源委员会、深圳市房地产信息网。

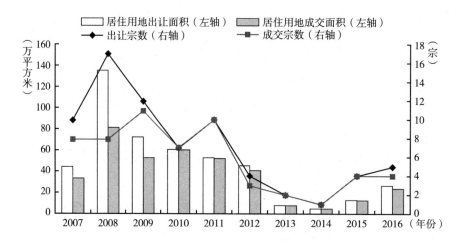

图25　2007～2016年深圳市居住用地出让面积走势

资料来源：深圳市规划和国土资源委员会、深圳市房地产信息网。

6月初，龙华新区的一宗商住综合用地以近82.9亿元的总价成交，楼面地价高达5.68万元/平方米；光明新区以总价140.6亿元成功出让一宗商住混合用地，溢价率159.79%，折合楼面价27620元/平方米；12月推出的两块居住用地，在"双限双竞"的新竞拍规则下，房企对土地资源热度不减，十多家竞拍房企经过多轮举牌竞拍出让。

深圳规土委的数据显示，2011年深圳城市更新项目供应商品房约91万平方米，2012年约148万平方米，2013年约290万平方米，2014年约256万平方米，占全市房地产市场供应总量的比例分别为21%、23%、35%、35%。2015年，除回迁给原业主的物业以外，城市更新供应商品房约436万平方米，占全市的47%。2016年，全市新增供应面积580.7万平方米，其中旧改面积达到330.7万平方米，占比高达56.9%，旧改在供应中的比例不断加重，已经成为新增供应的主要来源。

（三）全年商服用地供销同比大增，成交率降低明显

2008~2013年商服用地①供应量持续低位波动，年均供应13.36万平方米，2014年同比上涨458.54%至135.92万平方米，2015年回落至22.97万平方米，2016年再增至127.94万平方米，同比上涨456.99%。从商服用地成交面积来看，2016年同比上涨257.3%，成交82.07万平方米，成交率为64.15%。全年商服用地供应30宗，成交25宗，成交额692.58亿元，建筑面积331.04万平方米，平均楼面地价为20921元/平方米。其中，深圳新会展中心配套商业用地以总价310亿元成交，楼面地价约20087元/平方米，刷新全国总价"地王"纪录（见图26）。

（四）全年工业用地供需两旺，成交面积大幅增加

2016年，工业用地②出让30宗，成交25宗，平均成交楼面地价1407元/平方米，成交面积114.18万平方米。2015年和2016年分别供应土地66.10万平方米和122.35万平方米，面积成交率分别为95.14%和93.32%。从历年工业用地成交宗数看，2013~2014年较平稳，2015年增幅较大，2016年有所回落。从历年工业用地成交面积看，2013年成交79.72万平方米，2014年降幅明显，2015年和2016年逐年递增，同比增长分别为85.57%和72.74%（见图27）。

---

① 商服用地包括商业用地、商服用地、商服+文化用地和工业+商服用地。
② 工业用地：不包括包含工业用地在内的混合用地。

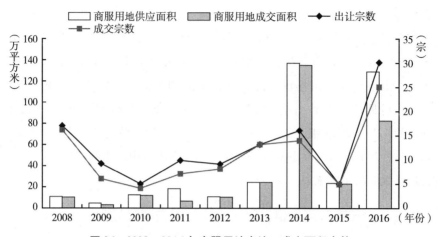

图26 2008~2016年商服用地出让、成交面积走势

资料来源：深圳市规划和国土资源委员会、深圳市房地产信息网。

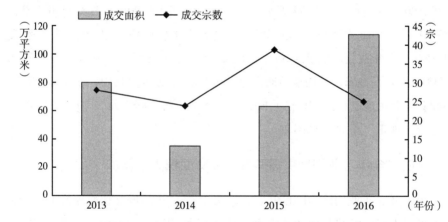

图27 2013~2016年深圳工业用地成交面积和宗数走势

资料来源：深圳市规划和国土资源委员会、深圳市房地产信息网。

三 2017年深圳房地产市场展望

（一）经济增长持续、结构多元，房地产发展后市可期

从经济发展看，2016年北上广深GDP同比增长分别为6.7%、6.7%、

8%、9%，深圳增速领先，全年 GDP 达 1.94 万亿元。在复杂的全球政治经济环境下，深圳实现 GDP 增速逐季攀升、逆势上扬。2017 年，深圳市政府将 GDP 增速定为 8.5%，坚持稳中求进的发展战略。

从税收收入看，2016 年北上广深税收收入分别为 7831 亿元、8800 亿元、3152 亿元、4421 亿元，GDP 含税量分别为 31%、32%、16%、23%，深圳位列第三。2017 年深圳预期为企业减负超过 1350 亿元，税收政策为深圳经济发展提供了新动能。

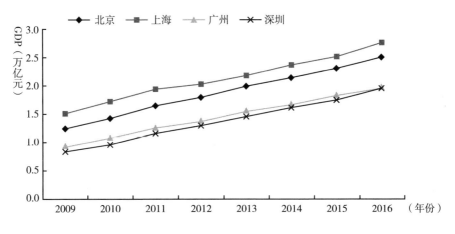

图 28 2009～2016 年一线城市 GDP 数据

资料来源：国家统计局。

从经济结构看，2016 年深圳战略性新兴产业和未来产业增加值增长 10.6%，占 GDP 比重为 40.3%。2017 年深圳将加快建设国际科技、产业创新中心，大力发展创新金融、现代物流和专业服务等现代服务业，促进产业结构优化。

深圳市经济稳中有进、进中向好，GDP 和税收持续增长，经济结构逐渐转型升级，为未来房地产发展提供基础性支撑。

（二）人口结构需求潜力大、土地稀缺供给少，住房需求和价格有支撑

城市对住宅的需求既取决于人口数量，也取决于人口结构。对比一线城市

常住人口结构，深圳0～14岁占比最高，以幼儿园单位面积在园人数为例，2015年深圳是上海的2.6倍、广州的3.7倍、北京的9.1倍，住房市场未来需求巨大。

深圳土地供给严重不足，到2020年，建设用地上限976平方公里，截至2015年已使用940平方公里。2016年开始，平均每年新增建设用地的配额仅6平方公里。在人口持续增长的情况下，土地短缺对住房价格支撑作用显著。

（三）住宅市场调控短期效果显著，长期尚需侧重增加供给

住房市场调控政策一般分短期和长期两类。短期政策方面，如利率调节、限购、限贷、限价、户籍要求、社保年限及首付比例等，此类政策的实施，短期内可有效调控市场，但也易导致市场波动，"误伤"部分真实居住需求，影响市场供求效率。长期政策方面，如商品住房用地供给等政策、公共住房房源筹建和分配政策、需求和持有环节的税收政策等，此类政策实施，能有效调节市场预期，促进市场供求和价格长期平稳发展，但尚需城市居民的不动产和资产等真实登记数据支持，厘清与房地产税相关的理论问题等，避免产生新的分配不公。

2016年深圳"3·25"和"10·4"调控政策，既有长期政策，更侧重短期政策。有效抑制了房价快速增长，打击了投资型客户，同时也在一定程度上抑制了改善型客户。可以预见，在现有调控政策下，2017年房价将以稳健为主。

随着深圳经济的发展，住房市场供求矛盾集中在供给不足。长期政策尚需侧重增加住房用地供应力度，有效增加商品住房和公共住房供给。如此，才能实现房源供需平衡，真正实现"房子是用来住的"的目标。

（四）商业、办公物业去化周期较长，商务公寓产品继续受关注

自2008年起至2016年末，连续九年新建商业用房和写字楼供应均超成交量。截至2016年底，写字楼累积库存量已达82万平方米，按照目前的销售水平，去化周期需两年半。

因住宅市场限购限贷等原因，商务公寓替代效应逐渐显现。其中，普通商务公寓面积小，总价低，租金回报往往强于同地段住宅；顶级商务公寓丰富了深圳豪宅市场产品种类，以其区位佳品质高继续受市场关注。

（五）城市更新事权下放、门槛降低，更新所供住宅用地同比将再增加

深圳出台多个城市更新政策，加快城市更新高效推进。2017年，市政府落实强区放权，将城市更新项目的审查、报批或者审批等职权下放各区，减少审批环节和时间。同时，降低城市更新门槛，以拆除重建类城市更新为例，部分重点单元合法用地比例从60%降到30%。

2017年城市更新所提供的住宅建设用地将进一步增加。在2016年、2017年城市更新提供的用地中，用于商品住宅建设的分别为42.8公顷、拟75公顷，增长75.23%；用于保障性工程建设的分别为20.8公顷、拟25公顷，增长20.19%。

（六）轨道对接和通道建设可期，临深片区房价联动更趋显著

2017年初，深圳新修订轨道交通线网规划，与临深各市共同推进城际交通。如深圳地铁6号、11号快线直达松岗，将与东莞地铁1号、3号线对接，其中6号线已于2015年开工，11号线已于2016年开通；深圳地铁14号线惠州段接驳惠州南站，16号线也将与惠州轨道接驳，从龙岗坑梓进入大亚湾西区，两条线拟提前至2017年动工；"深中通道"已于2016年12月末正式动工，预计2023年通车连通中山。

随着轨道和通道的开工建设和接驳时间可以预期，湾区城市群的雏形正在形成，临深片区与深圳房价联动亦将更趋显著。

（七）新设机构保障公共住房建设，人才住房规划总量空前

为推进包括保障性住房和人才住房的公共住房建设分配工作，2016年深圳先后成立深圳市住房保障署和深圳市人才安居集团。住房保障署直属深圳市住建局，负责全市住房保障规划和计划的实施，市本级保障性住房和政策性住房项目的建设和筹集、配租配售等工作。人才安居集团作为市属国有独资公司，致力于打造人才安居房投融资、建设和收购、市场化规模化租赁平台。

"十三五"时期深圳将重点加大人才住房建设力度。2017年，计划开工及

房地产蓝皮书

筹集人才与保障性住房 8 万套，供应 4.5 万套，同比上年计划分别提高 33.3%、12.5%。"十二五"期间，人才房配租和配售 5.4 万套，年均供应 1.08 万套。"十三五"期间，深圳计划筹建人才房不少于 30 万套，年均供应 6 万套，两者较"十二五"时期都激增 5.6 倍，与商品房年供应持平。可以预见，深圳市人才住房将与商品住房供给一起二分天下。

国际借鉴篇

International Experiences

B.17

日本老人住宅及其投资

御旅屋彻　前田昌宏　韩宁宁*

摘　要：　日本是世界上老龄化进程最快的国家，未来在推动日益增加的老人住宅的整备工作中，房地产投资市场的资金参与被予以厚望。继2006年5月，J－REITs首次把老人住宅作为投资对象后，有3家医疗养老类REITs成功上市。但其规模的扩大并不如预期。本文整理了日本老人住宅的发展历程及其事业特性，对将老人住宅作为投资对象时的资产特性因素等进行了分析，同时总结了初步以投资老人住宅为主的医疗养老类设施投资市场的现状，希望能够为今后市场的发展提供参考。

关键词：　日本　老人住宅　房地产投资　J－REITs

---

*　御旅屋彻，日本不动产研究所国际部副部长；前田昌宏，日本不动产研究所金融战略部主任；韩宁宁，日本不动产研究所国际部研究员。

一 日本老人住宅的现状

（一）老年人的现状

老年（65岁以上）人口占总人口数的比例被称为老龄化率。通常，老龄化率超过7%时称之为老龄化社会，超过14%时称之为老龄社会，超过21%时称之为超老龄社会。

日本的老龄化率在1950年时还不到5%，经过急速增长后，到1970年迎来老龄化社会的到来，而在之后的短短24年（1994年）就进入了老龄社会①。并且在2007年进入超老龄社会后老龄化率也没有停止增长，2016年老年人口增加至3500万人左右，老龄化率也随之达到27.3%（见图1）。

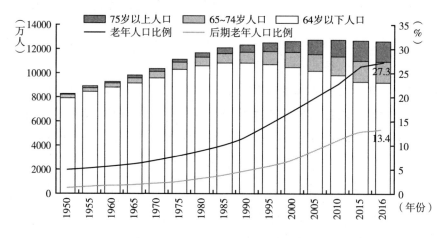

图1　老年人口及老龄化率的走势

资料来源：日本总务省统计局（2016年9月15日统计）。

日本国立社会保障人口问题研究所预计：日本的老龄化率在2025年将突破30%，到2060年约达到40%，届时10人当中就会有4个人的年龄超过65岁。

---

① 法国由老龄化社会进入老龄社会用了115年，瑞士用了85年，德国相对用时较短为40年。与其他发达国家相比，日本老龄化率的进程是极为迅速的。

值得一提的是，第二次世界大战后的婴儿潮（1947～1949年）一代已经成为65岁以上人群，由此老龄化进程相对缓慢的大城市圈也将加快步伐。另外，在核心家庭化等背景下，老人与子女的同住率也从1980年的约70%，下降到1999年的50%以下，而到2014年更是大幅度下降至40.6%。独居或与子女分居的老人家庭在不断增加①。这就意味着不单是老年人口数量在增长，老年人口的分布地区及家庭状况也发生了巨大变化。

（二）看护保险制度

1. 看护保险制度建立的社会背景

在高速老龄化进程中，日本2000年导入的看护保险制度成为为老人医疗及看护提供"社会对应"作用的巨大支柱。该制度建立的社会背景，如下文所述。

20世纪50年代之前，日本国内老龄人口数量较少。1961年建立国民全民保险制度②，随着医疗体制的不断完善，老年人的寿命越来越长，整个社会疾步迈入长寿化时代。1970年以后残疾老年人口数急速增加，而此时日本又处在高度经济增长期工业化进程中的社会背景下，老人与子女共同生活的比例逐渐下降，造成家庭看护能力衰弱。

日本在看护保险制度建立前，属于"措施"制度时代。只有贫困及无法对其提供支援的家庭才可以向行政部门申请"措施"。相关部门接受申请后，通过对申请人的收入及家庭环境的调查，认为符合条件的，可安排其入住提供食宿的公共救济设施——"养老院"。这种"老年人对策＝贫困者对策"的结构，让民众觉得"受福祉救助是一件很丢人的事情"。1963年制定的老人福祉法，将"养老院"改称为"养护老人住宅"，并且增设了以需要看护的老人为入住对象的"特别养护老人住宅"。

在老人福祉政策相对落后的背景下，1973年日本公布了对70岁以上的老

---

① 日本内阁府《老龄社会白皮书》（2016年版）。

② 全体国民加入了任何一种公有的医疗保险制度，生病受伤时就可以拿到医疗补贴。日本在1955年，以自营业者为主的约1/3的国民（约3000万人）没有参加保险成为一大社会问题。因此，1958年日本出台了国民健康保险法，1961年在全国的各市町村开始实施国民健康保险事业。从此"无论是谁""无论在哪""无论何时"均可享受保险医疗的国民全民保险体制得以确立。

人实施免费医疗的政策①，民众观念也逐渐从觉得"丢人"转变为"因为生病了没有办法才入住"，减少了观念抵触，收容老人的医院也因此得到快速普及。然而在收容老人的医院中，也出现了如将老人绑在床上、用药过度、检查过多等问题。但一直到20世纪80年代，老人的"社会性住院" （Social Hospitalisation）衍变成社会问题后才被重视。

上门看护服务，包括日托看护制度，短期入居生活看护制度等是在20世纪80年代后才开始出现的。而真正具有改革性意义的还属1989年老人保健福祉十年战略（即所谓的"黄金计划"）的公布。该计划针对推进上门看护福祉事业具体提出了福祉服务及老人专用设施的整备数量目标，同时为使该计划得以圆满推进，还向全国范围各地方政府（市町村及都道府县）赋予了编制"老人保健福祉计划"的义务。在各地方制订老人保健福祉计划的基础上，对之前的"黄金计划"进行了修改，1994年重新公布了"新黄金计划"。之后，作为其延伸的以2000年为起点的5年计划"黄金计划21"公布实施。

经过了以上的发展历程，日本政府逐渐认识到老人看护问题并不是特定的一部分人群的特有问题，而应将老人与其他社会人群一视同仁，将老人问题当作社会问题来看待。在此背景下，1997年看护保险法出台，2000年4月看护保险制度正式实施，凡经过"需看护"认定的老人，随时可以享受看护服务。

2. 看护保险制度的概要

看护保险制度，财源来自40岁以上人群所缴纳的保险费用（看护保险费用）和税收。由市町村负责运营。老人希望利用看护保险服务时需向市町村提出认定"需支援"或"需看护"的申请，其中，"需支援"分2个阶段，"需看护"分5个阶段（见表1），被接受认定后才能享受保险内服务。看护保险制度实施以来，被认定为"需看护"或"需支援"的老人数量不断增加，2016年认定人数已达到622万人，是2000年的3倍。今后伴随着老年人口的增加，预计"需支援"或"需看护"的认定人数还将继续增加。

从老人利用该制度的立场来看，可以将看护服务分为以下几种：在家即可

---

① 1973年，老人医疗费全免作为国家政策被实施，但本应作为其双翼的预防及健康管理机能被忽视，导致本不需要医疗治疗的老人也都来入院，引发了所谓的"社会性住院"问题，也带来了老人医疗费用的大幅度增加。

享受的服务，需外出接受的服务和在养老设施内接受的服务等。老人依据专业的看护顾问所制订的医疗计划，可根据自己的意愿选择服务和运营公司。看护服务价格（点数）由所利用的内容而决定，"需看护"或"需支援"的程度不同，保险负担额度也不同。通常，在不超过所定额度范围的情况下，利用者只需支付服务费用的10%，其余部分将由看护保险承担①。

表1 按需看护、需支援的程度所划分的保险负担额度（区分支付限度额方式）

需看护·需支援区分	每月看护服务的负担额度	人民币换算（@16.5）
需支援 1	5003 点（约 50030 日元）	3032 元
需支援 2	10473 点（约 104730 日元）	6347 元
需看护 1	16692 点（约 166920 日元）	10116 元
需看护 2	19616 点（约 196160 日元）	11888 元
需看护 3	26931 点（约 269310 日元）	16322 元
需看护 4	30806 点（约 308060 日元）	18670 元
需看护 5	36065 点（约 360650 日元）	21858 元

资料来源：日本不动产研究所根据公开资料整理。

（三）日本的老人住宅

1. 老人住宅的种类

日本的老人住宅设施大体可以分为一般民间公司（营利法人）可运营的设施和社会福祉法人、地方公共团体等运营的公共设施两大类。"收费老人住宅"及近年逐渐增加的"老人专用服务式出租住宅"为一般民间公司运营的设施。与此相对，"特别养护老人住宅""看护老人保健设施"等为社会福祉法人或医疗法人运营的设施（见表2）。

"收费老人住宅"是指安排老人入住，提供饮食，并帮助老人进行日常生活所需的入浴、排泄、饮食等活动的设施。总而言之，就是在提供住处的同时，还提供日常生活所需的服务和设施。可详细划分为看护型、住家型、健康型三类。这三类的不同之处主要在于提供看护服务的方法不同。看护型是指设施的工作人

---

① 但不能同其他看护服务同时使用的看护型收费老人住宅（特定设施入居者生活看护）和特别养护老人住宅等设施服务费用不适用区分支付限度额方式。

员亲自提供看护服务；住家型是指入居者各自与外部的看护服务运营公司签订协议，接受外部公司提供的看护服务（入居者可以自由选择喜欢的外部公司）；健康型是指入居者到需要看护阶段，必须办理退居的设施。此外，后文将具体介绍的采用日额一次性结算方式的看护型收费老人住宅由于看护保险财政资金趋于紧张，2006年导入了总量限制（供应量的调控）政策，该类养老设施的数量增长缓慢。

表2 日本主要的老人住宅设施

设施种类	概要	运营公司	入居对象	看护服务	开设动向
看护型收费老人住宅	饮食·家务支援·健康管理看护	民间公司可	自立~需看护	特定设施入居者生活看护（特定设施）	总量限制对象,供应减缓
住家型收费老人住宅	饮食·家务支援·健康管理	民间公司可	自立~需看护	上门看护等	不属于总量限制范畴,供应增加
健康型收费老人住宅	饮食·家务支援·健康管理	民间公司可	仅限自立	无	供应少
老人专用服务式出租住宅	确认安否·生活咨询+α	民间公司可	自立~需看护	上门看护等批准的特定设施	2011年10月20日新设立,10年供应60万户
集体住家	痴呆症看护（小规模）	民间公司可	需支援2以上	对应痴呆症的共同生活看护	总量限制对象,供应减缓
看护型分售住宅	饮食·健康管理等	民间公司可	以自立为主	上门看护等	供应少
看护老人福祉设施（特别养护老人住宅）	为需随时看护且居家生活困难的老人提供的看护设施	地方公共团体、社会福祉法人等	需看护（原则3以上）	需看护老人专用福利设施	活用国有土地进行开发等
看护老人保健设施（老健）	帮助老人自立回家康复型中间设施	地方公共团体、医疗法人等	需看护	需看护老人专用保健设施	由疗养病床设施演变而来（新型老健）
看护疗养型医疗设施（看护疗养病床）	为有长期疗养需求且需看护老人提供的医疗设施	地方公共团体、医疗法人等	需看护	看护疗养型医疗设施	2017年末有被废除的可能

资料来源：日本不动产研究所根据各种公开资料整理。

近年来急速增加的"老人专用服务式出租住宅"，除了无障碍设计等硬件条件外，还提供老人安心生活支援（确认安否及生活咨询是必带服务）。如果需要看护服务，大多数同住家型收费老人住宅一样，可自由与外部看护服务运营公司签订协议，接受外部看护服务。

　　针对以上设施，根据一般收费标准和入居者的需看护程度，我们划分出了各设施所服务的主要老人类型，如图2所示。

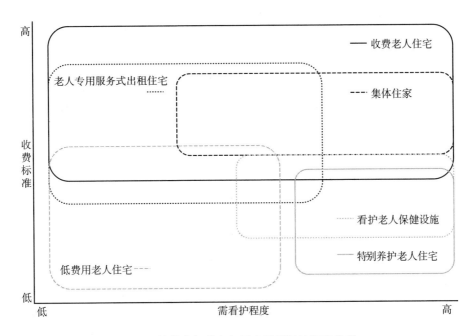

图2　按收费标准和入居者的需看护程度分类

资料来源：日本不动产研究所根据各种公开资料整理。

　　收费老人住宅根据需看护程度的轻重，为不同需求的老人提供不同类型的设施。近年来虽然低价位设施的供应有所增加，但相对而言，以富裕老人为对象的设施占比仍旧很大。

　　2011年开始出现的老人专用服务式出租住宅与收费老人住宅相比，收费标准相对较低。另外，该类设施比较偏重于老人"住居"的理念，因而适合需看护程度较低的老人的设施比较多。

　　此外，收费标准越高，市场规模（对象老人数量）越小，反之则有增加的趋势。基于对老人的平均厚生年金收入等考量，将月收费标准设在15万日元以下的收费老人住宅约有6成，老人专用服务式出租住宅约有7成。

2.看护保险与老人住宅的关系

通常，看护型收费老人住宅所提供的看护服务作为一般型特定设施入居者生活看护①，其适用的报酬体系为日额一次性结算方式，属定额制。依据入居者需看护或需支援的程度及入居天数来计算（见表3），直接支付给收费老人住宅的运营公司。被认定为一般特定设施的老人住宅，需雇用符合相关标准的专业看护、护理人员，直接提供看护、护理服务。

表3　按需看护或需支援程度划分的一般特定设施入居者的生活看护报酬

需看护·需支援区分	平均点数/日	平均点数/月（按30日换算）	人民币换算（@16.5）
需支援 1	179 点/日	5370 点（约 53700 日元）	3255 元
需支援 2	308 点/日	9240 点（约 92400 日元）	5600 元
需看护 1	533 点/日	15990 点（约 159900 日元）	9691 元
需看护 2	597 点/日	17910 点（约 179100 日元）	10855 元
需看护 3	666 点/日	19980 点（约 199800 日元）	12109 元
需看护 4	730 点/日	21900 点（约 219000 日元）	13273 元
需看护 5	798 点/日	23940 点（约 239400 日元）	14509 元

资料来源：日本不动产研究所根据各种公开资料整理。

另外，收费老人住宅中的住家型、健康型设施和没有被认定为一般特定设施的老人专用服务式出租住宅，如前面所述，没有在设施内提供看护服务，因此该类老人住宅的运营公司也不在看护报酬补助范围内。

3.看护型收费老人住宅的收支概况

日本的收费老人住宅在收取费用时，采用入居时先交纳一次性费用的比较多。采用利用权方式②的设施将一次性入居金作为提前收取老人入居后的一定期间的入居费用来考量。收取的金额也因设施而异。根据各收费老人住宅所定的摊销期和摊销率做费用摊销。

看护型收费老人住宅的收支结构，大多也因一次性入居金的设定不同而产

---

① 符合标准的老人专用服务式出租住宅也会被认定为一般特定设施。
② 通过入居时一次性交付入居金后，可获得专用房间及公共部分的终身使用权，是将居住和看护、生活支援等服务提供融为一体的契约方式。支付的一次性入居金按设施所定的摊销期和摊销率进行费用摊销。除了该契约形态外，还有房屋租赁方式和终身房屋租赁方式。

生很大差异。关于老人住宅的收支结构，在图3中以看护型收费老人住宅为例进行详细介绍。

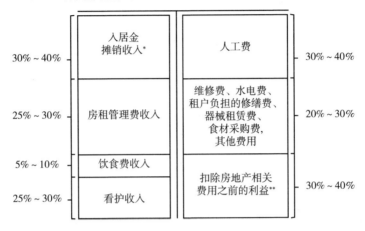

收取较高金额的一次性入居金的看护型收费老人住宅

30%~40%	入居金摊销收入*	
25%~30%	房租管理费收入	
5%~10%	饮食费收入	
25%~30%	看护收入	

人工费	30%~40%
维修费、水电费、租户负担的修缮费、器械租赁费、食材采购费，其他费用	20%~30%
扣除房地产相关费用之前的利益**	30%~40%

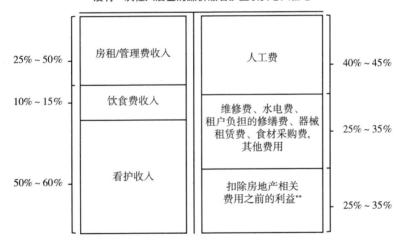

没有一次性入居金的廉价版看护型收费老人住宅

25%~50%	房租/管理费收入
10%~15%	饮食费收入
50%~60%	看护收入

人工费	40%~45%
维修费、水电费、租户负担的修缮费、器械租赁费、食材采购费，其他费用	25%~35%
扣除房地产相关费用之前的利益**	25%~35%

图3　老人住宅的收支结构

注：＊一次性入居金除以入居者的平均轮换期间推算的单年度收入额。

＊＊是指扣除看护部分所对应的营业费用后的利润，再从该利润中扣除房地产相关费用（老人住宅设施如果是运营公司租赁的情况下指房屋租金，如果是运营公司自持房屋的情况下指持有该房屋所需缴纳的税费以及保险费和房屋维修费用等）后，余额即为运营公司的纯利润。

资料来源：日本不动产研究所根据各种公开资料整理。

4. 老人住宅的供应动向

2016 年 4 月，日本的老人住宅设施总计有 50369 家，房间数约 201 万户。民间公司运营的设施中，看护型收费老人住宅、住家型收费老人住宅、老人专用服务式出租住宅、集体住家各有约 20 万户，约各占总数的 10%（见表 4）。

表 4　分类型的设施数和房间数

类型	设施数（家）	房间数（户）	需看护者（人）	对自立者（人）	每家设施平均房间数（户）
看护型收费老人住宅	3735	210557	185819	24738	56
住家型收费老人住宅	7528	200692	193190	7502	27
健康型收费老人住宅	16	549		549	34
看护型分售住宅	64	10068		10068	157
老人专用服务式出租住宅	6043	195657	160206	35451	32
集体住家	12972	197857	197857		15
特别养护老人住宅	9461	570904	570904		60
看护老人保健设施	4205	369187	369187		88
看护疗养型医疗设施	1424	62687	62687		44
其他	4921	195851	53415	142436	40
合计	50369	2014009	1793265	220744	40

资料来源：Tamura Planning&Operating，《高龄者住宅·全国数据（2016 年版）》。

看护型收费老人住宅从看护保险制度设立后到 2006 年为止，设施数量一直在平稳增长。但之后因财政问题，大部分的地方政府对同类型的设施供应采取了抑制姿态，使得该类设施的新供应量逐渐减少。

而只提供饮食服务，看护服务由外部的上门看护服务公司提供的住家型收费老人住宅的供应量却不断增加。2000 年，住家型收费老人住宅的房间数仅相当于看护型收费老人住宅房间数的一成左右，但最近统计结果显示两者房间数几乎相同。这种情况主要是因为受看护型收费老人住宅总量限制政策影响，新设门槛较低的住家型收费老人住宅的供应量大幅度增加。

另外出于相同原因，2005 年新设的老人专用出租住宅和作为其延续政策的2011 年创设的老人专用服务式出租住宅，也同住家型收费老人住宅一样，供应量得以平稳增长。加上补助金及税制方面的优惠等政策的推动，该类设施的房间数量在短时间内就追上了看护型收费老人住宅和住家型收费老人住宅。

二 日本老人住宅的事业特性与资产特性

（一）老人住宅的事业特性

1.受经济环境影响较小

除面向自立老人或需支付高额一次性入居金的设施以外，大多数的入居者均因为在自家生活困难等原因而不得不入住老人住宅。从事业性房地产的角度来看，与具有类似性质的酒店等相比，其入住率等不易受到经济环境变化的影响。虽然存在后文中介绍的制度变革风险，但对于前面所述的采用日额一次性结算方式的设施来说，依据看护保险制度，根据入居者需看护、需支援的程度基本可确保一定收入。如果是已经达到一定入住率、运营进入稳定期的设施，其收支相对稳定，也比较容易做出预期判断。

2.对于费用的感应度高

一次性入居金和月费的设定，对入住率有着较强的影响。根据金额的设定可以调控目标客户群，相反，如果对金额的设定出现失误，可能会造成长时间低入住率的后果。这也就是所谓的市场风险。

3.可建立在多种区域

除面向自立老人或以富裕老人为客户群的昂贵设施以外，如果将老人设施建立在老人相对集中的地区，拥有一定的服务品质，收费标准设定与周边环境相匹配的话，即使不是在便利的城市中心或清静的住宅区，也可维持稳定的入住率水准。与一般租赁住宅事业相比较，老人设施的看护报酬基本上是全国统一的，因此有在更加广泛的地区成立事业的可能。

4.依附于看护保险制度的收支结构

虽然因各住宅设施提供的看护服务类型和经营理念不同，受到看护保险制度影响的程度也不尽相同，但看护保险收入在总收入中占有一定的比例（见图3），因此每三年进行一次的看护报酬修订，会对收入产生一定程度的影响。

初次制定看护保险制度时（2000年），日本的看护保险费用约为3.6兆日元，而15年后就增长至10兆日元，大大加大了各地方政府的看护保险财政压力。因此过去的看护报酬的修订，是为了保证今后即使老年人口不断增加也可

以维持看护保险制度的延续，着重于补助费用的效率化、重点化。因此，与厚生劳动省所引导的看护保险行政方向的吻合情况、看护保险收入占总事业收入的百分比的多寡，都会带来总收入大幅度减少的风险。

另外，看护服务指定标准中对人员的标准①要求越来越严，由此带来的人工成本增加风险、各地方政府对总量限制对象的老人设施的新设观点不同，而带来的竞争环境变化风险等，具有事业收支受制度变革等外部原因所左右的特性。

5. 劳动集约型事业

老人住宅事业中最大的费用支出项目就是人工费。人工费方面，根据看护服务类型，对各职别的人员配备有非常详细的规定，同时因专业看护士等部分职种的人员有限等，即使在收支恶化的情况下也很难实施大幅度的削减、效率化等措施。另外，除了食材采购费外成本部分占费用项目比例极低，即在固定费用占比较高的收支结构下（见图3），收入的减少直接导致利润的减少。

6. 一次性入居金方式所面临的入居者长寿风险

收取一次性入居金的老人设施，入居者交付的一次性入居金的摊销额是收入的一部分（见图3）。因而存在入居者实际的入居时间超过当初预测的收入摊销时间所带来的风险。很多设施由于对入居者对象锁定的失误，一次性入居金的摊销结束后仍有很多入居者继续生活，造成即使实现了零空室仍然会入不敷出。

（二）老人住宅的资产特性

1. 设施用途变更比较困难

虽然老人住宅在硬件上具有老人住居设施的特性，但考量其房间的设计布局和公共部分比例较大等条件，该类设施缺乏通用性，很难用作他用。从软件上看，作为老人住居设施具有较强的社会性质，采用利用权方式的住宅设施，与入居者签订了终身利用协议，所以强行驱赶入居者是不现实的，因而加大了该类设施用途变更的难度。

---

① 收费看护型老人住宅和被指定为特定设施入居者生活看护的老人专用服务式出租住宅，根据看护保险法对人员体制有最低标准要求。看护与护理人员的最低配备标准为3∶1（即对3位需看护或需支援2的老人最少需配备1名看护人员）。另外，对设施长（专职管理者）、行政人员、生活咨询员、专业看护士、机能训练指导员、医务人员、营养师、调理员的人数也有详细的标准要求。

2. 由单体运营公司整体租借产生的运营风险

对于老人住宅的运营,运营公司多采用整体租借房屋的运营方式。如此一来,设施的所有权人获得的收入主要来源于运营公司交纳的房租。这种投资的成果受运营公司的运营能力影响较大,也就是所谓的"运营风险"。

3. 资产规模小,投资效率低

日本的老人住宅以地方城市的设施为主,且低于 10 亿日元的设施较多,与其他资产类型相比,该类资产规模尚且较小。再加上投资老人住宅时,需进行特有的事业风险管理,为此要求投资者具备老人住宅相关的丰富的信息、经验和高度的管理能力。因此与一般资产的投资相比该类资产投资的效率较低。

三 老人住宅的投资及其新动向

(一)概要

2006 年 5 月,LCP REIT(现 Invincible Investment Corporation)收购了一家看护型收费老人住宅。这也是 J – REITs 收购老人住宅的第一个案例。

之后,本以为 J – REITs 对老人住宅的收购活动会更加活跃,但受 2007 年美国次贷危机引发的 2008 年全球性金融危机的影响,日本国内的房地产投融资骤减,J – REITs 对老人住宅的收购案例在之后很长一段时间里都没有再出现。直到 2012 年 9 月,ORIX REIT 成功收购了一家看护型收费老人住宅,才填补了这段空白。

继 2012 年 9 月 ORIX REIT 收购老人住宅之后,2013 年 4 月 Advance Residence REIT 收购了老人专用服务式出租住宅,2013 年 6 月 Daiwa House Residential REIT(现 Daiwa House REIT)收购了看护型收费老人住宅,2014 年 2 月 Hulic Reit 成功收购了 4 家看护型收费老人住宅等,J – REITs 对老人住宅的收购活动开始频频出现。国土交通省土地建设产业局于 2014 年 6 月,公布了《以老人住宅为投资对象的医疗养老类 REITs 的活用指南》,为医疗养老类 REITs(以老人住宅、医院等医疗养老类设施为主要投资对象的房地产投资信托)的创建提供了良好的发展环境。

在上述政策的推动下,2014 年 11 月,日本首个医疗养老类 REITs-Nippon

Healthcare REIT 成功上市，随后 2015 年 3 月 Healthcare & Medical REIT、2015 年 7 月 Japan Senior Living REIT 也相继上市。截至目前，日本上市医疗养老类 REITs 总共有 3 家。

最新数据显示，日本国内老人住宅的投资总额约为 2349 亿日元。其中，包括医疗养老类 REITs 在内的 J - REITs 投资金额约为 1021 亿日元，私募型基金及私募型 REITs 投资金额约为 735 亿日元[①]，新加坡的 Parkway Life REIT 投资金额约为 443 亿日元[②]，Healthway Medical Development 投资金额约为 150 亿日元[③]。

（二）医疗养老类 REITs

目前在日本上市的 3 家医疗养老类 REITs 的简介如表 5 所示。其中，Nippon Healthcare REIT 的发起人为株式会社大和证券集团本社，Healthcare & Medical REIT 的发起人为株式会社三井住友银行等，Japan Senior Living REIT 的发起人为 Kenedix，Inc. 和株式会社新生银行等。

各家医疗养老类 REITs 的资产规模从 193.18 亿日元到 384.44 亿日元不等，作为 REITs 来讲规模还相对较小，资产规模扩大的空间有待提升。

表5　医疗养老类 REITs 状况

REITs 名称	资产规模	资产组合构造方针	资产运用公司	资产运用公司股东等
Nippon Healthcare REIT(东证3308)	193.18 亿日元	三大城市圈①50%以上 人口 20 万以上的城市 50%以下 其他城市 10%以下	Daiwa Real Estate Asset ManagementCo., Ltd.	Daiwa Securities Group Inc. （AIP Healthcare Japan GK 为顾问公司）
		老人设施与住宅②60% 以上 医疗设施 40%以下 其他 10%以下		

---

① 一般社团法人不动产证券化协会：第 11 回《会员对象　不动产私募基金实态调查》（2015 年 12 月）。
② Parkway Life REIT 网站（截至 2016 年 12 月 31 日）。
③ 日经不动产市场情报（2013 年 5 月 1 日）。

续表

REITs 名称	资产规模	资产组合构造方针	资产运用公司	资产运用公司股东等
Healthcare & Medical REIT（东证3455）	384.44 亿日元③	三大城市圈④、中核城市圈⑤80%以上 其他20%以下	Healthcare Asset Management Co., Ltd.	Ship Healthcare Holdings Co., Ltd. NEC Capital Solutions Limited Sumitomo MitsuiBanking Corporation Sumitomo Mitsui Finance andLeasing Company, Limited SMBC Friend Securities Co., Ltd.
		老人设施与住宅⑥、医疗相关设施等 80%以上 其他20%以下		
Japan Senior Living REIT（东证3460）	281.65 亿日元⑦	老人生活设施⑧70%以上 医疗设施⑨30%以下	Japan Senior Living Partners, Inc.	Kenedix Group HASEKO Corporation Shinsei Bank, Limited Mitsubishi UFJ Trust and Banking Corporation LIXIL Group Corporation Sompo Japan Nipponkoa Insurance Inc.

①东京都、神奈川县、千叶县、埼玉县、爱知县、三重县、岐阜县、大阪府、京都府、兵库县、奈良县、滋贺县。

②收费老人住宅、老人专用服务式出租住宅及其他老人设施或住宅。

③包含收购计划中的资产。

④东京都、神奈川县、埼玉县、千叶县、大阪府、京都府、兵库县、爱知县。

⑤三大城市圈以外的政令指定都市、县政府所在城市以及地方中坚城市。

⑥收费老人住宅、老人专用服务式出租住宅、痴呆症老人集体住家及其他老人设施或住宅。

⑦包括对SPC（合同会社KSLF8）的匿名出资份额。

⑧看护型收费老人住宅、住家型收费老人住宅、健康型收费老人住宅和老人专用服务式出租住宅等。

⑨医院、诊所、医疗中心、看护老人保健设施及其他。

资料来源：日本不动产研究所根据各种公开资料整理。

收购设施以收费老人住宅为主。其中，看护型居多，其次为住家型。值得一提的是，Japan Senior Living REIT 对看护老人保健设施也进行了投资。

从设施收购价格的地区分布来看，每家医疗养老类REITs都在首都圈、中京圈、近畿圈（三大城市圈）持有半数以上的资产。其中在三大城市圈内所持资产比重最高的是Healthcare & Medical REIT，达到约90%。相比之下，Nippon Healthcare REIT并未持有东京都内的设施，并且在三大城市圈内的资产比重约为60%，在三家医疗养老类REITs中占比最少。

此外，Japan Senior Living REIT在滋贺县和北海道地区的资产比重较高，是因为该REIT在这两个地区持有的设施规模较大。

（三）房地产投资市场情况

纵观医疗养老类REITs从创立至今的发展历程，医疗养老类REITs上市前后，老人住宅的收购竞争愈演愈烈，导致该市场发展过热。此种情况在日本不动产研究所进行的不动产投资家调查结果中也有所体现（见表6）。

表6 不动产投资家调查概要

调查方法	问卷调查(电子邮件或邮寄)
调查对象	资产运用公司、房地产开发商、生命保险公司、商业银行、融资公司、投资银行、年金基金、房地产租赁公司等
调查时间	每年公布4月1日和10月1日时点结果(每年2回)
回答公司数	2016年10月1日调查回答公司数为161家
留意点	统计结果采用各回答的中位数为代表值

不动产投资家调查问卷调查结果的历年走势如图4所示。

从中位数变动情况来看，J-REITs首次收购看护型收费老人住宅的2006～2007年的期待投资回报率有小幅度下降，2007年10月下降至5.9%。之后受2008年全球性金融危机（雷曼危机）的影响，日本国内的房地产投融资骤减，期待投资回报率在2010年4月快速上升到8.0%。

之后虽然期待投资回报率有小幅下降，但直到2012年J-REITs再次收购老人住宅为止，一直保持在7.0%左右的水准。从2013年开始，以J-REITs为代表的老人住宅收购交易明显增多，2014年6月国土交通省土地建设产业局公布了《以老人住宅为投资对象的医疗养老类REITs的活用指南》，为医疗养老类REITs（以老人住宅、医院等医疗养老类设施为主要投资对象的房地产

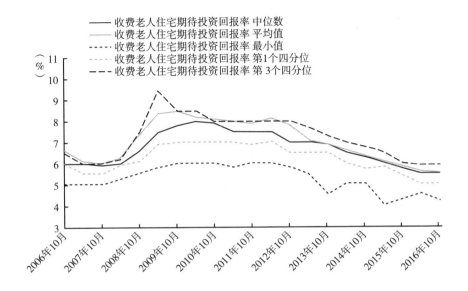

图4　老人住宅期待投资回报率走势情况

资料来源：日本不动产研究所《不动产投资家调查》。

投资信托）的创建提供了良好的发展环境。受其影响，期待投资回报率在2014年10月下调至6.3%。2014年11月至2015年7月，医疗养老类REITs的上市带来的期待投资回报率进一步下调，2015年10月降至5.7%，低于2007年10月（5.9%）金融危机前的水平。

2015年10月以后，随着医疗养老类REITs的成功上市，物业收购竞争也有所减弱。2016年4月及10月的期待投资回报率均为5.5%，下调幅度趋缓，显示该市场已逐渐走向稳定。

（四）新动向

前文简单介绍了老人住宅房地产投资市场的发展历程。而实际上，医疗养老类REITs上市之后并未像预期一样顺利获取资产。

其背景原因可以从以下几个方面进行考察。

首先，从供给面来看。可以归结于日本国内收费老人住宅及老人专用服务式出租住宅等老人住宅的所有权人属性。

如图 5 所示，上述所有权人大部分为私人地主。私人地主出于获取长期稳定的租金收益或作为继承税对策等考量，很少愿意出售持有房产，导致既有设施的市场供给受到限制。

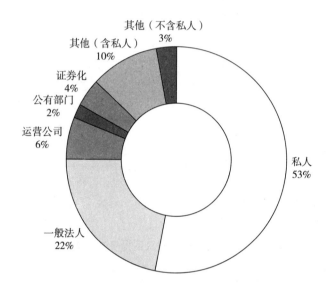

图5　日本国内收费老人住宅所有权人属性

资料来源：Sumitomo Mitsui Trust Research Institute Co. , Ltd.
《海外医疗养老类 REITs 调查研究报告书》，2015 年 12 月。

其次，从需求面来看。随着把老人住宅作为投资对象这一投资方式被逐渐认知，此种投资需求也开始逐渐增加。为了获取设施，医疗养老类 REITs 与私募型基金、一般公司相竞争的局面也时时出现。

同时，医疗养老类 REITs 在竞争中失败的原因之一在于对折旧费用的认知差异。折旧费用作为房屋租赁收支的费用项目，通常对于将租金收益几乎全部用于股息分配的 REITs 来说，为了确保更多的股息分配，会希望折旧费用越少越好。而对于一般公司来说，因为租金收益为法人税计算对象，所以从节税观点出发，并不抵触折旧费用的增加。也正是此种认知差异，需确保一定水平以上的折旧后回报率（扣除折旧费后的运营收益÷收购价格）的医疗养老类 REITs 经常在收购竞争中败于一般公司。

另外，养老行业本身以中小型企业为主，因此符合医疗养老类 REITs 投资标准的运营公司较少。加上老人住宅设施大多规模较小，投资效率较低，其中可以达到医疗养老类 REITs 所要求的一定规模以上①的设施更是少之又少，这也是造成 REITs 得不到投资资产的原因之一。

虽然医疗养老类 REITs 目前面临着以上种种问题，但为了扩大资产规模也开始有了新的举动。即构筑新的投资架构②。在老年人口逐渐增多的三大城市圈，收购符合自己投资标准的运营公司所开发的新设施。

第二次世界大战后的 1947～1949 年，全日本的出生人口约 800 万人（即所谓的婴儿潮一代），这一代人到 2025 年时将超过 75 岁，届时预计看护需求将大幅度增加。因此推断，今后医疗养老类 REITs 利用上述架构进行收购的案例将逐渐增加。

同时，因为婴儿潮一代经历了战后日本经济的高速成长期，是具有创新精神、自我表现欲望比较强的一代人。目前，一部分以健康老人为对象的老人住宅开始登场。这类设施在满足婴儿潮一代所追求的充实的退休生活的同时，也消除了他们对未来需看护时的不安。在政府看护补助金支付压力日益增大的社会现状下，增加看护收入占总收入比重较低的老人住宅③数量的合理性也渐渐被认同。站在资产组合多样化的观点来看，这类老人住宅设施的收购案例未来将有所增加。

（五）其他

医院虽然也被列为医疗养老类 REITs 的投资对象，但由 J–REITs 收购的案例目前并没有出现。

这主要是因为医院与老人住宅不同，其所有权人多为专门经营医院的医疗法人，而医疗法人与房地产证券化之间的需求并不匹配。换言之，希望通过房地产证券化来确保资金流的医院大多经营状况并不良好，而运营困难的医院又

---

① 例如，Nippon Healthcare REIT 的投资标准是原则上要求投资对象每处设施平均在 5 亿日元以上或有 30 个以上的房间。

② 因医疗养老类 REITs 依法无法收购未建成的设施，所以开发主体一般为租赁公司。

③ 提供看护服务的老人住宅设施的收入除了包括入居者缴纳的房租、管理费、饮食费等以外，还包括提供看护服务时的看护报酬。把入居者缴纳的房租、管理费、饮食费等费用称为个人支付（Private Pay），把看护保险制度下的看护报酬称为公共支付（Public Pay）。在社会保险财政紧缩的情况下，为了减小看护报酬的减额风险，有必要提高个人支付的比例。

很难成为医疗养老类等 REITs 的投资对象①。另外，对于经营状况良好的医疗法人来说，如有资金需求，作为优良融资客户，当地的金融机构会提供长期且利息较低的融资，并不需要通过成本相对较高的房地产证券化来满足资金需求。

目前医院投资的情况如上所述，但日本的医院多数竣工于 1985 年以前②。今后这类医院的重建需求预计将逐渐浮出水面。而医院的重建需要大量资金，届时通过医疗养老类 REITs 来解决资金问题的这一方案也将被关注③。

（六）总结

日本是世界上老龄化进程最快的国家，今后也需要继续推动促进老年住宅的整备工作。如上文所述，加大老人住宅的供应工作迫在眉睫，也就是量的扩大。以医院为代表的医疗专用设施，也急需通过改建或重建来改善建筑物本身的老朽化、提高抗震结构等。而单靠公共资金的力量已无法满足质与量双方面的改善需求，因而活用房地产投资市场的资金来推动老年住宅的供给和医院的机能更新，促进超高龄社会的基础建设为众望所归。

特别对于医疗养老类 REITs，我们期待着其能发挥独有的特性和功能④，对其作为投资主体的成长也报有很大期待。（1）促进直接活用民间资金带来的多样化医疗设施的供应增加；（2）医疗设施的所有权与运营权的分离；（3）医疗设施类房地产市场的形成；（4）房地产的长期稳定持有；（5）确保住宅设施运营的透明化；（6）资金筹措手段与运用手段的多样化。期待以医疗养老类 REITs 为代表的房地产投资资金，能够更好地运用于老人医疗设施的建设。

---

① 对于这类医院，有通过开展医疗咨询业务进行医院再生的私募型基金来解决资金需求的案例，是把房地产流动性作为一项选择的案例。
② 1980 年第一次修改了医疗法，由于医疗设施的数量在全国基本达标，因而对病床数量进行了限制。此法实施之前，掀起了一波开办医院的大潮。
③ 另外，作为医疗法人 M&A 的派生，房地产流动化也开始被检讨，而医疗养老类 REITs 有可能起到最终持有人的作用。
④ 国土交通省：《为促进医疗养老设施供应活用不动产证券化手法和对其稳定利用的确保相关问题的研讨委员会"汇总》，2013 年 3 月。

B.18
"信用违约互换"业务的
中美比较及其借鉴意义

陈　北[*]

摘　要： "信用违约互换"于2016年9月23日正式落地中国。本文对
这一金融工具在数理与法理上进行了解析，并比较它对中、
美两国金融市场的影响后发现，中国的金融创新需要"信用
违约互换"的积极参与，"信用违约互换"的运作首先应该
回归其保险属性，使之用于转移中国在海外的投资风险，即
用于中国债券国际化进程中"一带一路"的方向上，这才是
"信用违约互换"在中国发展的战略方向和应有之义。展望
2017年以及未来的十年，中国有把教育定价的泡沫叠加到房
价之上的趋势。即中国大城市学区房的价格有可能在"信用
违约互换"的助推下出现大幅飙升。因此，未来几年内，监
管当局对"信用违约互换"的利用必须审慎，做到有的放矢。
原则上"信用违约互换"不再适宜借助国内债券市场创造和
衍生金融杠杆，其发展方向应由国内转向海外市场。

关键词： "信用违约互换"（CDS）　保险　学区房　债券市场　"一
带一路"

"信用违约互换"（Credit Default Swap）作为一款金融衍生工具，在国际

---

* 陈北，金融学博士，中国社会科学院世界经济与政治研究所。

金融市场上被简称为 CDS，2008～2019 年它曾经在全球金融海啸中臭名昭著，并被学界认为是那次危机的直接导火索，甚至业界普遍认为它就是引发那次金融海啸的元凶。然而时隔八年，"信用违约互换"（CDS）却在中国落地——2016 年 9 月 23 日，中国银行间市场交易商协会公开发布了《信用违约互换业务指引》（以下简称《指引》），此举被认为是中国版的"信用违约互换"（CDS）正式出台。中国在已有美国前车之鉴的前提下，为何还要祭出 CDS，原因何在？在《指引》出台不到一个月的时间内，中国一线城市的房价以井喷之势发生暴涨，其态势之猛，引起世人广泛关注。中国的"信用违约互换"（CDS）到底意欲何为？

2016 年 9 月 30 日后，中国一线城市房价在以北京为首的地方政府的强行干预下①，经历甚嚣尘上的躁动后得以尘埃落定。随后，12 月 21 日召开的中共中央政治局财经领导小组会议，明确提出要"抑制房地产泡沫"。至此，焦躁不安的 2016 年中国房价暴涨之势，终于在场外力量的强势干预下得以全面平息。当一切同房价相关的信息烟霾散尽之后，人们不禁会回头再度审视造成这一现象的根源，并由此生发出对"信用违约互换"（CDS）的种种探究——为什么说《信用违约互换业务指引》是中国版的 CDS，它的出台何以致使房价产生如此后果，CDS 这个最初诞生于美国华尔街的金融工具究竟是什么，它有什么功能，有何潜在风险，有哪些交易主体可以介入，交易规则是什么，中国版的 CDS 与华尔街的 CDS 有区别吗，到底有什么不同，中国版的 CDS 仅仅存在于房地产金融领域吗，如果并非如此，将它至于何处才算物尽其用，中国的监管应当如何应对才能让它服务于中国的经济建设。

一 "信用违约互换"落地中国给房价带来的影响

"信用违约互换"通俗地讲属于一种类似杠杆原理的金融工具，理论上，

---

① 2016 年 9 月 30 日，北京市政府为稳定房价出台了一项包含八条约束措施的政策，对首付比例、"二套房"概念界定、土地供应政策等几个热点问题进行了重新规定。同此前的规定相比，在购房标准上均有较大幅度的提升，使得投机性购房行为暂时得到有效的遏制。具体内容详见北京市政府网北京政务信息，http://zhengwu.beijing.gov.cn。

金融杠杆以金融机构为支点，以市场商业信用的强弱作为金融杠杆本身的大、小、长、短。杠杆的一端是资金，另一端是实物资产。由于金融杠杆完全由人为创设，因此，杠杆的软硬程度即"信用水平"的高低，很大程度上由金融机构出具的评级报告加以评判，因此，在资本市场，杠杆类金融工具天生就是私募基金和保险公司关注的对象，即私募基金本能地关注它的潜在收益，而保险公司几乎凭嗅觉就可以锁住它的风险回报。再加上学界泊松、辛钦、伯努利、科莫格罗夫、马科维茨、法玛、席勒等①对金融风险与投资收益之间线性关系的发现，这让保险公司在宽松的市场环境下，为了追求效率，几乎可以把"信用违约互换"的杠杆延展到极致。通俗地讲，为了能够撬动杠杆一端的实物资产例如房子、车子等，金融机构可以最大限度地创造杠杆可能延展衍生的长度，同时在杠杆另一端投放尽可能少的资金。如此一来，在众所周知的杠杆原理的作用下，实现以有限的资金最大限度（最有效率）地撬动大额实物资产并使之在市场运行的效果。这就是人们通常所说的衍生性金融产品。

"信用违约互换"（CDS）这一工具最早是由深谙保险之道的国际投资银行发明，并率先在美国保险集团 AIG、瑞银集团以及类似的私人保险公司以财产保险产品的形式出售，于是所有的金融交易在形式上受到"资金不会违约"的保护。布鲁斯·雅各布（Jacob）②认为，私募基金在这些保险机构中起到放大融资杠杆的作用。大样本统计数据表明，能够搭上 CDS 便车的资产，其出现价格溢价绝对是大概率事件，即出现价格泡沫的情况。"信用违约互换"（CDS）一旦介入房地产领域，伴随着房屋交易的放量，房价上涨事件的发生就会如上所述而成为大概率事件。

中国的 CDS 落地中国市场的标志是中国银行间市场交易商协会于 2016 年 9 月 23 日在其网站上正式发布《信用违约互换业务指引》这一举动。在此举的作用下，人们可以清晰地看到中国一线城市——北京、上海、广州、深圳的房地产市场价格及成交量随之出现明显变化（见图 1）。

---

① 泊松、辛钦、伯努利、科莫格罗夫、马科维茨、法玛、席勒等人是保险资产定价领域内的学者或者专家。

② Bruce I. Jacobs. （2009）, Tumbling Tower of Babel: Subprime Securitization and the Credit Crisis, *Financial Analysts Journal*, 65（2）, pp. 17–30.

房地产蓝皮书

北京房产价格趋势
二手房1月均价61320元/平方米，环比：2.49%↑，同比：39.82%↑
新房11月均价41292元/平方米，环比：0.84%↑，同比：18.04%↑

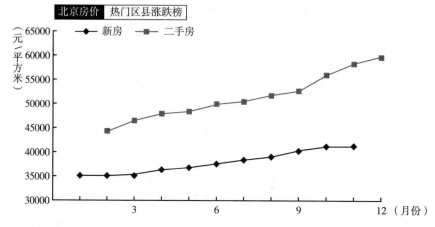

上海房产价格趋势
二手房1月均价53473元/平方米，环比：1.12%↑，同比：31.50%↑
新房11月均价45847元/平方米，环比：0.88%↑，同比：0.88%↑

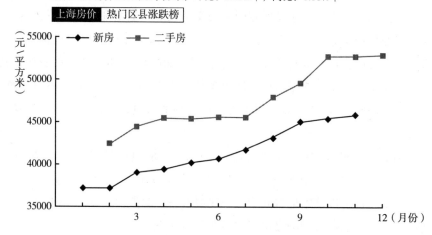

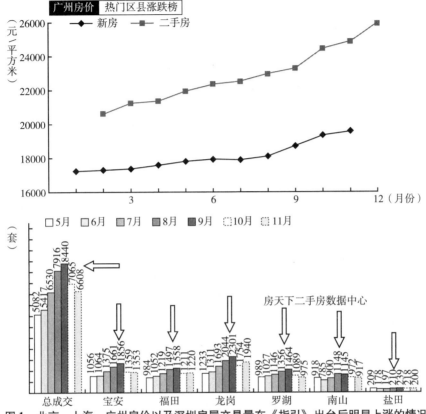

图1　北京、上海、广州房价以及深圳房屋交易量在《指引》出台后明显上涨的情况

资料来源：搜房网（统计截至 2017 年 1 月 30 日）。

　　为了进一步说清楚中国一线城市的房价是"信用违约互换"（CDS）出台所致①，我们观察图 1 中国一线城市房价与交易量变化情况，发现有两个问题

① 中国版 CDS 出台直接导致房价上涨除了 CDS 理论依据外，从中国当时的宏观经济基本面上观察，我们还会发现中国的资本账户在该时期并没有放开，资本自由流动领域受到资本管制的约束，不存在大量外部游资进入内地市场炒作房价的空间。而此前政府一直在干预房价的上涨，即便是 3 月 30 日的购房行政（"330 行政"）也只是相对温和的政策，从图 1 房价的时间变化上就可以看出，北、上、广三市房价的变化是缓步复苏的态势。在市场没有受到任何明显刺激的情况下，房价从 9 月开始普遍在中国一线市场绝地反弹，由此可以进一步说明，9 月 23 日 CDS 落地中国市场，是内地一线城市房价突变的直接诱因。

需要进一步解释。一是为什么北京、上海、广州三个城市二手房的价格涨幅高于新房价格的涨幅；二是为什么深圳房地产市场的变化要用交易量来显示而不仅仅是用房价来表明。

首先是2016年9月以后北京、上海、广州三个城市的新建商品住房与二手房的房价都出现了较大幅度的上扬。这一现象本足以反映9月23日CDS落地中国给房地产市场带来的影响①。但是笔者发现，北京、上海、广州三个中国一线城市中的二手房价格涨幅尤其明显，而且此现象几乎在同一时段出现在三个城市中，这背后的原因何在呢？

事实上，改革开放后，特别是住房改革以来，房地产经过近20年的发展，已经解决和满足了绝大多数居民的住房需求，房地产特别是住房市场已经告别了供不应求的局面②。尽管房地产库存的成因复杂，但是，从2010年起国务院的一系列限购政策成了商品房尤其是住宅市场商品库存增长的有力推手。由于2016年的中国经济基本面仍有可能呈现步履缓慢的态势，因此仅仅2016年1月中央银行就新增货币2.51万亿元人民币，加上本来就存在贬值预期的人民币走势，经济基本面的下行压力不容小觑。恰恰此时的股票市场风声鹤唳，房地产在居民资产中的保值增值地位得以凸显。于是信贷激增导致了改善型刚性需求所引起的由二手房主导的中高端房地产价格持续升温的现象③。且这一现象在北上广深等一线城市表现得尤为突出。笔者认为，2016年的房价井喷的背后正是"改善"需求动力加上一线城市房价居高不下的价格压力，在双重合力下促成，由此激化了一线城市中产阶层的刚性需求。究其原因，刚性需求的主要支撑在于中国特殊的人口结构。

众所周知，中国长期的计划生育政策④、传统教育观念以及人们对健康保健的需求合力，使得中国具备购房能力的家庭，把子女教育、就近医疗的需求聚焦在对改善性购房的需求上。而中国在城市化过程中，教育资源和社会医疗

---

① 在《指引》发布之前，已经有媒体和机构向市场不断透露"信用违约互换"（CDS）即将问世的消息，笔者认为这是有意在向房地产市场释放货币政策的宽松信号。

② 尚教蔚：《房地产"去库存"：路径选择与对策建议》，《中国房地产蓝皮书》，社会科学文献出版社，2016，第351页。

③ 靳瑞欣：《2015~2016年北京存量房市场分析》，《中国房地产蓝皮书》，社会科学文献出版社，2016，第164页。

④ 中国从20世纪70年代开始至2015年10月，全面推行计划生育政策，并从1982年起，将该政策定位为基本国策，其标志是《中华人民共和国人口与计划生育法》的颁布。

保障资源的有限性，使得最优质的资源几乎悉数集中到大城市，尤其是一线大城市的老城区，而多数老城区的城市改造已经完成，可供开发的新建住房项目有限。于是，北、上、广、深四个一线城市市区内中高价购房需求就主要依靠二手住房来替代。具体而言，市区内二手房多数情况下地处学区和大型三级甲等医院附近，在中国传统文化中，家庭重视子女教育的观念从"孟母三迁"时就已经根植于家庭教育子女的理念中，而中国教育体制中的高考体制是社会个体打破社会阶层壁垒，实现个人阶层向上流动的重要通道之一。同美国不同的是，中国的名牌大学、重点中学、重点小学和重点幼儿园的周边多是开发成熟的老住宅区，与之相配套的三甲医院、超市、银行、保险以及市政配套设施一应俱全。可以为子女教育、就业和医疗等重要需求提供优质且高效的保障。因此，住房改善型需求逐步把对教育、医疗和就业的需求，转化为对市区二手房的刚性需求，从而迫使有此类需求的购房群体采取"卖一套自住房与买一套自住房"同时进行的购房方式来改善住房需求。根据笔者调查了解，此类购房群体多为中国的中产阶层。

来自《金融时报》的统计显示，首套房①购房的消费者在改善性住房问题上对银行按揭的需求旺盛，自 2014 年后明显上升的数据也在进一步支持这一判断。这一刚性需求为 CDS 的推出起到推波助澜的作用②（见图 2）。

其次要解释的是 CDS 落地后的深圳房地产市场的变化。笔者为什么倾向于用房地产交易量来说明市场变化，而有别于北、上、广三个城市仅用房价来说明问题的做法。

深圳二手房价格走势在 9 月事实上同北、上、广相似，也处在价格上升的通道中，但是略有不同的是，深圳价格对《指引》出台的反应没有北、上、广的反应明显，但是其成交量在 9 月却一枝独秀，统计显示深圳二手房成交量

---

① 首套房，中国房地产对"首套房"概念的界定由中国人民银行规定。2014 年以前界定为：以消费为目的的首次购买的住房。此后将此概念的外延放松，把只有一套住房且在贷款还清后再次购买的家庭也认定为首套房家庭，并对此类购房者执行首套房按揭政策，令其享受按揭优惠。

② CDS 的出台，当然不仅仅是房地产领域在推波助澜，其背后有着复杂的宏观政治经济背景，其中一个重要的原因是中国金融当局在考虑如何处理国企改制运行中出现的不良资产和债务。并寄希望引进合格的境外投资者，以达到盘活不良资产的目的。因此人们会注意到，在《指引》中已经预留出了融资通道，请参见其中第二章第七条的规定。

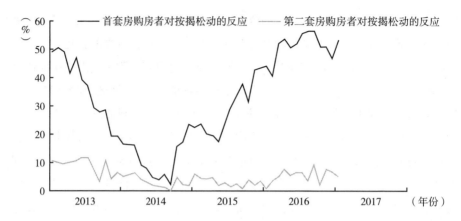

图2 首套房需求量增长对住房按揭打折的反应

资料来源：FT Confidential Research。

在 2016 年 9 月为全年月度统计量之最。至此，人们会发现深圳之所以有别于北、上、广的原因是，此前房地产"330 新政"① 出台，已经将深圳的房价抬到一个冲高整理的阶段。而《指引》出台适逢深圳房价处于价格整理、蓄势寻找方向的阶段，因此，从价格波动的角度分析，深圳房价在 9 月对 CDS 的冲击反应不显著。而该月的二手房成交量的显著反应则可以认为是比较准确地反映出 CDS 对深圳房地产市场的冲击。于是一个不可回避的问题是，为什么"330 新政"对深圳房价的影响表现得比北、上、广更有跳跃性呢？其原因有三：一是众所周知，深圳是中国的一个后起的移民城市，70% 的居民是一代移民，无论从年龄结构、收入水平、住房需求等方面都同北、上、广的居民存在一定差异，新移民群体因生存和发展的压力所致，对身边房价和住房政策的变化较其他群体更为敏感。因此 330 购房新政出台后，深圳房价在移民的购房需求影响下比北、上、广三个城市反应更加积极，持币观望者相对更少；二是深圳距离香港近在咫尺，同香港房价比较，深圳处于价格洼地，在"330 新政"以前，同北、上、广房价比较也存在一定差距，这也是深圳与北、上、广三城

---

① 2016 年 3 月 30 日，包括央行在内的国务院三部委联合发文，对房地产领域中的两项信贷指标的监管开出明显的监管放松指令，它们分别是二套房首付标准和改善型购房贷款标准，两项标准均不同程度地使房地产市场得到放松。

市的另一不同之处；三是 2015～2016 年"中国股灾"①，也使得部分撤离深圳股市的资金因近水楼台转入深圳房地产市场。

此外，深圳作为一个新兴城市，在城市发展政策上始终鼓励改善型住房需求和鼓励第一代移民住房购买力，深圳移民同样看重的是深圳市区中教育、医疗等资源丰富且配套实施成熟发达的社区，改革开放 30 多年来，深圳城市规划也如北、上、广，成熟社区的商品房存量多为二手房，因此，深圳的二手房成交量在 2016 年 9 月是可以比较显著地反映 CDS 落地后对深圳房地产市场的影响力。理论上，价格对政策的反应是有时滞性的，而房屋价格同价值也存在时有背离的情况，因此，通过观察成交量取代观察房价变动来看 2016 年 9 月 CDS 落地中国对深圳房地产市场的影响就显得更为合适。

综上所述，可以看出，发生在 2016 年 9 月（准确地讲是 9 月的最后一周），中国一线城市房地产价格的突变现象远非 CDS 力所能及，而是宽松的购房政策进行的长期激励作用使然。但是，不可否认，在房价已然高企，购房者处于持币观望的市场环境下，恰恰是 CDS 充当了击穿刚性需求观望者最后心理底线的角色。从而让 GDP 增长处于下行压力环境中的中国宏观经济，从 2016 年 9 月的最后一周开始，因房地产市场价格的高企而为之一振。然而 CDS 究竟是何方神明，何以让聪明的中国购房者在几乎同一时间段上踊跃出手，不约而同地果断抢购中国一线城市的商品住房呢？既然 CDS 如此神奇，中国中央银行何不早早推出此类手段以化解市场交易量低迷时的下行压力呢？只要祭出 CDS，放手让其在市场上发挥作用，这对于激活市场、复苏与繁荣经济，岂不是更加有效的"良方"和"解药"吗？要回答该问题，笔者认为还是要回归到 CDS 究竟是什么的问题上来，即对 CDS 进行理论研判，这样才能科学理性地看待、应对、掌握并最终利用好 CDS。

近年来，随着中国城市化的加速推进，地方政府在宏观经济增长放缓环境下依靠土地财政，对房地产资源进行饮鸩止渴的开发，导致房地产在市场中逐步由大众消费品变身为投资品，进而出现由房地产炒作所引致的房产泡沫。而股票市场的

---

① 2015 年 6 月 12 日至 2016 年 1 月的 7 个多月的时间，上证指数从 5178.19 点迅速下跌，跌幅达 50%，创业板跌幅甚至超过了 50%。2015 年被称为中国股市的腰斩年，此事件被称为"中国股灾"。

崩盘也成了挤压社会流动性资金涌入房地产市场的推手。一方面，一线城市的房价刚性上涨且三、四线城市空置率上升；另一方面，2008 年下半年以来国际国内宏观经济形势急转直下，致使中国房地产市场也普遍出现了"去库存"难题。这在 2015～2016 年的中国一线城市也有明显的表现。有人观察北、上、广的商品房价格后提出异议——中国北、上、广、深房价一路上扬所反映出来的难道不是市场需求旺盛的迹象吗，怎么会出现整个市场面临"去库存"的局面呢？事实上，2015 年中国金融当局在面对一线城市房价飞涨的势头时是存在矛盾心态的。一方面来自土地财政的诱惑，无法从根本上抑制房地产市场的开发冲动；另一方面又担心居高不下的房价会削弱城市的竞争力，宏观领域通货紧缩的潜在威胁最终会通过经济失速而反映到金融体系中，从而引发金融危机甚至影响社会稳定。所以，人们看到的是继 2009 年以后陆续推出的 4 万亿元信贷、不断宽松的货币政策以及不断上涨的一线城市房价。这一流动性宽松的惯性一直在持续，仅 2016 年 1 月一个月的时间里，人民币贷款额就达到 2.51 万亿元。

二　"信用违约互换"的理论含义与现实利弊

"信用违约互换"原创于美国，理论上，"信用违约互换"完全属于保险学中金融创新的范畴，而其中的原理就在于该创新自始至终源自于保险的理念。所谓保险就是用精算手段保护财产，保障健康免受损失损害的金融工具。通过风险管理的形式对冲掉可能的风险或者难以确定的损失。保险涉及汇集许多被保险实体的资金（称为风险敞口）来支付一些可能引起的损失。因此，保险实际上是免于承担风险的费用，这一费用的定价取决于发生事件的频率和严重程度。为了控制风险，保险学对风险进行测度。按照保险原理的要求，受保风险必须满足必要特性才可以作为可保风险。最为显著的特征是事件发生的频率至少要服从独立分布下的大数定律，这是保险公司可能盈利的重要数学理论基础，也是保险行业存在的主要科学依据。保险作为金融中介是一个商业企业和金融服务业的主要部分，但个别实体也可以通过储蓄手段为未来可能的损失提供自我保险。①

---

① Gollier C. (2003), To Insure or Not to Insure? An Insurance Puzzle, *The Geneva Papers on Risk and Insurance Theory*.

在房地产违约互换中，保险的理念是这样贯彻其中的。假设 A 向购房者 B 发放贷款，A 从此就面临着因 B 违约而带来资不抵债的信用风险，为了避免或者控制这种风险，此时的 A 希望有个第三方出现能够化解自己的风险，就如同买保险一样，A 只要向某一个第三方（假设它为 C）定期支付保费，就可以在 A 与 C 的保险合同内让 A 对 B 的贷款高枕无忧。这份合同以及合同中所约定的保险操作方法即是 CDS。该合同一直到 B 出现违约或者持有 B 的债到期为止。如果 B 违约，公司 C 就要赔付 A 的损失。因此，CDS 在这里其实就是一份对商业地产债的保险合同。如果要把这份保险中的 A、B、C 三方替换为地产市场中的几个行为主体，A 就是违约保险的买方，通常的角色是银行，违约保险的出售者公司 C 就是保险机构（通常是实力非凡的保险公司或者具备信用保险能力的投资银行、私募基金等投资机构），B 则代表着房地产领域中的资金需求方，通常被认为是房地产企业和房产投资人（包括购房者）。那么 CDS 在房地产市场是如何发挥保险作用，又是如何缓释金融风险的呢？"保险"这一金融产业恰恰是将概率统计与随机过程中的大数定律应用于社会生活中的风险保障，因此才使得金融保险构建在了数学科学的基础上，从而诞生了市场经济下的保险产业，并使之成为同银行业、基金业并驾齐驱的推动全球金融行业运行的三驾马车之一。

在保险公司看来，房地产市场中供给需求的博弈双方，一方是地产商，他们希望尽快把手中的房子以最好的价格卖出去；而另一方是希望早日实现住房梦想的购房消费群体，在美国房地产市场中银行因受到信用资金运行法律规则的约束，在住房按揭贷款的审批上需要严格遵照程序公正的规定来操作按揭流程，所有这些已经在美国联邦法律的规定下被制度化、法律化，换言之即贷款审核程序是无法逾越的。但是，这一看似制度与法律底线的要求在金融业发达、法制健全、创新踊跃的美国，并非铁板一块，专门从事保险业务的金融机构发明的 CDS，作为金融创新手段应运而生。

所谓金融创新，代名词即金融规避，顾名思义是对现行法律法规合理合法地回避。目的当然是为了公司盈利和企业效率。那么创新到底规避了什么呢？答案是规避了因地产融资违约而产生的风险，而这恰恰是保险公司，包括具备投资银行性质的保险机构的专业特长，同时又是保险公司的盈利范畴，更是保险行业的增长点。

对于 CDS 在数理层面的研究，理论上聚焦在 CDS 的定价问题上。通常的定价模型有无套利模型和概率模型两大类。

如同判断人的性格取向的稳定性一样，人们要从研究基因结构出发，在物质分子层面分析人的性格才能得到更加准确的分析结果；同样，从 CDS 的数理分析出发，使用概率理论分析 CDS 的功能则同样能够让人们发现，CDS 作为信用风险的缓释工具，在转移风险的过程中实现了信用扩张的功能。

从 CDS 的定价原理①中我们可以看到，在通常情况下，人们选择 CDS 投资都会有这样的赌博心态，即认为因为有信誉卓著的金融机构给 CDS 背书，违约事件出现的可能性将是小概率事件，这里笔者用 DataStream 公司开发的"信用违约互换"指数作为评价指标，使用 2004～2008 年金融危机前的数据，用来模拟三年期（2008 年 7 月 21 日～2011 年 7 月 21 日）美国国内汽车行业公司的平均每年债务违约的轨迹。我们发现，在 9 款 CDS 产品的价格中，只有一款 CDS 的价格出现下滑，两款产品的价格持平，而其余的 6 款 CDS 的价格在三年内普遍翻了一番（见图 3）。通过对 CDS 数理上的考察，人们轻而易举地发现它具备金融杠杆的天然属性，可以把价格在原有基础上放大数倍甚至更多。

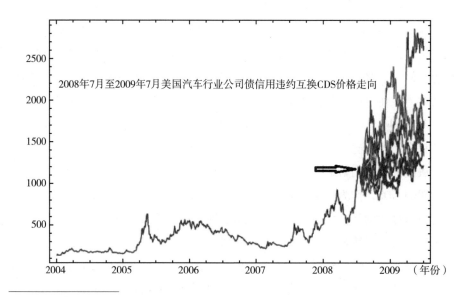

2008年7月至2009年7月美国汽车行业公司债信用违约互换CDS价格走向

①　https：//en. wikipedia. org/wiki/Credit_ default_ swap.

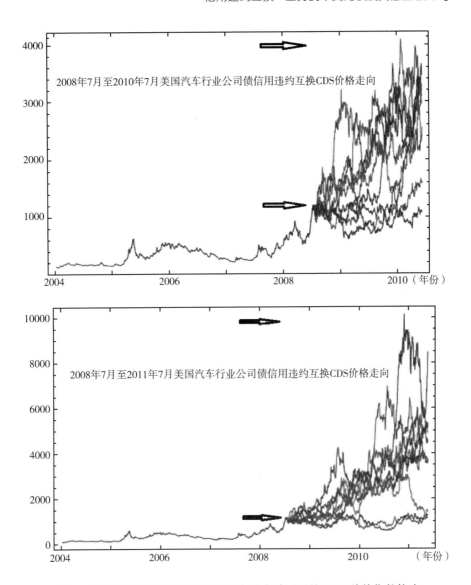

图3 美国国内汽车行业公司平均每年债务违约互换CDS价格指数轨迹
（2008 年 7 月 21 日~2011 年 7 月 21 日）

资料来源：Thomson Financial。

在如此诱人的价格趋势前，投资者采取对冲公司债务风险的手段之一就是购买该公司的 CDS 产品。具体到现实中，CDS 在金融市场中的表现如何，以及 CDS 是如何同房地产市场产生关联的呢？

从上述的分析中，不难看出，违约出现的概率即每次风险的放大都建立在信用扩散与膨胀的基础上，在金融学中这被称为"加杠杆"。理论上，"加杠杆"是一种纯粹的金融技术手段，规范的"加杠杆技术"是一个中性的概念，无可厚非。但是，当"加杠杆"遭遇次级按揭市场和道德风险的两相夹击时，它就容易成为引发金融危机的导火索。具体而言，CDS在美国市场的表现是这样的。

众所周知，"信用违约互换"（CDS）最早由美国知名投行摩根（JP）的一个研究团队于1997年首创，目的是把金融风险转嫁给第三方投资者。同时利用CDS来给合同违约承担风险。"信用违约互换"实质上就是用特定的信用工具来为有可能错误的支付买单的保险合同。CDS通常适用于市政债、公司债，以及按揭证券领域，在该领域的银行、投资银行、基金公司等金融机构有权利发行此类金融衍生品。CDS的买方因在违约事件发生前已经支付了保险合同费用，因此，当违约事件发生后就可以依合同挽回损失。然而，以投机为目的，作为对上述公司的偿债能力的一种赌博，投资者也可以在不拥有任何投资对象公司债务的情况下，购买"信用违约互换"产品。这样做显然是有风险的，因此CDS直到2000年之前，始终没有得到广泛的认可和推广。

但是，2000年12月21日是个值得记住的日子。这一天，美国总统克林顿签发了《商品期货现代化法案》（CFMA），该法案在豁免了对CDS监管的同时还留下了诸多监管上的漏洞。该法案提出"删除以往不确定性的法律以及在柜台交易衍生品领域的管控，不涉及非金融商品（实际上就是指同房地产相关的金融交易），以及具有有限复杂的供应方（金融衍生品的制造方）之间的双边交易应被排除在《商品交易法》（CEA）之外"。而在此之前，金融机构觊觎CDS市场良久而始终未敢轻举妄动的主要原因正是对老法案CEA中有弹性含义法条的顾忌。《商品期货现代化法案》（CFMA）的出台就像打开的阿拉伯魔瓶一样，最终把CDS从CEA的限制中释放出来，并且使其在金融机构的市场策略中大展身手，从而更具竞争性。这其中的奥秘在于，金融机构在涉足CDS前就已经得到法律的豁免，即无须为未来可能出现的损失在当下提供担保，这是不受制约的CDS曾经梦寐以求的结果。从20世纪90年代到21世纪早期，当CDS把主要的注意力集中在公司债和市政债领域而并非仅仅是结构性融资证券时，CDS 在美国金融市场的发展可谓通行无阻、一马平川。在当时普遍看多的宏观经济环境中，很少有人认为大企业会不断违约，并扎堆到违约互换的行列中。于是，在这种盲目乐观气氛的烘托下，对房地产金融按揭不断增长的需求导致 CDS 的触角延展到结构金融领域，CDS 延伸到包含抵押贷款池的债务抵押债券（CDOs）领域就是个典型的例子。有意思的是，这种不断增加中的疯狂的需求也催生出了一个 CDS 买卖的二级市场，其中的投机商在几乎没有必要的知识和没有组织作为依托的前提下从事"信用违约互换"的交易。于是，真正的金融风险就开始在其中酝酿起来。

非银行金融机构在此类市场中的交易既没有规章可循又没有类似美国联邦存款保险公司这样的金融安全网的护佑。投资银行在该领域的快速发展给予了其在政治上的影响力，催生了投行对《格拉斯－斯蒂格尔法案》的排斥，该法的意义在于它终结了美国银行、保险、基金这金融业三驾马车之间长达 66 年的金融分业史，并且宣告美国自 1000 年起开始打破了三驾马车在交叉业务运营中的藩篱，各大金融机构从此由分业经营变为混业经营模式。投行因其持有更有优势的资本金比例，从而比银行更具冒险性。结果是，后来发生的金融危机迫使投资银行不得不大量地去杠杆化，同时"在崩盘的市场中大量贱卖资产甚至是折价出售缩水的金融公司"①。当经济开始下行时，投资者对贬值的 CDS 以及持有者的支付能力丧失了信心，相应的连锁反应是，市场的流动性开始恶化、结构性证券的投资数量急剧下降，所有这些最终反映到证券市场就是，利空的预期引起了证券价格的暴跌。

CDS 自从产生之日起，它在美国金融市场最为著名的一次表现是发生在 2008 年的金融危机。危机的发端表现为大规模违约事件集中出现在 2007 年 2 月的次级债市场。在这期间，CDS 暴露的最大风险敞口在于它的股票市场，大量的资金随着违约的增加而不断撤离股市。由于最初的损失达到 1.25 亿美元，瑞士银行于 2007 年 5 月关闭了其国内的对冲基金。随即，贝尔斯登于 2007 年 6 月紧随其后也终止了旗下的两只对冲基金，同时贝尔斯登还不得不为其基金

① Michael D. Bordo 2008, An Historical Perspective on the Crisis of 2007 – 2008, Working Paper 14569, http: //www. nber. org/papers/w14569, *National Bureau of Economic Research 1050 Massachusetts Avenue Cambridge*, MA 02138 December 2008.

支付高达 32 亿美元用以维护其市场声誉。在 2007 年随后的时间里，不断增加的丧失抵押品的赎回权导致房产价格的下滑以及违约按揭的进一步增长。2008 年 3 月，贝尔斯登的流动性状况出现骤然吃紧，以至于其贷款要从 CDS 中提供保险。此时的贝尔斯登已经在众多领域的交易中占用了 1.5 亿美元，并且被认为关联交易过多以至于不能轻易破产①。此时的纽约联储作为调停方介入了此事的斡旋，具体做法是经由摩根大通斥资 2.23 亿美元收购贝尔斯登，贝尔斯登股票的溢价空间在 8 美元之内浮动，当对其收购的资金达到连摩根大通也难以填补这一黑洞时，纽约联储也被牵扯进来，被摩根大通倒逼发放贷款达到 300 亿美元，以此来为贝尔斯登收购案提供担保。这笔交易的价格低于贝尔斯登在纽约曼哈顿办公大楼的价格，同时也低于此前一年贝尔斯登每股约 150 美元的股价。

"房利美"与"房地美"是两家经由政府赞助的企业，它们为美国很大一部分的按揭提供着担保，在政府的授权下，它们可以公开地进行交易。由于两家公司并非政府部门，政府并未明确其担保职责，而事实上却在背后暗中充当保证人的身份。两家公司拥有合计 1.5 万亿美元的天文数级的债务。2008 年 7 月 11 日，联邦存款保险公司对一家名为印地麦克（IndyMac）的私人按揭经纪公司实施监管审查，这引起了市场对于两房偿债能力的警惕。为平息可能触发的市场恐慌，美国时任财长鲍尔森被迫在联邦政府与两房之间的关系问题上公开表态。尽管有政府先期的支持信息，股市还是在 9 月 7 日开始狂跌不止，于是"房利美"与"房地美"被置于政府的全面监管之下。值得注意的是，联邦政府从来没有公开声明与确认其明确对两房的有意支持。

贝尔斯登所造成的金融市场局面在不断地恶化，这也可能是因为政府对此听之任之，总之，其他银行并没有扭转自身的状况而是继续面临流动性吃紧的局面。2008 年 9 月，政府漠视雷曼兄弟股价连续跌停后崩盘。而美联储得知后因不愿卷入此事而袖手旁观，在求援无助的情况下，9 月 15 日，雷曼兄弟宣布破产。政府允许雷曼兄弟倒闭，目的是打消人们对无力清偿的

---

① Brunnermeier, Markus K, 2009. Deciphering the Liquidity and Credit Crunch 2007 - 2008, *American Economic Association*, *The Journal of Economic Perspectives*, Volume 23, Number 1, Winter 2009, pp. 77 - 100（24）.

金融机构始终抱有的可以得到政府担保的幻想，同时也可避免道德风险的爆发①。由于雷曼兄弟的倒闭没有得到政府的丝毫反应，债券与股票持有人发现他们的资产瞬间蒸发，措手不及。市场于是视此举为政府先前政策意向的大转折信号，因此认为政府已经无力指导市场走出危机，有必要放弃对政府以往能力的信心。基于政府并未改变其既定方针，即不打算救助每一家濒危的金融机构，于是继雷曼兄弟之后，另一家著名的投行——美林银团相继以500亿美元卖给了美国银行。危机开始升级，美国国际集团AIG在被暴露同雷曼兄弟一样也面临流动性短缺后，股价跌幅达到90%。即便作为保险业巨擘，AIG也不得不面临破产的风险，理由是它如同投资银行一样，活跃在信贷衍生品方面，尤其是在CDS产品的交易之中。这迫使美联储不得不认识到AIG已经深陷交易品的泥潭，如再不及时疏解其困局，一场席卷全美的金融灾难将难以避免。美联储认为AIG大到不能倒闭的程度，于是紧急组织850亿美元收购其80%的产权进行实际意义上的救助，再一次改变了政府的方针。此后AIG在2008年10月和11月再次分别向政府要到370亿与400亿美元的救助。截至2012年，AIG还清了美国政府所有的援助。

从上述分析可以看出，CDS在金融市场有如一把双刃剑，它一面具备分散金融风险的功能；另一面，它同时也在使信用不断扩张，并在整个金融体系中积累着系统性风险，致命的问题在于这种风险在遭遇道德风险时，任何阻止风险爆发的努力都会显得苍白无力。

三 "信用违约互换"在房地产领域
应用的中美比较

历史表明，金融创新对CDS的有效利用必须是要建立在健全的社会征信体系基础之上。纵观全球征信体系的模式，大体上分为两类：一类以市场为主导模

---

① Michael D. Bordo 2008, An Historical Perspective on the Crisis of 2007 – 2008, Working Paper 14569, http://www.nber.org/papers/w14569, *National Bureau of Economic Research 1050 Massachusetts Avenue Cambridge*, MA 02138 December 2008.

式，另一类以政府为主导模式，美国的征信体系是典型的市场主导模式。其理论依托是帕迪利亚①和帕加诺模式②，而中国的征信体系目前并不十分明确③，学界尚处在研究与探讨之中，理论上，学界多数人希望将此系统建构在以市场为主导的框架下，而在实践中，中国仍然处于摸索的过程中，从总体上讲中国属于政府主导型的征信体系。落实到学理上，中国的信用体系目前还没有自成体系的理论模式④。众所周知，信度和效度都准确的信用评价数据是信用体系的基础。通常信用数据在信用体系中是通过信用量化来表示的，即信用评分的标准究竟由市场确立还是政府确立，这是中国与美国的重要区别。

所谓信用评分是对个人信用记录的级别在特定理论模型下加以分析后，通过数值形式加以表达的方式，以此来表示民事法律主体，通常包括自然人、法人、国家⑤和其他组织⑥的信用水平。信用评分通常来自信用局的信用报告信息，中国的信用局被称为中国人民银行征信中心⑦。因此，信用评分就不仅仅限于银行，其他组织，例如保险公司、业主、政府部门等都会采用同样的技术。在互联网金融时代，通过大数据挖掘，移动通信设备公司和互联网电商也可能被纳入评价体系。然而，在所有的信用评分中，一项最为重要的指标被用来作为房地产领域信用质量的参考，那就是工作收入，在经济理论上通常和就业联系在一起考察。

具体而言，美国的征信体系分为机构征信与个人征信两部分，在房地产领域，以个人征信业务为主。在个人征信业务部分中包括三大征信局，它们分别

① Jorge Padilla, Marco Pagano, Endogenous Communication Among Lender and Entrepreneurial Incentives, Review of Financial Studies, Volume 10 Issue I (Spring, 1997) 201 - 236. - Soc Financial Studies.

② Pagano, Macro, Financial Markets and Growth: An Overview, European Economic Review 37 (1993), p. 618.

③ 在部分中国学者看来，中国的征信体系是建立在有中国特色的社会主义理论模式上的。这种理论模式的特点是基于市场主导同时兼顾市场运行，该理论目前正处在理论与实践探索的过程中。

④ 陈北、Euel Elliott：《2010 年中国房地产金融建构与管控的轻重缓急》，《中国房地产蓝皮书》，第 89 ~ 92 页。

⑤ 在国债发行中，国家就是债务人，在法理上视为与其他民事法律主体拥有同等地位的主体。

⑥ 即不能独立承担民事责任的组织，包括个人合伙、分公司、合伙企业、银行保险公司的分支机构、个体工商户、土地承包经营者。

⑦ http：//www.pbccrc.org.cn。

是亿百利（Experian）、亿快发（Equifax）、全联（Trans Union）。三个征信局把个人信用数据从地方征信公司、第三方数据公司、授信实体以及金融机构收集到一起，经过美国信用局协会（ACR）进行标准化处理后，通过竞标的方式，选取具有大数据处理技术优势的公司，来完成最终的数据处理。近年来，费依考信用量化公司（FICO）、思格罗吉科思（Scorelogix）公司、英诺维斯（INNOVIS）公司和PRBC公司因在大数据算法与模型设计上的优势而执市场之牛耳[①]。值得注意的是，费依考（FICO）分数，已经越来越成为美国消费贷款中衡量消费者信用风险的重要指标。2013年的数据显示，有3000万美国消费者自行访问自己的信用分数，贷款人购买费依考（FICO）分数的资金达到100亿美元。之所以有如此骄人的业绩，是因为在预测信用风险时，费依考（FICO）通常结合其他公司有关借款人工作稳定性、工作收入、收入充足性和经济对工作的影响等数据指标来综合分析，从而使得其分析预测的准确性大大提高。有统计表明，在费依考（FICO）信用指标中，就业指标的表现始终一枝独秀。

是什么原因让美国信贷体系把工作和就业看作贷款尤其是房地产信贷的重要指标呢？

理论上，一国生活水平更明显的决定因素是它正常情况下所存在的失业量。那些找不到工作的人对经济中物品与劳务的生产没有做出贡献。在人的一生中，失去工作可能是最悲惨的经济事件。大多数人依靠他们的劳动收入来维持生活水平，而且，许多人不仅从工作中得到收入，还得到个人成就感。失去工作，意味着生活水平降低，对未来的担忧以及自尊心受到伤害。因此，政治家在竞选时往往谈到他们提出的政策将有助于创造工作岗位[②]。这段文字，出现在由美国普林斯顿大学教授同时兼任美国国民经济研究局商业周期委员会成

---

① 费依考信用量化公司（FICO）信用分计算的基本理念是把借款人历史信用资料与数据库中的全体借款人的信用习惯进行比较，检查借款人的信贷行为轨迹是否跟随意违约、经常透支、财务陷阱或者破产申请等各种不良信用记录以及信用违约劣迹相似。近年来，费依考信用量化公司（FICO）利用信息技术在大数据技术中的算法技术与模型技术的优势，使得费依考信用量化公司（FICO）所计算处理的信用计分的正确性最高，因此，美国商务部要求在半官方的住房抵押信用审查中使用费依考信用量化公司（FICO）的结果作为评判借款人信用等级的主要依据，通过提供直观简明的量化指标让放款机构放款。

② N. Gregory Mankiw, Unemployment and its natural rate, Principles of Economics, 3rd edition, 清华大学出版社（英文版），2016年7月，第599～625页。

员的经济学家曼昆所撰写的经典教科书中，从中我们可以清晰地看出从"信用违约互换"（CDS）到"就业"之间的逻辑纽带。那就是：就业是个人信用的重要保障，个人信用同包括购房消费与购房投资在内的社会经济现象密切相关，因此发展房地产"信用违约互换"（CDS）需要完善的信用体系作为支撑，而信用数据的准确性是信用体系稳固健全的基础。在全美公认的信用数据权威分析中，就业数据是其中一个至关重要的量化参考指标。究其原因在于一定程度上，从事发展CDS的个体，其在就业问题上的历史数据，在费依考（FICO）分数中占据着重要的权重，它被看作从事房地产信贷的个体是否能够通过申请贷款审批，最终得到购房贷款的一个重要参考指标。换言之，笔者认为在美国房地产领域中，CDS能否成功交易，就业问题被看作关键性的参考指标，而且该指标通常优先于其他指标被用来作为信用评估的标准，例如它通常优先于另一个重要指标——收入。

理论上，房地产CDS过程中关于就业问题优先的看法，也得到国际政治经济学的支持。在该领域的学者看来，上层建筑与经济社会基础互动产生了政治循环。这一循环开始于专制暴政，演变为寡头政治，进而转向民主制，接着陷于无政府状态，最后又会再次回到专制暴政。民主制阶段，在政客们因为选举而向民众做出的利益承诺超出国家所能够承担的范围后会土崩瓦解，让社会陷于无政府状态。物资短缺，通货膨胀，各种社会不稳的迹象层出不穷。要避免这个政治循环向混乱的无政府状态滑落，关键在于以合理的制度来让生产和分配不断满足对民众的承诺。①

在该理论所描述的社会演进过程中，我们看到一个所谓的政治家迎合选民的历史阶段。如果套用到现实的世界经济历史过程中，就会发现，这一阶段在2008年次贷危机爆发之前的美国，表现得尤为明显。众所周知，美国是个移民国家，潘恩、杰弗森、富兰克林等美国开国领袖所构建的"美国梦"，在全球化的大时代背景下，已经演化为更为具体而现实的"住房梦"。在此过程中，政客们在为争取选票所做的诸多承诺里，在房地产领域，尤其在住房信贷问题上，用影响立法的方式通过CDS这样的金融工具，在金融领域不断加杠杆的同时，有意忽略杠杆效率，助长杠杆的扩张，从而造成信贷领域道德风险的存在。当受到

---

① 冯维江：《金砖国家合作向何处去》，《当代金融家》2017年1月。

纵容的道德风险冲破"信用违约互换"（CDS）的最后防线——工作就业信用的保障时，金融危机就不请自来了。最为典型的例子就是，在次贷危机爆发前的国际金融市场，美国在保障房准入门槛的问题上，经过政客的鼓动，监管部门一再妥协，原本已经妥协到仅仅通过一纸劳动就业合同就可以通过金融机构审核的底线，让步给了贪心所驱使的道德风险，当人们发现连"忍者贷款"（NINJIA Loan）① 都可以明目张胆地出现在冠名为 CDS 金融交易的时候，监管手段对金融危机的爆发已经到了回天无力的时候。而这实际上是从反面来进一步印证劳动就业指标在美国房地产 CDS 中的基础性作用和重要性所在。

比较而言，中国 CDS 则是建立在住房市场货币化基础上的。由于房产货币化所生发出的信贷标准是多元的，在道德风险的冲击下，最终可能表现为以收入标准而非劳动就业作为信贷审核的量化标准。这让监管与计量变得比美国的单一市场化标准更难把控。其理由有两个。

第一，在宏观法理层面，货币化的法理源头没有厘清，使得 CDS 的法理基础不稳，容易造成在法律依据不清以及司法裁量过程中的失准。

中国司法体系中，经济法与民商法如同两个不同维度的特征向量，自成体系且同处于一个 N 维线性空间中。因信用违约所出现的法律纠纷，从法理上研判当属民商法项下的保险法、票据法、证券基金法等范畴。然而，同 CDS 密切相关的劳动就业问题在中国的法律体系中被划归到经济法体系中的劳动保护法分支中，在该分支中的《劳动合同法》《劳动争议调解仲裁法》《劳动法》等每一部法律都同 CDS 中劳动就业指标有着紧密的关联，可以说，中国经济法体系中劳动保护法分支项下的各项法律法规都同劳动就业指标背后所折射的贷款人的社会信用发生关联，直接或间接地影响和反映着住房信贷申请人的信用历史资料，亦即信用数据，从而决定 CDS 的交易过程、进度、质量等。于是人们发现，CDS 背后有两套法理基础在同时发挥作用——一套是基于商品经济框架下的民商法体系，以中国传统社会公序良俗为支撑的法律体系，而另一套是中国改革开放后，在市场经济理念指导下创设的市场化法律体系，其基础

---

① 该词汇因出现在查尔斯莫利斯（Charles R. Morris）2008 年的《两万亿美元的崩溃》（*The Two Trillion Dollar Meltdown*）一书中而广为人知。"忍者贷款"全称是不需要工作收入证明和财产证明的贷款，因英文首字母缩写后恰恰是英文"忍者"的拼写，从而得名。更有人借用忍者所具有的特点，即消失后无影无踪来形容此类贷款容易造成的大概率的违约现象。

来自经济法体系。CDS 作为一种金融工具，在法律解释上似乎更加细致全面，但是事实上却形成了在操作中公说公有理、婆说婆有理的尴尬局面，最终因难以裁定，而阻碍了 CDS 原本在融资效率上的功能优势，容易陷入始乱终弃的迷途。

第二，在微观法律层面，从 1994 年 7 月 18 日国务院下发《关于深化城镇住房制度改革的决定》起，中国全面推进住房市场化改革已经 23 年。同美国不同的是①，中国房地产是从实物分配制度经由住房货币化，并向市场化渐渐过渡的改革过程。也就是说中国房地产业一直在朝市场化的方向改革，但是住房全面市场化在中国至今并未实现。这就引出住房产权法律属性的问题，在美国，住房产权的法律终极表现形式是房产的所有，而中国的表现形式则是占有与所有并存。这一现象在保障房领域尤其明显。美国针对中低收入阶层，在保障房问题上采取的是先租后买，鼓励以买代租，最终通过劳动力市场的就业收入实现中低收入者房地产产权的所有化。而中国房地产改革起步是从分配制向货币化转型，由于住房市场化缺少坚实的法律支撑，因此中国房地产决策当局针对中低收入者采取的是"租购并举，以租为主"② 的引导策略。体现在住房产权上就自然表现为"占有为主、允许所有"的现实情况。落实到微观操作层面，人们会发现，美国在购房者住房信用评分中，即美国费依考（FICO）分数中单有一项针对就业状况的信用指标；而中国在该问题上针对性不强，这里仅以北京为例，在北京市政府发行的《北京市保障性住房申请家庭情况核定表》③（以下简称《核定表》）中，就业指标被"工作学习单位"这样一种量化尺度大、界定相对模糊的指标所替代。不仅如此，在对该项填写内容的参考说明中《核定表》还进一步解释为"工作学习单位栏填写：工作学习单位全称，没有的填无"。换言之，即便是没有工作学习单位的人员，也有机会参与到保障房的分配程序中。由此可以看出，中国劳动就业的重要性同美国比较，在信贷指标中的地位并不突出。而这背后所反映的是 CDS 在美国房地产

---

① 美国自 1862 年起的《宅地法》开始至今陆续颁行的近 30 部房地产法律，全部是基于市场化理念，从方方面面来激励住房产权所有制的法律。

② 北京市政府政务信息网站，http：//zhengwu. beijing. gov. cn/zwzt/bjsbzxzf/t1094083. htm，2016 年 6 月 23 日。

③ 北京市政府网站，http：//zhengwu. beijing. gov. cn/。

尤其是保障房领域，因受到 155 年来美国政府在法律法规上不断的产权激励而完全得到政府的背书与市场的支持；相比"租购并举，以租为主"的中国保障房而言，因土地产权在法律上并未彻底厘清，因此从政府角度就难以在房屋所有权问题上给予房地产市场以足够的背书，体现在 CDS 上就难以使之完全按照市场规则运行。因此，中国的 CDS，除了要面临可能的 CDS 道德风险外，还要附加上制度风险以及法律风险。因此比美国单一市场化标准显得更难把控。

四 结语："信用违约互换"
——加固金融体系的扶墙还是加速崩盘的负荷

综上所述，2008 年中国为防范美国金融危机所推出的 4 万亿元人民币投资刺激的举措，今天看来，已经构成了中国房地产泡沫的推手，致使中国的房地产与可贸易商品之间出现了严重的价格撕裂。根据各省公布的数据进行统计，截至笔者行文时，2017 年的中国已有 23 个省份公布了固定资产投资目标，据业内人士初步估算，累计投资额将不少于 45 万亿元人民币①。这一举措在中国金融系统性风险尚未得到充分监控的前提下实施，金融杠杆扩张的冲动将被诱发，信用违约频发将无疑是大概率事件。笔者认为，具有强扩张功能的金融杠杆工具——"信用违约互换"（CDS），尽管已经正式落地中国，但是不宜卷入 2017 年的国内债务市场，鉴于房子"是用来住的，不是用来炒的"②，2017 年决策者应当严格控制债券市场风险，在使用 CDS 过程中应当清醒地认识到该工具的"双刃剑"功用，扬长避短，在去杠杆化的同时，充分发挥其分散风险的功能，使之服从于中国房地产市场的建设。

---

① 来自《华夏时报》2017 年 2 月 18 号的报道。
② 2016 年 12 月中旬，中央经济工作会议提出，要坚持"房子是用来住的，不是用来炒的"的房地产发展定位。

热 点 篇

Hot Topics

B.19
建立房地产发展长效机制的理论基础

牛凤瑞*

摘 要： 本文通过对房地产是虚拟经济还是实体经济、行业特性对长
效机制的特定要求、供求关系、长期趋势、高房价、炒房、
高地价、调控政策目标、住房政策和房地产政策等一系列问
题的深入探讨，对建立中国房地产发展长效机制进行了系统
的理论思考，并从改革和完善房地产用地制度、坚持住房制
度市场化改革的方向、减少房地产调控政策出台频率、加强
房地产开发的空间管控等方面提出构建我国房地产长效机制
的关键点。

关键词： 房地产 长效机制 供求关系 理论基础

* 牛凤瑞，中国社会科学院城市发展与环境研究中心原主任，研究员。

中共中央政治局 2016 年 12 月 9 日召开会议分析 2017 年经济工作，明确要求加快研究建立符合国情、适应市场规律的房地产平稳健康发展长效机制。建立房地产发展的长效机制中央已提出多年，并多次重申，但实际进展甚微，关键在于各方思想认识上的不一致，对于基本国情对房地产的制约、房地产地位和特点对房地产市场规律的影响、房地产市场特征对长效机制的特定要求等缺乏共识。本文对以下十个方面进行了分析。

一　房地产业是虚拟经济还是实体经济？

对房地产地位做出正确的判断是建立房地产长效机制的重要认识前提。学界和媒介多有房地产是虚拟经济之论，断定房地产业的繁荣发展对实体经济与生活消费产生挤出效应。对银行资金"脱实就虚"的批评，从语境分析，论者并不反对银行资金进入股市，只是反对银行资金进入房市。把房地产等同于虚拟经济，即把买房视同投资，等同于购买股票，与中国购房主体是自住性需求的实际并不相符。中国的房地产尚未高度资本化，房市与股市虽有相通，但并不等同。房地产把相关要素组合起来，建成实实在在的物质形态的房子，为工业化提供场所，为住房消费提供物质空间，是名副其实的实体经济。房地产是城市化、工业化的先导产业，上中下游的产业关联度极高，在国民经济体系中居基础性地位。在经济发展进入新常态、建成全面小康社会决战阶段，房地产是国内第一大消费需求和第一大投资需求，是稳增长、转方式、调结构、惠民生、防风险的重要节点。

二　房地产行业特性对长效机制有何特定要求？

房地产业是资金和土地密集型行业，主产品是房屋，房屋有固定资产属性，但首先是耐用消费品。房地产建设属于社会固定资产投资，经济发展对房地产具有决定性影响，一旦投资行为发生，即形成资本沉淀，难以像股市那样实现资本快速转移。房地产市场是区域性市场，产品在空间上不可移动，不能通过交通运输实现市场空间的再配置。房地产生产周期较长，从拿

地到产品出售一般要经过二三年，难以对高频率的调控政策做出即时反应。房地产属于不动产，具有保值增值功能，但首先具有居住使用价值。房屋的基础功能是居住，保值增值功能从属于居住功能。居住属于居民的基础消费，可以购房消费，也可以租赁消费。购房是一次性购买，多年消费，可视为投资，但实质是对多年住房消费的一次性支付。居住消费的弹性大，个性化强，人均几个平方米可以满足基本需求，人均几十平方米、上百平方米可以住得更舒心，更有尊严。住宅具有极强的异质性，因品质特征和区位的不同，总价和单价可相差数倍乃至几十倍。居住消费水平依据家庭支付能力和消费偏好而定，难以有一个统一的标准。房地产的这些特性对房地产长效机制提出特殊要求。

三　我国房地产市场的基本面是供不应求，还是供大于求？

对市场的基本面做出正确的判断既是制定房地产调控政策的基点，也是建立房地产长效机制的起点。我国房地产市场的总体态势是供不应求，还是供大于求，或是供求基本平衡？对此众说纷纭，相互对立。局部数据不能作为全局性判断的依据，全局性统计数据也要进行深入分析才能得出相应的结论。2016年，房地产交易量价又创新高，年内市场变幅又创最大，调控政策也创最短周期，其中必有不以人们意志为转移的客观因素发挥深层影响。全国城镇住房存量户均已到1.09套的统计数据，并不能证明城镇住房已经供求基本平衡，或者供大于求。因为其中包括了20%以上的平房和危旧房，并非全部为单元房。房地产"去库存"政策的本质是解决房地产市场区域性的供求错位，全国房地产7亿多平方米的库存大约相当于半年多的市场销售量，其中，多少是因为品质不佳，基础结构严重缺陷，或者选址不当，基础设施不配套，而没有居住价值的"废品"，并没有确切统计。"去库存"被列入供给侧结构性改革五大任务之一后，由于各地一哄而起矫枉过正式的放松和过度刺激，很快引发了一线城市和热点城市房价爆发式增长，使房地产调控不得不再次回到原点。房价是市场供求关系的晴雨表，也是调节市场供求关系的杠杆。价格上涨，说明市场供给不足，要求刺激投资，增加供给，同时也抑制需求；价格下行，说明市场需求不足，要求抑制投资，减少供给，同时也会刺激需求增加，达到新的供求平衡。十多年来，我国房地产市场正是遵循这一规律而发展变化。逆势而行，只能事倍功半。

四 我国房地产的长期走势是否已到拐点？

房地产市场信息有环比、同比变化，有局部的区域的统计和具体楼盘销售数据，更有增降幅扩大和收窄或者绝对值升降的变化，令人眼花缭乱。时时刻刻都在变化的市场信息对于房地产企业经营决策和房屋买卖者无疑具有重要的参考价值，但建立房地产长效机制要基于对未来国民经济社会发展长期走势的判断。我国是最大的发展中国家，仍将并将长期处于社会主义初级阶段。我国经济总量排在世界第二位，但人均排在80位左右，人均拥有的公共固定资产存量只及发达国家的几分之一。住房存量少、质量差的基本格局在短期内难以得到根本改变。我国的城市化率还有几十个百分点的上升空间，未来几十年还要有几亿农村人口进城，城镇房屋存量估计将达到800亿～1000亿平方米方能满足需要，大约是目前存量的2倍以上。房屋的增量需求与质量改善需求双旺盛是未来房地产市场的基本态势。房地产黄金十年已经过去，房地产高利润时代或已过去，但房地产市场还会有"白银十年""钻石十年"等多个十年。房地产"拐点"论提出7年来，我国房地产投资和房价又分别上涨了1倍多。实践证明，所谓"拐点"只是房地产春天里的"倒春寒"，房地产的春天还将持续三四十年。十多年来，我国房地产市场发展总体上表现为拐点来临而又复返，泡沫胀而不破，房价调控不降反升的总体态势，这正是经济社会发展大趋势的必然结果。

五 谁是高房价的推手？

房价快速上涨引起各界高度关注，控制房价也始终是调控政策的主旋律。我国房价长期持续的快速上涨是多种因素综合作用的结果，采取单一的政策措施当然难达目的。一是房地产开发成本的上升。土地、建筑材料、人工等成本上升是推升房价的基础因素。价格高于成本是有效供给的原动力，成本上升低

于价格上升幅度等于利润收窄，意味着行业景气下降。二是物价上涨，造成房屋名义价格上升。货币贬值是世界各国的长期走势，融入全球化的人民币也不例外。三是供不应求的市场格局。房地产有效供给的增加不足以满足快速扩大的住房需求，成为房价上涨的基本推手。大比例的期房即是证明。四是政策的逆向调节。控制房价上涨的釜底抽薪之策是增加住房投资，而在政策上又以种种理由限制住房投资，加剧了市场供给不足，成为房价上涨的重要推手。五是经济的发展和宽松的金融货币政策，提高了居民购房支付能力。几年前的高房价在今天看来已经成为低房价，大多数居民选择提前归还住房贷款即是证明。六是投资性、投机性购房和中介的违规操作推升了房价。

六　如何看待炒房？

购房的目的有自住、投资和投机之分。投资性购房是为租而购，增加租赁市场的有效供给，与现在提倡的开发商增加自持没有质的区别。投机型购房即炒房，以赢利为目的的贱买贵卖、快速倒手的房屋买卖行为。在房价上升时期，炒房加剧了供求矛盾，对房价上涨推波助澜，有扰乱市场交易秩序之嫌。但仔细想来，炒房又不是一无是处。炒房者以其灵敏的市场嗅觉和购房行为，客观上引导开发商投资方向，加快住房资源流动，增加二手房供给，优化住房资源配置，可视为楼市的润滑剂。"房子是用来住的"，是一个常识，也是对房地产虚拟经济定位的否定；"房子不是用来炒的"，是政策信号，表明禁止炒房的政策指向。炒房似乎从来没有被政策鼓励过，但炒房在众目睽睽之下持续多年，根源在于炒房有利可图。炒房有利可图的前提是房价上涨预期和有人接盘。遏制炒房的根本措施是改变房价过快上涨的预期，增加有效供给。把控制房价上涨寄托于限制炒房，不得要领，很可能会落空。炒房与炒股本质上相同，推崇炒股而禁止炒房逻辑上不通，政策实施上也难操作。我国购房的主体是自住性需求，包括一次置业和改善性的二次置业。二次置业也会有房屋的买卖倒手，与炒房难以区别。禁止炒房政策如何精准聚焦要害，又避免伤及无辜，是一种两难。炒房的最大隐患在于金融安全。炒房者是小众，以自有资金炒房掀不起大浪，防控房地产金融安全的关键是改善金融机构内部的治理结构，堵断金融机构资金参与炒房的通道。

七 高地价的利弊得失何在?

高地价推升高房价。面粉贵了,面包焉能不贵?"地王"频现,提升房价上涨预期,带动周边房价上涨,因而广受诉病。这里要厘清两个问题:一是城市商住用地为何高价;二是商住用地高价的利弊得失。地价即土地的买卖价格,在我国首先是土地出让金的转化,而土地出让金是国有土地使用权价值的货币表现。高地价的表层原因是地块的高使用价值和高赢利性,深层原因在于地块的区位及凝聚于其上的公共服务设施配套的高水平,属于稀缺资源。稀缺资源的低价只会造成低效率的占用,甚至浪费性占用。高地价成为现实是市场决定的,是土地供求关系、开发商对地块开发前景的判断及其支付地价的能力等综合作用的结果,深层原因还在于我国用地的制度安排。商住用地高价与工业用地低价和公益用地零地价之间在总体上要实现收支的平衡。土地出让金70年一次性征收提高了土地价格,但也扩大了地方公共财源,为加快城市公共基础设施建设、提升公共服务水平提供了保证。所以,高地价的背后是复杂的社会再分配关系,招拍挂竞标和限地价、竞配建等都是以土地开发为平台的社会再分配。我国的高地价推升高房价,造成买房贵而居住便宜,与美国的买房便宜、居住贵(需每年支付房地产税),都是一种制度安排,两者各有千秋,是一种利弊取舍的结果。高地价被批评为寅吃卯粮,不可持续,其实寅吃卯粮与卯事寅干存在着对应关系,实质是代际积累和代际承传,本来就不存在什么不可持续问题。土地财政不等于土地腐败。把高地价斥责为与民争利,是把土地财政等同于地方政府利益,背后含义是地方政府有着与人民根本利益对立的独立利益,这是对地方政府合法性的否定,也是对国有土地产权的否定。最近国土部对温州住房土地使用权20年到期问题的批复——正常办理交易登记手续,不申请、不收费、自动续期,或有利于个人产权保护,但并没有解决关键性的不同土地使用权期限衔接与平衡问题,只是一个不是办法的办法。这一回避矛盾的过渡性安排被誉为"中国一大步"似有溢美之嫌。高地价推升高房价还可以从另外一种角度进行解释:今天的房价(面包)对应的是两三年以前的地价(面粉),今天的"地王"(面粉)对应的是两三年以后的房价(面包),而且今天的面粉在两三年以后做成的已不是今天的面包,而是更高级的点心,今天的面包与两三年后的高

级点心并没有价格的可比性。地价当然不是越高越好。地价过高推动房价过度上涨，提升居民生活指数，要求企业提高工资水平，增加企业用工成本，进而影响企业竞争力和所在城市的活力。土地毕竟是自然资源，地价过高，等于自然资源占有更高的经济收益分配比例，曲扭正常的社会经济分配关系。

八　房地产调控政策应设定何种目标？

建立房地产长效机制与房地产调控的目标都是为了促进房地产的健康稳定发展，但前者更重稳定性、持续性，后者更重现实针对性，要与前者保持方向上的一致性，为前者奠定基础。我国房地产市场不是要不要调控的问题，而是调控目标的设定、时机、力度和方式、方法的选择问题。我国房地产调控已经实践了十几年，调控政策出台的频率之高为其他行业少有，但调控的效果有违初衷，很难说取得了成功。原因在于调控政策目标与房地产行业特点相悖，与房地产市场规律不相吻合。房地产建设是固定资产投资，周期较长，在建设期间转换投资成本高，难以对经济波动做出应急式反应。我国房价的市场发现和市场形成机制尚在完善过程之中，由供求关系决定的时时都在变化的房价相对于频频出台的以控制房价为主要目标的调控政策总有一个滞后期。房价上涨是多种因素综合作用的结果，以限价、限购等行政手段为主的房地产调控当然难以达到本身就是概念模糊的房价合理回归的目标。控制房价过快上涨，要求扩大房地产投资，而防止经济过热又要求关紧土地、资金"闸门"，形成不同调控目标的政策措施效力对冲。与此同时，行政调控资源过度倾注于难以达到的目标，必然削弱对政府应该和必须做好的工作的投入。例如，房地产空间布局控制、市场交易秩序规范、房地产品质质量监管、房地产用地制度的改进等。城市房地产信息联网迟迟不能兑现政府承诺，更多的是由于工作力度不够；主管部门自称有诸多调控政策储备，但面对住房用地使用权到期，只能采取回避矛盾的过渡性安排，就证明了这一点。

九　住房政策与房地产政策有何关联和区别？

住房政策是一项重要的公共政策，对于房地产长效机制的建立具有基础性要求。房地产政策对住房政策发挥保障作用，住房政策则对房地产政策具有制约意义。房地产政策是产业政策，基本目标是促进产业健康稳定发展，满足社会经济发展对房屋的需求，要求效率优先。住房租售并举政策落地的前提也是要有房可租。住房政策是社会公共政策，基本目标是居者有其屋，要求公平优先。两者不应混为一谈，更不能把住房政策成本全部加于房地产政策身上，奢望通过房地产政策能够实现住房政策目标。住房制度双轨制的关键在于住房保障边界的划定。大多数家庭通过市场解决住房需求，少数贫困家庭走住房保障之路，这是我国住房制度改革的基础框架，也是住房市场化的基本含义。扩大住房保障边界，鼓吹占大多数的中低收入家庭走住房保障之路，少数富裕家庭市场购房，是对住房制度市场化改革的否定，在实践上不具有可持续性和可行性。泛化住房保障概念，把经济适用房、双限房、人才房、拆迁安置房等政策性住房统统纳入保障住房范围，或者加入产权保障权重，是对住房保障的曲解。不仅造成新的社会不公和住房建设低端化，而且将使公共占有的住房资源极度扩张，降低住房资源的配置效率，增加寻租腐败空间。

十 建立房地产长效机制要点

1. 立足于社会主义初级阶段的长期性，以满足城市化和城乡现代化建设对房屋的需求为目的，满足房地产开发对土地和资金的合理需求，既不应歧视和限制，亦不需要优惠和刺激。

2. 改革和完善房地产用地制度，平衡不同类型建设用地价格，妥善解决土地使用权到期延续问题，妥善解决土地出让金 70 年一次性征收与开征房地产税衔接问题。

3. 坚持住房制度市场化改革方向，完善住房保障进入退出制度，完善居民自住型购房的金融信贷扶持制度。

4. 减少房地产调控政策出台频率，稳定房地产市场预期，发挥市场配置住房资源的决定性作用，逐步淡出房地产"政策市"。

5. 加强规划对房地产开发的空间管控，引导低碳节能建筑建设，完善房地产信息体系建设和市场预警机制，规范房地产市场交易秩序，强化房地产品质监管和售后服务监管。

B.20
中国西南典型地区增减挂钩拆迁
安置补偿研究[*]

—— 来自川渝黔的实证分析

韩 冬 韩立达 何 理^{**}

摘 要： 通过西南地区增减挂钩典型项目的现状调查和意愿调查，本
文认为当前增减挂钩拆迁安置补偿表现出以下经济特征：
(1) 农民对补偿的主观诉求成为补偿底线；(2) 征地收益是
地方政府推行挂钩项目并提高补偿的激励基础；(3) 农民集
体主体不明晰使村干部在项目中发挥关键作用；(4) 补偿结
果受制于项目主体的谈判实力。增减挂钩拆迁安置补偿的完
善途径需要从以下方面入手：明晰土地增值收益的发展权性
质并建立土地价值评估体系和最低保护价制度，从行政管理、
经济运作、权益维护三个方面创新和完善农村基层组织，挂
钩项目应符合科学规划和农民自愿的前提，建立城乡区域间
的科学反哺机制。

关键词： 增减挂钩 拆迁安置补偿 土地发展权 基层组织创新 城
乡反哺机制

* 基金项目：2015 年国家社科基金项目：农村集体经营性建设用地入市的体制机制研究
（15BJY089）。
** 韩冬，成都理工大学讲师，经济学博士。研究方向为土地经济、区域经济发展、土地资源管
理等；韩立达，四川大学经济学院教授、经济学博士、博士生导师。研究方向为土地经济、
房地产经济、环境资源经济等；何理，四川大学经济学院博士研究生，研究方向为区域经济、
土地经济等。

为贯彻党的十八届三中全会提出的"建立兼顾国家、集体、个人的土地增值收益分配机制，合理提高个人收益"、中共中央国务院在"2016 年 1 号文件"指出的"完善和拓展城乡建设用地增减挂钩试点，将指标交易收益用于改善农民生产生活条件"等精神，国土资源部于 2016 年 3 月出台了《关于用好用活增减挂钩政策积极支持扶贫开发及易地扶贫搬迁工作的通知》。这一"超常规的增减挂钩政策"能否在"精准扶贫"领域落实，很大程度上取决于地方政府能否更好地理解并把握增减挂钩拆迁安置补偿的特殊性和复杂性。

增减挂钩的实践活动已经证明，科学合理的补偿安置是增减挂钩政策能否顺利实施的关键。但是，理论界在补偿安置研究方面的成果并不多。一些学者认为：从政策环境上，增减挂钩为地方政府形成了强激励，在发展主义导向和当前的地方政府绩效考核体系下，极易造成公权力的异化（叶敬忠等，2012；谭明智，2014）；从政策主体看，"农民自愿"实际上是一种弹性较大且很难规范的行为（韩立达等，2016）；从政策改进看，针对项目规划、补偿标准、执行程序等内容的全面评估的缺乏，使"三农"问题的解决存在风险（李海梅，2013）；从政策未来走势看，如何达成土地、农民心理预期和资金三者的平衡是增减挂钩必须考虑的内容（鲍家伟等，2012）。其中，补偿安置的矛盾处于核心地位，但无论是国务院还是各级国土主管部门对补偿安置仅提出了原则性的指导意见，各试点区域也只是在"农民自愿"的前提下根据实际需要制定"局部满意"这种无法实现市场均衡的补偿安置标准。

基于此，本文通过对西南地区增减挂钩典型项目的农户意愿调查和经济特征分析，提出了增减挂钩拆迁安置补偿的创新和完善必须以对集体建设用地和农用地价值充分认知为基础，充分考量当前农民意愿及长期保障问题，以创新和完善农村基层组织管理机制为关键途径，探索建立一条科学合理的城市反哺农村的路径。

一 川渝黔典型地区增减挂钩拆迁安置补偿现状

笔者于 2010～2016 年在川渝黔三地五十余个实施增减挂钩项目的行政村进行了实地调研，样本村以农业型村庄为主，兼顾了西南地区村庄主要的经济社会发展水平和地形地貌差异（未包含山区林地村庄）。通过在农村的会议座

谈、问卷调查与个别访谈等，笔者获得了反映增减挂钩拆迁安置补偿的第一手数据资料，并以具有典型性的7个研究区域8个村庄（本文涉及问卷调查村庄全部包含在内）作为本文讨论对象，其概况见表1。

表1 调研区域概况及挂钩项目一览*

所在区域	样本案例	地形	幅员（km²）	农地面积（亩）	人口（人）	项目方式①	周转指标（亩）	指标使用	安置方式②
成都	金堂A村	丘陵	5.31	3768	3006	增减挂钩	100（未验）	本县统筹	统规统建
	青白江B村	浅丘	4.2	3700	2893	本地挂钩	498	本镇产业	货币化安置 统规自建 统规统建
	邛崃C镇	平坝	36.76	32747.9	30688	异地挂钩	4500	其他区县	统规统建
自贡③	D区	低山丘陵	4373.1	2083170	325万	全域挂钩	3949	本区统筹	货币化安置 统规自建 统规统建
重庆	E区	丘陵	1576	747030	113.1万	增减挂钩	6000余	本区统筹	货币化补偿
	F区	浅丘	1079.1	63121	68.57万	地票交易	3019（备案）	地票交易	货币化安置
黔西南州	兴仁G村	山地	17.29	1665	2691	生态移民	300.98	场镇建新	统规统建 划地自建

*本表整理自2010～2016年在各地市区实地调研时的统计数据、增减挂钩工作报告和调查报告，与最新数据有一定偏差。

①项目方式中记为"增减挂钩"，即按国土部《管理办法》要求只在县范围内使用；"本地挂钩"，即挂钩指标在本乡镇范围内落地使用；"全域挂钩"，即突破县范围，在市范围内使用；"地票交易"，即指标纳入地票交易运作；"生态移民"，即与生态移民项目综合。

②安置方式中记为"统规统建"，即新区建设的规划和建设均由规划编制统一完成；记为"统规自建"，即农民按规划要求自寻建设单位完成；记为"货币化安置/补偿"，即集体对已在城镇定居的农户收回宅基地及新区住房权利并按统一标准给予货币补偿，其中"安置"意味着指定区域商品房的折价购买权利；记为"划地自建"，即在指定地点自行修建安置房（无统一规划）。

③自贡市因2013年才成为试点市，因此周转指标一栏采用的为2013年、2014年下达规模。

由于国家和地方政府当前所制定的城乡建设用地增减挂钩相关政策中涉及补偿安置的内容都比较空泛，多数是"尊重农民意愿、严禁侵害农民权益、严禁盲目推进上高楼"等指导性内容，因而导致各地政府在具体实施时"因地制宜"地制定具有弹性的补偿安置标准,使各个增减挂钩项目能够在不违背中央政策指向的前提下顺利实施,如表 2 所示。

表 2　调研区域增减挂钩拆迁安置补偿明细

样本案例	占地补偿	农户安置	配套设施	就业安置
金堂 A 村(2010 年 1 月启动)	拆旧区补偿:按人头补偿,新开村安置点 10000 元/人,隆盛场镇安置点 12000 元/人,黄桷桠安置点 13000 元/人。不考虑宅基地及房屋拆迁　安置区补偿:20300 元/亩林权买断	新区住房:二层楼房三户型,抓阄分房,购房款 850 元/平方米　新增人口可按 30 平方米/人选址新建住宅	仅有少量体育器材;通电通网,自来水管道施工中,无天然气管道	无
青白江 B 村(2012 年 2 月启动)	拆旧区补偿:房屋拆迁按确权面积和类型补偿(砖房 230 元/平方米,简单房屋 140 元/平方米),残值按补偿金 1%统一回收并拆除,时限奖金 10%及 100 元搬家费;复垦奖励 2000 元/亩;植株及青苗补偿有统一标准;800 元/年·人的过渡费　安置区补偿:以土地租赁方式流转原承包地,价格为 700 斤大米/亩·年	货币化安置:24000 元/人　场镇统规统建:人均建筑面积 30 平方米,按不同楼层房价为 180 元/平方米~280 元/平方米　本村统规统建:按不同楼层房价为 280 元/平方米~380 元/平方米,社区内生产经营用房租金用作基础配套　本村统规自建:13000 元/人的建房补助	商业/生产经营用房,社区文化广场,体育运动设施,水电气网全通	项目建设运营用工优先使用本村人员　建设指标所支持的产业优先使用本镇村民,日薪以 45 元/男和 40 元/女计算
邛崃 C 镇(2010 年 4 月启动)	农户补偿:节余建设面积 30 元/平方米,人均补助纳入搬迁奖惩　拆迁补偿:原拆旧房大于新村住房面积的部分,土坯房为 150 元/平方米,砖木结构为 315 元/平方米,砖混结构 450 元/平方米,过渡费 140 元/人·月,超过一年翻倍　宅基地退出补偿:105 元/平方米　青苗及附着物补偿:统一标准	新区建设:人均宅基地 35 平方米,配套设施 30 平方米。人均综合占地小于 60 平方米的部分按 105 元/平方米补助;楼层差价农户自议;多层房屋住户每户奖励 2 万元。搬迁奖惩:以组为单位搬迁率 80%以上奖励最高 5000 元/人,70%以下惩罚最高 2000 元/人;时限内拆除验收,2000 元/户,延期 1 天扣 100 元直到扣完 3000 元为止	水电气网全通,规划建设幼儿园、社区综合服务中心、市政广场、农贸市场等(1+28)公共服务配套设施	成立土地合作社和农机合作社,农业公司有义务聘用当地农业劳动者;发展民族手工业,扩大特色藏文化物品生产基地

续表

样本案例	占地补偿	农户安置	配套设施	就业安置
自贡 D 区（2013 年成为全国唯一深化改革城乡建设用地增减挂钩试点市）	货币化安置:根据验收合格的复垦面积和建筑结构,土木 16 万元/亩,砖木 18 万元/亩,砖混结构 20 万元/亩 集中区安置:房屋按实测面积土木 350 元/平方米、砖木结构 400 元/平方米、砖混结构 450 元/平方米,其余按征地标准 安置区占地:承包期内一次性货币补偿 28300 元/亩	货币化安置:可申请购买 20% 优惠的限价商品房;整户登记为城镇居民的按复垦面积给予养老保险补贴 2 万元/户·亩 集中区安置:按人均 50 平方米综合用地、30 平方米建筑面积进行建设,集体与工程方商谈价款	政府负责集中区的"五通一平",其余配套设施由集体自筹(可通过商业用地租金及物管费用)	无
重庆 E 区 重庆 F 区	农户补偿:不考虑房屋及附属物,按复垦面积(若需集中安置则扣除安置区占地面积)补偿 12 万元/亩, 集体补偿 2.1 万元/亩	货币化安置:自行至场镇或城市通过商品房购买的方式解决 集中区安置:通过撺地或货币化流转(通常按 80 元/平方米)的方式获得新建区土地,农民自主选择开发商并在指导价范围内购房	政府提供基础、公共设施等建设补贴。荣昌提供新农村建设配套 80 万～100 万元的基础设施补助	无
贵州兴仁 G 村(2010 年 10 月启动)	拆迁补偿:砖木结构房屋 340 元/平方米～420 元/平方米补偿,院坝按 32 元/平方米补偿	本村就近安置:本村未利用地上,拆迁补偿根据安置建房进度分批发放 城郊集中安置:生态移民小区 60～80 平方米,每户人交 3 万～5 万元,国家补贴户均 3 万元	本村:煤矿业主和省国土厅进行"三通一平",有电信基站 城郊:城镇基础设施和公服设施	无

二 基于问卷调查的增减挂钩拆迁安置补偿问题和原因分析

课题组对上述样本村庄实施增减挂钩拆迁补偿安置进行了抽样问卷调

查，共计发放问卷 290 份，有效问卷 285 份：被访者中男性占比 45%，女性占比 55%；年龄分布为 66 岁以上占比 10%，51~65 岁的 34%，36~50 岁的占比 44%，21~35 岁的有 12%，20 岁以下的为 0；文化程度情况小学及以下文化程度占据多数，达 60%，26% 为初中，9% 为高中，2% 为技校，3% 为中专，归纳问卷调查结果，增减挂钩拆迁安置补偿主要存在问题和主要原因如下。

1. 农民意愿表达欠缺，农民的主体角色未能充分体现

由表 3 可知，增减挂钩拆迁安置补偿实施过程中，基本维护了农民的知情权，但是仍然缺乏充分深入的宣传沟通。宣传形式主要以多样但随意的口头宣传和集中开会为主，而缺乏正式的书面宣传和解释，容易造成信息误解、误传、失真；政策的制定和实施对农民意愿性考虑还十分不足，有违增减挂钩政策规定。项目参与中，由于农民无法准确核实成本和收益往往采取随大流的态度，部分项目也反映出村干部会采用威胁性语言要求参加；当农民对于项目有意见或建议，甚至相关权益受到侵害时，其利益诉求的渠道十分狭窄。可见，增减挂钩拆迁安置补偿实施过程中，相关部门仅仅是简单给予了农民基本的知情权，而关于农民真实的自愿性的考虑还很欠缺，农民在这一过程中通常只是被动地作为接受方，不能充分行使其主体相关权利，这也是影响增减挂钩项目后续推进进度，以及农民对增减挂钩项目满意度评价不太高的深层原因。

表3　关于农民参与程度的问卷调查情况

问卷内容	政策宣讲	宣讲方式	意见征求	自愿参与	反映渠道
调查结果	多次宣讲41% 简单宣讲58% 没有宣讲1%	口头宣传36% 书面宣传16% 集中开会49% 挨家挨户15%	充分征求43% 象征性征求40% 完全没有征求17%	完全自愿34% 自愿39% 随大流19% 不太自愿8%	绝大部分向村干部反映极端情况下选择上访7%

2. 缺乏补偿安置依据，补偿标准不统一

由表 4 可知，增减挂钩拆迁安置补偿各地差异性很大，对农民的拆迁安置补偿标准不明确不统一；从农民角度出发，各地对安置补偿的标准具有地域合理性的同时也存在诸多问题，且多数都低于征地补偿标准。由于各村对

房地产蓝皮书

于拆旧和安置补偿的依据标准不统一，农民之间相互比较，价格低者常常反悔退出，政策没有统一标准进行有力的说服，项目反复进入变更程序，进度被拖累。

表4　关于补偿标准制定的问卷调查情况

问卷内容	谁制定安置补偿标准	实行标准是否合理	标准制定的意愿调查
调查结果	政府制定 56% 村委会制定 35% 村民议事或代表大会 1% 其他 8%	非常合理 3% 很合理 8% 较为合理 44% 不合理 38% 很不合理 7%	严格按照征地标准 47% 村委会与农民协商 24% 村民代表大会制定 15% 仿照其他村执行 12% 用地企业与农民集体协商 1%

3. 集中安置区建筑质量评价较低，安置方式简单粗放，配套设施不足

对农民而言，农村居民点解决的是最基本的居住问题。由表5可知，增减挂钩在新区建设上确实还存在未公开透明的部分，一是建设单位选择；二是建筑质量保障，均不能完全由农民自主决策。在分配过程中，基层组织为避免烦琐的工作，多采用抓阄来确定住房的分配，不过部分地区会将低楼层住房优先考虑老弱病残。就农民而言，出于对生活成本提高和生活习惯改变的担忧，更愿意在原先的居住地就近安置。多数农民对集中居住区的人均面积和新增人口能否获得住房表示忧虑，同时也对直接影响短期生活质量的过渡费极为关注，较为长远的房屋交易问题则只有少数农户关心。另外，新区入住后建筑质量问题、房屋维修基金欠缺、新区公服和基础设施不足等问题极为普遍。

表5　关于集中安置区的问卷调查情况

问卷内容	建设单位确定方式	房屋质量主观评价	房屋分配的确定方式	住房面积户型满意度
调查结果	公开招标 67% 村干部决定 14% 未公示不知道 19%	很好 1% 好 27% 一般 35% 很差 34% 尚未完工不能确认 3%	抓阄 99% 先拆先选 1%	非常满意 5% 很满意 4% 较为满意 61% 不太满意 27% 不满意 3%

续表

问卷内容	集中安置点的意向	补偿安置存在的问题	公共配套设施齐全度	新区和住房总体评价
调查结果	本村范围 52% 本乡镇范围 30% 本组范围 13% 本县范围 5%	人均建筑面积过小 拆迁过渡费不合理 未来人口增加未考虑 新建房屋不能交易 超过规定面积的购买价格较高	足够的配套设施14% 简单的配套设施74% 没有配套设施12%	非常满意3% 很满意14% 较为满意54% 不太满意27% 不满意2%

注：无百分比的调查结果重要度由上到下排序，下表同。

4. 土地增值收益分配不合理，难以共享发展成果

由表6可见，根据国家要求，增减挂钩指标周转产生的收益应主要用于支持农村集体生产和改善农民生活条件，剩余部分由政府所得，用于城镇建设。而现实中这部分收益却只有少数用于支持农村集体生产和改善农民生活条件，多数仍用于城镇建设。从家庭收入来看，由于农民文化程度受限，大部分都外出务工，收入偏低且无保障，承包地流转租金仍旧是最稳定的来源，多数家庭依然不能离开土地；而项目实施前后，拆迁补偿安置后续工作并没有做到位，只有少部分农民的收入增加了，大部分都没有享受到发展成果，没有真正落实保障农民的相关权益，与增减挂钩政策以城返乡、以工哺农、逐步实现城乡统筹的设计初衷效果显然难以体现。

表6　关于收益分配和发展共享的问卷调查情况

问卷内容	当年家庭年收入	收入来源	项目后收入是否提高	集体经济发展和分配	参与项目的主要因素
调查结果	50000 元以上 17% 30000～50000 元 27% 10000～30000 元 46% 10000 元以下 10%	外出务工 承包地流转 养老保险收入 农业生产 本村集体经济分红	显著提高 6% 较少提高 18% 没有提高 55% 有所降低 21%	非常满意 2% 很满意 5% 较为满意 55% 不太满意 34% 不满意 4%	安置补偿的合理性 集中居住户型和面积的合理性 服务设施是否便利

5.产权调整困难，土地财产价值不能显现

由表7可见，绝大部分农民的宅基地和房屋的确权登记办证的权益得到保障；增加挂钩涉及拆旧区和建新区两个部分，有的项目较小，只涉及本组内土地产权，其权属调整相对容易。但较多的项目涉及不同的组、村，要在更大的范围内平衡农户间、小组间、村集体间的土地权属调整就非常复杂，进而导致项目实施后农民新区房屋和宅基地的确权登记领证进展非常缓慢，多数农民都希望集中居住区房屋和宅基地可以像城市房屋那样交易，从而真正意义上实现土地财产价值。

表7　关于农村土地产权制度改革的问卷调查情况

问卷内容	旧宅与土地确权颁证	新居与土地确权颁证	集中区房屋能否交易意向
调查结果	已完成确权登记颁证82% 办理程序中2% 未办理8% 不知道是什么8%	办理程序中39% 还没开展工作52% 不清楚具体情况9%	和城市房屋同等交易40% 交易意愿强烈26% 不太希望能够交易27% 非常不希望7%

三　川渝黔典型地区增减挂钩拆迁安置补偿问题的经济分析

增减挂钩中拆迁安置补偿的来源是城镇建新区土地增值收益，补偿的多寡不仅取决于农民对补偿的主观要求，更取决于拆旧、建新所在地地方政府及农民集体的博弈结果（即受制于三方的谈判实力），表2所反映出挂钩补偿中极为悬殊的地域差异便是其真实体现。本文认为，增减挂钩拆迁安置补偿问题的主要经济特征为以下方面。

1.增减挂钩项目建新区经济发展水平产生的不同地租差及尚未建立的农村土地市场导致了各地拆迁安置补偿标准不能统一，其中农民对补偿的主观诉求成为补偿底线

一是由于我国并没有建立完善的农村土地产权交易市场，农村土地价值实现的正常途径只有住房保障及维持家庭生产，这使得不同地区农民对土地价值的认识是截然不同的，突出表现在不同地区农民对征地乃至增减挂钩的态度差异。东部地区的农民因宅基地的高收益而抵制征地，增减挂钩项目也多用于闲置乡镇企业用地整理；中西部城郊农民能够通过征地来实现远高于粮食耕种的土地价值，远郊农民也希望通过增减挂钩改善居住环境并提高"空心村"中闲置的宅基地和承包地的价值。从供给和需求的角度来看，远郊以宅基地复垦形成指标供给和近郊项目落地（征地）形成的指标需求为载体的增减挂钩有广阔的实施空间，而在拆迁成本很高以及征地补偿很低的区域内实施增减挂钩便会存在补偿难以到位，进而增减挂钩项目难以实施。二是尽管国家明文规定"要尊重农民意愿并考虑农民实际承受能力"，但由于以下原因，各地出现了很大的差异：（1）二元土地管理体制下农地价值被低估；（2）农民不了解土地价值及价格形成机制；（3）构成土地增值收益权的土地发展权在长期的征地制度框架中事实上已经默认为国家所有等。上述原因直接造成了早期在边远地区实行的增减挂钩项目，仅需要极低的成本便可以推行，甚至农民因认为"政府帮忙修房子我们出钱是应该的"而承担安置区主要的建设成本。以区域A为例，三口之家只有建房补助 30000 元，即使购买最小户型 104 ㎡仍需自行承担 58400 元，占比约 66%。

2. 增减挂钩拆迁安置补偿的本质是现行土地制度框架中城乡之间土地"发展权"价值的转移；建新区征地收益越大，地方政府实施增减挂钩的激励越大，支付较高补偿的可能性也越大，但前提在于新增建设用地年度计划指标规模限制及政府公权力异化防治

如图 1 所示，在一个简单的阿隆索模型中，A 点的单位建设用地地价远高于 B 点；在建设用地总量控制下，B 点宅基地复垦所导致的土地价值损益为 V_2，其中 C_2 是宅基地复垦的总成本。A 点城镇建新带来的土地价值增值为 V_1，其中 C_1 是征地成本。从 B 地土地价值补偿的角度，挂钩指标的评估价格应等于宅基地复垦的价值损益 V_2，对于使用指标的 A 地来讲，其净收益即为 $V_1 - V_2$。但由于集体土地产权制度本身的缺陷以及地方政府长期过度依赖土地财政，使得部分地区的挂钩试点偏离了方向，以大规模的拆村迁居获得指标及巨额土地增值收益（谭静，2012）。基于这种利益驱动，地方政府更希望扩大指标周转范围，通过在土地价值低廉的远郊进行拆旧整理来降低指标获取成本。一种较激进的观点是，增减挂钩使地方政府得以实施改造农村的宏图伟愿，但随之而来的是，古老的乡村生态遭到破坏，熟人社会被陌生人社会替代，淳朴

深厚的乡村传统不复存在（叶敬忠等，2012）。然而笔者认为，增减挂钩并不是传统乡村遭到破坏的主因，现代经济学已经揭示了人类需求的层次性，"田园牧歌"从来不存在于传统的农民生活之中；农业生产附加值低下、基础设施配套落后、区位条件恶劣以及人均耕地太少的现实，造成农业人口大量向非农业产业转移，在城乡二元户籍制度未得到改革前，"空心村"现象必然出现在我国广大的西部地区，使增减挂钩政策具有必要性和可行性，但其成效利弊取决于如何对政府权力进行合理规制。

以区域 C 和 D 为例，自贡作为全国唯一实施深化增减挂钩试点市，其挂钩指标可以在整个中心城区统筹使用，邛崃也由于"4.20"灾后重建政策使其指标可以跨县落地，如冉义、高何等镇周转指标落在郫县、龙泉驿、双流等地，经济激励较正常挂钩项目高，因此自贡和邛崃增减挂钩规模相当大①；而相对于样本区 G 挂钩指标便难以卖出高价，尽管这些地区 V_2 较低，但必须和生态移民及煤矿业主补偿相结合才能部分支付农民的安置补偿费用。

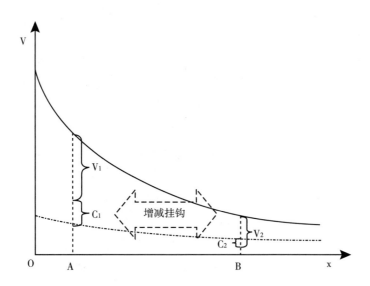

图1　增减挂钩拆旧区与建新区土地发展权价值转移示意

---

① 自贡市 2013 年、2014 年共完成挂钩指标近 4000 亩；而邛崃的灾后重建指标规模达到数万亩，往往以镇为单位推进增减挂钩项目。

3. 农民集体这一主体的法律地位不明确，使得农村事务成为一个灰色领域，村集体领导者的个人能力发挥了极强的作用，但权力的过度集中往往会使自治组织成为"一言堂"而滋生权力寻租空间

村民自治制度在被写入 1982 年《宪法》时曾被寄予厚望，然而应代表全体村民利益的村委会，却由于双重委托—代理关系中的纽带位置，在官本位倾向中逐渐向地方政府倾斜。正如程为敏（2005）在考察村民自治组织主体性问题时发现，村民自治组织在与政府的博弈中处于弱势地位，只能以服从的"自主性"在村庄内部化解外来矛盾，造成村民内耗和自治功能的丧失。同时，实践中村两委领导的个人能力在为本村村民争取更优厚的拆迁安置补偿及就业相关保障中发挥了极为明显的作用，以项目区 B 为例①，土地"发展权"价差激励最不明显的"本地挂钩"模式为村民产生了七个样本区中最高的安置补偿。但也要注意，由于农村基层组织体系（如村民议事会）缺乏法律的规范和运作规制，难以发挥对村两委的监督作用，导致村两委容易产生权力寻租问题，如自称"郫县增减挂钩第一村"的 Y 村，其最先引入增减挂钩项目的村支书便因腐败问题被判有期徒刑。

4. 增减挂钩参与主体的博弈结果取决于各自的谈判实力，主要由政府权力垄断、市场谈判实力和博弈策略选择所决定

（1）政府权力垄断主要包括土地用途管制和市场垄断以及公权力异化：前者导致农村土地最高价值用途只能通过征地或政策创新实现，即一级土地市场存在"集体所有权歧视"；后者主要包括权力缺位、越位、滥用。政府权力垄断是国家公权力所强行设置的制度障碍，因此增减挂钩早期博弈中地方政府占据绝对主导地位。（2）市场谈判能力主要包括资产专有性、专用性及要素市场竞争情况。从专有性角度，由于增减挂钩中建新区土地增值构成了价值转移的绝大部分，其地方政府势必会要求较大份额的收益并很难对此

---

① 访谈中笔者了解到，该村党支部书记周某本科毕业后在港企从事十余年销售工作，有丰富的对公对私经验及敏锐的市场触觉，长期担任该村书记的母亲为其奠定了良好的群众基础。他回到家乡后，牵头办起近 2000 亩的黑色经济作物农业合作社，并在地方政府争取到近百万元的肥料专项补贴。在与土地整理企业的交涉过程中，不仅为村民争取到极优厚的安置待遇和就业保障，同时还力争保留更多的建设用地指标用于产业开发；在访谈过程中也可以看出，周某对国家历年的一号文件、土地政策等均有相当的了解。

进行让步①；从专用性角度，由于周转指标的项目效率极高，导致其拥有者在整理前和整理后具有截然不同的谈判实力，需要制定额外的合约来规避投资风险，正如当前管理办法对拆旧建新捆绑实施的相关规定；从要素市场竞争角度，指标周转区域越大，其替代弹性越高，则指标拥有者的谈判实力越弱②。（3）博弈策略选择主要由项目主体的风险效用函数决定。由于农村土地利用变化的困难性、投资巨大及资金回收周期长，对于资金中存量有限的社会资本而言，更倾向于风险规避；地方政府基本不承担风险，经济和政治上的激励促进它们提出并实施整村甚至整镇、整县推进增减挂钩战略，但农民集体和社会企业则要在与地方政府讨价还价的过程中明确自身利益后才会参与。

由于行政分级制度及灾后重建、精准扶贫等政策的实施，除了类似于项目B一般的本地使用指标外，增减挂钩项目往往会涉及两个及以上的地方政府。随着中央对农民权益维护问题的重视，中央政府作为政策的顶层设计和监控者也参加到项目的博弈之中，这使得政府权力垄断在2010年后的项目中主要表现为用途管制和市场垄断，公权力异化现象有所淡化；同时随着增减挂钩"知识外溢"以及农民整体素质的提高，搬迁安置补偿中的权益维护问题已有相当的好转，但增减挂钩补偿安置的深层次问题依然存在且更为隐蔽。

四 完善增减挂钩拆迁安置补偿的对策建议

学者已从多方面对增减挂钩整体提出了诸多有价值的政策性建议，如通过立法完善集体土地所有权（廖长林，2008），对土地征收的"公共利益"做明确界定（谭静，2012），并在政策法规层面将增减挂钩房屋拆迁安置补偿与征地标准等同（陈如坚等，2014）；统筹城乡整体规划，推进三级挂钩规划实施（马宗国等，2011）；全面推进农村土地房屋确权登记颁证（李海梅，2013），将挂钩指标纳入土地交易所业务范畴（韩梅等，2013）；制定相应的优惠政策

---

① 地方政府可以选择等待次年的计划指标或者其他地方更便宜的挂钩指标而不会过分提高指标价格。

② 由于重庆地票供大于求，整个F区在库闲置了一万多亩指标；而区域B周边数个农业项目急需建设用地指标进行第三产业建设，当地唯一的指标持有者H公司便占有极大的谈判优势，由此可见要素市场竞争程度对谈判实力的影响。

鼓励资金、技术、外来人口向挂钩项目区流动（林国斌等，2014），完善综合配套体制以实现经济主体之间的利益均衡（张海鹏，2011）；等等。本文在学者们研究的基础上，通过分析并结合笔者实地调研中了解到的其他细节，从拆迁安置补偿及农民权益维护的角度对增减挂钩（尤其是西南地区和精准扶贫）创新与完善提出以下几点建议。

1.清晰界定增减挂钩中土地增值收益因素的发展权性质，建立最大适用范围的集体土地价值评估体系和土地最低保护价制度

农地发展权是指改变农地用途或者使用强度并获得收益的权利。在增减挂钩政策的实施中，挂钩周转指标的实现分别涉及两个不同地区的土地发展权以及土地发展权转移。

（1）在补偿和安置的分配中，必须清晰界定挂钩指标产生区（拆旧地块）的农地发展权。从增减挂钩项目增值收益的分配机理来看，拆旧地块的增值收益在于通过对农村集体建设用地（含宅基地）拆旧复垦使原来的建设用地性质转变为农用地（耕地）性质获得了挂钩指标，因此挂钩指标所包含的"建设许可"权利应属于指标产生区农民集体。

（2）增减挂钩中的土地增值收益最终来自指标落地区，所以必须清晰地界定挂钩指标落地区的农地发展权。指标落地区是农民集体将原来的农用地转变为建设用地产生的农地发展权，该权利应属于落地区的农民集体；与征地略有不同的是，落地区能够获得这种权利是建立在挂钩指标产生的基础上，因此落地区土地实现增值收益中既包含了落地区农民的发展权，也包含了指标产生区的土地发展权。

（3）清晰界定挂钩指标的转移权。一般来说，挂钩指标在落地区之所以能够产生增值，其形成机理来自政府的征地和土地用途的管控和区位优势。落地区的区位优势是政府通过各种公共基础设施的前期投入形成的。所以，增减挂钩指标能够从产生区转移到落地区，实际上是政府的规划和用途管控以及区位优势符合作用的一种"租金溢出"，这应该属于政府特别是地方政府的利益分配范畴。

（4）综合考虑地区发展差异协调、落后地区经济社会快速发展等战略因素，我国应在兼顾区域市场价值差异、社会保障和制度效率等因素的前提下，建立起与国有土地价值评估体系相同的农村集体土地的价值评估体系及最低保护价。

2. 创新和完善农村基层组织，切实维护农民的合法权益

实地调研明确告诉我们，由于当前农村基层组织的多重身份、不作为或"过度作为"等问题，导致农民在与地方政府和社会资本、农民集体的博弈中处于极端弱势地位，无法保障包括土地权益在内的诸多合法权益。当前部分地区创新的村民议事会在农村集体事务中取得了很好效果，但由于这一组织在法律依据、内部组织等制度环节存在诸多缺陷，难以保证在未来长期发挥作用。笔者认为，由于我国农村地区村民自治的特殊性，需要创新和完善农村基层组织①，并对大一统的农村集体组织进行职能拆分并分别赋予明确的法律地位和效力。

（1）将与基层政府有密切联系的村委会、村党委作为行政管理机构（而非集体资产经营管理组织），发挥其农村社区与政府行政部门的纽带作用，负责政策宣传推广、公共事务管理、基础设施维护等工作。

（2）逐渐将集体经济组织演变成类似股份制企业一样的法人组织，承担法律责任，履行法律义务，以集体资产和资源作为原始股本，村民以其集体经济组织成员的身份权作为股东，通过引入富有企业家才能的经营管理人才提高集体资源和资产的利用效率。

（3）创新完善村民议事会制度，进一步建立目标单一、承担法律责任和义务的法人组织——农会，其主要职责为代表农村土地产权人的利益，依法维护其合法权益，当农会成员权益受到侵犯且难以通过协商解决时，农会可向仲裁机构提请仲裁或向法院提起诉讼。

3. 增减挂钩政策必须真正做到充分尊重农民意愿，从渐进式改革思路及当前农村实际情况出发，项目应在科学规划和农民自愿参与的前提下做好搬迁补偿和安置工作

正如问卷调查所反映的，由于西南地区大部分农民的文化素质层次较低，短期利益驱动最强且容易随大流，"尊重农民意愿"并不等同于"维护农民权益"。从这点出发，在农村重大事务之前必须有足够的征求意见周期，以保证农村精英阶层的作用得以充分发挥，真正实现听证会、论证会的目的。另外，增减挂钩项目实施必须依据土地利用总体规划和农业生产、城乡建设、农田水

---

① 关于基层组织创新的设想，参阅韩立达、韩冬《市场化视角下农村土地承包经营权有偿退出研究》，《中州学刊》2016年第4期。

利建设、林业保护利用和生态建设等有关要求，科学编制农村建设用地整治规划，编制"挂钩"项目区规划和社区建设详规，并与县域村镇体系规划、新农村建设规划、产业发展规划、水利和交通等规划相衔接。按照土地利用总体规划安排"挂钩"规模、布局和时序，根据下达的"挂钩"周转指标，组织审批和实施试点项目。为了防止片面"追求指标"倾向，建议修改《挂钩办法》，增加项目区内节地率（节地率＝拆旧地块面积扣除安置地块面积/拆旧地块面积）、安置区容积率、社区住宅最高层数等作为约束性指标，同时留出部分园地、林地、菜地，以便利居民生活、美化社区环境。

4. 从工业反哺农业、城市支持农村角度，增减挂钩拆迁安置补偿不能仅仅局限于拆旧区"土地发展权"的损益，必须综合考量失地农民的社会保障、就业保障、发展成本、情感依托等因素，建立拆旧—建新区域间的科学反哺机制

当前增减挂钩管理办法限制了指标周转范围，在一定程度上遏制了由巨大利益驱使的违规操作，但在灾后重建、扶贫搬迁等项目中，由于周转范围扩大到市域和省域内，建立科学的反哺机制成为必然。对于跨区域的土地指标交易，笔者曾从统一的建设用地市场角度，提出了一个基于合作博弈的土地指标收益一级分配模型[1]，理论上同样适用于增减挂钩项目，即拆旧区农民集体、建新区农民集体以及地方政府作为博弈的三方参与者，分别以宅基地等集体建设用地复垦的发展权损益、被征土地原用途的收益、地方政府的制度维护成本和城市化投入为"投入资本"，在最终的建新区土地增值收益中获得各自的份额。一个大致的分配比例为拆旧区农民集体占15%～20%，建新区农民集体为40%～45%，政府为35%～45%。政府应通过征收土地发展税费来获取这部分收益并将之用于地区城镇化发展及"三农"问题的转移支付。

参考文献

叶敬忠、孟英华：《土地增减挂钩及其发展主义逻辑》，《农业经济问题》2012年第

---

[1] 韩冬：《土地发展权视角的集体建设用地指标价格形成机理研究》，四川大学博士学位论文，2014。

10 期。

谭明智：《严控与激励并存：土地增减挂钩的政策脉络及地方实施》，《中国社会科学》2014 年第 7 期。

韩立达、韩冬：《市场化视角下农村土地承包经营权有偿退出研究》，《中州学刊》2016 年第 4 期。

李海梅：《城乡建设用地增减挂钩政策实施的异化风险及预防》，《中州学刊》2013 年第 1 期。

鲍家伟、陈霄：《城乡建设用地增减挂钩的三个平衡》，《经济体制改革》2012 年第 2 期。

廖长林：《我国城市化进程中的农村集体土地产权制度创新研究》，《湖北经济学院学报》2008 年第 4 期。

谭静：《城乡建设用地增减挂钩中的集体土地权益保护》，《中国土地科学》2012 年第 2 期。

陈如坚、靳相木：《"拆旧补偿"如何界定？——对增减挂钩试点相关政策的调查与思考》，《中国土地》2014 年第 5 期。

韩梅、桂徐雄：《城乡建设用地增减挂钩政策的观察与思考》，《当代经济研究》2013 年第 8 期。

林国斌等：《住宅市场影响下的天津市城乡建设用地增减挂钩风险分析》，《中国土地科学》2014 年第 5 期。

张海鹏：《我国城乡建设用地增减挂钩的实践探索与理论阐释》，《经济学家》2011 年第 11 期。

程为敏：《关于村民自治主体性的若干思考》，《中国社会科学》2005 年第 3 期。

B.21
农民工市民化过程中住房
公积金作用调查报告*

王先柱 王敏 张志鹏**

摘 要： 农民工市民化不仅成为城镇化的最大挑战，也是民生建设的
关键难题。当前制约农民工市民化的主要因素是在城市购房。
调查表明，越来越多的农民工了解到住房公积金制度的功能
和效果，他们也认识到住房公积金能够有效降低购房成本，
希望能够获得住房公积金制度的保障福利。为了实现新型城
镇化中"实现3亿人口的城镇化"目标，本文基于东、中、
西部农民工现状的差异性，提出因地制宜、差别化的住房公
积金改革政策，倡导利用住房公积金制度合理引导农民市民
化，实现高效、可持续性的新型城镇化。

关键词： 农民工 市民化 住房公积金 扩面

一 城镇化进程中的农民工市民化难题

2016年中央经济工作会议以来，回归居住属性成为房地产市场的终极目

* 本文为教育部哲学社会科学研究重大课题攻关项目"建立公开规范的住房公积金制度研究"
（14JZD028），国家自然科学基金项目"应用大数据识别和控制住房公积金扩面风险研究"
（91646126）研究成果。
** 王先柱，安徽工业大学商学院教授，首批"万人计划"入选者，南京大学经济学博士，清华
大学房地产研究所博士后，研究方向为房地产经济与金融；王敏，安徽工业大学商学院硕士
研究生；张志鹏，安徽工业大学商学院教授，南京大学博士后，研究方向为制度经济学。

标。"促进房地产市场平稳健康发展,要坚持'房子是用来住的、不是用来炒的'的定位,综合运用金融、土地、财税、投资、立法等手段,加快研究建立符合国情、适应市场规律的基础性制度和长效机制。"这一要求具有两方面的政策含义:一方面对于一些城市而言需要抑制房地产金融风险;另一方面则要求增强住房保障水平,助推新型城镇化的进程。

《国家新型城镇化规划(2014～2020年)》提出的三个"1亿"的目标中皆涉及农民工市民化,更加突出"以人为本"的原则。而新型城镇化目标的实现离不开农民工的市民化,农民工市民化成为其发展的关键。农民工市民化的关键在于在城镇拥有住房,解决其住房问题是民生建设的重要问题。了解当前农民工的总体状况及其在市民化进程中遇到的困境是进一步推进城镇化建设的基础。

1. 农民工总量增速放缓,农民工本地化明显

据统计,近年来我国农民工总量持续增加,占我国总人口的比重也逐步增加,2016年我国农民工总量达到28171万人,占据人口总量的20.37%(见图1)。在农民工总量增长方面(见图2),农民工总量年增长率在2010年达到峰值,在此之后农民工总量的年增长速度放缓,呈现波动性下降趋势。而本地农民工总量年增长率在2010年的时候实现了突破,增长速度快于外出农民工,且在2015年,本地农民工总量年增长率出现回升趋势,而外出农民工总量年增率则持续下降,两者之间的差距呈现扩大化趋势,这种趋势将有利于实现新型城镇化下"就近城镇化"的目标。

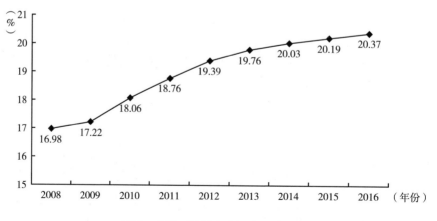

图1 农民工总量占全国人口的比例

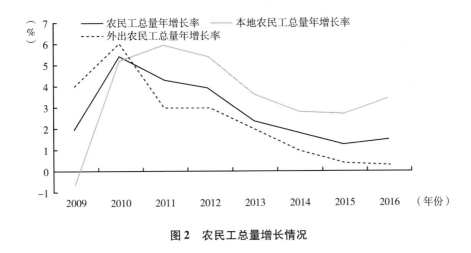

图2　农民工总量增长情况

2.中、西部农民工总量增长趋势明显

在农民工总量区域分布上（见图3），东部地区的农民工总量多于中部，而中部地区的农民工总量则多于西部，但东部地区农民工总量在2012年以后呈下降趋势，而中部地区农民工总量持续上涨，两者之间差距逐步缩小。但西部地区的农民工总量增长缓慢，其与中部地区的农民工总量之间的差距呈现扩大趋势。从不同区域农民工总量年增长率来看（见图4），东部地区农民工总量年增长率在2010～2013年呈现下降趋势，且在2013年为负增长；中部地区农民工总量年增长率在2010年达到一个小峰值，而在2013年则达到大峰值，此后也整体下降；而西部地区农民工总量增长速度波动性不大，但呈下降趋势。整体来看，东、中、西部农民工总量的增长速度都逐渐放缓，三者之间总的差距在不断缩小。

3.农民工呈现高龄化趋势，文化水平以初中为主

从农民工年龄角度来看（见表1），2011～2015年整体上每个年龄段的农民工比例波动不是很大，其中16～20岁和21～30岁的农民工比例呈现下降趋势，31～40岁和41～50岁的农民工比例呈现波动性上涨趋势，而50岁以上的农民工比例逐年上升，这与早期农民工的年龄逐渐增大有关，也说明为农民工提供合理的社会保障政策迫在眉睫。在农民工文化程度方面（见表2），主要以初中文化为主，小学和高中文化占据次要比例，而未上过学的农民工比例为1.1%，整体上来看，农民工的文化水平普遍不高，这也使得大部分农民工的工作处于体力支出的环节。

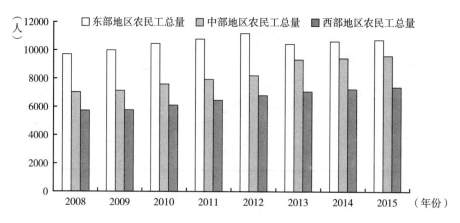

图3　农民工总量区域分布情况

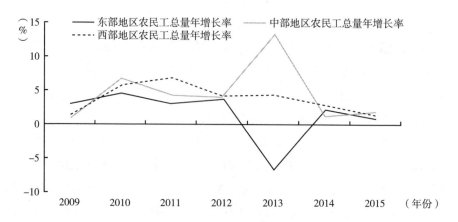

图4　不同区域农民工总量走势

表1　农民工年龄构成

单位：%

年份	16～20岁	21～30岁	31～40岁	41～50岁	50岁以上
2011	6.3	32.7	22.7	24	14.3
2012	4.9	31.9	22.5	25.6	15.1
2013	4.7	30.8	22.9	26.4	15.2
2014	3.5	30.2	22.8	26.4	17.1
2015	3.7	29.2	22.3	26.9	17.9

表 2　农民工文化程度构成

单位：%

年份	未上过学	小学	初中	高中	大专及以上
2014	1.1	14.8	60.3	16.5	7.3
2015	1.1	14	59.7	16.9	8.3

在对农民工总量分布、农民工年龄以及文化程度比较分析中，不难发现农民工市民化问题呈现多元化的发展趋势，在这种客观背景下不能把城镇化简单等同于城市建设，而是要围绕人的城镇化这一核心，实现就业方式、人居环境、社会保障等一系列由"乡"到"城"的转变。要坚持以人为本，就是要合理引导人口流动，有序推进农业转移人口市民化，稳步推进城镇基本公共服务常住人口全覆盖，不断提高人口素质，在城镇化过程中促进人的全面发展和社会公平正义，使全体居民共享现代化建设成果。

4.东、中、西部农民工收入差距有加大趋势，居住压力较大

目前农民工市民化存在诸多困难，从农民工收入方面来说（见图5），农民工月均工资水平上涨明显，从2008年的1340元涨到2015年的3072元。分区域来看，在2012年之前，东中西部地区农民工月均工资水平差距不大，而2012年以后，东部地区农民工月均收入增长速度加快，而西部地区农民工月均收入高于中部地区，中部地区农民工月均收入的增长速度减缓，三者之间的差距在不断扩大。而从不同户籍人口年人均居住支出占家庭年人均收入的比重可以看到（见图6），2002~2012年，农村户籍人口的住房支出比例呈现上涨趋势，且始终远远高于城镇户籍人口的居住支出比例，而城镇户籍人口的居住支出占据收入的比例逐年下降，不同户籍人口的住房支出比例的差距不断拉大，这也反映了农村户籍人口在低收入的背景下，却需要拿出越来越的收入投入住房中，农村户籍人口的现实压力越来越大，这背离了城镇化的初衷和民生建设的目标。进一步分析外出农民工的居住状况十分有意义，从表3中可以看到，2013~2015年外出农民工的消费支出不断增加，其居住支出也增长，但居住支出占总消费的比重却整体下降。分区域来看，2013~2014年中部地区外出农民工的居住支出占消费的比重高于东部地区和西部地区，而西部地区的比例在2013年和2015年皆是最低。而外出农民工的居住环境近年来有所改善，但整体仍不乐观。

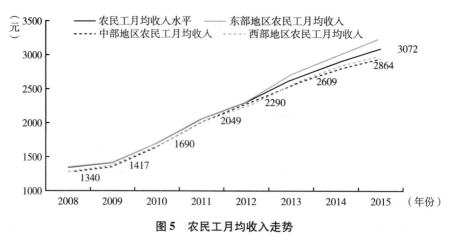

图 5 农民工月均收入走势

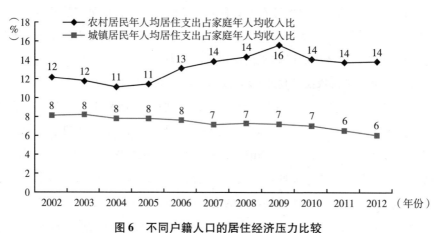

图 6 不同户籍人口的居住经济压力比较

表 3 外出农民工在不同地区务工月均生活消费和居住支出

地区	生活消费支出（元/人）			居住支出（元/人）			居住支出占比（%）		
	2013 年	2014 年	2015 年	2013 年	2014 年	2015 年	2013 年	2014 年	2015 年
东部地区	902	954	1028	454	447	480	50.3	46.8	46.7
中部地区	811	861	911	441	414	425	54.3	48	46.7
西部地区	909	957	1025	443	449	469	48.7	46.9	45.8
合　　计	892	944	1012	453	445	475	50.7	47.1	46.9

　　相关研究表明，在总量近 3 亿人的农民工中，仅有 1% 在城镇拥有住房。事实上，农民工在我国城市化发展历程中起到举足轻重的作用，然而，在高楼林立

的城市中，农民工群体盖起了这些高楼，却没有一个自己的"家"，更无法享受到城市中良好的社会保障政策。作为低收入群体，农民工在务工城市主要租住在生活环境较差的棚户区，很少有农民工在城镇拥有自己的住房。伴随着新生代农民工的涌现，他们对居住环境有了要求，更渴望融入城市，成为城市的一分子。阻碍农民工群体扎根城市的最主要因素就是住房问题，其原因主要有三个方面：一是农民工群体收入较低，无资金购买住房；二是涉及农民工住房的相关保障性政策较少，农民工购房资金基本需要自筹；三是近年房价上涨趋势明显，农民工收入与房价之间的差距越来越大。现阶段，毋庸置疑的是，农民工是城镇化建设的主要推动力，而农民工的市民化不仅是城镇化的需要，更是民生建设的需要，也是建设和谐社会的需要，而阻碍农民工市民化的最主要因素就是住房问题，如何解决农民工群体市民化的住房问题是城镇化建设的"牛鼻子"。

二　农民工的经济条件与购房需求

为了更好地掌握不同群体对住房公积金制度的认知和评价，住房公积金课题组在2015年12月及2016年6月进行了两次社会调查。住房公积金课题组共发放住房公积金社会调查问卷2661份，其中以农民工为调查对象的社会问卷总数为440份。为了更加合理地研究新型城镇化、农民工市民化和住房公积金扩面问题，本文第二部分的研究基于440份农民工调查问卷，研究农民工群体的基本状况、生活状况以及对住房公积金的认知。通过对农民工进行问卷调查，可以切实地了解农民工的现实生活状况以及农民工内心的真实想法，本文调查的农民工主要分布在上海、北京、广州、杭州、南京等东部城市，合肥、邵阳、芜湖、蚌埠等中部城市以及西安、兰州、嘉峪关等西部城市，共计46个城市（见图7）。

（一）受访农民工基本情况分析

1. 被调查农民工家庭人口基本情况

被调查农民工的基本情况主要涉及其文化程度、家庭人口数以及抚养老人情况等方面，再分析农民工家庭的基本经济情况及其购房情况。从被调查者的基本情况来看，已婚农民工比例为75%，未婚农民工为20%，

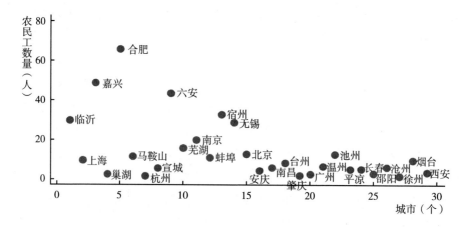

图7　受访农民工务工城市分布情况

注：图中，扬州、铜陵、兰州、淮北、歙县、云浮、东莞、白银、庆阳、天水、亳州、桐城、嘉峪关、太原、新乡、鹤岗、渭南涉及问卷数量皆为1份，为保证图表的简洁，故图7中未包含这些城市。

离异或丧偶农民工为5%；年龄集中在20～50岁，其中20～30岁的农民工比例达到37%，31～40岁的农民工比例为22%，41～50岁的农民工比例为28%，51～60岁的农民工比例最大为6.1%，其他年龄段比例为6.9%，这也与社会现实相符合；表4中，受访农民工的文化程度普遍不高，其中初中文化水平的农民工比例最大，为31.5%，高中学历的农民工比例为20%，大专/高职①学历占14%。另外，受访农民工家庭人口总数主要为3人、4人和5人（见图8），而其需要赡养的老人数主要为2人，占42%，其次是需要赡养4位老人，占28%（见图9），可以看到被调查农民工的家庭压力很大。

表4　受访农民工文化程度

文化程度	没上过学	小学	初中	高中	中专/职高	大专/高职及以上	大学本科
比例(%)	0.5	7	31.5	20	17	14	10

---

① 农民工拥有农村户籍而在城市打工的人员，包括大中专院校毕业后户口在农村而在城市工作的中高学历人员。

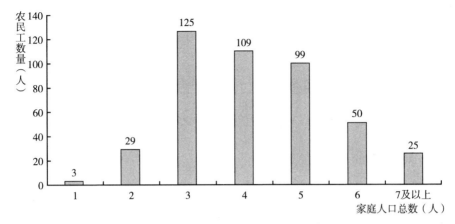

图8 受访农民工家庭人口总数分布情况

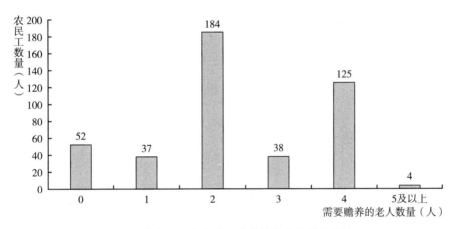

图9 受访农民工家庭需要赡养的老人数量分布情况

2. 被调查农民工家庭经济情况

从农民工家庭经济情况来看（见表5、图10和图11），农民工家庭年度税后工资总额整体低于10万元，累计比例达到78.4%，其中2万~5万元占的比例最大，达到39.4%。从受访农民工家庭存款总额来看，总额在1万元以下的占21%，1万~5万元存款总额占的比例最大，为27%，5万~10万元存款总额的占23%，10万~20万元存款总额的占15%，20万元以上存款总额的占14%；在负债方面，大部分受访农民工负债总额都少于1万元，负债总额在5万元以上的为少数。而从农民工家庭年度消费占收入的比重中可以看到，

消费支出占家庭收入 60% ~ 70% 的农民工数量最多，为 21%，消费占收入 50% ~ 60% 的占 15%，而消费占收入 40% ~ 50% 的农民工占 17%。

表5 受访农民工家庭年度税后工资总额

工资总额(元)	农民工数量(人)	比例(%)	累计百分比(%)
1 万及以下	28	6.4	6.4
1 万 ~ 2 万	18	4	10.4
2 万 ~ 5 万	126	29	39.4
5 万 ~ 10 万	173	39	78.4
10 万 ~ 20 万	73	16.6	95
20 万 ~ 50 万	22	5	100

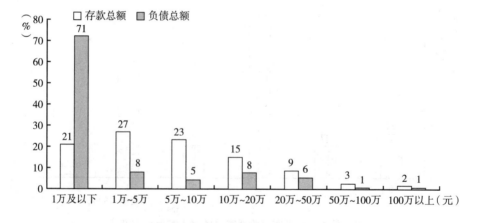

图 10 受访农民工家庭存款以及负债情况

3. 被调查农民工享有的社会保障政策情况

在受访农民工中（见图12），有 13% 的农民工没有享受到任何社会保障政策，只享有养老保险、医疗保险、失业保险和生育保险的比例皆较低，享有这四类基本保障政策中的两项及以上的有 37%，而享有公积金和其他保障政策的有 23%。整体来看受访农民工的家庭消费需求较大，其家庭经济整体实力一般，且农民工享受的社会保障政策较少，相关政策需要进一步完善，这样才能保障社会的公平。

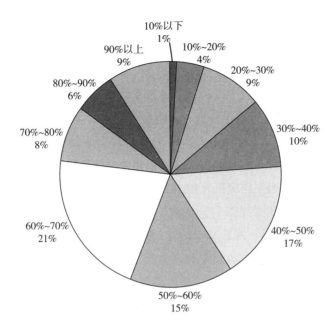

图11 农民工家庭年度消费占收入比重

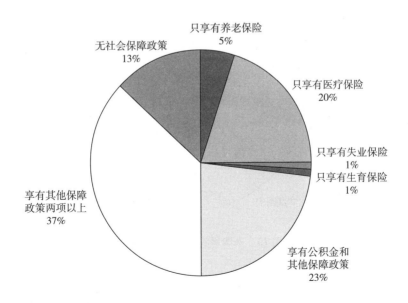

图12 受访农民工家庭享有的社会保障政策

（二）未购房农民工生活现状分析

1. 农民工居住条件分析

调查中，已购房农民工为230人，未购房农民工为210人，现就未购房农民工群体的生活状况进行细化分析。未购房农民工的主要居住方式如图13所示：租住商品房的农民工比例最大，占34%，其次是25%的农民工居住在父母、亲友家，居住在单位宿舍的占12%，而租住政策性住房的农民工仅为5%，其中，租房农民工的月平均房租为1076元（根据问卷调查数据计算得出）。从未购房农民工的居住面积（见图14）来看，未买房的被调查农民工目前的居住面积主要在60平方米以下，占了32%，60～90平方米的占27%，90～144平方米的占30%，结合农民工家庭人口总数来分析，整体来说未购房农民工的居住面积较紧张。而这些农民工对自己目前居住环境的整体看法是不乐观的（见图15），一般和不太满意的占了54%，认为比较满意的占了30%。

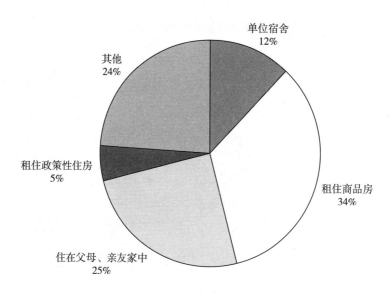

图13　未购房农民工居住方式

2. 农民工购房压力分析

未购房农民工目前购房压力较大（见图16），明确表示压力较大和压力非常大的比例累计达到52%，表示没有压力的仅占6%，不难看出未购房农民工

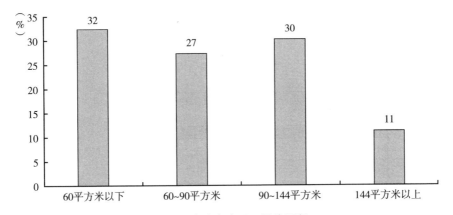

图14 未购房农民工居住面积

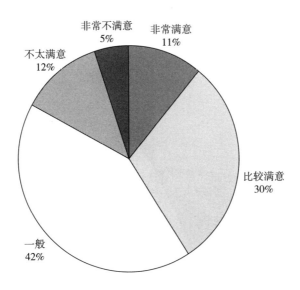

图15 未购房农民工对目前居住状况的满意程度

的购房压力很大。如图17所示，农民工暂未买房的主要原因是没有足够的首付款，比例高达35%，其他相关原因的占了27%。另外12%的受访者是有足够的首付款，但难以筹集其余资金，而房价波动使得10%的农民工处于观望状态，明确表示购房资金充裕的仅占10%。综合未购房农民工的居住状况以及其购房压力，不难看到未购房农民工群体的住房满意度不高，且购房压力较大，作为低收入群体，他们更需要相应的社会保障政策来改善生活。

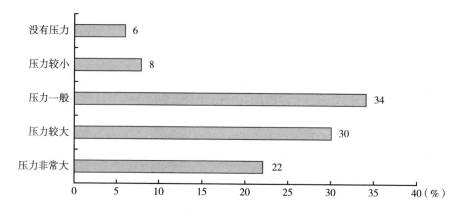

图16 未购房农民工购房压力分析

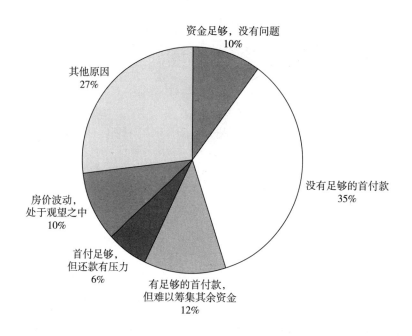

图17 暂未买房的资金方面原因

三 农民工对住房公积金制度的认知分析

住房公积金作为一项重要的住房保障政策，应有效惠及农民工群体，帮助农民工实现"住有所居"的目标。自住房公积金 1991 年在上海试点以来，已历经二十多年的发展，且已实现其建立初衷，推动了我国住房改革，帮助了城镇职工的住房消费。现阶段，我国住房消费市场面临的主要矛盾已发生变化，住房公积金制度面临着诸多改革的需要和挑战，其中，扩大住房公积金覆盖面并建立公开规范的住房公积金制度已成为社会的呼声。在扩大住房公积金覆盖面方面，将农民工、个体工商户等低收入群体纳入住房公积金缴存范围是住房公积金扩面改革的重要内容。本文基于宏观经济数据以及微观调查数据，深入剖析农民工群体的生活、居住现状，比较研究农民工群体扎根城镇的能力，分析其在城镇购房的主观意愿与客观能力。

（一）对住房公积金制度的了解和评价

推动农民工市民化，需要帮助农民工在城镇实现"住有所居"，通过对被调查农民工基本的经济状况分析，可以看到农民工购房的压力较大，而住房公积金作为一项重要的住房保障政策，并未有效惠及农民工群体。分析农民工群体对住房公积金制度的认知情况，能够为住房公积金改革提供有效参考。如图 18 所示，被调查农民工对公积金制度、公积金管理条例及住房公积金管理条例的修改内容皆不够了解，而在对目前住房公积金制度的评价中高达 40% 的农民工表示不了解（见图 19），有 38% 的农民工肯定了住房公积金制度，但认为公积金制度需要继续完善，认为不太有用的占 21%，认为很完善的仅为 1%，由此可见农民工对住房公积金制度的整体评价不高。

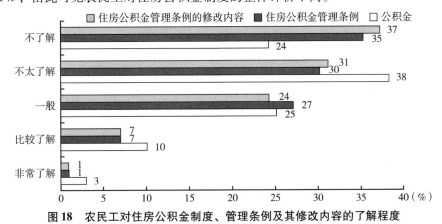

图 18　农民工对住房公积金制度、管理条例及其修改内容的了解程度

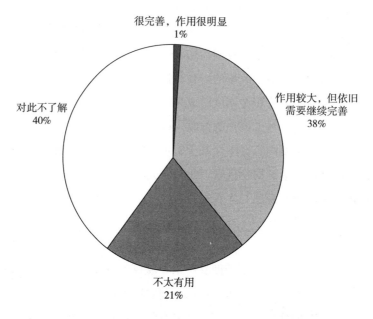

图19　农民工对目前住房公积金制度的评价

（二）农民工对住房公积金的公平性评价

从图20中可以看到被调查农民工对住房公积金制度的公平性评价，除了26%的农民工未做判断之外，有33%的农民工认为公积金的公平性一般，而明确认为不公平的比例累计为23%，认为比较公平和很公平的比例累计为18%。同样，在对住房公积金是否有助于实现社会公平的看法中（见图21），被调查农民工认为"一般"的比例达到23%，而认为说不清楚的比例最大，为25%，认为"十分有帮助"的仅为5%，认为"较为有帮助"的为22%。在图23中，农民工对住房公积金存在"劫贫济富"的嫌疑的看法是比较客观的，认为一般的比例最大，为35%，比较赞同公积金存在"劫贫济富"的比例为18%，不太赞同的为17%。在对住房公积金使得较高收入家庭受益的看法中（见图22），51%的农民工保持中立的观点，而支持这种看法的农民工比例略高于反对者，这说明被调查农民工对住房公积金公平性的整体评价较为客观。

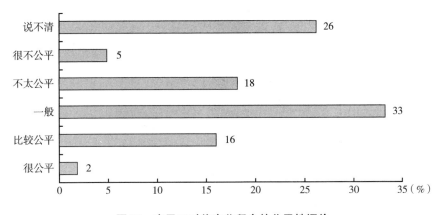

图 20　农民工对住房公积金的公平性评价

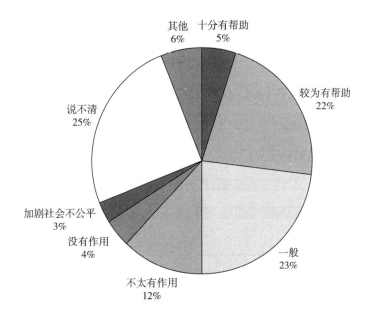

图 21　农民工对住房公积金制度是否有助于实现社会公平的看法

（三）农民工对住房公积金使用效率的评价

首先分析农民工对住房公积金使用范围的评价（见图 24），最大比例的农民工认为住房公积金的使用范围一般，其次认为住房公积金使用范围较小，由

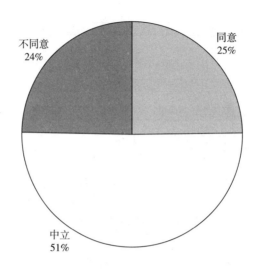

图22 农民工对住房公积金使得较高收入家庭受益的看法

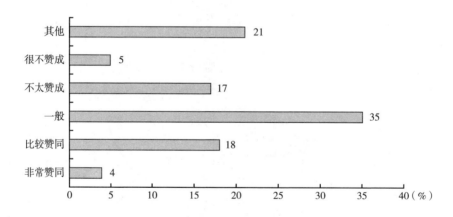

图23 农民工对住房公积金存在"劫贫济富"的嫌疑的看法

此可见,受访农民工整体认为住房公积金的使用范围需要扩大。而在对目前住房公积金使用效率的评价上(见表6),表示不清楚的比例最高为35%,认为效率一般的比例为31%,认为效率很低和较低的比例分别为9%和13%,不难看出受访群众对住房公积金使用效率方面的评价并不高,住房公积金的使用效率有待进一步提高。

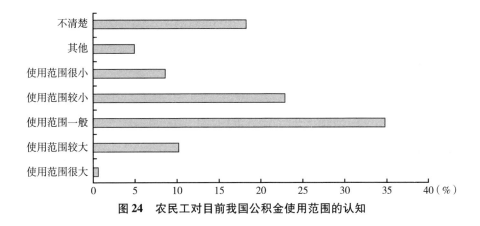

图24 农民工对目前我国公积金使用范围的认知

表6 对目前住房公积金使用效率的评价

评价	人数	比例(%)	累计百分比(%)
效率很高	8	2	2
效率较高	47	10	12
效率一般	136	31	43
效率较低	55	13	56
效率很低	39	9	65
不清楚	155	35	100

（四）农民工缴存住房公积金的意愿分析

在住房公积金改革的关口，学界普遍支持将农民工群体纳入住房公积金覆盖面，而作为"主角"的农民工群体主观缴存公积金的意愿，是最主要也是最基础的问题。在调查中，我们发现绝大部分的农民工是支持将农民工纳入住房公积金缴存范围的，如图25中所示，30%以上的农民工支持尝试将农民工纳入公积金缴存范围，而20%以上的农民工明确支持这个举措，仅有7%左右的农民工不支持。而针对农民工群体缴存的主观意愿，从图26中可以看到38%的农民工缴存公积金的意愿为一般，比较愿意和非常愿意的比例累计高达43%，明确表示不愿意的农民工比例累计为19%，综合农民工对住房公积金的了解程度来看，有一部分农民工并不了解住房公积金制度，结合他们的相应缴纳意愿，我们能够看到农民工群体缴存住房公积金的主观意愿比较强烈。而在图27中，针对农民工务工单位是否愿意为农民工缴存公积

金问题，同样39%的农民工表示一般，而认为不愿意的比例累计为37%，认为用人单位愿意缴存的比例累计为24%，可以看到被调查农民工对用人单位缴存公积金的意愿整体是不强烈的，这也与社会现实相符合。针对住房公积金帮助农民工贷款买房问题（见图28），有32%的农民工对此比较开心，而同样32%的农民工则表示一般，表示十分开心的比例为18%，这样来看，累计表示开心的农民工比例为50%，仅有9%的农民工表示不开心，这个调查结果表明农民工对住房公积金贷款支持其买房的事情是十分开心的，这也奠定了扩大住房公积金覆盖面改革的"群众基础"。

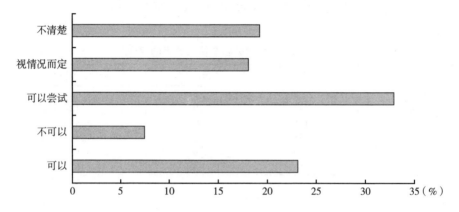

图25　对将农民工纳入住房公积金覆盖面的认识

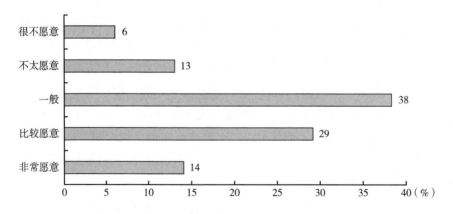

图26　对农民工是否愿意缴纳公积金的分析

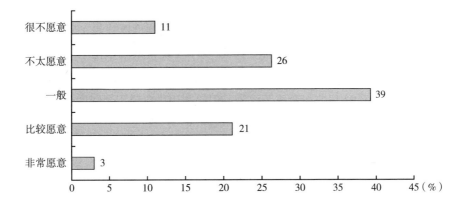

图 27　农民工对单位是否愿意为职工缴纳住房公积金的看法

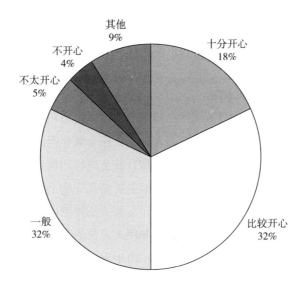

图 28　农民工是否会因为通过公积金贷款而能尽快买房而开心

四　农民工纳入住房公积金制度的路径分析

通过剖析我国城镇化、农民工市民化的现状，结合农民工群体对住房公积金制度的认知情况，不难看出我国农民工市民化的压力较大。从宏观经济层面

来看，农民工市民化是实现新型城镇化的重头戏，支持农民工购房是其"牛鼻子"，从微观层面来看，将农民工纳入住房公积金制度既代表了农民工群体的心声，也是农民工市民化的"催化剂"。为了实现新型城镇化中"实现 3 亿人口的城镇化"目标，本文基于东、中、西部农民工现状的差异性，提出因地制宜、差别化的住房公积金改革政策，倡导利用住房公积金制度合理引导农民工市民化，实现高效、可持续性的新型城镇化。

（一）加强农民工加入住房公积金相关的立法工作

自 2005 年首次提出将农民工群体纳入住房公积金缴存范围以来，部分城市已率先尝试推进这项政策，但十多年过去了，农民工加入公积金的局面仍未全面打开，处于尝试阶段的城市也尚未出台相关完善的保障政策。住房公积金制度改革已"箭在弦上"，扩大公积金覆盖面的问题是这次改革的重头戏。在此契机下，将农民工群体纳入公积金缴存范围，并建立完善的农民工住房公积金制度十分必要。

1. 扩大住房公积金覆盖面

住房公积金扩大覆盖面是全社会的呼声，在住房公积金制度改革中，应将农民工、个体工商户等低收入群体纳入住房公积金缴存范围，并建立和完善相关法律制度，保障农民工的基本权益。结合社会现状和调查分析的结果，住房公积金扩大覆盖面面临的制度方面的要求主要是在立法上，首先是农民工务工单位缴存公积金的积极性不高，应通过建立相关法律制度，明确农民工务工单位为农民工缴存公积金的义务，正向引导用人单位为农民工缴存公积金；其次是农民工缴存公积金的顾虑需要被打消，由于农民工群体对公积金了解程度不高，每个月需要拿出一部分收入缴存公积金，使其难免有所顾虑，只有通过立法工作来打消农民工的顾虑，才能实现住房公积金制度的普惠功能。

2. 推进住房公积金制度的普及工作

由于农民工群体的文化程度不高以及了解信息的渠道不畅等客观因素的存在，农民工群体对住房公积金制度的了解程度不高，在本文第二部分调查问卷分析中，也可以看到有相当一部分农民工不知道住房公积金制度。我们在加强住房公积金制度立法的同时，应加强住房公积金制度的普及工作，一方面是帮助农民工群体了解住房公积金制度，使其掌握公积金的缴存、提取、使用的方法和程序，以及提高农民工的维权意识；另一方面是提高农民工务工单位缴存公积金的积极性，作为农民工缴存公积金的重要组成部分，务工单位应主动为农民工缴存公积金，保障农民工的基本权益，促进用人单位与农民工的和谐关系。

（二）推行东、中、西部差异化的住房公积金政策

在经济发展水平差异性因素的背景下，农民工群体面临两个困局：一是在发达地区务工工资相对高些，但高房价使其望尘莫及；二是国家支持农民工返乡工作，且农民工本地化的趋势加强，但是在低收入和无相关住房保障的情况下，农民工仍然负担不起本地的房价，使得就近城镇化无法实现。在全面推进农民工加入住房公积金的同时，理应考虑住房公积金能够给农民工带来的住房意义，因此应实行差别化的住房公积金政策，支持合理自住需求。

1. 引导东部地区农民工返乡购房

在对农民工现状分析中可以看到，近年东部地区城镇化率整体相对中部、西部地区较高，但其城镇化率的速度放缓，且东部地区农民工总量增长速度放缓。而在东部地区的农民工中，绝大部分农民工是外来务工人员，高房价与低收入的现实桎梏着农民工扎根东部地区，住房公积金制度应支持这部分农民工在东部地区缴存公积金，且可以提取公积金用于租住房子，在购房方面，应支持公积金异地贷款政策，鼓励农民工返回中、西部地区购房。而东部地区本地农民工中，应扩大公积金的使用范围，鼓励农民工返回户籍所在的中小城市购房，最终实现合理疏通东部地区农民工的城镇化问题。

2. 支持中、西部地区农民工就近购房

中、西部地区城镇化率较低，农村户籍人口总量较大，且伴随着本地农民工总量的持续增加，中、西部地区农民工就近城镇化的潜力越来越大，这是合理引导农民工就近城镇化的历史机遇。因此，针对中西部地区农民工的相关住房保障政策应成为引导农民工就近城镇化的推动力，灵活地设计住房公积金制度十分有必要。在中、西部农民工总量中，其中一部分农民工为外出务工人员，这部分农民工应实行在外地缴存公积金，在家乡可以提取、使用住房公积金，并获得与本地农民工同等的公积金贷款权利；另外一部分农民工在本地就业，应通过住房公积金引导本地农民工就近购房，并制定相应的鼓励政策，例

如简化农民工提取公积金的程序，扩大公积金的使用范围，以及支持农民工使用公积金贷款购房。

（三）通过住房公积金异地贷款政策，解决农民工公积金贷款购房的症结

1. 从制度层面支持异地贷款，打通农民工返乡购房的关卡

由于农民工特有的群体特征，其公积金制度的建立应当根据其群体特征，坚持"以人为本"的原则，设计人性化的公积金缴存、提取以及使用相关政策。本文基于两方面原因提出推行住房公积金异地贷款政策：一是基于农民工群体存在的流动性较强的现象，在这种现象下，如果不融通异地贷款政策将大大降低农民工缴存公积金的积极性，且无法真正帮助农民工群体，甚至使农民工群体的权益受损。二是基于公积金贷款的现实价值角度，东部发达地区的农民工总量较多，而这部分外出务工的农民工在房价较高的城市缴纳了住房公积金，但住房公积金及其贷款并不能帮助农民工实现"住有所居"，只有推行公积金异地贷款政策，才能保障农民工群体可以回到家乡城镇购房，真正实现住房公积金制度的住房金融功能和社会保障功能。

2. 结合中小城市"去库存"问题，融通农民工住房需求与"去库存"压力

目前，中小城市的房地产市场供需矛盾突出，一方面是库存压力较大；另一方面是未购房群体在高房价现实背景下无法购房。2016年，中央经济工作会议明确提出"房子是用来住的、不是用来炒的"，如何帮助房子回归到"居住"的本质是目前经济发展的重要问题。而农民工群体绝大部分来自中小城市，加上中国人固有的乡土情结，返乡购房、实现就近城镇化是农民工群体的现实需要，而高房价与低收入之间的矛盾阻碍着农民工就近市民化。通过推行完善的住房公积金制度，帮助农民工在中小城市购房，既可以消除"去库存"压力，又可以帮助农民工实现"城市梦"。

（四）控制住房公积金扩面风险

1. 建立完善的住房公积金管理、监督体系

住房公积金覆盖面扩大给住房公积金管理系统提出了新的要求，且农民工群体的固有特征使得公积金管理方面应结合农民工的实际情况，制定合理的管

理政策。在公积金缴存、提取、使用方面，在做好宣传讲解的基础上，应适量简化程序，使得公积金政策真正惠及农民工群体。在住房公积金监督方面，现有的监督体系需要进一步加强，并建立公开透明的公积金监督办法，方便农民工群体监督、了解公积金使用情况，加强农民工群体对公积金制度的信任程度，这样才能确保住房公积金制度扩面政策持续、有效地推进。

2. 使用大数据方法测控扩面风险

农民工作为中低收入群体因其工作不稳定和收入不确定性等而具有相对较高的贷款风险，如果不能采取强有力的措施对该风险进行防范和控制，就有可能会因此给住房公积金的资金安全性带来隐患，有效的风险管控机制对于公积金扩面群体贷款资金的安全性至关重要。大数据技术的兴起无疑为公积金贷款风险的管理提供了思路，将大数据技术应用到公积金贷款风险管理层面行之有效。因此，应研究与制定出一套科学完备的基于大数据技术的公积金扩面群体贷款风险管理机制，从而为住房公积金的扩面改革提供技术保障，切实保障农民工群体的权益。通过建立公积金扩面贷款的个人信用评估体系，最大限度地保障中低收入社会群体的住房福利。

五　结语

民生建设的推进离不开农民工市民化，实现农民工"住有所居"是城镇化建设的关键。住房公积金的根本功能是住房保障功能，支持城镇化建设是服从和服务于深化改革的需要，而城镇化的关键是农民工市民化。农民工城镇化既要有城镇化意愿，也要有城镇化能力，高房价与低住房保障福利桎梏了农民工在城镇定居。住房公积金的住房保障功能与城镇居民住房消费相辅相成，使得住房公积金制度在推进城镇化背景下的住房市场发展过程中将主要发挥推进保障性住房，建设和提高居民住房消费能力的双重作用。通过住房公积金贷款机制刺激农民工需求，支持农民工购房，帮助农民工在城市安居、安家，将公积金作为农民工市民化的长久之计。现阶段，要使农民工公积金制度在城镇化进程中发挥作用，就要实现住房公积金制度改革上的突破，既要将农民工纳入公积金覆盖范围，又要制定符合农民工群体特征的公积金缴存制度。总之，扩大公积金覆盖面是我国住房公积金制度改革的重要

方向之一，建立和完善农民工住房公积金制度既是一项"民生工程"又是一项"民心工程"。

注：

①主要指标解释

城镇化：农村人口转化为城镇人口的过程。

城镇化率：一个地区常住于城镇的人口占该地区总人口的比例。

农民工：户籍仍在农村，在本地从事非农产业或外出从业6个月及以上的劳动者。

本地农民工：在户籍所在乡镇地域以内从业的农民工。

外出农民工：在户籍所在乡镇地域外从业的农民工。

东部地区：包括北京、天津、河北、辽宁、上海、江苏、浙江、福建、山东、广东、海南11个省（市）。

中部地区：包括山西、吉林、黑龙江、安徽、江西、河南、湖北、湖南8省。

西部地区：包括内蒙古、广西、重庆、四川、贵州、云南、西藏、陕西、甘肃、青海、宁夏、新疆12个省（区、市）。

②本文第一部分相关数据皆是根据2009～2015年中国统计局发布的《农民工监测调查报告》整理得出。

Abstract

Annual Report on the Development of China's Real Estate No. 14 (2017) carries on the objective, fair, scientific and neutral purposes and principles, traces the latest information of China's real estate market and analyzes deeply its hot issues, actively makes countermeasures and strategies and forecasts the developing trends in 2016. There are 8 parts in the book, which are the general report, reports on land, reports on finance and business, reports on market, reports on management, reports on the regional markets, reports on the international markets and reports on hot issues. The general report analyzes overall the developing trend of the real estate industry and the real estate market, while the rest reports respectively make deep analysis of the secondary real estate market, regional markets and hot issues.

Overall viewof 2016, the real estate market has experienced a new round of rapid rise in the context of destocking. The total of investment in real estate nationally has exceeded 10 trillion for the first time, which has increased 6. 9 percent year on year 5.9% higher compared to that in 2015. The new housing construction area in 2016 was 1. 67 billion square meters, with year-on-year growth lifting from − 14. 0% in 2015 rose to 8. 1% in 2016, reversing the negative growth trend that had lasted in the past two years. Commercial housing sales area was 1. 57 billion nationwide, breaking the record of 2013, which is 22. 5% higher compared with that of last year and 16% higher than 2015. The price of commercial housing on average had seen a double-digit growth since 2010, 2. 7 percentage points higher over the previous year. The land acquisition area of national real estate development enterprises was 220 million square meters. It's the lowest since 2001, with year-on-year growth keep negative situation since 2014. The finance resource in place came from enterprise itself expanded by just 0. 2% , down payment, advances, and individual mortgage loans grow rapidly.

The national real estate policy in 2016 can be described as changing circumstances, which has experienced a process from loose to constant tightening in

hotspot cities. At first, given the pressure of economic downturn and a high level of inventory, the NPC&CPPCC put forward destocking policy based on different city. In this relatively loose environment, policies are frequently launched since then to cut down reserve requirement, interest rate, tax and payment. However, stimulated by the destocking measures, property markets in some cities has been experiencing inflation. The real estate market has become more stable during the fourth quarter, while the policy differentiation has been further proved apparent.

First, the deepening and strengthening of market differentiation. Then there is still a long way to go to digest inventory in third and fourth tier cities. Thirdly, Long-term mechanism has not yet been established while the leading responsibility of the government needs emphasis. Next, House rental market is still inadequate and the rental system is supposed to be improved as soon as possible. Finally, there is shortage in rebuilding squatter settlement and deficiency in housing security.

Looking forward to 2017, the situation of global economic growth is still not optimistic. As the global monetary easing continues to spread, asset shortages, asset bubbles and negative interest rates coexist in the global market. The rotation of international capital market will furtherincreases the risk of domestic capital market. Risk control is undoubtedly the theme of the domestic real estate market in 2017. The steady and neutral monetary policy determines that there is no longer global monetary easing in 2017. The abnormal direction of credit structure's investment and flow will also promote the credit policy to achieve a more balanced distribution in 2017, which is increasing credit support for the real economy, increasing the inclination of real estate credit resources in the third and fourth-tier cities, and then reducing the leverage of residents in the first and second tier cities. In terms of the real estate policy, as strengthening the house's residential nature, the construction of housing system shall be pushed through suiting measures based on different city, controlling precisely and making long-effect mechanism in the medium to long run.

The overall judgment of the real estate market in 2017 is that it will enter the adjustment stage of volume and price. The real estate market differentiation will be further deepened, but there are still commercial opportunities in different cities. First-tier cities enter stock room era. The development and construction of new housing market space has been compressed. Futurist theme is doomed the stock of land and stock property invigorated brought by urban industry upgrade. The house renting market is expected to bring new opportunities to the development of the real estate industry. The price space of house in hot second tier cities is overdrawn. Adjustment of volume and price is a high probability event. However, a city with industry and population support will become the next forefront of development. For example, cities like Tianjin, Zhengzhou and Wuhan will benefit from the development of Urban Agglomerations and show their developing potential. Their volume price will enter a stable rising period. The housing price in western node-type cities like Chongqing, Chengdu and Xian is relatively low and the market development is expected to enter a new stage. Besides, the real estate market of the small cities and the third and fourth-tier cities which have its own industry advantages still have the potential to develop.

Contents

Ⅰ   General Report

Ⅱ   Land

Abstract: In 2016, China's Major Urban Land Prices improved in varying degrees on the growth rate of all land uses. The growth rate of integrated land price experienced a temperate enhance, while the residential land price increased rapidly. The commercial and industrial land price growth rate kept steady. The integrated, residential and commercial land price growth rate rose quarter by quarter, meanwhile, the growth rate of industrial land price decreased. According to the classification of cities, residential and commercial land prices growth rate demonstrated an obvious "echelon difference". The industrial land price growth rate in first-tier cities are significantly higher than those in second and third tier cities. From the regional perspective, the land price growth rates of all uses in the three main regions raised, except the commercial land price growth rate in Yangtze River Delta and Pearl River Delta.

Looking forward to 2017, the economic policy willadhere to the general principle of seeking progress while keeping performance stable. The bubble of the real estate market will be suppressed as well the big rise and fall of economy should be prevented. The sustainable and prudent monetary policy keeps the capital mobility stable; the means of different credit policy could undoubtedly influence the real estate market in different cities. The efficiency of restrain the investment property of housing continues to act on the requirement of residential land and thus influence the residential land price. Under the background of the economic steady trends, the commercial and industrial land prices might probably maintain steady.

Keywords: Main Monitoring; Urban Land Price Situation; Land Price Growth Rate; Land Supply

B. 3 Beijing's Land Market: Analysis in 2016 & Forecast in 2017

Yang Yongjun, Lu Shixiong / 069

Abstract: 2016 is a "police year". After the promulgation of the restriction on real estate's limited buying and limited loan around October, The hot real estate market began to cool, the market also calm down from the outbreak in the previous three quarters the smooth in the fourth quarter. Beijing is one of the most stringent cities in implementing "policy 930", even so, the sales of Beijing's commercial housing had hit record high. It was up to 507. 4 billion Yuan and increased by 41%.

2016 is also the year abound with kings of lands. There are 9 cities' total amount of land sold exceeded 100 billion, such as Suzhou, Nanjing, Shanghai, Hangzhou, Tianjin, Hefei, Wuhan, Chongqing and Shenzhen. It had also hit record high. More than 30 cities have produced more than 340 high-priced land. Shanghai and Shenzhen has also update the national record of the highest land prices. Under the

huge pressure of "king of lands", the Beijing government tightened the supply of land distinctly, allowed the "policy 7090" return to the market and put forward a series of policies, such as limited real estate price, auction land price and the self-owned commercial housing. The supply side of the land market reform began to force.

Keywords: Police 930; King of Land; Police 7090; Self-owned Commercial Housing

III Finance

B. 4 Analysis on Housing Credit in 2016 and Prospect for 2017

Lin Dong / 084

Abstract: The real estate market volume continued to rise and reached a new record in 2016. In this context, the mortgage loan achieved a rapid growth, and besides, the interest rate approached the bottom. Looking forward to 2017, on the background of controlling foam and destocking, some local governments may continue to tighten the housing credit policies, and the incremental of mortgage will slow down, with the interest rates rebounding.

Keywords: Housing Credit; Status Quo; Prospect

B. 5 Real Estate Investment and Finance: Analysis on the Status in 2016 and the Trend in 2017

Ding Xingqiao, Yan Jinmei and Xu Rui / 094

Abstract: On the basis of the related data, this article analyses the status of the real estate investment and finance and makes a judgment about the trend of the real estate investment and finance in 2017. In 2016, real estate investment growth was stable and on the rise. Housing investment amount was also increase, the internal structure has been optimized, investment on the commercial estate has been differentiation, investment on business occupancy improved significantly, the land investment showed the characteristics "decline on the amount while increase on the prices". Moreover, Real estate financing scale has grown steadily. Internal structure of finance continues to consolidate, financing channels such as trust and bond continue to expand, the proportion of direct financing increased. Looking ahead 2017, the real estate market will continue to adjust, the situation of industry differentiation will also go on, business transformation and integration will be further accelerated, real estate investment would be in the downstream channel and decline smoothly, the policy on financing will be tightly tight and focus on preventing risks.

Keywords: Real Estate; Investment and Finance; Trend

Abstract: This paper describes the operation of China's real estate tax in 2016, summarizes the main features of the real estate tax operation, and gives a preliminary outlook of China's real estate tax in 2017. Through the qualitative and quantitative analysis of the real estate industry, a comprehensive description of the overall situation of China's real estate tax is described. On the basis of the above analysis, this paper puts forward some views on the real estate tax operation, and reviews the main policies of real estate tax in 2016.

Keywords: Real Estate Industry; Tax Revenue; Business Tax; Enterprise Income Tax

Ⅳ Market

Abstract: The narrow term of the stocked housing market mainly refers to

房地产蓝皮书

the second-hand housing market, and the broad term also includes new stocks for sale, rental market, property management and urban renewal. In 2016, the turnover in the second-hand housing market has reached a new high to 600 trillion RMB, accounting for 40% of the whole real estate market, nearly 2 times as it in 2012. Chinese stocked housing market is growing rapidly, which can be shown by the development of the second-hand housing and rental market, the improvement of housing transaction efficiency and the rising for transaction service related to stocked houses. The stocked housing market is not only a crucial part of the real estate industry, but also an important driving force for economic growth; Not only can it satisfy different levels of housing demand, but also have a positive effect on keeping house prices from rising too fast. The overall volume of second-hand housing transactions in 2017 is not expected to be more than it is in 2016, and house prices in major cities tend to maintain stable. The level of concentration in real estate agency will rise further, and the penetration of the internet will also be deeper.

Keywords: Stock Market; Circulation Rate; Market; Internet

B. 8　Housing Market in 2016 and its Forecast in 2017

Liu Lin, Ren Rongrong / 146

Abstract: The prosperity of housing market rose in 2016. The indicators of housing construction turned to positive growth rate. The growth rate of residential investment was picking up. The space of housing sold increased rapidly and arrived to the highest level in history. Housing price in 70 large and medium-sized cities demonstrated a rising trend and reached to a record high in September. The land price still rose quarter on quarter, and the growth rate was larger than that in last year. We estimate that the amount of housing sold in 2017 would reduce, the growth rate of residential investment would slow, and the rise of housing price would come down.

Keywords: Housing Market; Situation; Forecast

Abstract: As the national economy transformed, the commercial real estate market has also changed. With maintaining on the economic growth, adjustment on corporate strategic, upgrades on consumer demands, the impact and promote on industry from online retail all contributed to the arrival of the new retail era gradually. Retail business market, as the engine on promoting economic development, will play an increasingly important role. It will transform from quantitative to qualitative and make the industry develop healthily. The hot spot on office market is expended to the second-tier cities, the demand on office buildings from Chinese-funded enterprises also significantly stronger than foreign investment. The rapid development of new financial, information technology, consumer services, e-commerce and Internet finance has also become a major driver of the growth of the office market. As a whole, the hotel market is stabilized, high-end hotel market grows slowly, the mid-range hotel market develop rapidly, the tourism economic brings more opportunities to the tourism hotels and the inns.

Keywords: Commercial Real Estate; Retail Commercial; Office Building; Hotel

V   Management

Abstract: As the most important event in the assessment industry in 2016, the introduction of asset valuation law established the legal status of the evaluation industry, including real estate appraisal. The development of real estate appraisal industry is facing new opportunities and challenges. Valuers increased risk, and

industry competition intensified. In the context of the implementation of the asset valuation method and decentralization, the real estate valuation agencies and management system of the registered real estate valuers has changed. Industry regulation into a new stage. The volume of real estate valuation business increased significantly in 2016. Valuation agencies operating income steady growth. The valuation agencies will face greater adjustment in 2017. Industry will face the entry of external competitors. The competition intensifies, and the valuation of business development ushered in new opportunities.

Keywords: Real Estate Appraisal; Asset Appraisal Law; Development Situation; Trend Analysis

B. 11 2016 Property Management Industry Development Report

Liu Yinkun / 191

Abstract: After thirty-five years of development, there is about 17 billion 500 million square meters of the national property management area, which cover all areas of real estate management. With the adjustment of the national industrial structure, and the consumption structure transformation from the survival and material consumption type gradually to the development and service type, property management as a modern life service industry, actively using new technologies such as the Internet, to construct and optimize the community economic ecosystem service value, and the value of property service is getting by more and more social and capital markets. Property management ushered in unprecedented opportunities for development. This paper introduces the current situation, characteristics and trends of the property management industry for social reference from four aspects: the healthy development of the industry, the industry innovation and development, the development of the industry, the future development of the industry.

Keywords: Property Management; Modern Services; Service Upgrade; Community Economic

B. 12   An Analysis on the Status Quo in 2016 and Trend in
2017 of China Real Estate Intermediary Industry
Zhao Qingxiang , Cheng Minmin / 200

Abstract: under the background of increasing transactions of housing stock and regulating the real estate market, real estate agency industry is in the period of the changing external environment. Special rectification of the industry had been executed several times in 2016. Concerning the industry of real estate agency, the improving service standard and regulation, as well as more stringent supervising and self-discipline management, which may cause great changes of the industry structure taken placed in 2017.

Keywords: Real Estate Agency; Agenoy; Lease of House

Ⅵ   Regions

B. 13   Beijing's Property Market in 2016 and its Forecast in 2017
Jin Ruixin / 206

Abstract: 2016 is a year with numerous second-hand housing transaction. The amount of annual turnover, a new high record, is about 270, 000. Caused by the monetary easing policy, second-hand property market developed rapidly after the Spring Festival. Subsequently, the real estate control policy introduced. The new Police 930 strengthen the limited purchase and limited loan and raise the second suite's down payment. It makes second-hand housing market cool down and fall into stalemate. Although the control policy is strict, under the background of lacking land and new housing luxury, Second-hand housing will continue to satisfy the Beijing's middle and high market demand. That is to say, Beijing's second-hand housing will still play a huge role in the housing market transaction in 2017.

Keywords: Transaction Amount Runs High; Strengthen Control; New Housing Luxury

房地产蓝皮书

B. 14　Guangzhou Real Estate Market: Review of 2016 and

Prospect to 2017　　*Liao Junping, Zhu Jialei and Qiu Sitian / 216*

Abstract: In 2016, the government devoted to decreasing real estate inventory, which accelerated the growth of Guangzhou housing market. For the stability of real estate market, Guangzhou continued to restrain housing purchasing, and tightened the policy of provident fund loans in the fourth quarter. Furthermore, the government carried out a series of inspection and renovation, which faced to the real estate development companies and agency companies. Asthe government has emphasized that the house is for living, not for speculating, and additionally, after years with loose monetary policy, it may be tightened up in the future. Therefore, Guangzhou real estate market is expected to be steady and to be very likely not as hot as it in 2016.

Keywords: Guangzhou; Property Market; Steadily Sustained Development

B. 15　The Situation of Chongqing Real Estate Market in 2016 and the Tendency of 2017

Chen Deqiang, Zhang Qianman, Jiang Chengwei and Yang Yuwen / 236

Abstract: The thesis mainly reviewed the situation of Chongqing real estate market in 2016, and analyzed the main factors affecting the Chongqing real estate market in 2016. Besides, the thesis forecasted the trends of the Chongqing real estate market in 2017 according to the macro and micro environmental conditions.

Keywords: Chongqing; The Real Estate Market; Running State; Tendency

B. 16   The Current Situation of Shenzhen Real Estate Market in

2016 and Prospect of 2017

Song Botong, Gu Qi, Huang Zisong, Zhao Jie, Song Jingjing,

Zeng Qin, Cheng Yong and Yang Yuzhu / 257

Abstract: Shenzhen's real estate development investment and the proportion of fixed assets both have reached to a new height in 2016. As to the residential market, due to two rounds of regulation in March and October, Shenzhen's new home price index led the first in first-tier cities. The price of new house rosed while the second-hand housing adjusted slightly. The price of the new housing has been more than the second-hand housing again. Compared to 2015 the volume decreased both of the new housing and the second-hand housing, but the second-hand housing's shrinkage was more than the new housing while still higher than the average of six years. The tens of millions of residential transactions accounted for the proportion continued to rise. The volume accounting continued to rise for ten million price of residential. As to commercial building, the new housing was supply exceeding demand while the prices of second-hand housing and rents rose at first and then dropped. As to office building, the supply of new office building has reached to a new height but been still supply exceeding demand, while the price of second-hand office building rose steadily and the rent fall in the end of 2016. As to the housing prices in the areas around Shenzhen, the linkage between new house and that in Shenzhen has been significant but the effect has been varyed, and the price compensatory growth has been also more common. As to the talent housing, the system construction and institutional arrangements multi-pronged, which contributed to the growth of total amount of real estate. As to land market, the supply and demand for residential land almost doubled in 2016, and the auction heat has been not reduced. The old city reconstruction of commodity housing supply area increased every year.

Looking ahead to 2017, Shenzhen's real estate policy will take regulation as the principal keynote and housing price will be stable. From the perspective of ensuring the housing market to develop healthily, the government needs to focus on increasing the supply of new housing. In talent housing respect, new housing security agencies

is expected to increase the stock of talent housing rapidly. Business apartment is not limited to the purchase of credit limit policy, so its substitution effect on residence will be reflected. Decentralization of urban renewal authority will boost the efficient implementation of city renewal. With the development of intercity rail docking and channel construction, the housing prices in the areas around Shenzhen and that in Shenzhen will be more closely linked.

Keywords: Real Estate Market; The Land Market; Personnel Housing; Shenzhen Periphery

VII　International Experiences

B. 17　Investment in Senior Housing and Healthcare
　　　Assets by Japanese REITs

Otaya Toru, Maeda Akihiro and Han Ningning / 285

Abstract: In the Japanese real estate investment trust (J-REIT) history, it was May 2006 when one of J-REITs invested in senior housing assets for the first time. Since then, three health-care REITs went public. These REITs were anticipated to expand their portfolios by investing more senior housing and health care assets. Their investment funds were supposed to help the world's fastest aging country develop more new senior housing facilities. However, the health-care REITs have acquired such assets fewer than expected since their IPOs. This paper aims to provide a prospect of the senior housing and health care market in Japan by looking the following two aspects: (a) the characteristics of senior housing in the country in terms of its history, operation, and investor preference as an asset class; and (b) the current situation of the investment market of senior housing and health care facilities.

Keywords: Japan; Senior Housing; Real Estate Investment; J-REITs

Abstract: Credit Default Swaps (CDS) This financial instrument officially
landed in China in September 23, 2016. In this paper, the author analyzes the CDS
in mathematics and jurisprudence, and through the study of its impact on the Chinese
market, and the comparison between China and the United States found that China's
financial innovation requires CDS active participation, and that the "credit default
swap" operation should first return Its insurance properties, so that it is used to
transfer China's overseas investment risks, that is used for "The Belt And Road
(B&R)" direction, this is what the CDS in China's strategic direction and should be
intended. Looking ahead 2017, China has the price of education pricing bubble
superimposed on the trend above the house price. That is, CDS may become a
future promoter of the first-tier cities school district house prices. Therefore, the next
few years, the use of the "credit default swap" must be prudent, to be targeted rather
than aimless. The In principle, CDS is no longer suitable for the use of domestic
bond market to create and derive financial leverage; its development direction should
be turned from the domestic market to overseas.

Keywords: Credit Default Swaps (CDS); Real Estate; Bond Market; Belt
and Road (B&R)

VIII   Hot Topics

Abstract: This paper studies in-depth a series of problems of "the real estate is
the virtual economy and real economy", "industry characteristics of the long-term
mechanism of the specific requirements", "the relationship between supply and
demand", "the long-term trend", "high prices", "high land prices", "speculate in
real estate", "regulatory policy objectives", "housing policy and real estate policy"

and so on. We do some theoretical thinking on the establishment of long term mechanism of China's real estate development. We put forward the key point of building long-term mechanism of real estate in china, from the reform and improve the real estate system, adhere to market-oriented housing system reform direction, reducing the real estate control policies to strengthen the real estate development, strengthen the space management of real estate development.

Keywords: Real Estate; Long-Term Mechanism; Supply and Demand; Theory Foundation

B. 20　Study on the Relocation Compensation of the "Linkage between Urban-land Increasing and Rural-land Decreasing" (LUIRD) of Typical Regions in Southwest China
—An Empirical Analysis of Sichuan, Chongqing and Guizhou

Han Dong, Han Lida and He Li / 336

Abstract: Through status and questionnaire investigations of typical LUIRD-projects in southwest China, this paper presents several economic characteristics of relocation compensation: (1) farmers' subjective demands about compensation become the bottom line; (2) the economic incentives of local government is the benefit of land expropriation; (3) the unclear "collective organization" has made the village cadres crucial roles in projects; (4) compensation result is subject to negotiation power. We strongly suggest that the improvement starts with the follow aspects: to clarify the land development right nature of the incremental benefit and establish the value-evaluation-protection system of rural-land; to innovate the primary organizations from administration, economic operation and rights protection; to run project on the premise of scientific planning and farmers' voluntary; to build a feeding mechanism between urban and rural areas.

Keywords: LUIRD; Relocation Compensation; Land Development Right; Primary Organization Innovation; Feeding Mechanism between Urban and Rural Areas

B. 21   Investigation Report on the Role of Housing Accumulation
         Fund in the Process of Migrant Workers' Citizenization
Wang Xianzhu, Wang Min and Zhang Zhipeng / 353

Abstract: The urbanization of migrant workers is not only the biggest challenge of urbanization, but also the key problem of people's livelihood construction. The main factor restricting the urbanization of migrant workers is purchasing houses in cities. According to the surveys, more and more migrant workers understand the functions and effects of housing accumulation fund, they also recognize that it can reduce the cost of housing effectively. Thence, they also hope to obtain the welfare from housing accumulation fund. In order to realize the goal promoting 300 million people urbanization, this paper, based on the differences in the status of the migrant workers in the east, central and western regions, puts forward reforming the housing accumulation fund according to the local conditions to guide peasant citizenization, to achieve efficient and sustainable new urbanization.

Keywords: Migrant Workers; Citizenization; Housing Accumulation Fund; Widen Fields

❖ 皮书起源 ❖

"皮书"起源于十七、十八世纪的英国,主要指官方或社会组织正式发表的重要文件或报告,多以"白皮书"命名。在中国,"皮书"这一概念被社会广泛接受,并被成功运作、发展成为一种全新的出版形态,则源于中国社会科学院社会科学文献出版社。

❖ 皮书定义 ❖

皮书是对中国与世界发展状况和热点问题进行年度监测,以专业的角度、专家的视野和实证研究方法,针对某一领域或区域现状与发展态势展开分析和预测,具备原创性、实证性、专业性、连续性、前沿性、时效性等特点的公开出版物,由一系列权威研究报告组成。

❖ 皮书作者 ❖

皮书系列的作者以中国社会科学院、著名高校、地方社会科学院的研究人员为主,多为国内一流研究机构的权威专家学者,他们的看法和观点代表了学界对中国与世界的现实和未来最高水平的解读与分析。

❖ 皮书荣誉 ❖

皮书系列已成为社会科学文献出版社的著名图书品牌和中国社会科学院的知名学术品牌。2016 年,皮书系列正式列入"十三五"国家重点出版规划项目;2012~2016 年,重点皮书列入中国社会科学院承担的国家哲学社会科学创新工程项目;2017 年,55 种院外皮书使用"中国社会科学院创新工程学术出版项目"标识。

中国皮书网

发布皮书研创资讯，传播皮书精彩内容
引领皮书出版潮流，打造皮书服务平台

栏目设置

关于皮书：何谓皮书、皮书分类、皮书大事记、皮书荣誉、
皮书出版第一人、皮书编辑部

最新资讯：通知公告、新闻动态、媒体聚焦、网站专题、视频直播、下载专区

皮书研创：皮书规范、皮书选题、皮书出版、皮书研究、研创团队

皮书评奖评价：指标体系、皮书评价、皮书评奖

互动专区：皮书说、皮书智库、皮书微博、数据库微博

所获荣誉

2008 年、2011 年，中国皮书网均在全国新闻出版业网站荣誉评选中获得"最具商业价值网站"称号；

2012 年，获得"出版业网站百强"称号。

网库合一

2014 年，中国皮书网与皮书数据库端口合一，实现资源共享。更多详情请登录 www.pishu.cn。

权威报告·热点资讯·特色资源

皮书数据库
ANNUAL REPORT(YEARBOOK) DATABASE

当代中国与世界发展高端智库平台

所获荣誉

- 2016年，入选"国家'十三五'电子出版物出版规划骨干工程"
- 2015年，荣获"搜索中国正能量 点赞2015""创新中国科技创新奖"
- 2013年，荣获"中国出版政府奖·网络出版物奖"提名奖
- 连续多年荣获中国数字出版博览会"数字出版·优秀品牌"奖

成为会员

通过网址www.pishu.com.cn或使用手机扫描二维码进入皮书数据库网站，进行手机号码验证或邮箱验证即可成为皮书数据库会员（建议通过手机号码快速验证注册）。

会员福利

- 使用手机号码首次注册会员可直接获得100元体验金，不需充值即可购买和查看数据库内容（仅限使用手机号码快速注册）。
- 已注册用户购书后可免费获赠100元皮书数据库充值卡。刮开充值卡涂层获取充值密码，登录并进入"会员中心"—"在线充值"—"充值卡充值"，充值成功后即可购买和查看数据库内容。

社会科学文献出版社 皮书系列
SOCIAL SCIENCES ACADEMIC PRESS (CHINA)
卡号：366135311592
密码：

数据库服务热线：400-008-6695
数据库服务QQ：2475522410
数据库服务邮箱：database@ssap.cn
图书销售热线：010-59367070/7028
图书服务QQ：1265056568
图书服务邮箱：duzhe@ssap.cn

S子库介绍
ub-Database Introduction

中国经济发展数据库

涵盖宏观经济、农业经济、工业经济、产业经济、财政金融、交通旅游、商业贸易、劳动经济、企业经济、房地产经济、城市经济、区域经济等领域，为用户实时了解经济运行态势、把握经济发展规律、洞察经济形势、做出经济决策提供参考和依据。

中国社会发展数据库

全面整合国内外有关中国社会发展的统计数据、深度分析报告、专家解读和热点资讯构建而成的专业学术数据库。涉及宗教、社会、人口、政治、外交、法律、文化、教育、体育、文学艺术、医药卫生、资源环境等多个领域。

中国行业发展数据库

以中国国民经济行业分类为依据，跟踪分析国民经济各行业市场运行状况和政策导向，提供行业发展最前沿的资讯，为用户投资、从业及各种经济决策提供理论基础和实践指导。内容涵盖农业，能源与矿产业，交通运输业，制造业，金融业，房地产业，租赁和商务服务业，科学研究，环境和公共设施管理，居民服务业，教育，卫生和社会保障，文化、体育和娱乐业等100余个行业。

中国区域发展数据库

对特定区域内的经济、社会、文化、法治、资源环境等领域的现状与发展情况进行分析和预测。涵盖中部、西部、东北、西北等地区，长三角、珠三角、黄三角、京津冀、环渤海、合肥经济圈、长株潭城市群、关中一天水经济区、海峡经济区等区域经济体和城市圈，北京、上海、浙江、河南、陕西等34个省份及中国台湾地区。

中国文化传媒数据库

包括文化事业、文化产业、宗教、群众文化、图书馆事业、博物馆事业、档案事业、语言文字、文学、历史地理、新闻传播、广播电视、出版事业、艺术、电影、娱乐等多个子库。

世界经济与国际关系数据库

以皮书系列中涉及世界经济与国际关系的研究成果为基础，全面整合国内外有关世界经济与国际关系的统计数据、深度分析报告、专家解读和热点资讯构建而成的专业学术数据库。包括世界经济、国际政治、世界文化与科技、全球性问题、国际组织与国际法、区域研究等多个子库。

法 律 声 明

　　"皮书系列"（含蓝皮书、绿皮书、黄皮书）之品牌由社会科学文献出版社最早使用并持续至今，现已被中国图书市场所熟知。"皮书系列"的 LOGO（ ）与"经济蓝皮书""社会蓝皮书"均已在中华人民共和国国家工商行政管理总局商标局登记注册。"皮书系列"图书的注册商标专用权及封面设计、版式设计的著作权均为社会科学文献出版社所有。未经社会科学文献出版社书面授权许可，任何使用与"皮书系列"图书注册商标、封面设计、版式设计相同或者近似的文字、图形或其组合的行为均系侵权行为。

　　经作者授权，本书的专有出版权及信息网络传播权为社会科学文献出版社享有。未经社会科学文献出版社书面授权许可，任何就本书内容的复制、发行或以数字形式进行网络传播的行为均系侵权行为。

　　社会科学文献出版社将通过法律途径追究上述侵权行为的法律责任，维护自身合法权益。

　　欢迎社会各界人士对侵犯社会科学文献出版社上述权利的侵权行为进行举报。电话：010-59367121，电子邮箱：fawubu@ssap.cn。

社会科学文献出版社

2017年正值皮书品牌专业化二十周年之际，世界每天都在发生着让人眼花缭乱的变化，而唯一不变的，是面向未来无数的可能性。作为个体，如何获取专业信息以备不时之需？作为行政主体或企事业主体，如何提高决策的科学性让这个世界变得更好而不是更糟？原创、实证、专业、前沿、及时、持续，这是1997年"皮书系列"品牌创立的初衷。

1997～2017，从最初一个出版社的学术产品名称到媒体和公众使用频率极高的热点词语，从专业术语到大众话语，从官方文件到独特的出版型态，作为重要的智库成果，"皮书"始终致力于成为海量信息时代的信息过滤器，成为经济社会发展的记录仪，成为政策制定、评估、调整的智力源，社会科学研究的资料集成库。"皮书"的概念不断延展，"皮书"的种类更加丰富，"皮书"的功能日渐完善。

1997～2017，皮书及皮书数据库已成为中国新型智库建设不可或缺的抓手与平台，成为政府、企业和各类社会组织决策的利器，成为人文社科研究最基本的资料库，成为世界系统完整及时认知当代中国的窗口和通道！"皮书"所具有的凝聚力正在形成一种无形的力量，吸引着社会各界关注中国的发展，参与中国的发展。

二十年的"皮书"正值青春，愿每一位皮书人付出的年华与智慧不辜负这个时代！

社会科学文献出版社社长
中国社会学会秘书长

2016年11月

社会科学文献出版社简介

社会科学文献出版社成立于1985年，是直属于中国社会科学院的人文社会科学学术出版机构。成立以来，社科文献出版社依托于中国社会科学院和国内外人文社会科学界丰厚的学术出版和专家学者资源，始终坚持"创社科经典，出传世文献"的出版理念、"权威、前沿、原创"的产品定位以及学术成果和智库成果出版的专业化、数字化、国际化、市场化的经营道路。

社科文献出版社是中国新闻出版业转型与文化体制改革的先行者。积极探索文化体制改革的先进方向和现代企业经营决策机制，社科文献出版社先后荣获"全国文化体制改革工作先进单位"、中国出版政府奖·先进出版单位奖，中国社会科学院先进集体、全国科普工作先进集体等荣誉称号。多次次荣获"第十届韬奋出版奖""全国新闻出版行业领军人才""数字出版先进人物""北京市新闻出版广电行业领军人才"等称号。

社科文献出版社是中国人文社会科学学术出版的大社名社，也是以皮书为代表的智库成果出版的专业强社。年出版图书2000余种，其中皮书350余种，出版新书字数5.5亿字，承印与发行中国社科院所属期刊72种，先后创立了皮书系列、列国志、中国史话、社科文献学术译库、社科文献学术文库、甲骨文书系等一大批既有学术影响又有市场价值的品牌，确立了在社会学、近代史、苏东问题研究等专业学科及领域出版的领先地位。图书多次荣获中国出版政府奖、"三个一百"原创图书出版工程、"五个'一'工程奖"、"大众喜爱的50种图书"等奖项，在中央国家机关"强素质·做表率"读书活动中，入选图书品种数位居各大出版社之首。

社科文献出版社是中国学术出版规范与标准的倡议者与制定者，代表全国50多家出版社发起实施学术著作出版规范的倡议，承担学术著作规范国家标准的起草工作，率先编撰完成《皮书手册》对皮书品牌进行规范化管理，并在此基础上推出中国版芝加哥手册——《SSAP学术出版手册》。

社科文献出版社是中国数字出版的引领者，拥有皮书数据库、列国志数据库、"一带一路"数据库、减贫数据库、集刊数据库等4大产品线11个数据库产品，机构用户达1300余家，海外用户百余家，荣获"数字出版转型示范单位""新闻出版标准化先进单位""专业数字内容资源知识服务模式试点企业标准化示范单位"等称号。

社科文献出版社是中国学术出版走出去的践行者。社科文献出版社海外图书出版与学术合作业务遍及全球40余个国家和地区并于2016年成立俄罗斯分社，累计输出图书500余种，涉及近20个语种，累计获得国家社科基金中华学术外译项目资助76种、"丝路书香工程"项目资助60种、中国图书对外推广计划项目资助71种以及经典中国国际出版工程资助28种，被商务部认定为"2015-2016年度国家文化出口重点企业"。

如今，社科文献出版社拥有固定资产3.6亿元，年收入近3亿元，设置了七大出版分社、六大专业部门，成立了皮书研究院和博士后科研工作站，培养了一支近400人的高素质与高效率的编辑、出版、营销和国际推广队伍，为未来成为学术出版的大社、名社、强社，成为文化体制改革与文化企业转型发展的排头兵奠定了坚实的基础。

经 济 类

经济类皮书涵盖宏观经济、城市经济、大区域经济，
提供权威、前沿的分析与预测

经济蓝皮书

2017 年中国经济形势分析与预测

李扬／主编　2017 年 1 月出版　定价：89.00 元

◆　本书为总理基金项目，由著名经济学家李扬领衔，联合中
国社会科学院等数十家科研机构、国家部委和高等院校的专家
共同撰写，系统分析了 2016 年的中国经济形势并预测 2017 年
中国经济运行情况。

中国省域竞争力蓝皮书

中国省域经济综合竞争力发展报告（2015 ~ 2016）

李建平　李闽榕　高燕京／主编　2017 年 5 月出版　定价：198.00 元

◆　本书融多学科的理论为一体，深入追踪研究了省域经济发
展与中国国家竞争力的内在关系，为提升中国省域经济综合竞
争力提供有价值的决策依据。

城市蓝皮书

中国城市发展报告 No.10

潘家华　单菁菁／主编　2017 年 9 月出版　估价：89.00 元

◆　本书是由中国社会科学院城市发展与环境研究中心编著
的，多角度、全方位地立体展示了中国城市的发展状况，并对
中国城市的未来发展提出了许多建议。该书有强烈的时代感，
对中国城市发展实践有重要的参考价值。

人口与劳动绿皮书

中国人口与劳动问题报告 No.18

蔡昉 张车伟 / 主编　2017 年 10 月出版　估价：89.00 元

◆　本书为中国社会科学院人口与劳动经济研究所主编的年度报告，对当前中国人口与劳动形势做了比较全面和系统的深入讨论，为研究中国人口与劳动问题提供了一个专业性的视角。

世界经济黄皮书

2017 年世界经济形势分析与预测

张宇燕 / 主编　2017 年 1 月出版　定价：89.00 元

◆　本书由中国社会科学院世界经济与政治研究所的研究团队撰写，2016 年世界经济增速进一步放缓，就业增长放慢。世界经济面临许多重大挑战同时，地缘政治风险、难民危机、大国政治周期、恐怖主义等问题也仍然在影响世界经济的稳定与发展。预计 2017 年按 PPP 计算的世界 GDP 增长率约为 3.0%。

国际城市蓝皮书

国际城市发展报告（2017）

屠启宇 / 主编　2017 年 2 月出版　定价：79.00 元

◆　本书作者以上海社会科学院从事国际城市研究的学者团队为核心，汇集同济大学、华东师范大学、复旦大学、上海交通大学、南京大学、浙江大学相关城市研究专业学者。立足动态跟踪介绍国际城市发展时间中，最新出现的重大战略、重大理念、重大项目、重大报告和最佳案例。

金融蓝皮书

中国金融发展报告（2017）

王国刚 / 主编　2017 年 2 月出版　定价：79.00 元

◆　本书由中国社会科学院金融研究所组织编写，概括和分析了 2016 年中国金融发展和运行中的各方面情况，研讨和评论了 2016 年发生的主要金融事件，有利于读者了解掌握 2016 年中国的金融状况，把握 2017 年中国金融的走势。

农村绿皮书

中国农村经济形势分析与预测（2016～2017）

魏后凯　杜志雄　黄秉信／主编　2017年4月出版　估价：89.00元

◆　本书描述了2016年中国农业农村经济发展的一些主要指标和变化，并对2017年中国农业农村经济形势的一些展望和预测，提出相应的政策建议。

西部蓝皮书

中国西部发展报告（2017）

徐璋勇／主编　2017年7月出版　估价：89.00元

◆　本书由西北大学中国西部经济发展研究中心主编，汇集了源自西部本土以及国内研究西部问题的权威专家的第一手资料，对国家实施西部大开发战略进行年度动态跟踪，并对2017年西部经济、社会发展态势进行预测和展望。

经济蓝皮书·夏季号

中国经济增长报告（2016～2017）

李扬／主编　2017年9月出版　估价：98.00元

◆　中国经济增长报告主要探讨2016~2017年中国经济增长问题，以专业视角解读中国经济增长，力求将其打造成一个研究中国经济增长、服务宏微观各级决策的周期性、权威性读物。

就业蓝皮书

2017年中国本科生就业报告

麦可思研究院／编著　2017年6月出版　估价：98.00元

◆　本书基于大量的数据和调研，内容翔实，调查独到，分析到位，用数据说话，对中国大学生就业及学校专业设置起到了很好的建言献策作用。

社 会 政 法 类

社会政法类皮书聚焦社会发展领域的热点、难点问题，
提供权威、原创的资讯与视点

社会蓝皮书

2017年中国社会形势分析与预测

李培林　陈光金　张翼/主编　2016年12月出版　定价：89.00元

◆　本书由中国社会科学院社会学研究所组织研究机构专家、高校学者和政府研究人员撰写，聚焦当下社会热点，对2016年中国社会发展的各个方面内容进行了权威解读，同时对2017年社会形势发展趋势进行了预测。

法治蓝皮书

中国法治发展报告 No.15（2017）

李林　田禾/主编　2017年3月出版　定价：118.00元

◆　本年度法治蓝皮书回顾总结了2016年度中国法治发展取得的成就和存在的不足，对中国政府、司法、检务透明度进行了跟踪调研，并对2017年中国法治发展形势进行了预测和展望。

社会体制蓝皮书

中国社会体制改革报告 No.5（2017）

龚维斌/主编　2017年3月出版　定价：89.00元

◆　本书由国家行政学院社会治理研究中心和北京师范大学中国社会管理研究院共同组织编写，主要对2016年社会体制改革情况进行回顾和总结，对2017年的改革走向进行分析，提出相关政策建议。

社会心态蓝皮书

中国社会心态研究报告（2017）

王俊秀　杨宜音/主编　2017 年 12 月出版　估价：89.00 元

◆　本书是中国社会科学院社会学研究所社会心理研究中心"社会心态蓝皮书课题组"的年度研究成果，运用社会心理学、社会学、经济学、传播学等多种学科的方法进行了调查和研究，对于目前中国社会心态状况有较广泛和深入的揭示。

生态城市绿皮书

中国生态城市建设发展报告（2017）

刘举科　孙伟平　胡文臻/主编　2017 年 7 月出版　估价：118.00 元

◆　报告以绿色发展、循环经济、低碳生活、民生宜居为理念，以更新民众观念、提供决策咨询、指导工程实践、引领绿色发展为宗旨，试图探索一条具有中国特色的城市生态文明建设新路。

城市生活质量蓝皮书

中国城市生活质量报告（2017）

中国经济实验研究院/主编　2017 年 7 月出版　估价：89.00 元

◆　本书对全国 35 个城市居民的生活质量主观满意度进行了电话调查，同时对 35 个城市居民的客观生活质量指数进行了计算，为中国城市居民生活质量的提升，提出了针对性的政策建议。

公共服务蓝皮书

中国城市基本公共服务力评价（2017）

钟君　刘志昌　吴正杲/主编　2017 年 12 月出版　估价：89.00 元

◆　中国社会科学院经济与社会建设研究室与华图政信调查组成联合课题组，从 2010 年开始对基本公共服务力进行研究，研创了基本公共服务力评价指标体系，为政府考核公共服务与社会管理工作提供了理论工具。

行 业 报 告 类

行业报告类皮书立足重点行业、新兴行业领域，
提供及时、前瞻的数据与信息

企业社会责任蓝皮书

中国企业社会责任研究报告（2017）

黄群慧　钟宏武　张蒽　翟利峰／著　2017年10月出版　估价：89.00元

◆　本书剖析了中国企业社会责任在2016～2017年度的最新
发展特征，详细解读了省域国有企业在社会责任方面的阶段性
特征，生动呈现了国内外优秀企业的社会责任实践。对了解
中国企业社会责任履行现状、未来发展，以及推动社会责任建
设有重要的参考价值。

新能源汽车蓝皮书

中国新能源汽车产业发展报告（2017）

中国汽车技术研究中心　日产（中国）投资有限公司
东风汽车有限公司／编著　2017年7月出版　估价：98.00元

◆　本书对中国2016年新能源汽车产业发展进行了全面系统
的分析，并介绍了国外的发展经验。有助于相关机构、行业和
社会公众等了解中国新能源汽车产业发展的最新动态，为政府
部门出台新能源汽车产业相关政策法规、企业制定相关战略规
划，提供必要的借鉴和参考。

杜仲产业绿皮书

中国杜仲橡胶资源与产业发展报告（2016～2017）

杜红岩　胡文臻　俞锐／主编　2017年4月出版　估价：85.00元

◆　本书对2016年杜仲产业的发展情况、研究团队在杜仲研
究方面取得的重要成果、部分地区杜仲产业发展的具体情况、
杜仲新标准的制定情况等进行了较为详细的分析与介绍，使广
大关心杜仲产业发展的读者能够及时跟踪产业最新进展。

企业蓝皮书

中国企业绿色发展报告 No.2（2017）

李红玉　朱光辉 / 主编　　2017 年 8 月出版　　估价：89.00 元

◆　本书深入分析中国企业能源消费、资源利用、绿色金融、绿色产品、绿色管理、信息化、绿色发展政策及绿色文化方面的现状，并对目前存在的问题进行研究，剖析因果，谋划对策，为企业绿色发展提供借鉴，为中国生态文明建设提供支撑。

中国上市公司蓝皮书

中国上市公司发展报告（2017）

张平　王宏淼 / 主编　　2017 年 10 月出版　　估价：98.00 元

◆　本书由中国社会科学院上市公司研究中心组织编写的，着力于全面、真实、客观反映当前中国上市公司财务状况和价值评估的综合性年度报告。本书详尽分析了 2016 年中国上市公司情况，特别是现实中暴露出的制度性、基础性问题，并对资本市场改革进行了探讨。

资产管理蓝皮书

中国资产管理行业发展报告（2017）

智信资产管理研究院 / 编著　　2017 年 6 月出版　　估价：89.00 元

◆　中国资产管理行业刚刚兴起，未来将成为中国金融市场最有看点的行业。本书主要分析了 2016 年度资产管理行业的发展情况，同时对资产管理行业的未来发展做出科学的预测。

体育蓝皮书

中国体育产业发展报告（2017）

阮伟　钟秉枢 / 主编　　2017 年 12 月出版　　估价：89.00 元

◆　本书运用多种研究方法，在体育竞赛业、体育用品业、体育场馆业、体育传媒业等传统产业研究的基础上，并对 2016 年体育领域内的各种热点事件进行研究和梳理，进一步拓宽了研究的广度、提升了研究的高度、挖掘了研究的深度。

国际问题类

 国际问题类皮书关注全球重点国家与地区，
提供全面、独特的解读与研究

美国蓝皮书

美国研究报告（2017）

郑秉文 黄平 / 主编 2017年6月出版 估价：89.00元

◆ 本书是由中国社会科学院美国研究所主持完成的研究成果，它回顾了美国2016年的经济、政治形势与外交战略，对2017年以来美国内政外交发生的重大事件及重要政策进行了较为全面的回顾和梳理。

日本蓝皮书

日本研究报告（2017）

杨伯江 / 主编 2017年5月出版 估价：89.00元

◆ 本书对2016年日本的政治、经济、社会、外交等方面的发展情况做了系统介绍，对日本的热点及焦点问题进行了总结和分析，并在此基础上对该国2017年的发展前景做出预测。

亚太蓝皮书

亚太地区发展报告（2017）

李向阳 / 主编 2017年4月出版 估价：89.00元

◆ 本书是中国社会科学院亚太与全球战略研究院的集体研究成果。2017年的"亚太蓝皮书"继续关注中国周边环境的变化。该书盘点了2016年亚太地区的焦点和热点问题，为深入了解2016年及未来中国与周边环境的复杂形势提供了重要参考。

德国蓝皮书

德国发展报告（2017）

郑春荣／主编　2017年6月出版　估价：89.00元

◆　本报告由同济大学德国研究所组织编撰，由该领域的专家学者对德国的政治、经济、社会文化、外交等方面的形势发展情况，进行全面的阐述与分析。

日本经济蓝皮书

日本经济与中日经贸关系研究报告（2017）

张季风／编著　2017年5月出版　估价：89.00元

◆　本书系统、详细地介绍了2016年日本经济以及中日经贸关系发展情况，在进行了大量数据分析的基础上，对2017年日本经济以及中日经贸关系的大致发展趋势进行了分析与预测。

俄罗斯黄皮书

俄罗斯发展报告（2017）

李永全／编著　2017年7月出版　估价：89.00元

◆　本书系统介绍了2016年俄罗斯经济政治情况，并对2016年该地区发生的焦点、热点问题进行了分析与回顾；在此基础上，对该地区2017年的发展前景进行了预测。

非洲黄皮书

非洲发展报告No.19（2016～2017）

张宏明／主编　2017年8月出版　估价：89.00元

◆　本书是由中国社会科学院西亚非洲研究所组织编撰的非洲形势年度报告，比较全面、系统地分析了2016年非洲政治形势和热点问题，探讨了非洲经济形势和市场走向，剖析了大国对非洲关系的新动向；此外，还介绍了国内非洲研究的新成果。

地方发展类

 地方发展类皮书关注中国各省份、经济区域，
提供科学、多元的预判与资政信息

北京蓝皮书

北京公共服务发展报告（2016~2017）

施昌奎／主编　2017年3月出版　定价：79.00元

◆　本书是由北京市政府职能部门的领导、首都著名高校的教授、知名研究机构的专家共同完成的关于北京市公共服务发展与创新的研究成果。

河南蓝皮书

河南经济发展报告（2017）

张占仓　完世伟／主编　2017年4月出版　估价：89.00元

◆　本书以国内外经济发展环境和走向为背景，主要分析当前河南经济形势，预测未来发展趋势，全面反映河南经济发展的最新动态、热点和问题，为地方经济发展和领导决策提供参考。

广州蓝皮书

2017年中国广州经济形势分析与预测

庾建设　陈浩钿　谢博能／主编　2017年7月出版　估价：85.00元

◆　本书由广州大学与广州市委政策研究室、广州市统计局联合主编，汇集了广州科研团体、高等院校和政府部门诸多经济问题研究专家、学者和实际部门工作者的最新研究成果，是关于广州经济运行情况和相关专题分析、预测的重要参考资料。

文 化 传 媒 类

文化传媒类皮书透视文化领域、文化产业，
探索文化大繁荣、大发展的路径

新媒体蓝皮书

中国新媒体发展报告 No.8（2017）

唐绪军 / 主编　2017 年 6 月出版　估价：89.00 元

◆　本书是由中国社会科学院新闻与传播研究所组织编写的关于新媒体发展的最新年度报告，旨在全面分析中国新媒体的发展现状，解读新媒体的发展趋势，探析新媒体的深刻影响。

移动互联网蓝皮书

中国移动互联网发展报告（2017）

官建文 / 主编　2017 年 6 月出版　估价：89.00 元

◆　本书着眼于对 2016 年度中国移动互联网的发展情况做深入解析，对未来发展趋势进行预测，力求从不同视角、不同层面全面剖析中国移动互联网发展的现状、年度突破及热点趋势等。

传媒蓝皮书

中国传媒产业发展报告（2017）

崔保国 / 主编　2017 年 5 月出版　估价：98.00 元

◆　"传媒蓝皮书"连续十多年跟踪观察和系统研究中国传媒产业发展。本报告在对传媒产业总体以及各细分行业发展状况与趋势进行深入分析基础上，对年度发展热点进行跟踪，剖析新技术引领下的商业模式，对传媒各领域发展趋势、内体经营、传媒投资进行解析，为中国传媒产业正在发生的变革提供前瞻行参考。

经济类

"三农"互联网金融蓝皮书
中国"三农"互联网金融发展报告（2017）
著(编)者：李勇坚 王弢　2017年8月出版 / 估价：98.00元
PSN B-2016-561-1/1

G20国家创新竞争力黄皮书
二十国集团（G20）国家创新竞争力发展报告（2016~2017）
著(编)者：李建平 李闽榕 赵新力　周天勇
2017年8月出版 / 估价：158.00元
PSN Y-2011-229-1/1

产业蓝皮书
中国产业竞争力报告（2017）No.7
著(编)者：张其仔　2017年12月出版 / 估价：98.00元
PSN B-2010-175-1/1

城市创新蓝皮书
中国城市创新报告（2017）
著(编)者：周天勇 旷建伟　2017年11月出版 / 估价：89.00元
PSN B-2013-340-1/1

城市蓝皮书
中国城市发展报告 No.10
著(编)者：潘家华 单菁菁　2017年9月出版 / 估价：89.00元
PSN B-2007-091-1/1

城乡一体化蓝皮书
中国城乡一体化发展报告（2016~2017）
著(编)者：汝信 付崇兰　2017年7月出版 / 估价：85.00元
PSN B-2011-226-1/2

城镇化蓝皮书
中国新型城镇化健康发展报告（2017）
著(编)者：张占斌　2017年8月出版 / 估价：89.00元
PSN B-2014-396-1/1

创新蓝皮书
创新型国家建设报告（2016~2017）
著(编)者：詹正茂　2017年12月出版 / 估价：89.00元
PSN B-2009-140-1/1

创业蓝皮书
中国创业发展报告（2016~2017）
著(编)者：黄群慧 赵卫星 钟宏武等
2017年11月出版 / 估价：89.00元
PSN B-2016-578-1/1

低碳发展蓝皮书
中国低碳发展报告（2016~2017）
著(编)者：齐晔 张希良　2017年3月出版 / 估价：98.00元
PSN B-2011-223-1/1

低碳经济蓝皮书
中国低碳经济发展报告（2017）
著(编)者：薛进军 赵忠秀　2017年6月出版 / 估价：85.00元
PSN B-2011-194-1/1

东北蓝皮书
中国东北地区发展报告（2017）
著(编)者：姜晓秋　2017年2月出版 / 定价：79.00元
PSN B-2006-067-1/1

发展与改革蓝皮书
中国经济发展和体制改革报告No.8
著(编)者：邹东涛 王再文　2017年4月出版 / 估价：98.00元
PSN B-2008-122-1/1

工业化蓝皮书
中国工业化进程报告（2017）
著(编)者：黄群慧　2017年12月出版 / 估价：158.00元
PSN B-2007-095-1/1

管理蓝皮书
中国管理发展报告（2017）
著(编)者：张晓东　2017年10月出版 / 估价：98.00元
PSN B-2014-416-1/1

国际城市蓝皮书
国际城市发展报告（2017）
著(编)者：屠启宇　2017年2月出版 / 定价：79.00元
PSN B-2012-260-1/1

国家创新蓝皮书
中国创新发展报告（2017）
著(编)者：陈劲　2017年12月出版 / 估价：89.00元
PSN B-2014-370-1/1

金融蓝皮书
中国金融发展报告（2017）
著(编)者：王国刚　2017年2月出版 / 定价：79.00元
PSN B-2004-031-1/6

京津冀金融蓝皮书
京津冀金融发展报告（2017）
著(编)者：王爱俭 李向前
2017年4月出版 / 估价：89.00元
PSN B-2016-528-1/1

京津冀蓝皮书
京津冀发展报告（2017）
著(编)者：文魁 祝尔娟　2017年4月出版 / 估价：89.00元
PSN B-2012-262-1/1

经济蓝皮书
2017年中国经济形势分析与预测
著(编)者：李扬　2017年1月出版 / 定价：89.00元
PSN B-1996-001-1/1

经济蓝皮书·春季号
2017年中国经济前景分析
著(编)者：李扬　2017年6月出版 / 估价：89.00元
PSN B-1999-008-1/1

经济蓝皮书·夏季号
中国经济增长报告（2016~2017）
著(编)者：李扬　2017年9月出版 / 估价：98.00元
PSN B-2010-176-1/1

经济信息绿皮书
中国与世界经济发展报告（2017）
著(编)者：杜平　2017年12月出版 / 定价：89.00元
PSN G-2003-023-1/1

就业蓝皮书
2017年中国本科生就业报告
著(编)者：麦可思研究院　2017年6月出版 / 估价：98.00元
PSN B-2009-146-1/2

经济类

皮书系列
2017全品种

就业蓝皮书
2017年中国高职高专生就业报告
著(编)者：麦可思研究院　2017年6月出版 / 估价：98.00元
PSN B-2015-472-2/2

科普能力蓝皮书
中国科普能力评价报告（2017）
著(编)者：李富 强李群　2017年8月出版 / 估价：89.00元
PSN B-2016-556-1/1

临空经济蓝皮书
中国临空经济发展报告（2017）
著(编)者：连玉明　2017年9月出版 / 估价：89.00元
PSN B-2014-421-1/1

农村绿皮书
中国农村经济形势分析与预测（2016～2017）
著(编)者：魏后凯 杜志雄 黄秉信
2017年4月出版 / 估价：89.00元
PSN G-1998-003-1/1

农业应对气候变化蓝皮书
气候变化对中国农业影响评估报告 No.3
著(编)者：矫梅燕　2017年8月出版 / 估价：98.00元
PSN B-2014-413-1/1

气候变化绿皮书
应对气候变化报告（2017）
著(编)者：王伟光 郑国光　2017年6月出版 / 估价：89.00元
PSN G-2009-144-1/1

区域蓝皮书
中国区域经济发展报告（2016～2017）
著(编)者：赵弘　2017年6月出版 / 估价：89.00元
PSN B-2004-034-1/1

全球环境竞争力绿皮书
全球环境竞争力报告（2017）
著(编)者：李建平 李闽榕 王金南
2017年12月出版 / 估价：198.00元
PSN G-2013-363-1/1

人口与劳动绿皮书
中国人口与劳动问题报告 No.18
著(编)者：蔡昉 张车伟　2017年11月出版 / 估价：89.00元
PSN G-2000-012-1/1

商务中心区蓝皮书
中国商务中心区发展报告 No.3（2016）
著(编)者：李国红 单菁菁　2017年4月出版 / 估价：89.00元
PSN B-2015-444-1/1

世界经济黄皮书
2017年世界经济形势分析与预测
著(编)者：张宇燕　2017年1月出版 / 定价：89.00元
PSN Y-1999-006-1/1

世界旅游城市绿皮书
世界旅游城市发展报告（2017）
著(编)者：宋宇　2017年4月出版 / 估价：128.00元
PSN G-2014-400-1/1

土地市场蓝皮书
中国农村土地市场发展报告（2016～2017）
著(编)者：李光荣　2017年4月出版 / 估价：89.00元
PSN B-2016-527-1/1

西北蓝皮书
中国西北发展报告（2017）
著(编)者：高建龙　2017年4月出版 / 估价：89.00元
PSN B-2012-261-1/1

西部蓝皮书
中国西部发展报告（2017）
著(编)者：徐璋勇　2017年7月出版 / 估价：89.00元
PSN B-2005-039-1/1

新型城镇化蓝皮书
新型城镇化发展报告（2017）
著(编)者：李伟 宋敏 沈体雁　2017年4月出版 / 估价：98.00元
PSN B-2014-431-1/1

新兴经济体蓝皮书
金砖国家发展报告（2017）
著(编)者：林跃勤 周文　2017年12月出版 / 估价：89.00元
PSN B-2011-195-1/1

长三角蓝皮书
2017年新常态下深化一体化的长三角
著(编)者：王庆五　2017年12月出版 / 估价：88.00元
PSN B-2005-038-1/1

中部竞争力蓝皮书
中国中部经济社会竞争力报告（2017）
著(编)者：教育部人文社会科学重点研究基地
　　　　　南昌大学中国中部经济社会发展研究中心
2017年12月出版 / 估价：89.00元
PSN B-2012-276-1/1

中部蓝皮书
中国中部地区发展报告（2017）
著(编)者：宋亚平　2017年12月出版 / 估价：88.00元
PSN B-2007-089-1/1

中国省域竞争力蓝皮书
中国省域经济综合竞争力发展报告（2017）
著(编)者：李建平 李闽榕 高燕京
2017年2月出版 / 定价：198.00元
PSN B-2007-088-1/1

中三角蓝皮书
长江中游城市群发展报告（2017）
著(编)者：秦尊文　2017年9月出版 / 估价：89.00元
PSN B-2014-417-1/1

中小城市绿皮书
中国中小城市发展报告（2017）
著(编)者：中国城市经济学会中小城市经济发展委员会
　　　　　中国城镇化促进会中小城市发展委员会
　　　　　《中国中小城市发展报告》编纂委员会
　　　　　中小城市发展战略研究院
2017年11月出版 / 估价：128.00元
PSN G-2010-161-1/1

中原蓝皮书
中原经济区发展报告（2017）
著(编)者：李英杰　2017年6月出版 / 估价：88.00元
PSN B-2011-192-1/1

自贸区蓝皮书
中国自贸区发展报告（2017）
著(编)者：王力　2017年7月出版 / 估价：89.00元
PSN B-2016-559-1/1

15

社会政法类

北京蓝皮书
中国社区发展报告（2017）
著(编)者：于燕燕　2017年4月出版 / 估价：89.00元
PSN B-2007-083-5/8

殡葬绿皮书
中国殡葬事业发展报告（2017）
著(编)者：李伯森　2017年4月出版 / 估价：158.00元
PSN G-2010-180-1/1

城市管理蓝皮书
中国城市管理报告（2016~2017）
著(编)者：刘林　刘承水　2017年5月出版 / 估价：158.00元
PSN B-2013-336-1/1

城市生活质量蓝皮书
中国城市生活质量报告（2017）
著(编)者：中国经济实验研究院
2018年7月出版 / 估价：89.00元
PSN B-2013-326-1/1

城市政府能力蓝皮书
中国城市政府公共服务能力评估报告（2017）
著(编)者：何艳玲　2017年4月出版 / 估价：89.00元
PSN B-2013-338-1/1

慈善蓝皮书
中国慈善发展报告（2017）
著(编)者：杨团　2017年6月出版 / 估价：89.00元
PSN B-2009-142-1/1

党建蓝皮书
党的建设研究报告 No.2（2017）
著(编)者：崔建民　陈东平　2017年4月出版 / 估价：89.00元
PSN B-2016-524-1/1

地方法治蓝皮书
中国地方法治发展报告 No.3（2017）
著(编)者：李林　田禾　2017年4出版 / 估价：108.00元
PSN B-2015-442-1/1

法治蓝皮书
中国法治发展报告 No.15（2017）
著(编)者：李林　田禾　2017年3月出版 / 定价：118.00元
PSN B-2004-027-1/1

法治政府蓝皮书
中国法治政府发展报告（2017）
著(编)者：中国政法大学法治政府研究院
2017年4月出版 / 估价：98.00元
PSN B-2015-502-1/2

法治政府蓝皮书
中国法治政府评估报告（2017）
著(编)者：中国政法大学法治政府研究院
2017年11月出版 / 估价：98.00元
PSN B-2016-577-2/2

法治蓝皮书
中国法院信息化发展报告 No.1（2017）
著(编)者：李林　田禾　2017年2月出版 / 定价：108.00元
PSN B-2017-604-3/3

反腐倡廉蓝皮书
中国反腐倡廉建设报告 No.7
著(编)者：张英伟　2017年12月出版 / 估价：89.00元
PSN B-2012-259-1/1

非传统安全蓝皮书
中国非传统安全研究报告（2016~2017）
著(编)者：余潇枫　魏志江　2017年6月出版 / 估价：89.00元
PSN B-2012-273-1/1

妇女发展蓝皮书
中国妇女发展报告 No.7
著(编)者：王金玲　2017年9月出版 / 估价：148.00元
PSN B-2006-069-1/1

妇女教育蓝皮书
中国妇女教育发展报告 No.4
著(编)者：张李玺　2017年10月出版 / 估价：78.00元
PSN B-2008-121-1/1

妇女绿皮书
中国性别平等与妇女发展报告（2017）
著(编)者：谭琳　2017年12月出版 / 估价：99.00元
PSN G-2006-073-1/1

公共服务蓝皮书
中国城市基本公共服务力评价（2017）
著(编)者：钟君　刘志昌　吴正杲　2017年12月出版 / 估价：89.00元
PSN B-2011-214-1/1

公民科学素质蓝皮书
中国公民科学素质报告（2016~2017）
著(编)者：李群　陈雄　马宗文
2017年4月出版 / 估价：89.00元
PSN B-2014-379-1/1

公共关系蓝皮书
中国公共关系发展报告（2017）
著(编)者：柳斌杰　2017年11月出版 / 估价：89.00元
PSN B-2016-580-1/1

公益蓝皮书
中国公益慈善发展报告（2017）
著(编)者：朱健刚　2018年4月出版 / 估价：118.00元
PSN B-2012-283-1/1

国际人才蓝皮书
中国国际移民报告（2017）
著(编)者：王辉耀　2017年4月出版 / 估价：89.00元
PSN B-2012-304-3/4

国际人才蓝皮书
中国留学发展报告（2017）No.5
著(编)者：王辉耀　苗绿　2017年10月出版 / 估价：89.00元
PSN B-2012-244-2/4

海洋社会蓝皮书
中国海洋社会发展报告（2017）
著(编)者：崔凤　宋宁而　2017年7月出版 / 估价：89.00元
PSN B-2015-478-1/1

行政改革蓝皮书
中国行政体制改革报告（2017）No.6
著(编)者：魏礼群　2017年5月出版 / 估价：98.00元
PSN B-2011-231-1/1

华侨华人蓝皮书
华侨华人研究报告（2017）
著(编)者：贾益民　2017年12月出版 / 估价：128.00元
PSN B-2011-204-1/1

环境竞争力绿皮书
中国省域环境竞争力发展报告（2017）
著(编)者：李建平　李闽榕　王金南
2017年11月出版 / 估价：198.00元
PSN G-2010-165-1/1

环境绿皮书
中国环境发展报告（2017）
著(编)者：刘鉴强　2017年4月出版 / 估价：89.00元
PSN G-2006-048-1/1

基金会蓝皮书
中国基金会发展报告（2016~2017）
著(编)者：中国基金会发展报告课题组
2017年4月出版 / 估价：85.00元
PSN B-2013-368-1/1

基金会绿皮书
中国基金会发展独立研究报告（2017）
著(编)者：基金会中心网　中央民族大学基金会研究中心
2017年6月出版 / 估价：88.00元
PSN G-2011-213-1/1

基金会透明度蓝皮书
中国基金会透明度发展研究报告（2017）
著(编)者：基金会中心网　清华大学廉政与治理研究中心
2017年12月出版 / 估价：89.00元
PSN B-2015-509-1/1

家庭蓝皮书
中国"创建幸福家庭活动"评估报告（2017）
国务院发展研究中心"创建幸福家庭活动评估"课题组著
2017年8月出版 / 估价：89.00元
PSN B-2015-508-1/1

健康城市蓝皮书
中国健康城市建设研究报告（2017）
著(编)者：王鸿春　解树江　盛继洪
2017年9月出版 / 估价：89.00元
PSN B-2016-565-2/2

教师蓝皮书
中国中小学教师发展报告（2017）
著(编)者：曾晓东　鱼霞　2017年6月出版 / 估价：89.00元
PSN B-2012-289-1/1

教育蓝皮书
中国教育发展报告（2017）
著(编)者：杨东平　2017年4月出版 / 估价：89.00元
PSN B-2006-047-1/1

科普蓝皮书
中国基层科普发展报告（2016~2017）
著(编)者：赵立　新陈玲　2017年9月出版 / 估价：89.00元
PSN B-2016-569-3/3

科普蓝皮书
中国科普基础设施发展报告（2017）
著(编)者：任福君　2017年6月出版 / 估价：89.00元
PSN B-2010-174-1/3

科普蓝皮书
中国科普人才发展报告（2017）
著(编)者：郑念　任嵘嵘　2017年4月出版 / 估价：98.00元
PSN B-2015-512-2/3

科学教育蓝皮书
中国科学教育发展报告（2017）
著(编)者：罗晖　王康友　2017年10月出版 / 估价：89.00元
PSN B-2015-487-1/1

劳动保障蓝皮书
中国劳动保障发展报告（2017）
著(编)者：刘燕斌　2017年9月出版 / 估价：188.00元
PSN B-2014-415-1/1

老龄蓝皮书
中国老年宜居环境发展报告（2017）
著(编)者：党俊武　周燕珉　2017年4月出版 / 估价：89.00元
PSN B-2013-320-1/1

连片特困区蓝皮书
中国连片特困区发展报告（2017）
著(编)者：游俊　冷志明　丁建军
2017年4月出版 / 估价：98.00元
PSN B-2013-321-1/1

流动儿童蓝皮书
中国流动儿童教育发展报告（2016）
著(编)者：杨东平　2017年1月出版 / 定价：79.00元
PSN B-2017-600-1/1

民调蓝皮书
中国民生调查报告（2017）
著(编)者：谢耘耕　2017年12月出版 / 估价：98.00元
PSN B-2014-398-1/1

民族发展蓝皮书
中国民族发展报告（2017）
著(编)者：郝时远　王延中　王希恩
2017年4月出版 / 估价：98.00元
PSN B-2006-070-1/1

女性生活蓝皮书
中国女性生活状况报告 No.11（2017）
著(编)者：韩湘景　2017年10月出版 / 估价：98.00元
PSN B-2006-071-1/1

汽车社会蓝皮书
中国汽车社会发展报告（2017）
著(编)者：王俊秀　2017年12月出版 / 估价：89.00元
PSN B-2011-224-1/1

青年蓝皮书
中国青年发展报告（2017）No.3
著(编)者：廉思 等　2017年4月出版 / 估价：89.00元
PSN B-2013-333-1/1

青少年蓝皮书
中国未成年人互联网运用报告（2017）
著(编)者：李文革 沈洁 季为民
2017年11月出版 / 估价：89.00元
PSN B-2010-165-1/1

青少年体育蓝皮书
中国青少年体育发展报告（2017）
著(编)者：郭建军 杨桦　2017年9月出版 / 估价：89.00元
PSN B-2015-482-1/1

群众体育蓝皮书
中国群众体育发展报告（2017）
著(编)者：刘国永 杨桦　2017年12月出版 / 估价：89.00元
PSN B-2016-519-2/3

人权蓝皮书
中国人权事业发展报告No.7（2017）
著(编)者：李君如　2017年9月出版 / 估价：98.00元
PSN B-2011-215-1/1

社会保障绿皮书
中国社会保障发展报告（2017）No.8
著(编)者：王延中　2017年1月出版 / 估价：98.00元
PSN G-2001-014-1/1

社会风险评估蓝皮书
风险评估与危机预警评估报告（2017）
著(编)者：唐钧　2017年8月出版 / 估价：85.00元
PSN B-2016-521-1/1

社会管理蓝皮书
中国社会管理创新报告No.5
著(编)者：连玉明　2017年11月出版 / 估价：89.00元
PSN B-2012-300-1/1

社会蓝皮书
2017年中国社会形势分析与预测
著(编)者：李培林 陈光金 张翼
2016年12月出版 / 定价：89.00元
PSN B-1998-002-1/1

社会体制蓝皮书
中国社会体制改革报告No.5（2017）
著(编)者：龚维斌　2017年3月出版 / 定价：89.00元
PSN B-2013-330-1/1

社会心态蓝皮书
中国社会心态研究报告（2017）
著(编)者：王俊秀 杨宜音　2017年12月出版 / 估价：89.00元
PSN B-2011-199-1/1

社会组织蓝皮书
中国社会组织发展报告（2016~2017）
著(编)者：黄晓勇　2017年1月出版 / 定价：89.00元
PSN B-2008-118-1/2

社会组织蓝皮书
中国社会组织评估发展报告（2017）
著(编)者：徐家良 廖鸿　2017年12月出版 / 估价：89.00元
PSN B-2013-366-1/1

生态城市绿皮书
中国生态城市建设发展报告（2017）
著(编)者：刘举科 孙伟平 胡文臻
2017年9月出版 / 估价：118.00元
PSN G-2012-269-1/1

生态文明绿皮书
中国省域生态文明建设评价报告（ECI 2017）
著(编)者：严耕　2017年12月出版 / 估价：98.00元
PSN G-2010-170-1/1

土地整治蓝皮书
中国土地整治发展研究报告No.4
著(编)者：国土资源部土地整治中心
2017年7月出版 / 估价：89.00元
PSN B-2014-401-1/1

土地政策蓝皮书
中国土地政策研究报告（2017）
著(编)者：高延利 李宪文
2017年12月出版 / 定价：89.00元
PSN B-2015-506-1/1

医改蓝皮书
中国医药卫生体制改革报告（2017）
著(编)者：文学国 房志武　2017年11月出版 / 估价：98.00元
PSN B-2014-432-1/1

医疗卫生绿皮书
中国医疗卫生发展报告No.7（2017）
著(编)者：申宝忠 韩玉珍　2017年4月出版 / 估价：85.00元
PSN G-2004-033-1/1

应急管理蓝皮书
中国应急管理报告（2017）
著(编)者：宋英华　2017年9月出版 / 估价：98.00元
PSN B-2016-563-1/1

政治参与蓝皮书
中国政治参与报告（2017）
著(编)者：房宁　2017年9月出版 / 估价：118.00元
PSN B-2011-200-1/1

宗教蓝皮书
中国宗教报告（2016）
著(编)者：邱永辉　2017年4月出版 / 估价：89.00元
PSN B-2008-117-1/1

行业报告类

SUV蓝皮书
中国SUV市场发展报告（2016~2017）
著(编)者：靳军　2017年9月出版／估价：89.00元
PSN B-2016-572-1/1

保健蓝皮书
中国保健服务产业发展报告 No.2
著(编)者：中国保健协会 中共中央党校
2017年7月出版／估价：198.00元
PSN B-2012-272-3/3

保健蓝皮书
中国保健食品产业发展报告 No.2
著(编)者：中国保健协会
中国社会科学院食品药品产业发展与监管研究中心
2017年7月出版／估价：198.00元
PSN B-2012-271-2/3

保健蓝皮书
中国保健用品产业发展报告 No.2
著(编)者：中国保健协会
国务院国有资产监督管理委员会研究中心
2017年4月出版／估价：198.00元
PSN B-2012-270-1/3

保险蓝皮书
中国保险业竞争力报告（2017）
著(编)者：项俊波　201年12月出版／估价：99.00元
PSN B-2013-311-1/1

冰雪蓝皮书
中国滑雪产业发展报告（2017）
著(编)者：孙承华 伍斌 魏庆华 张鸿俊
2017年8月出版／估价：89.00元
PSN B-2016-560-1/1

彩票蓝皮书
中国彩票发展报告（2017）
著(编)者：益彩基金　2017年4月出版／估价：98.00元
PSN B-2015-462-1/1

餐饮产业蓝皮书
中国餐饮产业发展报告（2017）
著(编)者：邢颖　2017年6月出版／估价：98.00元
PSN B-2009-151-1/1

测绘地理信息蓝皮书
新常态下的测绘地理信息研究报告（2017）
著(编)者：库热西·买合苏提
2017年12月出版／估价：118.00元
PSN B-2009-145-1/1

茶业蓝皮书
中国茶产业发展报告（2017）
著(编)者：杨江帆 李闽榕　2017年10月出版／估价：88.00元
PSN B-2010-194-1/1

产权市场蓝皮书
中国产权市场发展报告（2016~2017）
著(编)者：曹和平　2017年5月出版／估价：89.00元
PSN B-2009-147-1/1

产业安全蓝皮书
中国出版传媒产业安全报告（2016~2017）
著(编)者：北京印刷学院文化产业安全研究院
2017年4月出版／估价：89.00元
PSN B-2014-384-13/14

产业安全蓝皮书
中国文化产业安全报告（2017）
著(编)者：北京印刷学院文化产业安全研究院
2017年12月出版／估价：89.00元
PSN B-2014-378-12/14

产业安全蓝皮书
中国新媒体产业安全报告（2017）
著(编)者：北京印刷学院文化产业安全研究院
2017年12月出版／估价：89.00元
PSN B-2015-500-14/14

城投蓝皮书
中国城投行业发展报告（2017）
著(编)者：王晨艳　丁伯康　2017年11月出版／估价：300.00元
PSN B-2016-514-1/1

电子政务蓝皮书
中国电子政务发展报告（2016~2017）
著(编)者：李季 杜平　2017年7月出版／估价：89.00元
PSN B-2003-022-1/1

杜仲产业绿皮书
中国杜仲橡胶资源与产业发展报告（2016~2017）
著(编)者：杜红岩 胡文臻 俞锐
2017年4月出版／估价：85.00元
PSN G-2013-350-1/1

房地产蓝皮书
中国房地产发展报告 No.14（2017）
著(编)者：李春华 王业强　2017年5月出版／估价：89.00元
PSN B-2004-028-1/1

服务外包蓝皮书
中国服务外包产业发展报告（2017）
著(编)者：王晓红 刘德军
2017年6月出版／估价：89.00元
PSN B-2013-331-2/2

服务外包蓝皮书
中国服务外包竞争力报告（2017）
著(编)者：王力 刘春生 黄育华
2017年11月出版／估价：85.00元
PSN B-2011-216-1/2

工业和信息化蓝皮书
世界网络安全发展报告（2016~2017）
著(编)者：洪京一　2017年4月出版／估价：89.00元
PSN B-2015-452-5/5

工业和信息化蓝皮书
世界信息化发展报告（2016~2017）
著(编)者：洪京一　2017年4月出版／估价：89.00元
PSN B-2015-451-4/5

工业和信息化蓝皮书
世界信息技术产业发展报告（2016~2017）
著(编)者：洪京一　2017年4月出版 / 估价：89.00元
PSN B-2015-449-2/5

工业和信息化蓝皮书
移动互联网产业发展报告（2016~2017）
著(编)者：洪京一　2017年4月出版 / 估价：89.00元
PSN B-2015-448-1/5

工业和信息化蓝皮书
战略性新兴产业发展报告（2016~2017）
著(编)者：洪京一　2017年4月出版 / 估价：89.00元
PSN B-2015-450-3/5

工业设计蓝皮书
中国工业设计发展报告（2017）
著(编)者：王晓红 于炜 张立群
2017年9月出版 / 估价：138.00元
PSN B-2014-420-1/1

黄金市场蓝皮书
中国商业银行黄金业务发展报告（2016~2017）
著(编)者：平安银行　2017年4月出版 / 估价：98.00元
PSN B-2016-525-1/1

互联网金融蓝皮书
中国互联网金融发展报告（2017）
著(编)者：李东荣　2017年9月出版 / 估价：128.00元
PSN B-2014-374-1/1

互联网医疗蓝皮书
中国互联网医疗发展报告（2017）
著(编)者：宫晓东　2017年9月出版 / 估价：89.00元
PSN B-2016-568-1/1

会展蓝皮书
中外会展业动态评估年度报告（2017）
著(编)者：张敏　2017年4月出版 / 估价：88.00元
PSN B-2013-327-1/1

金融监管蓝皮书
中国金融监管报告（2017）
著(编)者：胡滨　2017年6月出版 / 估价：89.00元
PSN B-2012-281-1/1

金融蓝皮书
中国金融中心发展报告（2017）
著(编)者：王力 黄育华　2017年11月出版 / 估价：85.00元
PSN B-2011-186-6/6

建筑装饰蓝皮书
中国建筑装饰行业发展报告（2017）
著(编)者：刘晓一 葛道顺　2017年7月出版 / 估价：198.00元
PSN B-2016-554-1/1

客车蓝皮书
中国客车产业发展报告（2016~2017）
著(编)者：姚蔚　2017年10月出版 / 估价：85.00元
PSN B-2013-361-1/1

旅游安全蓝皮书
中国旅游安全报告（2017）
著(编)者：郑向敏 谢朝武　2017年5月出版 / 估价：128.00元
PSN B-2012-280-1/1

旅游绿皮书
2016~2017年中国旅游发展分析与预测
著(编)者：宋瑞　2017年2月出版 / 定价：89.00元
PSN G-2002-018-1/1

煤炭蓝皮书
中国煤炭工业发展报告（2017）
著(编)者：岳福斌　2017年12月出版 / 估价：85.00元
PSN B-2008-123-1/1

民营企业社会责任蓝皮书
中国民营企业社会责任报告（2017）
著(编)者：中华全国工商业联合会
2017年12月出版 / 估价：89.00元
PSN B-2015-510-1/1

民营医院蓝皮书
中国民营医院发展报告（2017）
著(编)者：庄一强　2017年10月出版 / 估价：85.00元
PSN B-2012-299-1/1

闽商蓝皮书
闽商发展报告（2017）
著(编)者：李闽榕 王日根 林琛
2017年12月出版 / 估价：89.00元
PSN B-2012-298-1/1

能源蓝皮书
中国能源发展报告（2017）
著(编)者：崔民选 王军生 陈义和
2017年10月出版 / 估价：98.00元
PSN B-2006-049-1/1

农产品流通蓝皮书
中国农产品流通产业发展报告（2017）
著(编)者：贾敬敦 张东科 张玉玺 张鹏毅 周伟
2017年4月出版 / 估价：89.00元
PSN B-2012-288-1/1

企业公益蓝皮书
中国企业公益研究报告（2017）
著(编)者：钟宏武 汪杰 顾一 黄晓娟 等
2017年12月出版 / 估价：89.00元
PSN B-2015-501-1/1

企业国际化蓝皮书
中国企业国际化报告（2017）
著(编)者：王辉耀　2017年11月出版 / 估价：98.00元
PSN B-2014-427-1/1

企业蓝皮书
中国企业绿色发展报告 No.2（2017）
著(编)者：李红玉 朱光辉　2017年8月出版 / 估价：89.00元
PSN B-2015-481-2/2

企业社会责任蓝皮书
中国企业社会责任研究报告（2017）
著(编)者：黄群慧 钟宏武 张蒽 翟利峰
2017年11月出版 / 估价：89.00元
PSN B-2009-149-1/1

企业社会责任蓝皮书
中资企业海外社会责任研究报告（2016~2017）
著(编)者：钟宏武 叶柳红 张蒽
2017年1月出版 / 定价：79.00元
PSN B-2017-603-2/2

汽车安全蓝皮书
中国汽车安全发展报告（2017）
著（编）者：中国汽车技术研究中心
2017年7月出版／估价：89.00元
PSN B-2014-385-1/1

汽车电子商务蓝皮书
中国汽车电子商务发展报告（2017）
著（编）者：中华全国工商业联合会汽车经销商商会
　　　　　北京易观智库网络科技有限公司
2017年10月出版／估价：128.00元
PSN B-2015-485-1/1

汽车工业蓝皮书
中国汽车工业发展年度报告（2017）
著（编）者：中国汽车工业协会 中国汽车技术研究中心
　　　　　丰田汽车（中国）投资有限公司
2017年4月出版／估价：128.00元
PSN B-2015-463-1/2

汽车工业蓝皮书
中国汽车零部件产业发展报告（2017）
著（编）者：中国汽车工业协会 中国汽车工程研究院
2017年10月出版／估价：98.00元
PSN B-2016-515-2/2

汽车蓝皮书
中国汽车产业发展报告（2017）
著（编）者：国务院发展研究中心产业经济研究部
　　　　　中国汽车工程学会 大众汽车集团（中国）
2017年8月出版／估价：98.00元
PSN B-2008-124-1/1

人力资源蓝皮书
中国人力资源发展报告（2017）
著（编）者：余兴安　2017年11月出版／估价：89.00元
PSN B-2012-287-1/1

融资租赁蓝皮书
中国融资租赁业发展报告（2016～2017）
著（编）者：李光荣 王力　2017年8月出版／估价：89.00元
PSN B-2015-443-1/1

商会蓝皮书
中国商会发展报告No.5（2017）
著（编）者：王钦敏　2017年7月出版／估价：89.00元
PSN B-2008-125-1/1

输血服务蓝皮书
中国输血行业发展报告（2017）
著（编）者：朱永明 耿鸿武　2016年8月出版／估价：89.00元
PSN B-2016-583-1/1

社会责任管理蓝皮书
中国上市公司社会责任能力成熟度报告（2017）No.2
著（编）者：肖红军 王晓光 李伟阳
2017年12月出版／估价：98.00元
PSN B-2015-507-2/2

社会责任管理蓝皮书
中国企业公众透明度报告(2017)No.3
著（编）者：黄速建 熊梦 王晓光 肖红军
2017年4月出版／估价：98.00元
PSN B-2015-440-1/2

食品药品蓝皮书
食品药品安全与监管政策研究报告（2016～2017）
著（编）者：唐民皓　2017年6月出版／估价：89.00元
PSN B-2009-129-1/1

世界能源蓝皮书
世界能源发展报告（2017）
著（编）者：黄晓勇　2017年6月出版／估价：99.00元
PSN B-2013-349-1/1

水利风景区蓝皮书
中国水利风景区发展报告（2017）
著（编）者：谢婵才 兰思仁　2017年5月出版／估价：89.00元
PSN B-2015-480-1/1

碳市场蓝皮书
中国碳市场报告（2017）
著（编）者：定金彪　2017年11月出版／估价：89.00元
PSN B-2014-430-1/1

体育蓝皮书
中国体育产业发展报告（2017）
著（编）者：阮伟 钟秉枢　2017年12月出版／估价：89.00元
PSN B-2010-179-1/4

网络空间安全蓝皮书
中国网络空间安全发展报告（2017）
著（编）者：惠志斌 唐涛　2017年4月出版／估价：89.00元
PSN B-2015-466-1/1

西部金融蓝皮书
中国西部金融发展报告（2017）
著（编）者：李忠民　2017年8月出版／估价：85.00元
PSN B-2010-160-1/1

协会商会蓝皮书
中国行业协会商会发展报告（2017）
著（编）者：景朝阳 李勇　2017年4月出版／估价：99.00元
PSN B-2015-461-1/1

新能源汽车蓝皮书
中国新能源汽车产业发展报告（2017）
著（编）者：中国汽车技术研究中心
　　　　　日产（中国）投资有限公司 东风汽车有限公司
2017年7月出版／估价：98.00元
PSN B-2013-347-1/1

新三板蓝皮书
中国新三板市场发展报告（2017）
著（编）者：王力　2017年6月出版／估价：89.00元
PSN B-2016-534-1/1

信托市场蓝皮书
中国信托业市场报告（2016～2017）
著（编）者：用益信托研究院
2017年1月出版／定价：198.00元
PSN B-2014-371-1/1

信息化蓝皮书
中国信息化形势分析与预测（2016~2017）
著（编）者：周宏仁　2017年8月出版／估价：98.00元
PSN B-2010-168-1/1

信用蓝皮书
中国信用发展报告（2017）
著(编)者：章政 田侃　2017年4月出版 / 估价：99.00元
PSN B-2013-328-1/1

休闲绿皮书
2017年中国休闲发展报告
著(编)者：宋瑞　2017年10月出版 / 估价：89.00元
PSN G-2010-158-1/1

休闲体育蓝皮书
中国休闲体育发展报告（2016~2017）
著(编)者：李相如 钟炳枢　2017年10月出版 / 估价：89.00元
PSN G-2016-516-1/1

养老金融蓝皮书
中国养老金融发展报告（2017）
著(编)者：董克用 姚余栋
2017年8月出版 / 估价：89.00元
PSN B-2016-584-1/1

药品流通蓝皮书
中国药品流通行业发展报告（2017）
著(编)者：佘鲁林 温再兴　2017年8月出版 / 估价：158.00元
PSN B-2014-429-1/1

医院蓝皮书
中国医院竞争力报告（2017）
著(编)者：庄一强 曾益新　2017年3月出版 / 定价：108.00元
PSN B-2016-529-1/1

邮轮绿皮书
中国邮轮产业发展报告（2017）
著(编)者：汪泓　2017年10月出版 / 估价：89.00元
PSN G-2014-419-1/1

智能养老蓝皮书
中国智能养老产业发展报告（2017）
著(编)者：朱勇　2017年10月出版 / 估价：89.00元
PSN B-2015-488-1/1

债券市场蓝皮书
中国债券市场发展报告（2016~2017）
著(编)者：杨农　2017年10月出版 / 估价：89.00元
PSN B-2016-573-1/1

中国节能汽车蓝皮书
中国节能汽车发展报告（2016~2017）
著(编)者：中国汽车工程研究院股份有限公司
2017年9月出版 / 估价：98.00元
PSN B-2016-566-1/1

中国上市公司蓝皮书
中国上市公司发展报告（2017）
著(编)者：张平 王宏淼
2017年10月出版 / 估价：98.00元
PSN B-2014-414-1/1

中国陶瓷产业蓝皮书
中国陶瓷产业发展报告（2017）
著(编)者：左和平 黄速建　2017年10月出版 / 估价：98.00元
PSN B-2016-574-1/1

中国总部经济蓝皮书
中国总部经济发展报告（2016~2017）
著(编)者：赵弘　2017年9月出版 / 估价：89.00元
PSN B-2005-036-1/1

中医文化蓝皮书
中国中医药文化传播发展报告（2017）
著(编)者：毛嘉陵　2017年7月出版 / 估价：89.00元
PSN B-2015-468-1/1

装备制造业蓝皮书
中国装备制造业发展报告（2017）
著(编)者：徐东华　2017年12月出版 / 估价：148.00元
PSN B-2015-505-1/1

资本市场蓝皮书
中国场外交易市场发展报告（2016~2017）
著(编)者：高峦　2017年4月出版 / 估价：89.00元
PSN B-2009-153-1/1

资产管理蓝皮书
中国资产管理行业发展报告（2017）
著(编)者：智信资产管理研究院
2017年6月出版 / 估价：89.00元
PSN B-2014-407-2/2

文化传媒类

传媒竞争力蓝皮书
中国传媒国际竞争力研究报告（2017）
著(编)者: 李本乾 刘强
2017年11月出版 / 估价: 148.00元
PSN B-2013-356-1/1

传媒蓝皮书
中国传媒产业发展报告（2017）
著(编)者: 崔保国　2017年5月出版 / 估价: 98.00元
PSN B-2005-035-1/1

传媒投资蓝皮书
中国传媒投资发展报告（2017）
著(编)者: 张向东 谭云明
2017年6月出版 / 估价: 128.00元
PSN B-2015-474-1/1

动漫蓝皮书
中国动漫产业发展报告（2017）
著(编)者: 卢斌 郑玉明 牛兴侦
2017年9月出版 / 估价: 89.00元
PSN B-2011-198-1/1

非物质文化遗产蓝皮书
中国非物质文化遗产发展报告（2017）
著(编)者: 陈平　2017年5月出版 / 估价: 98.00元
PSN B-2015-469-1/1

广电蓝皮书
中国广播电影电视发展报告（2017）
著(编)者: 国家新闻出版广电总局发展研究中心
2017年7月出版 / 估价: 98.00元
PSN B-2006-072-1/1

广告主蓝皮书
中国广告主营销传播趋势报告 No.9
著(编)者: 黄升民 杜国清 邵华冬 等
2017年10月出版 / 估价: 148.00元
PSN B-2005-041-1/1

国际传播蓝皮书
中国国际传播发展报告（2017）
著(编)者: 胡正荣 李继东 姬德强
2017年11月出版 / 估价: 89.00元
PSN B-2014-408-1/1

国家形象蓝皮书
中国国家形象传播报告（2016）
著(编)者: 张昆　2017年3月出版 / 定价: 98.00元
PSN B-2017-605-1/1

纪录片蓝皮书
中国纪录片发展报告（2017）
著(编)者: 何苏六　2017年9月出版 / 估价: 89.00元
PSN B-2011-222-1/1

科学传播蓝皮书
中国科学传播报告（2017）
著(编)者: 詹正茂　2017年7月出版 / 估价: 89.00元
PSN B-2008-120-1/1

两岸创意经济蓝皮书
两岸创意经济研究报告（2017）
著(编)者: 罗昌智 林咏能
2017年10月出版 / 估价: 98.00元
PSN B-2014-437-1/1

媒介与女性蓝皮书
中国媒介与女性发展报告(2016~2017)
著(编)者: 刘利群　2017年9月出版 / 估价: 118.00元
PSN B-2013-345-1/1

媒体融合蓝皮书
中国媒体融合发展报告（2017）
著(编)者: 梅宁华 宋建武　2017年7月出版 / 估价: 89.00元
PSN B-2015-479-1/1

全球传媒蓝皮书
全球传媒发展报告（2017）
著(编)者: 胡正荣 李继东 唐晓芬
2017年11月出版 / 估价: 89.00元
PSN B-2012-237-1/1

少数民族非遗蓝皮书
中国少数民族非物质文化遗产发展报告（2017）
著(编)者: 肖远平（彝） 柴立（满）
2017年8月出版 / 估价: 98.00元
PSN B-2015-467-1/1

视听新媒体蓝皮书
中国视听新媒体发展报告（2017）
著(编)者: 国家新闻出版广电总局发展研究中心
2017年7月出版 / 估价: 98.00元
PSN B-2011-184-1/1

文化创新蓝皮书
中国文化创新报告（2017）No.7
著(编)者: 于平 傅才武　2017年7月出版 / 估价: 98.00元
PSN B-2009-143-1/1

文化建设蓝皮书
中国文化发展报告（2016~2017）
著(编)者: 江畅 孙伟平 戴茂堂
2017年6月出版 / 估价: 116.00元
PSN B-2014-392-1/1

文化科技蓝皮书
文化科技创新发展报告（2017）
著(编)者: 于平 李凤亮　2017年11月出版 / 估价: 89.00元
PSN B-2013-342-1/1

文化蓝皮书
中国公共文化服务发展报告（2017）
著(编)者: 刘新成 张永新 张旭
2017年12月出版 / 估价: 98.00元
PSN B-2007-093-2/10

文化蓝皮书
中国公共文化投入增长测评报告（2017）
著(编)者: 王亚南　2017年2月出版 / 定价: 79.00元
PSN B-2014-435-10/10

文化蓝皮书
中国少数民族文化发展报告（2016~2017）
著(编)者：武翠英 张晓明 任乌晶
2017年9月出版 / 估价：89.00元
PSN B-2013-369-9/10

文化蓝皮书
中国文化产业发展报告（2016~2017）
著(编)者：张晓明 王家新 章建刚
2017年4月出版 / 估价：89.00元
PSN B-2002-019-1/10

文化蓝皮书
中国文化产业供需协调检测报告（2017）
著(编)者：王亚南 2017年2月出版 / 定价：79.00元
PSN B-2013-323-8/10

文化蓝皮书
中国文化消费需求景气评价报告（2017）
著(编)者：王亚南 2017年2月出版 / 定价：79.00元
PSN B-2011-236-4/10

文化品牌蓝皮书
中国文化品牌发展报告（2017）
著(编)者：欧阳友权 2017年5月出版 / 估价：98.00元
PSN B-2012-277-1/1

文化遗产蓝皮书
中国文化遗产事业发展报告（2017）
著(编)者：苏杨 张颖岚 王宇飞
2017年8月出版 / 估价：98.00元
PSN B-2008-119-1/1

文学蓝皮书
中国文情报告（2016~2017）
著(编)者：白烨 2017年5月出版 / 估价：49.00元
PSN B-2011-221-1/1

新媒体蓝皮书
中国新媒体发展报告No.8（2017）
著(编)者：唐绪军 2017年6月出版 / 估价：89.00元
PSN B-2010-169-1/1

新媒体社会责任蓝皮书
中国新媒体社会责任研究报告（2017）
著(编)者：钟瑛 2017年11月出版 / 估价：89.00元
PSN B-2014-423-1/1

移动互联网蓝皮书
中国移动互联网发展报告（2017）
著(编)者：官建文 2017年6月出版 / 估价：89.00元
PSN B-2012-282-1/1

舆情蓝皮书
中国社会舆情与危机管理报告（2017）
著(编)者：谢耘耕 2017年9月出版 / 估价：128.00元
PSN B-2011-235-1/1

影视蓝皮书
中国影视产业发展报告（2017）
著(编)者：司若 2017年4月出版 / 估价：138.00元
PSN B-2016-530-1/1

地方发展类

安徽经济蓝皮书
合芜蚌国家自主创新综合示范区研究报告（2016~2017）
著(编)者：黄家海 王开玉 蔡宪
2017年7月出版 / 估价：89.00元
PSN B-2014-383-1/1

安徽蓝皮书
安徽社会发展报告（2017）
著(编)者：程桦 2017年4月出版 / 估价：89.00元
PSN B-2013-325-1/1

澳门蓝皮书
澳门经济社会发展报告（2016~2017）
著(编)者：吴志良 郝雨凡 2017年6月出版 / 估价：98.00元
PSN B-2009-138-1/1

北京蓝皮书
北京公共服务发展报告（2016~2017）
著(编)者：施昌奎 2017年3月出版 / 定价：79.00元
PSN B-2008-103-7/8

北京蓝皮书
北京经济发展报告（2016~2017）
著(编)者：杨松 2017年6月出版 / 估价：89.00元
PSN B-2006-054-2/8

北京蓝皮书
北京社会发展报告（2016~2017）
著(编)者：李伟东 2017年6月出版 / 估价：89.00元
PSN B-2006-055-3/8

北京蓝皮书
北京社会治理发展报告（2016~2017）
著(编)者：殷星辰 2017年5月出版 / 估价：89.00元
PSN B-2014-391-8/8

北京蓝皮书
北京文化发展报告（2016~2017）
著(编)者：李建盛 2017年4月出版 / 估价：89.00元
PSN B-2007-082-4/8

北京律师绿皮书
北京律师发展报告No.3（2017）
著(编)者：王隽 2017年7月出版 / 估价：88.00元
PSN G-2012-301-1/1

北京旅游蓝皮书
北京旅游发展报告（2017）
著(编)者：北京旅游学会 2017年4月出版 / 估价：88.00元
PSN B-2011-217-1/1

北京人才蓝皮书
北京人才发展报告（2017）
著（编）者：于淼　2017年12月出版／估价：128.00元
PSN B-2011-201-1/1

北京社会心态蓝皮书
北京社会心态分析报告（2016~2017）
著（编）者：北京社会心理研究所
2017年8月出版／估价：89.00元
PSN B-2014-422-1/1

北京社会组织管理蓝皮书
北京社会组织发展与管理（2016~2017）
著（编）者：黄江松　2017年4月出版／估价：88.00元
PSN B-2015-446-1/1

北京体育蓝皮书
北京体育产业发展报告（2016~2017）
著（编）者：钟秉枢　陈杰　杨铁黎
2017年9月出版／估价：89.00元
PSN B-2015-475-1/1

北京养老产业蓝皮书
北京养老产业发展报告（2017）
著（编）者：周明明　冯喜良　2017年8月出版／估价：89.00元
PSN B-2015-465-1/1

滨海金融蓝皮书
滨海新区金融发展报告（2017）
著（编）者：王爱俭　张锐钢　2017年12月出版／估价：89.00元
PSN B-2014-424-1/1

城乡一体化蓝皮书
中国城乡一体化发展报告·北京卷（2016~2017）
著（编）者：张宝秀　黄序　2017年5月出版／估价：89.00元
PSN B-2012-258-2/2

创意城市蓝皮书
北京文化创意产业发展报告（2017）
著（编）者：张京成　王国华　2017年10月出版／估价：89.00元
PSN B-2012-263-1/7

创意城市蓝皮书
天津文化创意产业发展报告（2016~2017）
著（编）者：谢思全　2017年6月出版／估价：89.00元
PSN B-2016-537-7/7

创意城市蓝皮书
武汉文化创意产业发展报告（2017）
著（编）者：黄永林　陈汉桥　2017年9月出版／估价：99.00元
PSN B-2013-354-4/7

创意上海蓝皮书
上海文化创意产业发展报告（2016~2017）
著（编）者：王慧敏　王兴全　2017年8月出版／估价：89.00元
PSN B-2016-562-1/1

福建妇女发展蓝皮书
福建省妇女发展报告（2017）
著（编）者：刘群英　2017年11月出版／估价：88.00元
PSN B-2011-220-1/1

福建自贸区蓝皮书
中国（福建）自由贸易实验区发展报告（2016~2017）
著（编）者：黄茂兴　2017年4月出版／估价：108.00元
PSN B-2017-532-1/1

甘肃蓝皮书
甘肃经济发展分析与预测（2017）
著（编）者：安文华　罗哲　2017年1月出版／定价：79.00元
PSN B-2013-312-1/6

甘肃蓝皮书
甘肃社会发展分析与预测（2017）
著（编）者：安文华　包晓霞　谢增虎
2017年1月出版／定价：79.00元
PSN B-2013-313-2/6

甘肃蓝皮书
甘肃文化发展分析与预测（2017）
著（编）者：王俊莲　周小华　2017年1月出版／定价：79.00元
PSN B-2013-314-3/6

甘肃蓝皮书
甘肃县域和农村发展报告（2017）
著（编）者：朱智文　包东红　王建兵
2017年1月出版／定价：79.00元
PSN B-2013-316-5/6

甘肃蓝皮书
甘肃舆情分析与预测（2017）
著（编）者：陈双梅　张谦元　2017年1月出版／定价：79.00元
PSN B-2013-315-4/6

甘肃蓝皮书
甘肃商贸流通发展报告（2017）
著（编）者：张应华　王福生　王晓芳
2017年1月出版／定价：79.00元
PSN B-2016-523-6/6

广东蓝皮书
广东全面深化改革发展报告（2017）
著（编）者：周林生　涂成林　2017年12月出版／估价：89.00元
PSN B-2015-504-3/3

广东蓝皮书
广东社会工作发展报告（2017）
著（编）者：罗观翠　2017年6月出版／估价：89.00元
PSN B-2014-402-2/3

广东外经贸蓝皮书
广东对外经济贸易发展研究报告（2016~2017）
著（编）者：陈万灵　2017年8月出版／估价：98.00元
PSN B-2012-286-1/1

广西北部湾经济区蓝皮书
广西北部湾经济区开放开发报告（2017）
著（编）者：广西北部湾经济区规划建设管理委员会办公室
广西社会科学院广西北部湾发展研究院
2017年4月出版／估价：89.00元
PSN B-2010-181-1/1

巩义蓝皮书
巩义经济社会发展报告（2017）
著（编）者：丁同民　朱军　2017年4月出版／估价：58.00元
PSN B-2016-533-1/1

广州蓝皮书
2017年中国广州经济形势分析与预测
著（编）者：庾建设　陈浩钿　谢博能
2017年7月出版／估价：85.00元
PSN B-2011-185-9/14

广州蓝皮书
2017年中国广州社会形势分析与预测
著(编)者：张强 陈怡霓 杨秦　2017年6月出版 / 估价：85.00元
PSN B-2008-110-5/14

广州蓝皮书
广州城市国际化发展报告（2017）
著(编)者：朱名宏　2017年8月出版 / 估价：79.00元
PSN B-2012-246-11/14

广州蓝皮书
广州创新型城市发展报告（2017）
著(编)者：尹涛　2017年7月出版 / 估价：79.00元
PSN B-2012-247-12/14

广州蓝皮书
广州经济发展报告（2017）
著(编)者：朱名宏　2017年7月出版 / 估价：79.00元
PSN B-2005-040-1/14

广州蓝皮书
广州农村发展报告（2017）
著(编)者：朱名宏　2017年8月出版 / 估价：79.00元
PSN B-2010-167-8/14

广州蓝皮书
广州汽车产业发展报告（2017）
著(编)者：杨再高 冯兴亚　2017年7月出版 / 估价：79.00元
PSN B-2006-066-3/14

广州蓝皮书
广州青年发展报告（2016~2017）
著(编)者：徐柳 张强　2017年9月出版 / 估价：79.00元
PSN B-2013-352-13/14

广州蓝皮书
广州商贸业发展报告（2017）
著(编)者：李江涛 肖振宇 荀振英
2017年7月出版 / 估价：79.00元
PSN B-2012-245-10/14

广州蓝皮书
广州社会保障发展报告（2017）
著(编)者：蔡国萱　2017年8月出版 / 估价：79.00元
PSN B-2014-425-14/14

广州蓝皮书
广州文化创意产业发展报告（2017）
著(编)者：徐咏虹　2017年7月出版 / 估价：79.00元
PSN B-2008-111-6/14

广州蓝皮书
中国广州城市建设与管理发展报告（2017）
著(编)者：董皞 陈小钢 李江涛
2017年7月出版 / 估价：85.00元
PSN B-2007-087-4/14

广州蓝皮书
中国广州科技创新发展报告（2017）
著(编)者：邹采荣 马正勇 陈爽
2017年7月出版 / 估价：79.00元
PSN B-2006-065-2/14

广州蓝皮书
中国广州文化发展报告（2017）
著(编)者：徐俊忠 陆志强 顾涧清
2017年7月出版 / 估价：79.00元
PSN B-2009-134-7/14

贵阳蓝皮书
贵阳城市创新发展报告No.2（白云篇）
著(编)者：连玉明　2017年10月出版 / 估价：89.00元
PSN B-2015-491-3/10

贵阳蓝皮书
贵阳城市创新发展报告No.2（观山湖篇）
著(编)者：连玉明　2017年10月出版 / 估价：89.00元
PSN B-2011-235-1/1

贵阳蓝皮书
贵阳城市创新发展报告No.2（花溪篇）
著(编)者：连玉明　2017年10月出版 / 估价：89.00元
PSN B-2015-490-2/10

贵阳蓝皮书
贵阳城市创新发展报告No.2（开阳篇）
著(编)者：连玉明　2017年10月出版 / 估价：89.00元
PSN B-2015-492-4/10

贵阳蓝皮书
贵阳城市创新发展报告No.2（南明篇）
著(编)者：连玉明　2017年10月出版 / 估价：89.00元
PSN B-2015-496-8/10

贵阳蓝皮书
贵阳城市创新发展报告No.2（清镇篇）
著(编)者：连玉明　2017年10月出版 / 估价：89.00元
PSN B-2015-489-1/10

贵阳蓝皮书
贵阳城市创新发展报告No.2（乌当篇）
著(编)者：连玉明　2017年10月出版 / 估价：89.00元
PSN B-2015-495-7/10

贵阳蓝皮书
贵阳城市创新发展报告No.2（息烽篇）
著(编)者：连玉明　2017年10月出版 / 估价：89.00元
PSN B-2015-493-5/10

贵阳蓝皮书
贵阳城市创新发展报告No.2（修文篇）
著(编)者：连玉明　2017年10月出版 / 估价：89.00元
PSN B-2015-494-6/10

贵阳蓝皮书
贵阳城市创新发展报告No.2（云岩篇）
著(编)者：连玉明　2017年10月出版 / 估价：89.00元
PSN B-2015-498-10/10

贵州房地产蓝皮书
贵州房地产发展报告No.4（2017）
著(编)者：武廷方　2017年7月出版 / 估价：89.00元
PSN B-2014-426-1/1

贵州蓝皮书
贵州册亨经济社会发展报告（2017）
著(编)者：黄德林　2017年3月出版 / 估价：89.00元
PSN B-2016-526-8/9

贵州蓝皮书
贵安新区发展报告（2016~2017）
著(编)者：马长青　吴大华　2017年6月出版 / 估价：89.00元
PSN B-2015-459-4/9

贵州蓝皮书
贵州法治发展报告（2017）
著(编)者：吴大华　2017年5月出版 / 估价：89.00元
PSN B-2012-254-2/9

贵州蓝皮书
贵州国有企业社会责任发展报告（2016~2017）
著(编)者：郭丽　周航　万强
2017年12月出版 / 估价：89.00元
PSN B-2015-511-6/9

贵州蓝皮书
贵州民航业发展报告（2017）
著(编)者：申振东　吴大华　2017年10月出版 / 估价：89.00元
PSN B-2015-471-5/9

贵州蓝皮书
贵州民营经济发展报告（2017）
著(编)者：杨静　吴大华　2017年4月出版 / 估价：89.00元
PSN B-2015-531-9/9

贵州蓝皮书
贵州人才发展报告（2017）
著(编)者：于杰　吴大华　2017年9月出版 / 估价：89.00元
PSN B-2014-382-3/9

贵州蓝皮书
贵州社会发展报告（2017）
著(编)者：王兴骥　2017年6月出版 / 估价：89.00元
PSN B-2010-166-1/9

贵州蓝皮书
贵州国家级开放创新平台发展报告（2017）
著(编)者：申晓庆　吴大华　李泓
2017年6月出版 / 估价：89.00元
PSN B-2016-518-1/9

海淀蓝皮书
海淀区文化和科技融合发展报告（2017）
著(编)者：陈名杰　孟景伟　2017年5月出版 / 估价：85.00元
PSN B-2013-329-1/1

杭州都市圈蓝皮书
杭州都市圈发展报告（2017）
著(编)者：沈翔　戚建国　2017年5月出版 / 估价：128.00元
PSN B-2012-302-1/1

杭州蓝皮书
杭州妇女发展报告（2017）
著(编)者：魏颖　2017年6月出版 / 估价：89.00元
PSN B-2014-403-1/1

河北经济蓝皮书
河北省经济发展报告（2017）
著(编)者：马树强　金浩　张贵
2017年4月出版 / 估价：89.00元
PSN B-2014-380-1/1

河北蓝皮书
河北经济社会发展报告（2017）
著(编)者：郭金平　2017年1月出版 / 定价：79.00元
PSN B-2014-372-1/2

河北蓝皮书
京津冀协同发展报告（2017）
著(编)者：陈路　2017年1月出版 / 定价：79.00元
PSN B-2017-601-2/2

河北食品药品安全蓝皮书
河北食品药品安全研究报告（2017）
著(编)者：丁锦霞　2017年6月出版 / 估价：89.00元
PSN B-2015-473-1/1

河南经济蓝皮书
2017年河南经济形势分析与预测
著(编)者：王世炎　2017年3月出版 / 定价：79.00元
PSN B-2007-086-1/1

河南蓝皮书
2017年河南社会形势分析与预测
著(编)者：刘道兴　牛苏林　2017年4月出版 / 估价89.00元
PSN B-2005-043-1/8

河南蓝皮书
河南城市发展报告（2017）
著(编)者：张占仓　王建国　2017年5月出版 / 估价：89.00元
PSN B-2009-131-3/8

河南蓝皮书
河南法治发展报告（2017）
著(编)者：丁同民　张林海　2017年5月出版 / 估价：89.00元
PSN B-2014-376-6/8

河南蓝皮书
河南工业发展报告（2017）
著(编)者：张占仓　丁同民　2017年5月出版 / 估价：89.00元
PSN B-2013-317-5/8

河南蓝皮书
河南金融发展报告（2017）
著(编)者：河南省社会科学院
2017年6月出版 / 估价：89.00元
PSN B-2014-390-7/8

河南蓝皮书
河南经济发展报告（2017）
著(编)者：张占仓　完世伟　2017年4月出版 / 估价：89.00元
PSN B-2010-157-4/8

河南蓝皮书
河南农业农村发展报告（2017）
著(编)者：吴海峰　2017年4月出版 / 估价：89.00元
PSN B-2015-445-8/8

河南蓝皮书
河南文化发展报告（2017）
著(编)者：卫绍生　2017年4月出版 / 估价：88.00元
PSN B-2008-106-2/8

河南商务蓝皮书
河南商务发展报告（2017）
著(编)者：焦锦淼　穆荣国　2017年6月出版 / 估价：88.00元
PSN B-2014-399-1/1

黑龙江蓝皮书
黑龙江经济发展报告（2017）
著(编)者：朱宇　2017年1月出版 / 定价：79.00元
PSN B-2011-190-2/2

黑龙江蓝皮书
黑龙江社会发展报告（2017）
著（编）者：谢宝禄　2017年1月出版 / 定价：79.00元
PSN B-2011-189-1/2

湖北文化蓝皮书
湖北文化发展报告（2017）
著（编）者：吴国国　2017年10月出版 / 估价：95.00元
PSN B-2016-567-1/1

湖南城市蓝皮书
区域城市群整合
著（编）者：童中贤　韩未名
2017年12月出版 / 估价：89.00元
PSN B-2006-064-1/1

湖南蓝皮书
2017年湖南产业发展报告
著（编）者：梁志峰　2017年5月出版 / 估价：128.00元
PSN B-2011-207-2/8

湖南蓝皮书
2017年湖南电子政务发展报告
著（编）者：梁志峰　2017年5月出版 / 估价：128.00元
PSN B-2014-394-6/8

湖南蓝皮书
2017年湖南经济展望
著（编）者：梁志峰　2017年5月出版 / 估价：128.00元
PSN B-2011-206-1/8

湖南蓝皮书
2017年湖南两型社会与生态文明发展报告
著（编）者：梁志峰　2017年5月出版 / 估价：128.00元
PSN B-2011-208-3/8

湖南蓝皮书
2017年湖南社会发展报告
著（编）者：梁志峰　2017年5月出版 / 估价：128.00元
PSN B-2014-393-5/8

湖南蓝皮书
2017年湖南县域经济社会发展报告
著（编）者：梁志峰　2017年5月出版 / 估价：128.00元
PSN B-2014-395-7/8

湖南蓝皮书
湖南城乡一体化发展报告（2017）
著（编）者：陈文胜　王文强　陆福兴　邝奕轩
2017年6月出版 / 估价：89.00元
PSN B-2015-477-8/8

湖南县域绿皮书
湖南县域发展报告No.3
著（编）者：袁准　周小毛　黎仁寅
2017年3月出版 / 定价：79.00元
PSN G-2012-274-1/1

沪港蓝皮书
沪港发展报告（2017）
著（编）者：尤安山　2017年9月出版 / 估价：89.00元
PSN B-2013-362-1/1

吉林蓝皮书
2017年吉林经济社会形势分析与预测
著（编）者：邵汉明　2016年12月出版 / 估价：79.00元
PSN B-2013-319-1/1

吉林省城市竞争力蓝皮书
吉林省城市竞争力报告（2016~2017）
著（编）者：崔岳春　张磊　2016年12月出版 / 定价：79.00元
PSN B-2015-513-1/1

济源蓝皮书
济源经济社会发展报告（2017）
著（编）者：喻新安　2017年4月出版 / 估价：89.00元
PSN B-2014-387-1/1

健康城市蓝皮书
北京健康城市建设研究报告（2017）
著（编）者：王鸿春　2017年8月出版 / 估价：89.00元
PSN B-2015-460-1/2

江苏法治蓝皮书
江苏法治发展报告No.6（2017）
著（编）者：蔡道通　龚廷泰　2017年8月出版 / 估价：98.00元
PSN B-2012-290-1/1

江西蓝皮书
江西经济社会发展报告（2017）
著（编）者：张勇　姜玮 梁勇　2017年10月出版 / 估价：89.00元
PSN B-2015-484-1/2

江西蓝皮书
江西设区市发展报告（2017）
著（编）者：姜玮 梁勇　2017年10月出版 / 估价：79.00元
PSN B-2016-517-2/2

江西文化蓝皮书
江西文化产业发展报告（2017）
著（编）者：张圣才　汪春翔
2017年10月出版 / 估价：128.00元
PSN B-2015-499-1/1

街道蓝皮书
北京街道发展报告No.2（白纸坊篇）
著（编）者：连玉明　2017年8月出版 / 估价：98.00元
PSN B-2016-544-7/15

街道蓝皮书
北京街道发展报告No.2（椿树篇）
著（编）者：连玉明　2017年8月出版 / 估价：98.00元
PSN B-2016-548-11/15

街道蓝皮书
北京街道发展报告No.2（大栅栏篇）
著（编）者：连玉明　2017年8月出版 / 估价：98.00元
PSN B-2016-552-15/15

街道蓝皮书
北京街道发展报告No.2（德胜篇）
著（编）者：连玉明　2017年8月出版 / 估价：98.00元
PSN B-2016-551-14/15

街道蓝皮书
北京街道发展报告No.2（广安门内篇）
著（编）者：连玉明　2017年8月出版 / 估价：98.00元
PSN B-2016-540-3/15

街道蓝皮书
北京街道发展报告No.2（广安门外篇）
著(编)者：连玉明　2017年8月出版 / 估价：98.00元
PSN B-2016-547-10/15

街道蓝皮书
北京街道发展报告No.2（金融街篇）
著(编)者：连玉明　2017年8月出版 / 估价：98.00元
PSN B-2016-538-1/15

街道蓝皮书
北京街道发展报告No.2（牛街篇）
著(编)者：连玉明　2017年8月出版 / 估价：98.00元
PSN B-2016-545-8/15

街道蓝皮书
北京街道发展报告No.2（什刹海篇）
著(编)者：连玉明　2017年8月出版 / 估价：98.00元
PSN B-2016-546-9/15

街道蓝皮书
北京街道发展报告No.2（陶然亭篇）
著(编)者：连玉明　2017年8月出版 / 估价：98.00元
PSN B-2016-542-5/15

街道蓝皮书
北京街道发展报告No.2（天桥篇）
著(编)者：连玉明　2017年8月出版 / 估价：98.00元
PSN B-2016-549-12/15

街道蓝皮书
北京街道发展报告No.2（西长安街篇）
著(编)者：连玉明　2017年8月出版 / 估价：98.00元
PSN B-2016-543-6/15

街道蓝皮书
北京街道发展报告No.2（新街口篇）
著(编)者：连玉明　2017年8月出版 / 估价：98.00元
PSN B-2016-541-4/15

街道蓝皮书
北京街道发展报告No.2（月坛篇）
著(编)者：连玉明　2017年8月出版 / 估价：98.00元
PSN B-2016-539-2/15

街道蓝皮书
北京街道发展报告No.2（展览路篇）
著(编)者：连玉明　2017年8月出版 / 估价：98.00元
PSN B-2016-550-13/15

经济特区蓝皮书
中国经济特区发展报告（2017）
著(编)者：陶一桃　2017年12月出版 / 估价：98.00元
PSN B-2009-139-1/1

辽宁蓝皮书
2017年辽宁经济社会形势分析与预测
著(编)者：曹晓峰　梁启东
2017年4月出版 / 估价：79.00元
PSN B-2006-053-1/1

洛阳蓝皮书
洛阳文化发展报告（2017）
著(编)者：刘福兴　陈启明　2017年7月出版 / 估价：89.00元
PSN B-2015-476-1/1

南京蓝皮书
南京文化发展报告（2017）
著(编)者：徐宁　2017年10月出版 / 估价：89.00元
PSN B-2014-439-1/1

南宁蓝皮书
南宁法治发展报告（2017）
著(编)者：杨维超　2017年12月出版 / 估价：79.00元
PSN B-2015-509-1/3

南宁蓝皮书
南宁经济发展报告（2017）
著(编)者：胡建华　2017年9月出版 / 估价：79.00元
PSN B-2016-570-2/3

南宁蓝皮书
南宁社会发展报告（2017）
著(编)者：胡建华　2017年9月出版 / 估价：79.00元
PSN B-2016-571-3/3

内蒙古蓝皮书
内蒙古反腐倡廉建设报告 No.2
著(编)者：张志华　无极　2017年12月出版 / 估价：79.00元
PSN B-2013-365-1/1

浦东新区蓝皮书
上海浦东经济发展报告（2017）
著(编)者：沈开艳　周奇　2017年2月出版 / 定价：79.00元
PSN B-2011-225-1/1

青海蓝皮书
2017年青海经济社会形势分析与预测
著(编)者：陈玮　2016年12月出版 / 定价：79.00元
PSN B-2012-275-1/1

人口与健康蓝皮书
深圳人口与健康发展报告（2017）
著(编)者：陆杰华　罗乐宣　苏杨
2017年11月出版 / 估价：89.00元
PSN B-2011-228-1/1

山东蓝皮书
山东经济形势分析与预测（2017）
著(编)者：李广杰　2017年7月出版 / 估价：89.00元
PSN B-2014-404-1/4

山东蓝皮书
山东社会形势分析与预测（2017）
著(编)者：张华　唐洲雁　2017年6月出版 / 估价：89.00元
PSN B-2014-405-2/4

山东蓝皮书
山东文化发展报告（2017）
著(编)者：涂可国　2017年11月出版 / 估价：98.00元
PSN B-2014-406-3/4

山西蓝皮书
山西资源型经济转型发展报告（2017）
著(编)者：李志强　2017年7月出版 / 估价：89.00元
PSN B-2011-197-1/1

陕西蓝皮书
陕西经济发展报告（2017）
著（编）者：任宗哲　白宽犁　裴成荣
2017年1月出版 / 定价：69.00元
PSN B-2009-135-1/5

陕西蓝皮书
陕西社会发展报告（2017）
著（编）者：任宗哲　白宽犁　牛昉
2017年1月出版 / 定价：69.00元
PSN B-2009-136-2/5

陕西蓝皮书
陕西文化发展报告（2017）
著（编）者：任宗哲　白宽犁　王长寿
2017年1月出版 / 定价：69.00元
PSN B-2009-137-3/5

上海蓝皮书
上海传媒发展报告（2017）
著（编）者：强荧　焦雨虹　2017年2月出版 / 定价：79.00元
PSN B-2012-295-5/7

上海蓝皮书
上海法治发展报告（2017）
著（编）者：叶青　2017年6月出版 / 估价：89.00元
PSN B-2012-296-6/7

上海蓝皮书
上海经济发展报告（2017）
著（编）者：沈开艳　2017年2月出版 / 定价：79.00元
PSN B-2006-057-1/7

上海蓝皮书
上海社会发展报告（2017）
著（编）者：杨雄　周海旺　2017年2月出版 / 定价：79.00元
PSN B-2006-058-2/7

上海蓝皮书
上海文化发展报告（2017）
著（编）者：荣跃明　2017年2月出版 / 定价：79.00元
PSN B-2006-059-3/7

上海蓝皮书
上海文学发展报告（2017）
著（编）者：陈圣来　2017年6月出版 / 估价：89.00元
PSN B-2012-297-7/7

上海蓝皮书
上海资源环境发展报告（2017）
著（编）者：周冯琦　汤庆合
2017年2月出版 / 定价：79.00元
PSN B-2006-060-4/7

社会建设蓝皮书
2017年北京社会建设分析报告
著（编）者：宋贵伦　冯虹　2017年10月出版 / 估价：89.00元
PSN B-2010-173-1/1

深圳蓝皮书
深圳法治发展报告（2017）
著（编）者：张骁儒　2017年6月出版 / 估价：89.00元
PSN B-2015-470-6/7

深圳蓝皮书
深圳经济发展报告（2017）
著（编）者：张骁儒　2017年7月出版 / 估价：89.00元
PSN B-2008-112-3/7

深圳蓝皮书
深圳劳动关系发展报告（2017）
著（编）者：汤庭芬　2017年6月出版 / 估价：89.00元
PSN B-2007-097-2/7

深圳蓝皮书
深圳社会建设与发展报告（2017）
著（编）者：张骁儒　陈东平　2017年7月出版 / 估价：89.00元
PSN B-2008-113-4/7

深圳蓝皮书
深圳文化发展报告(2017)
著（编）者：张骁儒　2017年7月出版 / 估价：89.00元
PSN B-2016-555-7/7

丝绸之路蓝皮书
丝绸之路经济带发展报告（2017）
著（编）者：任宗哲　白宽犁　谷孟宾
2017年1月出版 / 定价：75.00元
PSN B-2014-410-1/1

法治蓝皮书
四川依法治省年度报告 No.3（2017）
著（编）者：李林　杨天宗　田禾
2017年3月出版 / 定价：118.00元
PSN B-2015-447-1/1

四川蓝皮书
2017年四川经济形势分析与预测
著（编）者：杨钢　2017年1月出版 / 定价：98.00元
PSN B-2007-098-2/7

四川蓝皮书
四川城镇化发展报告（2017）
著（编）者：侯水平　陈炜　2017年4月出版 / 估价：85.00元
PSN B-2015-456-7/7

四川蓝皮书
四川法治发展报告（2017）
著（编）者：郑泰安　2017年4月出版 / 估价：89.00元
PSN B-2015-441-5/7

四川蓝皮书
四川企业社会责任研究报告（2016～2017）
著（编）者：侯水平　盛毅　翟刚
2017年4月出版 / 估价：89.00元
PSN B-2014-386-4/7

四川蓝皮书
四川社会发展报告（2017）
著（编）者：李羚　2017年5月出版 / 估价：89.00元
PSN B-2008-127-3/7

四川蓝皮书
四川生态建设报告（2017）
著（编）者：李晟之　2017年4月出版 / 估价：85.00元
PSN B-2015-455-6/7

四川蓝皮书
四川文化产业发展报告（2017）
著(编)者：向宝云 张立伟
2017年4月出版 / 估价：89.00元
PSN B-2006-074-1/7

体育蓝皮书
上海体育产业发展报告（2016～2017）
著(编)者：张林 黄海燕
2017年10月出版 / 估价：89.00元
PSN B-2015-454-4/4

体育蓝皮书
长三角地区体育产业发展报告（2016～2017）
著(编)者：张林 2017年4月出版 / 估价：89.00元
PSN B-2015-453-3/4

天津金融蓝皮书
天津金融发展报告（2017）
著(编)者：王爱俭 孔德昌
2017年12月出版 / 估价：98.00元
PSN B-2014-418-1/1

图们江区域合作蓝皮书
图们江区域合作发展报告（2017）
著(编)者：李铁 2017年6月出版 / 估价：98.00元
PSN B-2015-464-1/1

温州蓝皮书
2017年温州经济社会形势分析与预测
著(编)者：潘忠强 王春光 金浩
2017年4月出版 / 估价：89.00元
PSN B-2008-105-1/1

西咸新区蓝皮书
西咸新区发展报告（2016~2017）
著(编)者：李扬 王军 2017年6月出版 / 估价：89.00元
PSN B-2016-535-1/1

扬州蓝皮书
扬州经济社会发展报告（2017）
著(编)者：丁纯 2017年12月出版 / 估价：98.00元
PSN B-2011-191-1/1

长株潭城市群蓝皮书
长株潭城市群发展报告（2017）
著(编)者：张萍 2017年12月出版 / 估价：89.00元
PSN B-2008-109-1/1

中医文化蓝皮书
北京中医文化传播发展报告（2017）
著(编)者：毛嘉陵 2017年5月出版 / 估价：79.00元
PSN B-2015-468-1/2

珠三角流通蓝皮书
珠三角商圈发展研究报告（2017）
著(编)者：王先庆 林至颖
2017年7月出版 / 估价：98.00元
PSN B-2012-292-1/1

遵义蓝皮书
遵义发展报告（2017）
著(编)者：曾征 龚永育 雍思强
2017年12月出版 / 估价：89.00元
PSN B-2014-433-1/1

国际问题类

"一带一路"跨境通道蓝皮书
"一带一路"跨境通道建设研究报告（2017）
著(编)者：郭业洲 2017年8月出版 / 估价：89.00元
PSN B-2016-558-1/1

"一带一路"蓝皮书
"一带一路"建设发展报告（2017）
著(编)者：孔丹 李永全 2017年7月出版 / 估价：89.00元
PSN B-2016-556-1/1

阿拉伯黄皮书
阿拉伯发展报告（2016～2017）
著(编)者：罗林 2017年11月出版 / 估价：89.00元
PSN Y-2014-381-1/1

北部湾蓝皮书
泛北部湾合作发展报告（2017）
著(编)者：吕余生 2017年12月出版 / 估价：85.00元
PSN B-2008-114-1/1

大湄公河次区域蓝皮书
大湄公河次区域合作发展报告（2017）
著(编)者：刘稚 2017年8月出版 / 估价：89.00元
PSN B-2011-196-1/1

大洋洲蓝皮书
大洋洲发展报告（2017）
著(编)者：喻常森 2017年10月出版 / 估价：89.00元
PSN B-2013-341-1/1

德国蓝皮书
德国发展报告（2017）
著(编)者：郑春荣　　2017年6月出版 / 估价：89.00元
PSN B-2012-278-1/1

东盟黄皮书
东盟发展报告（2017）
著(编)者：杨晓强 庄国土
2017年4月出版 / 估价：89.00元
PSN Y-2012-303-1/1

东南亚蓝皮书
东南亚地区发展报告（2016～2017）
著(编)者：厦门大学东南亚研究中心　王勤
2017年12月出版 / 估价：89.00元
PSN B-2012-240-1/1

俄罗斯黄皮书
俄罗斯发展报告（2017）
著(编)者：李永全　2017年7月出版 / 估价：89.00元
PSN Y-2006-061-1/1

非洲黄皮书
非洲发展报告 No.19（2016～2017）
著(编)者：张宏明　　2017年8月出版 / 估价：89.00元
PSN Y-2012-239-1/1

公共外交蓝皮书
中国公共外交发展报告（2017）
著(编)者：赵启正 雷蔚真
2017年4月出版 / 估价：89.00元
PSN B-2015-457-1/1

国际安全蓝皮书
中国国际安全研究报告(2017)
著(编)者：刘慧　　2017年7月出版 / 估价：98.00元
PSN B-2016-522-1/1

国际形势黄皮书
全球政治与安全报告（2017）
著(编)者：张宇燕
2017年1月出版 / 定价：89.00元
PSN Y-2001-016-1/1

韩国蓝皮书
韩国发展报告（2017）
著(编)者：牛林杰 刘宝全
2017年11月出版 / 估价：89.00元
PSN B-2010-155-1/1

加拿大蓝皮书
加拿大发展报告（2017）
著(编)者：仲伟合　2017年9月出版 / 估价：89.00元
PSN B-2014-389-1/1

拉美黄皮书
拉丁美洲和加勒比发展报告（2016～2017）
著(编)者：吴白乙　2017年6月出版 / 估价：89.00元
PSN Y-1999-007-1/1

美国蓝皮书
美国研究报告（2017）
著(编)者：郑秉文 黄平　2017年6月出版 / 估价：89.00元
PSN B-2011-210-1/1

缅甸蓝皮书
缅甸国情报告（2017）
著(编)者：李晨阳　2017年12月出版 / 估价：86.00元
PSN B-2013-343-1/1

欧洲蓝皮书
欧洲发展报告（2016～2017）
著(编)者：黄平 周弘 江时学
2017年6月出版 / 估价：89.00元
PSN B-1999-009-1/1

葡语国家蓝皮书
葡语国家发展报告（2017）
著(编)者：王成安 张敏　2017年12月出版 / 估价：89.00元
PSN B-2015-503-1/2

葡语国家蓝皮书
中国与葡语国家关系发展报告·巴西（2017）
著(编)者：张曙光　2017年8月出版 / 估价：89.00元
PSN B-2016-564-2/2

日本经济蓝皮书
日本经济与中日经贸关系研究报告（2017）
著(编)者：张季风　2017年5月出版 / 估价：89.00元
PSN B-2008-102-1/1

日本蓝皮书
日本研究报告（2017）
著(编)者：杨伯江　2017年5月出版 / 估价：89.00元
PSN B-2002-020-1/1

上海合作组织黄皮书
上海合作组织发展报告（2017）
著(编)者：李进峰 吴宏伟 李少捷
2017年6月出版 / 估价：89.00元
PSN Y-2009-130-1/1

世界创新竞争力黄皮书
世界创新竞争力发展报告（2017）
著(编)者：李闽榕 李建平 赵新力
2017年4月出版 / 估价：148.00元
PSN Y-2013-318-1/1

泰国蓝皮书
泰国研究报告（2017）
著(编)者：庄国土 张禹东
2017年8月出版 / 估价：118.00元
PSN B-2016-557-1/1

土耳其蓝皮书
土耳其发展报告（2017）
著(编)者：郭长刚 刘义　2017年9月出版 / 估价：89.00元
PSN B-2014-412-1/1

亚太蓝皮书
亚太地区发展报告（2017）
著(编)者：李向阳　2017年4月出版 / 估价：89.00元
PSN B-2001-015-1/1

印度蓝皮书
印度国情报告（2017）
著(编)者：吕昭义　2017年12月出版 / 估价：89.00元
PSN B-2012-241-1/1

印度洋地区蓝皮书
印度洋地区发展报告（2017）
著(编)者：汪戎　　2017年6月出版 / 估价：89.00元
PSN B-2013-334-1/1

英国蓝皮书
英国发展报告（2016～2017）
著(编)者：王展鹏　　2017年11月出版 / 估价：89.00元
PSN B-2015-486-1/1

越南蓝皮书
越南国情报告（2017）
著(编)者：谢林城
2017年12月出版 / 估价：89.00元
PSN B-2006-056-1/1

以色列蓝皮书
以色列发展报告（2017）
著(编)者：张倩红　　2017年8月出版 / 估价：89.00元
PSN B-2015-483-1/1

伊朗蓝皮书
伊朗发展报告（2017）
著(编)者：冀开远　　2017年10月出版 / 估价：89.00元
PSN B-2016-575-1/1

中东黄皮书
中东发展报告No.19（2016～2017）
著(编)者：杨光　　2017年10月出版 / 估价：89.00元
PSN Y-1998-004-1/1

中亚黄皮书
中亚国家发展报告（2017）
著(编)者：孙力 吴宏伟　　2017年7月出版 / 估价：98.00元
PSN Y-2012-238-1/1

　　皮书序列号是社会科学文献出版社专门为识别皮书、管理皮书而设计的编号。皮书序列号是出版皮书的许可证号，是区别皮书与其他图书的重要标志。

　　它由一个前缀和四部分构成。这四部分之间用连字符"–"连接。前缀和这四部分之间空半个汉字（见示例）。

《国际人才蓝皮书：中国留学发展报告》序列号示例

　　从示例中可以看出，《国际人才蓝皮书：中国留学发展报告》的首次出版年份是2012年，是社科文献出版社出版的第244个皮书品种，是"国际人才蓝皮书"系列的第2个品种（共4个品种）。

❖ 皮书起源 ❖

"皮书"起源于十七、十八世纪的英国，主要指官方或社会组织正式发表的重要文件或报告，多以"白皮书"命名。在中国，"皮书"这一概念被社会广泛接受，并被成功运作、发展成为一种全新的出版形态，则源于中国社会科学院社会科学文献出版社。

❖ 皮书定义 ❖

皮书是对中国与世界发展状况和热点问题进行年度监测，以专业的角度、专家的视野和实证研究方法，针对某一领域或区域现状与发展态势展开分析和预测，具备原创性、实证性、专业性、连续性、前沿性、时效性等特点的公开出版物，由一系列权威研究报告组成。

❖ 皮书作者 ❖

皮书系列的作者以中国社会科学院、著名高校、地方社会科学院的研究人员为主，多为国内一流研究机构的权威专家学者，他们的看法和观点代表了学界对中国与世界的现实和未来最高水平的解读与分析。

❖ 皮书荣誉 ❖

皮书系列已成为社会科学文献出版社的著名图书品牌和中国社会科学院的知名学术品牌。2016 年，皮书系列正式列入"十三五"国家重点出版规划项目；2012~2016 年，重点皮书列入中国社会科学院承担的国家哲学社会科学创新工程项目；2017 年，55 种院外皮书使用"中国社会科学院创新工程学术出版项目"标识。

中国皮书网

www.pishu.cn

发布皮书研创资讯，传播皮书精彩内容
引领皮书出版潮流，打造皮书服务平台

栏目设置

关于皮书：何谓皮书、皮书分类、皮书大事记、皮书荣誉、
　　　　　皮书出版第一人、皮书编辑部

最新资讯：通知公告、新闻动态、媒体聚焦、网站专题、视频直播、下载专区

皮书研创：皮书规范、皮书选题、皮书出版、皮书研究、研创团队

皮书评奖评价：指标体系、皮书评价、皮书评奖

互动专区：皮书说、皮书智库、皮书微博、数据库微博

所获荣誉

　　2008年、2011年，中国皮书网均在全
国新闻出版业网站荣誉评选中获得"最具商
业价值网站"称号；

　　2012年，获得"出版业网站百强"称号。

网库合一

　　2014年，中国皮书网与皮书数据库端
口合一，实现资源共享。更多详情请登录
www.pishu.cn。

权威报告·热点资讯·特色资源

皮书数据库
ANNUAL REPORT(YEARBOOK) DATABASE

当代中国与世界发展高端智库平台

所获荣誉

- 2016年，入选"国家'十三五'电子出版物出版规划骨干工程"
- 2015年，荣获"搜索中国正能量 点赞2015""创新中国科技创新奖"
- 2013年，荣获"中国出版政府奖·网络出版物奖"提名奖
- 连续多年荣获中国数字出版博览会"数字出版·优秀品牌"奖

成为会员

通过网址www.pishu.com.cn或使用手机扫描二维码进入皮书数据库网站，进行手机号码验证或邮箱验证即可成为皮书数据库会员（建议通过手机号码快速验证注册）。

会员福利

- 使用手机号码首次注册会员可直接获得100元体验金，不需充值即可购买和查看数据库内容（仅限使用手机号码快速注册）。
- 已注册用户购书后可免费获赠100元皮书数据库充值卡。刮开充值卡涂层获取充值密码，登录并进入"会员中心"—"在线充值"—"充值卡充值"，充值成功后即可购买和查看数据库内容。

数据库服务热线：400-008-6695
数据库服务QQ：2475522410
数据库服务邮箱：database@ssap.cn

图书销售热线：010-59367070/7028
图书服务QQ：1265056568
图书服务邮箱：duzhe@ssap.cn